本书为国家社会科学基金青年项目“宏观审慎政策与货币政策渠道共享的研究”（17CJY058）的最终成果

# 宏观审慎政策与货币政策传导渠道共享研究

王璟怡　著

中国财经出版传媒集团
中国财政经济出版社
·北京·

**图书在版编目（CIP）数据**

宏观审慎政策与货币政策传导渠道共享研究／王璟怡著．-- 北京：中国财政经济出版社，2025.1.
ISBN 978－7－5223－3641－1

Ⅰ. F820.1

中国国家版本馆 CIP 数据核字第 2025R1M669 号

责任编辑：陆宗祥　　　　责任校对：胡永立
封面设计：南博文化　　　　责任印制：张　健

宏观审慎政策与货币政策传导渠道共享研究
HONGGUAN SHENSHEN ZHENGCE YU HUOBI ZHENGCE CHUANDAO QUDAO GONGXIANG YANJIU

中国财政经济出版社 出版

**URL**：http：//www.cfeph.cn
E－mail：cfeph@cfeph.cn

社址：北京市海淀区阜成路甲 28 号　邮政编码：100142
营销中心电话：010－88191522
天猫网店：中国财政经济出版社旗舰店
网址：https：//zgczjjcbs.tmall.com
北京厚诚则铭印刷科技有限公司印刷　各地新华书店经销
成品尺寸：170mm×240mm　16 开　23 印张　330 000 字
2025 年 1 月第 1 版　2025 年 1 月北京第 1 次印刷
定价：78.00 元
ISBN 978－7－5223－3641－1
（图书出现印装问题，本社负责调换，电话：010－88190548）
本社图书质量投诉电话：010－88190744
**打击盗版举报热线：010－88191661　QQ：2242791300**

# 前　言

全球金融海啸的爆发充分表明了既往审慎监管的不足，以及对于金融系统的整体稳定维护的局限。在传统的宏观经济学框架下，货币政策是非常重要的宏观经济调控政策之一，对于货币政策框架的研究非常丰富，包括对于货币政策是否应该包含金融稳定目标的研究，也经过充分讨论，形成了诸多观点。但在宏观经济管理和金融监管实践中，对于金融部门的监管始终是由金融监管当局主导的。所以在次贷危机之前，微观审慎监管、货币政策被明确区分为产业监管政策和宏观经济政策。货币政策主要是使用价格或者数量的工具，来保持价格稳定、汇率稳定，最终促进产出增长、经济增长；微观审慎监管政策是以资本充足率为核心的巴塞尔资本协议Ⅱ中的三大支柱，其监管思路就是约束个体金融机构的行为，使个体机构重视风险、保障资产质量，进而避免在被外部冲击时出现倒闭风险，以及尽可能地规避道德风险。事实证明，个体机构的资本充足率满足监管要求，但是因为其将风险转移到了金融系统中，系统性风险累积并被激发，而这部分风险处在监管空白中。这样的政策组合模式既不能有效地维护金融部门的整体性稳定，也不能胜任维护宏观均衡的职能，主要是因为：政策组合的各类工具，对于社会总体的信贷总量或者对于资产价格泡沫不能进行充分缓解或者约束。另外，金融机构之间业务拓展、同业拆借、产品联发等导致的相互关联、共同风险等都没有被系统性地考虑过。基于对金融危机的思考和总结，各国在充分分析金融发展的现代化特点之后，已形成危机后的金融稳定框架体系的构建共识。

各国的金融监管当局从完善金融管理、维护系统性稳定的角度，都引入了宏观审慎政策框架。新的监管框架有别于既往的微观审慎政策，是对金融行业、金融部门、金融体系的稳定管理，这是宏观审慎政策非常核心的一点。不仅是次贷危机，经济金融历史上的多次危机其实都显示了，单个机构的稳健，并不能保证整体稳健，而且根据以往的监管实践，个体机构也并不稳健。历次金融危机的演进，最终都会传导到实体经济，导致经济的衰退，甚至是宏观经济危机。宏观审慎监管政策作为被金融稳定系统赋予首要职责的监管政策，其部署和安排都是从宏观的角度来应对系统性风险的，通过对系统性风险的产生路径分析来进行管理，包括针对顺周期情况的逆周期管理工具，以及针对机构集中度、系统重要性以及相互关联的附加类工具。

对宏观审慎政策的安排、工具使用、施策路径等进行分析后发现，宏观审慎政策不仅直接作用于金融部门并产生稳定效果，而且也在金融稳定的基础上，促进了实体经济的稳健和发展，因而在这一方向上，宏观审慎政策和货币政策之间产生了明显的交叉。从货币政策的角度来看，自中央银行雏形的出现到确立中央银行制度，它最初的设置目的就是要管理银行业未经约束导致的市场失序，而且在其基本职能中，也是有“最后贷款人”这一重要的、能够起到金融稳定作用的职责。从宏观审慎的角度来看，国际清算组织在其年度经济报告中也曾经指出，“宏观审慎政策框架是聚焦金融行业的系统性稳定的，以及金融稳定对于实体经济的意义”，所以在宏观审慎政策实现预期金融稳定目标的同时，也是为整体的经济发展提供基础支撑。因而金融稳定框架的推进和完善的过程，需要重点关注货币政策与宏观审慎政策之间的相互关联，特别是传导渠道上的共享情形。

基于此，本书分10个章节，具体研究了宏观审慎政策与货币政策传导渠道共享的问题。在具体阐述研究背景、意义、价值后，本书重点对“宏观审慎政策框架”“宏观审慎与货币政策之间相互关系、作用、影响”进行了系统性的综述，而后从理论分析和实证检验两个方面对研究主题分别进行论述。

2024 年 11 月

# 第 1 章

# 绪 论

通过经济、金融发展的历史可以看出，金融部门作为经济体中的重要组成部分，金融系统的可持续稳健是经济稳定、经济发展的前提和基础。虚拟经济的规模需合理，一旦过于脱离实体经济，就会导致系统性风险等的衍生。如果金融监管不能对金融系统整体以及金融机构个体进行必要的管理和监督，就有可能触发潜在的风险，导致金融失衡，并蔓延到实体经济导致经济失衡。因而各国的经济管理和金融监管不仅要从全面的宏观视角来管理金融体系，提升系统整体应对风险的能力，同时作为宏观经济的一部分，也需要与货币政策等宏观经济政策相协调，在充分考虑金融与经济系统之间关系的基础上，共同维护经济和金融的稳定和安全。

2008 年全球金融危机爆发之前，从政策制定的角度来看，货币政策是中央银行负责的宏观经济政策，而金融监管政策主要是金融监管当局进行的微观审慎监管，这两者之间是被明确分配给不同的当局进行管理的，而且有各自确定的政策目标以及常用的政策工具箱。货币政策通常是使用数量型或者价格型的工具来保持币值、价格等的稳定，且中央银行作为“银行的银行”，还负责向系统注入货币供给。微观审慎监管主要就是使用资本类的监管指标要求商业银行遵守，维持每家银行的稳健运营，避免银行出现挤兑和倒闭的风险。但是对于存在于金融系统内的、不在商业银行资产负债表里面的、金融机构之间业务往来导致沉积在系统中的风险，没有被管理到。所以次贷危机爆发之后，鉴于危机的教训，金融稳定作为金融系统运转的核心要求成为宏观金融的重要目标，并因此着重提出了宏观审慎监管的政策，以此来缓解系统性风险，避免金融失衡。而这种系统性风险的来源与传导都会通过金融机构，尤其是商业银行之间的业务往来，也来自银行的信贷周期累积，所以宏观审慎监管在施策时，会与货币政策有很多的重合和交叉。

## 1.1 宏观审慎政策与货币政策渠道共享的背景及目的

自全球金融危机之后，多种针对金融监管空白或者漏洞的监管举措和工具都在各国的金融监管领域得到实践，其中作为巴塞尔资本协议Ⅲ中新引入的宏观审慎政策，也在各国的金融监管改革中被重点引入。各国的金融稳定政策框架体系构建中的一个关键问题就是，宏观审慎政策与货币政策之间的相互作用情况，特别是在政策传导时候的渠道共享情况。

### 1.1.1　宏观审慎政策与货币政策渠道共享的研究背景

经历了次贷危机对全球经济、金融的冲击，经济和社会都为此付出了巨大的事后救助成本，我们反思整个危机衍生的路径、各方主体在其中的行为和机制，会深刻地认识到这期间出现的系统性风险累积以及监管空白，因而自 2008 年开始，国际监管组织和各国监管当局都开始进行金融监管改革。危机事实表明，宏观经济部门、金融监管当局、财政部门等经济金融管理当局都在实施各自政策的过程中，忽略了金融系统性风险，或者没有在政策安排和经济金融干预的过程中对此予以重点考量，从而在面对危机的冲击时，后续的应对见效慢且付出了沉重的社会和经济代价。金融危机之前，从巴塞尔委员会到各国的监管当局，主要的监管理念是微观审慎监管，关注银行自身的资本充足水平、资产负债状况，但是往往忽略了机构与机构之间存在的风险，以及随着经营活动积累在系统内的风险（Brunnermeier 等[①]，2009）。而中央银行往往更加关注价格、币值稳定，关注经济增长，金融稳定不在其政策目标框架中，因而对此的关注也有所欠缺。从金融监管的角度来看，随着金融行业的创新升级，金融子行业的细分越来越明显，金融监管难以触及所有的部门和业务，这就造成了难以分析并监控系统性风险的困境。所以危机后的金融监管改革就从管理系统性风险的角度开始，或者架构新的金融监管当局，或者加强既有监管

① Brunnermeier, M., A. Crocket, C. Goodhart, M. Hellwig, A. Persaud and H. Shin (2009). "The Fundamental Principles of Financial Regulation", Geneva Report on the World Economy, No. 11, forthcoming.

机构的管理职能，目的就是要增强维护金融系统稳定的职能和任务；政策举措方面，重点提出了宏观审慎监管政策，区别于微观审慎监管旨在对个体机构的管理，宏观审慎从宏观金融的视角对整个金融系统提出监管要求。

为了能够维护金融稳定，消除系统中的风险累积和传递，在金融监管框架中引入宏观审慎监管。宏观审慎监管在推动和框架完善过程中，因其着眼于宏观金融系统，将金融行业作为整体进行监管，在达到金融稳定目标的路径上，也会对宏观经济系统中的变量产生影响，即货币政策之间存在着一定的交叉，而且两项政策的政策工具在传导的过程中都在一定程度上需要通过商业银行的渠道，由此引发两项政策或冲突或重叠的问题。所以宏观审慎政策与货币政策之间的相互关系以及政策协调，就成为宏观政策框架完善中比较重要的问题。

在当前的各类研究中，围绕着宏观金融系统、金融稳定、金融监管政策的研究，主要是集中在以下几个方面：①金融稳定的职责是应由监管当局独立负责，还是应纳入货币政策目标；②宏观审慎政策与货币政策之间的关系以及如何协调的问题；③宏观审慎政策要如何构建和完善监管工具箱。对于第一个问题，中央银行在执行货币政策时，是会对金融体系产生影响的。Borio 和 Drehmann[①]（2009）的研究就充分表明，货币政策的实施能够在一定程度上，缓解甚至消除金融失衡的情况，维护金融稳定。所以如果是由中央银行同时负责货币政策和金融稳定，那么这两项政策在同一个机构当中应该如何安排，货币政策目标中能否直接加入金融稳定。对这些问题的研究取得的基本共识是，维护金融稳定需要独立的宏观审慎政策，因为如果使用货币政策来处置金融失衡或者管理金融风险，那么政策运行的成本会非常高。因为货币政策的作用机制不是直接对应金融稳定的，即便有金融稳定的效果也不是货币政策实施的初衷；而货币政策的工

① Borio, C. and M. Drehmann (2009). "Assessing the risk of banking crises revisited", BIS Quarterly Review, March, pp. 29 – 46.

具箱中有多样化的工具选择，其中的部分工具对于金融市场的影响机制相对还是比较直接的，所以这就衍生出了第二个研究主题，即两项政策之间是如何相互作用的、要如何协调。既然宏观审慎政策对金融稳定负有义务，而货币政策又能够在一定程度上影响金融稳定，那么这两个政策分别来实施时，就需要权衡和搭配。从各国的监管实践和机构安排来看，两项政策之间的部署各有不同。但是如果两项政策确定分开部署和实施的话，其实对于货币政策来说，在保持既有的框架体系的基础上完善其保障经济的功能和责任就可以，这就需要考虑宏观审慎政策需要在其工具箱中配备合适的工具，用以应对系统性风险并与其他政策之间形成有效合力。

### 1.1.2 宏观审慎政策与货币政策渠道共享的研究意义

由于宏观审慎监管的引入，其在具体实施的过程中，除了需要验证政策效果之外，还需要了解与其他政策之间的相互联系，特别是宏观审慎政策与货币政策之间的相互关系，以及在商业银行的流动性、信贷等方面，两项政策是如何共同作用于这些传导渠道的，这也是对共享渠道研究的初衷。

(1) 理论意义

从理论意义的角度来说，本书主要梳理和分析了宏观经济和宏观监管政策之间的相互影响，通过分析政策传导机制，能够发现商业银行成为宏观审慎和货币政策都会作用的渠道，并由此向整个金融市场和实体经济传导；在商业银行内，主要也是通过影响商业银行流动性，进而影响商业银行的信贷，以及风险倾向等。在根据经济环境、金融市场状况进行各自的部署和安排时，政策立场可能是不一致的，这样传导到信用中介时，就可能出现政策冲突，或出现重叠，所以从理论上应对这两项政策的相互关系和共享渠道进行分析。

本书构建包含各类经济部门的宏观经济动态模型，通过金融加速机制，分析货币政策与宏观审慎政策配合使用对于各个经济变量直接的影响机制，从整体上定量分析两项政策的相互作用效应，验证政策协调的效果；通过GMM高斯混合模型（Gaussian Mixture Model，GMM），具体研究宏观审慎政策与货币政策实施在商业银行的风险承担渠道、银行信贷渠道、流动性渠道上的共享情况；通过实证分析两种政策在这三条商业银行传导渠道上的相互作用机制，为两项政策之间的相互协调和模式构建的完善等提供理论基础。

（2）实践意义

从具体的实践应用价值上来说，本书有两个方面的重要意义。

第一，金融监管改革在各国的推动中，重点引入并各自构建了宏观审慎监管框架，而宏观审慎监管政策与货币政策之间的相互关系以及机构的设置安排，两项政策之间的协调以及协调的效果都还需要进一步论证。因此本书重点分析了不同制度模式、不同国家的实践以及每种构建方式的利弊，深入剖析了我国在构建“双支柱”的过程中，不同政策的协调机制，选择适合我国具体情况的工具组合，更好地维护国内的宏观经济和金融稳定。

第二，在金融稳定框架的构建进程中，宏观审慎政策肯定是负主要责任的政策，但是其他的宏观经济政策也会对金融稳定产生影响，特别是在与货币政策的相互关系和协调配合时，而我国的“双支柱”调控框架具有重要实践价值。本书通过对经济系统的构建和模拟，分析了受到不同冲击后，货币政策和宏观审慎政策的作用和传导，以及对于各个经济变量指标的影响情况，结果证明两项政策之间是可以实现有效协同的，同时对货币政策和宏观审慎政策目标的实现有积极促进作用。

综合来说，第一，期望本书研究成为对宏观审慎监管政策的具体安排、部署、实施力度等具有参考意义的研究。宏观审慎政策作用于金融部门，而金融部门的发展和稳定也关系到实体经济的发展，这就与货币政策产生了联系，因而本书通过实证的方式分析了不同类型的货币政策工具与宏观审慎政策进行共同作用时，对于传导渠道和中介目标的影响效果，这就为我们实施宏观审慎政策提供了基础。第二，由于货币政策、宏观审慎政策在发挥作用时，都有部分政策工具会通过商业银行进行传导，而且都会主要通过商业银行的流动性、风险承担和信贷供给对金融市场产生影响，进而影响实体经济，所以对于两种政策的协调安排不仅涉及政策立场的协调，还有传导机制以及工具使用方面的协调，期望本书对这种协调机制的研究可以为我们国家实践的“双支柱”政策框架的进一步完善提供基础。

## 1.2 主要内容与整体框架

本书基于理论综述和文献的整理分析，先提出问题，再对问题进行分析，最后提出政策建议。本书的基本思路：使用理论机制分析与模型模拟分析相结合的研究形式，具体分析宏观审慎政策与货币政策在商业银行内部传导渠道共享的情况，并给出了两个政策搭配的建议。

### 1.2.1 主要解决的具体问题

(1) 疏理宏观审慎监管的相关研究

宏观审慎监管政策是巴塞尔资本协议Ⅲ中非常重要的创新，也是全球金融危机之后，各国金融监管改革中重点体现的对金融体系稳定的需求。根据金融稳定委员会（FSB）的相关研究，宏观审慎监管的政策目标是金融稳定。缓解系统中的风险隐患，是本轮金融危机之后各国金融监管中重点进行的改革。宏观审慎政策提出已有十年之久，对于宏观审慎政策的研究也日益精深，本书主要是再次梳理了宏观审慎政策的内涵与外延、宏观审慎政策的各类工具在实践中的成效，以及宏观审慎政策在未来完善的过程中要解决的不足，特别是当下还面临的挑战。

(2) 货币政策与宏观审慎政策的相互作用机制

自 2008 年全球金融危机升级并对世界经济造成威胁以来，金融界普遍认识到货币政策是不能很好地应对金融系统的冲击的。根据丁伯根法则，货币政策目标中也不宜再直接加入金融稳定，因而宏观审慎政策成为应对金融失衡、增强金融体系韧性的政策，且被摆在与货币政策同等重要的地位。

在国务院金融稳定发展委员会的领导下，根据我国的经济、金融的具体情况，中国人民银行内设宏观审慎管理局，形成了“货币政策与宏观审慎政策”双支柱调控框架。目前我们国家的宏观审慎监管主要通过宏观审慎评估，这些指标和监管要求直接作用于金融机构，影响机构的资产负债以及经营、风险等，而货币政策仍然保有既定的政策目标，两种政策之间相互配合与协调。虽然并不是在所有的场景下，两项政策都能实现相互配合，但是总体来看，两者的相互作用、协调使用，对于宏观经济的稳定和整体健康还是有绝对积极作用的。

（3）宏观审慎政策与货币政策的渠道共享

金融市场环境的变化给宏观经济政策调控带来更多的不确定性。由于对“金融稳定”的概念没有统一的共识，且金融稳定的范畴比较宽泛，所以维护金融稳定，既需要专门的宏观审慎监管政策，也需要其他政策的配合。货币政策因其传导渠道和作用机制，也会对金融体系产生直接或间接的作用，所以需要研究两项政策的传导机制和渠道重叠，并就宏观审慎政策与货币政策的关系进行理论综述和定性的分析。本书就两项政策在商业银行系统内的共同使用的传导政策渠道分别进行了考察、分析和实证检验，重点集中于银行风险承担渠道、流动性渠道，以及银行信贷渠道。

银行风险承担渠道：大量既有的文献通过分析认为，货币政策在实施时，会对商业银行的风险承担产生直接或者间接的影响，特别是在实施宽松的货币政策时，银行风险承担的水平明显增长，对于风险的容忍度也会较高，更倾向于从事高风险的经营，杠杆率也会随之上涨，但是这些都不利于银行的系统性稳定，也会导致金融失衡。如果在这种情况下配合使用宏观审慎政策工具，通过金融监管的方式约束商业银行的过度扩张资产负债的行为，是可以实现金融稳定，促进经济发展的。使用我国商业银行的经营数据和监管数据，通过实证的方式，也验证了风险承担渠道的存在，以及宏观审慎政策的约束作用。

银行信贷渠道：信贷渠道对于货币政策来说是非常重要的传导渠道，其畅通与否直接关系到政策效果的实现。使用货币政策工具调节货币供给水平，在实施中也是需要通过信贷渠道进入市场的，而宏观审慎政策工具的安排，也会通过约束商业银行的资产构成等引导银行合理安排并科学发放贷款，所以信贷渠道上的政策共享也很明显。本书通过我国商业银行的具体数据、货币政策数据和宏观审慎指数等进行实证分析，表明了货币政策会直接影响商业银行的信贷渠道，而且不同类型的货币政策对于信贷的影响不同，在宽松货币政策实施时，同样需要宏观审慎政策的配合。

银行流动性渠道：商业银行的经营依赖于合理规模的流动性，而各类政策直接作用于商业银行的经营管理后，都会对银行系统的流动性产生直接的影响，所以在这一渠道上两项政策之间的相互作用也是存在的；同样，通过实证检验的方式，验证了在流动性传导渠道上，宏观审慎与货币政策是有替代关系的，无论使用哪项政策都会直接影响到银行的流动性，所以在这一个渠道上更需要相互协调。

另外，本书中还使用宏观经济学的建模方式，通过模拟分析了在面对不同外部冲击的情况下，两项政策在共同使用的过程中，对各个经济变量的影响情况，证明了两项政策各自不可替代的作用，以及相辅相成的意义。

（4）宏观审慎政策与货币政策“双支柱”调控框架的完善

我国的经济发展和金融建设已取得了长足的进展，随着现代化、市场化的改革不断深入，我们在金融监管方面、在维护金融稳定方面，还需不断地完善，特别是引入了宏观审慎监管框架之后，其与货币政策之间的相互配合，成为宏观经济、金融管理的重要议题。本书通过文献综述、理论分析、实证检验，重点分析了两项政策之间是如何相互作用、相互影响的，在此基础上，提出了完善“双支柱”调控框架的建议。从管理当局的角度，货币政策委员会本设置在中央银行。2019 年，为了进行宏观金融管理，中国人民银行内部构建了宏观审慎管理局，至此，两项政策的政策当局都设置在中央银行，因此从央行的角度就需要充分识别各类外生冲击的来源，在充分掌握数据和信息的基础上，促进两项政策的协调。从具体的政策协调的角度，货币政策是成熟的宏观调控方式，有相对完备的政策工具和政策流程，而且在长期应对国内经济变化方面有充足的经验，因此更需要完善的其实是宏观审慎政策体系，包括政策的具体导向、指标的松紧程度、自由裁量权的配置等，都需要进一步完善，而且针对国内不同类型的商业银行的差异化管理，以及将监管范畴进行扩展和延伸等，都还需要推动发展。从被监管对象的角度，随着金融环境的变化、金融创新的升级、金融科技的发展，宏观审慎的监管对象也需要不断地更新和扩充；货币政策的实施也需要针对市场和经济的变化，更充分、更均衡。

### 1.2.2 具体章节内容

本书共分为10章。

第1章主要就本书的背景、意义、价值，基本的架构和主要内容进行了阐述，对于本书主题、国内外的研究进展等进行概括，将全书的基本线索和分析情况提纲挈领地展示出来。

第2章主要是文献综述，首先对“宏观审慎政策”的相关研究进行了整理，而后重点梳理和回顾了宏观审慎政策和货币政策之间的相互关系、政策目标之间的相互作用，以及实证检验的相关成果。一是对宏观审慎政策这一危机后新引入的监管政策进行系统梳理，对其理论研究的发展进行总结；二是在此基础上，对其与货币政策之间的关系、计量方式、政策协调等方面进行梳理和归纳。

第3章系统分析了宏观审慎监管政策。事实上，在危机后各国的宏观经济监督管理改革中，货币政策体系的主要改革方向在于工具补充和框架的完善，而作为新引入的宏观审慎监管，需要进行更为完善的顶层设计及构建政策体系的架构，所以本部分的分析侧重于对于宏观审慎监管的系统分析。“宏观审慎”一词虽然是在危机之后被正式提出的，用于应对金融失衡与系统性风险管理，但是这种监管的理念和对应的政策工具早在20世纪就被实践过，所以在本章节中系统分析了宏观审慎政策的发展、政策工具箱设置、政策的边界、金融稳定体系的构建。由此也能看出，宏观审慎政策工具箱中的操作大多数会通过商业银行传导，而部分货币政策工具也会通过商业银行传导，进而提出了宏观审慎政策与其他政策之间的关系问题。

第4章主要从理论机制的角度分析了宏观审慎政策与货币政策之间的相互关系。传统货币政策主要是通过维护价格稳定进而维护经济增长，经历了次贷危机之后，中央银行家们也在反思货币政策的执行和政策目标问题，也逐渐明晰了货币政策在商业银行的风险承担渠道，所以也在不断完善政策体系。但是根据丁伯根法则，货币政策还是不宜有多重政策目标，所以需要由宏观审慎政策来处理金融系统性风险、维护金融稳定，而宏观审慎政策在施策时会直接作用于金融机构，特别是商业银行，这就需要厘清货币政策与宏观审慎政策之间的关系。这两项政策互相补充、相辅相成、缺一不可，都不能替代对方的政策，但是可能产生潜在的冲突，所以需要综合考虑政策部署、工具的使用及其力度的大小等。

第5章主要是政策实践的分析。宏观审慎政策在各国的金融监管中已经发挥作用超过十年，不同的国家就其与货币政策之间的相互作用进行了不同形式的安排和协调。在这些方面，也是理论与实践同时推进，并不是理论在先的情况，而各国所采取的实践安排，也是基于各国的实际情况，形成了多样化的部署。

在具体的实践中，各个国家和地区根据对中央银行的定位和职能进行系统安排，重点考虑了金融稳定目标是否需要货币政策负责，货币政策当局和宏观审慎当局应当如何安排和部署政策。根据各个国家的具体情况，主要形成以下理论上的观点：一是认为中央银行可以全面负责宏观审慎政策与货币政策，因而政策渠道和效果有共享，也有差别，两项政策具备相对统一的基础条件，由中央银行统一部署更有效率、更为妥当。二是认为中央银行的主要责任在货币政策，货币政策与宏观审慎政策在本质上是两种不同性质的宏观调控政策，在处理价格稳定和金融稳定时，两种政策的实施时机、采取的工具、推动的力度，并总是一致的，将两项政策都集中在中央银行会导致在应对失衡时，政策难以协调或产生掣肘的情况，两项政策都达不到预期效果，所以需要有其他的机构专门负责宏观审慎政策的制定和安排，根据金融市场的具体情况，相机决策采取必要的举措或工具，并与中央银行的货币政策形成配合，共同维护金融、经济的稳定与安全。

第 6 章重点分析了两种政策在商业银行的政策传导渠道重叠情况。很多研究关于危机分析的文献都表明，货币政策立场宽松会导致商业银行存在过度风险承担的可能性，引发系统性风险的累积，形成金融顺周期性，因而在宏观审慎政策与之协调的过程中，需要明晰这一渠道上的相互作用情况。本章综合分析了两项政策对于商业银行风险承担渠道的影响机制，以及共同作用下对于风险的影响，而后通过实证检验表明：第一，如果实施宽松的货币政策，会令商业银行对风险的容忍度提高，并且有意愿承担更多的风险进行高杠杆经营，加剧了风险的累积。第二，宏观审慎政策工具的使用，能够有效抑制商业银行的风险，与货币政策配合使用能够形成协同，既能够维护经济目标，也有利于维护金融目标。

第 7 章主要阐述了货币政策通过利率的变动、存款准备金率变动等政策工具的使用，能够影响商业银行的信贷供给，而宏观审慎政策的资本要求、杠杆率等工具也能够作用于银行信贷。本章基于我国 176 家商业银行 2005—2020 年的面板数据，实证检验了货币政策信贷渠道的存在性，以及“双支柱”框架下的货币政策和宏观审慎政策对商业银行信贷供给的调控效应。结果发现：第一，数量型货币政策工具货币供应量增加将会引起信贷供给增加；价格型货币政策工具的使用，如政策利率上升、贷款基准利率上升以及法定存款准备金率上升都将引起银行的信贷供给减少，即货币政策的信贷渠道在中国存在，趋于宽松的货币政策能起到增加银行信贷规模的作用。第二，随着宏观审慎政策工具的广泛使用，银行信贷供给增速呈现下降趋势。第三，在政策立场不一致的情况下，货币政策偏向宽松，商业银行信贷供给增加，宏观审慎政策的收紧则能够有效降低银行的信贷供给，两项政策之间形成有效的协同。

第 8 章分析了两项政策在流动性渠道上的相互关系。由于固定效应模型无法改善小样本带来的估计偏误问题，而采用系统 GMM 估计方法能够克服这一困难，有效地改善模型中存在的内生性问题，而且模型中加入核心解释变量的滞后项，使估计结果可信度大大提升。鉴于此，本章选择系统 GMM 方法进行估计。为对商业银行流动性实施更好的监管，本章从政策层面出发，首先分析了货币政策以及宏观审慎政策影响商业银行流动性的理论机制；其次，在实证层面，基于我国 176 家商业银行 2005—2020 年的面板数据，实证检验了货币政策对银行流动性的影响程度及方向，以及在“双支柱”政策背景下，宏观审慎与货币政策配合对银行流动性的有效调控。研究发现：第一，宽松的数量型货币政策工具如 M2 的上升将提高银行流动性水平，紧缩的价格型货币政策工具如法定存款准备金率的上升将会降低银行流动性水平。第二，宏观审慎监管影响企业的流动性水平，更具体地看，宏观审慎政策的实施将有助于提升银行流动性水平。第三，在流动性管理方面，两项政策之间是存在着明显的替代效应的，它们各自通过政策工具的使用，都能够影响商业银行的流动性水平，但是两项政策同时作用于商业银行，会有政策方面的叠加。

第 9 章通过一个含有家庭、企业、银行、管理当局的动态随机一般均衡模型分析宏观审慎政策的引入，对于经济体中的各个变量的影响，通过经济参数校正可以看出，宏观审慎政策的使用是能够辅助货币政策的执行的，而且两项政策之间不可替代，能够通过协调配合达到各自的政策目标，维护金融和经济的共同稳定。

第 10 章是在前文理论机制分析和模型定量分析的基础上，对货币政策体系和金融稳定体系的完善提出相关的政策建议。在维护金融稳定的大框架下，宏观审慎政策、微观审慎监管、货币政策等都会有各自的作用，并传导到实体经济，因而保持政策之间的相互协调机制，建立健全信息和数据的采集和共享的机制，为政策的制定提供信息保障，并对金融稳定和经济稳定负责。

全书研究的整体架构思路如图 1.1 所示。

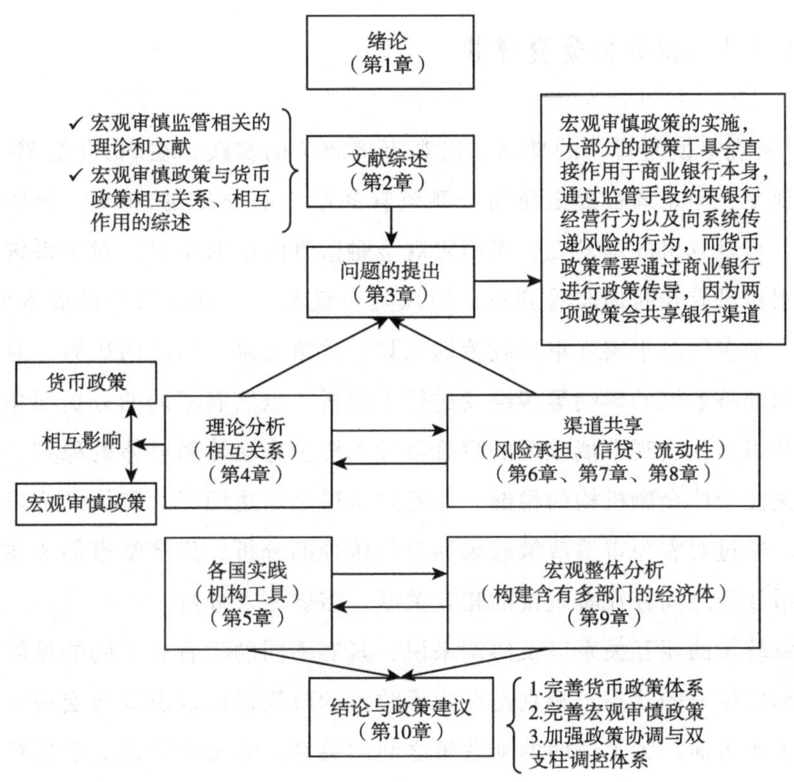


**图 1.1　本书的思路框架图**

资料来源：作者自己整理。

## 1.3　国内外研究现状概述

宏观审慎政策是从宏观的角度，对金融系统的整体进行监管，虽然从具体的工具使用上看，跟微观审慎监管有一定的重合，但是其在工具的校准方面是从整体的角度进行考虑的，因而宏观审慎政策在执行时，与货币政策之间必然产生一定的相互联系。从国内外的理论发展和实践经验的角度看，无论是货币政策体系的完善，还是宏观审慎政策框架的构建，都需要深入研究两项政策之间的相互关系。

### 1.3.1 国外的研究现状

“宏观审慎监管”的理念、宏观审慎政策的实践，在20世纪70年代就出现了，但正式被提出作为金融监管的组成部分是在2008年金融危机之后。金融危机的爆发充分表明宏观金融监管的应对不足，对于系统性风险的累积没有及时地监管到位，而风险一旦触发，事后的干预成本太高。专家、学者们对于宏观审慎政策的工具、政策效果、运用的边界、对金融系统和经济系统的影响等多维度进行了剖析，虽然有不同的分析视角，但基本共识是：宏观审慎政策的政策目标是维护金融体系整体的稳定，而不是只关注个体金融机构的稳健，并通过金融稳定达到促进实体经济发展的目的。通过对宏观审慎政策效果和政策传导的分析，经济学家们关注到其与货币政策之间存在着直接的相互关联，需要深入分析。

就政策的相互关系以及协调来说，其实不同的学者有不同的见解，并没有形成统一的状态，特别是在货币政策的政策目标以及其与宏观审慎政策的关系方面。为了证明两项政策之间的关系，大量的实证文献进行了定量的分析，用于模拟宏观审慎政策与其他政策之间的关系，以及政策协同的效果等。这方面的难点主要在于对系统性风险的刻画、对各个经济部门的刻画、对各部门之间的互动的刻画等，如何做才能更加精准和完善，而且部分模型还需要解决金融不稳定、资产价格失衡等的非线性化问题，以及面对外部冲击来源的复杂性等问题。

虽然还有这些问题有待解决，但是既有的研究中也有相对确定的共识：第一，根据丁伯根法则，对于金融稳定需要有专门的政策，即宏观审慎政策。通过分析金融顺周期的情况可以发现，信贷也是有周期的，信贷周期与经济周期之间明显存在顺周期的情况。由于外部性的相关作用，信贷经过过度增长的阶段之后，又会出现明显的下降，所以宏观审慎政策的工具就需要来应对信贷的周期波动；信贷的周期波动，使用货币政策工具不是最优选择，因为货币政策可能是导致信贷波动的诱因之一；同样，微观审慎监管也不足以应对总体的风险，其只能应对金融机构的异质风险。

第二，货币政策虽然不必将金融稳定纳入自身的政策目标中，但是货币政策在部署时需要考虑金融环境的具体情况。因为金融市场也是宏观经济的一部分，所以要改革货币政策在应对宏观问题时候的机制。货币政策的很多工具，如存款准备金率等，其实也兼具着宏观审慎监管的职能。宽松的货币政策立场会导致商业银行的风险偏好和竞争策略改变，从而加大杠杆经营；对于金融市场来说，宽松的货币政策还会导致资产价格泡沫产生，并可能对金融稳定造成威胁，所以货币政策在执行时，需要考虑到金融体系。

第三，金融稳定的概念虽然并不统一，但是金融稳定是一个系统工程，是由多个方面共同组成的。虽然宏观审慎政策被赋予维护金融稳定的职责，但是单纯依靠宏观审慎监管也无法实现金融稳定。因为在事实上，其他的政策也会对金融稳定产生影响，包括宏观审慎政策、微观审慎政策、货币政策、财政政策等。所以从这个角度来说，政策与政策之间总是会产生相互的影响（见图 1.2）。

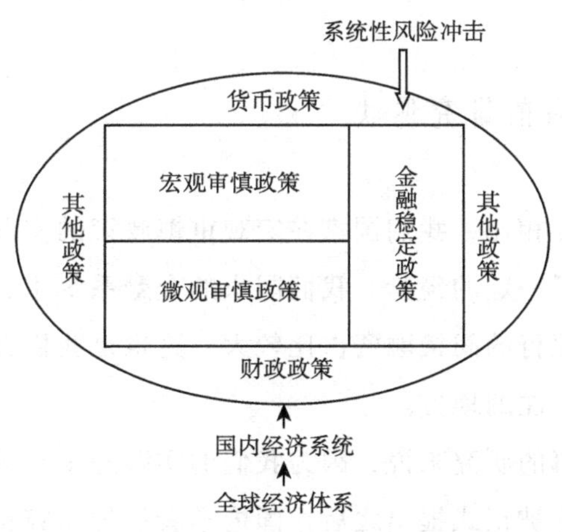


**图 1.2 金融稳定框架和宏观审慎政策**

资料来源：国际货币基金组织。

第四，宏观审慎政策的工具箱是在不断完善的，涉及金融的各个领域，但是最主要的政策工具还是针对于商业银行系统的，所以宏观审慎政策与微观审慎政策、货币政策必然是有重叠的，但是不同的政策对于商业银行的影响程度如何，依据商业银行在融资市场中的规模、系统重要性银行的业务情况、杠杆、资产负债等的不同而有所不同的，所以具体的影响并不固定。

第五，宏观审慎政策在一定程度上，也能辅助实现货币政策目标。因为宏观审慎政策工具通过干预商业银行的经营，促进整个金融系统的稳定，金融系统的稳健能够为宏观经济的有效运转、健康发展提供必要的流动性，促进实体经济的稳健并保障产出的增长，而且产出市场均衡也能够维护价格的稳定，所以宏观审慎政策能够辅助货币政策，但是不能代替货币政策。

第六，宏观审慎政策与货币政策之间也是存在政策冲突的。因为货币政策立场宽松时，会通过商业银行向市场注入流动性。但是如果宏观审慎政策是偏向紧缩的话，就会对贷款价值比、动态拨备等提出要求，这样两项政策之间就会形成冲突，所以两项政策在安排部署时，需要考虑政策权衡与协调。

### 1.3.2 国内的研究现状

与国外的研究相比，我们国家在宏观审慎政策的实践方面其实起步是比较早的，积累了一定的经验。我们国家的金融系统中，特别是在融资市场中，通过商业银行的间接融资占比较大，这也是我们在进行宏观审慎政策研究时会重点关注的地方。

对于宏观审慎的研究来说，因为我们的实践是早于理论的，所以当宏观审慎理念和政策被正式提出之后，国内学者们的研究也有一定的实践经验基础，研究的视角主要涵盖以往经验的总结、其他国家和地区经验的借鉴，以及我国的宏观审慎政策工具箱的构建等，也都取得了很多的研究成果：第一，我们国家的金融系统有我们自己的特色，所以针对商业银行在系统中占据主要位置的情形，我们在选取宏观审慎政策工具时，会更加关注其在银行系统的作用机制，以及可能产生的政策效果。第二，由于金融发展与创新的速度、进度、力度和复杂程度，金融子行业之间的融合不断深入，而且我们的金融改革也是不断推进的，在传统的商业银行之外，还存在着不同类型的融资模式，所以针对可能存在的监管漏洞，特别是分业监管的模式可能导致的监管不足的问题，我们应该构建什么样的金融稳定系统的问题，以及如何构建的问题，都有深入的研究。第三，对于系统性风险以及宏观审慎监管应对的分析，系统性风险的累积和发展有必然性。虽然金融行业本身就是经营风险的行业，但是对于风险的分析和考察不能仅局限在金融机构的内部，经营中的期限转换、资产负债的转换、同业拆借的情况等都会对牵涉其中的业务和机构产生风险，这些风险沉积在系统内，会对金融稳定造成威胁。所以我国很多学者从我国金融体系特点出发，分析我们系统性风险的特点，以及要如何使用宏观审慎政策去应对。

从宏观审慎政策与货币政策的关系的研究来看，取得的主要研究结论或者共识如下：

第一，货币政策在整个经济系统中的宏观经济调控地位是举足轻重的，宏观审慎政策能够配合货币政策维护金融系统的稳健，缓解货币信贷周期的顺周期性，避免金融失衡冲击经济面；在政策当局设置的过程中，宏观审慎政策当局是由中央银行主导的，这样两项政策之间是可以协调与搭配的。当货币政策相对宽松时可能刺激商业银行的杠杆经营行为，导致风险承担过度，而宏观审慎政策可以通过杠杆率要求以及资本充足等要求来限制银行行为，起到平缓信贷波动的作用，从而稳定金融系统，辅助实现货币政策的目标。

第二，宏观审慎政策用以维护金融稳定、应对系统性风险，但是在实现这个目标的政策框架中，微观审慎监管、货币政策等也都有积极且重要的作用。我国的学者使用动态随机一般均衡模型（DSGE）、广义矩估计

(GMM)、多元方向分位数向量自回归模型（MDQVAR）等多种实证的方式来验证宏观审慎政策的效果，以及与其他政策协调的效果，普遍认为宏观审慎政策对于维护金融系统的稳定是有积极作用的，在面对特定的外部冲击时，政策的搭配实施能够起到良好的效果。

第三，货币政策与宏观审慎政策的“双支柱”模式是合适的，且有基础理论支持这种构建方式。不同于微观审慎，宏观审慎与货币政策都是着眼于宏观，政策的传导都是通过中介机构与实体经济之间产生联系，所以“双支柱”政策协调的基础就是渠道的共享机制，也就是商业银行的信用和流动性创造。纵观金融历史中的多次危机，都是源于信用失衡，这也是宏观审慎与货币政策能够相互作用的指向对象，即信用创造和流动性。特别是货币政策需要刺激经济增长时，极有可能诱发潜在的系统性风险，因而宏观审慎政策能够积极地配合与应对，而且有宏观审慎政策的共同作用，在一定程度上也能避免流动性陷阱等问题。另外还有一点就是，要对整个金融系统进行全方位的监测，避免由于分业监管导致的风险监管漏洞。

当然无论是国内还是国外，对于宏观审慎政策以及其与货币政策等的协调方面的研究，都还有很多未尽之处。比如，因为宏观审慎政策对于管理信贷的波动、抑制资产价格泡沫有比较显著的作用，所以在短期内两项政策能够实现互补，但是对于经济体系的中长期目标的关注还有待加强等。

从我国的金融监管改革实践的方面来看，我国在 2018 年组建中国银行保险监督管理委员会，这也是强化有效监管，规避监管空白，加强对银行业与保险业的监管协调的表现，而且从我国对于银行业的监管要求来说，近年来中国人民银行、银监会等都在宏观审慎的监管方面做出了大量的实践，取得了不错的成效。

从国内的宏观审慎实践来看，其实我国在理念实践方面是施行得比较早的，而 2008 年之后，根据国内的金融环境的具体发展情况、既往的金融监管情况、国内商业银行的国际化程度以及规模状况等，中国逐步构建并完善了宏观审慎政策体系（见表1.1）。

**表1.1　　中国在宏观审慎方面的监管实践**

<table>
<tr><th>时间</th><th>文件</th><th>事件</th></tr>
<tr><td>2009年3月</td><td></td><td>加入巴塞尔委员会</td></tr>
<tr><td>2009年6月</td><td></td><td>加入金融稳定理事会（FSB）</td></tr>
<tr><td>2010年4月</td><td>《关于促进房地产市场平稳健康发展的通知》（国办发〔2010〕4号）</td><td rowspan="3">主要是通过对贷款价值比（LTV）的调整对房地产部门、信贷等进行管理，防止资产价格泡沫的膨胀，限制投机行为，维护市场的稳健</td></tr>
<tr><td>2010年9月</td><td>《关于完善差别化住房信贷政策有关问题的通知》（银发〔2010〕275号）</td></tr>
<tr><td>2011年3月</td><td>《关于做好差别化住房信贷政策实施工作的通知》（银发〔2011〕66号）</td></tr>
<tr><td>2010年10月</td><td>《中共中央关于制定国民经济和社会发展的第十二个五年规划纲要》</td><td>“构建逆周期的金融宏观审慎管理制度框架”</td></tr>
<tr><td>2010年年底</td><td>中国人民银行在常规政策工具之外，实行差别准备金率</td><td>根据商业银行的资产情况、充足率水平等经营状况指标，对机构的准备金比率进行动态的要求，约束无序的信贷扩张</td></tr>
<tr><td>2011年5月</td><td>银监会发布《中国银行业实施新监管标准指导意见》</td><td>提出“宏观审慎与微观审慎相结合”</td></tr>
<tr><td>2012年6月</td><td>银监会发布《商业银行资本管理办法（试行）》</td><td>对商业银行的资本充足率提出具体的监管要求，并进行了相关的标准和规则*</td></tr>
<tr><td>2015年</td><td>《中共中央关于制定国民经济和社会发展的第十三个五年规划纲要》</td><td>“加强金融宏观审慎管理制度建设，加强统筹协调”</td></tr>
<tr><td>2015年</td><td rowspan="4">宏观审慎评估体系（MPA）</td><td>主要针对银行业，涵盖差别准备金、合意贷款等；<br>根据指标得分，将参评的银行分为三类</td></tr>
<tr><td>2016年</td><td>将表外理财纳入评估体系</td></tr>
<tr><td>2018年</td><td>同业存单纳入同业负债占比指标</td></tr>
<tr><td>2019年</td><td>将制造业中长期贷款、信用贷款等指标纳入</td></tr>
</table>

续表

| 时间 | 文件 | 事件 |
|---|---|---|
| 2017 年 11 月 | 成立国务院金融稳定发展委员会 | 加强金融监管协调，补齐监管短板 |
| 2018 年 11 月 | 发布《关于完善系统重要性金融机构监管的指导意见》 | 人民银行、银保监会加强对于系统重要性银行的金融监管，与国际金融监管接轨，加强我国的金融稳定 |
| 2020 年 12 月 | 发布《系统重要性银行评估办法》 | |
| 2021 年 10 月 | 评估认定了 19 家系统重要性银行<br>发布《系统重要性银行附加监管规定（试行）》 | |
| 2021 年 12 月 | 中国人民银行发布《宏观审慎政策指引（试行）》 | 明确我国宏观审慎政策的要素 |

注：《商业银行资本管理办法（试行）》第二十四条：商业银行应当在最低资本要求的基础上计提储备资本。储备资本要求为风险加权资产的 2.5%，由核心一级资本来满足。特定情况下，商业银行应当在最低资本要求和储备资本要求之上计提逆周期资本。逆周期资本要求为风险加权资产的 0—2.5%，由核心一级资本来满足。

《商业银行资本管理办法（试行）》第二十五条：除本办法第二十三条和第二十四条规定的最低资本要求、储备资本和逆周期资本要求外，系统重要性银行还应当计提附加资本。国内系统重要性银行附加资本要求为风险加权资产的 1%，由核心一级资本满足。国内系统重要性银行的认定标准另行规定。若国内银行被认定为全球系统重要性银行，所适用的附加资本要求不得低于巴塞尔委员会的统一规定。

资料来源：根据公开资料整理。

中国的金融监管在不断发展的过程中，针对金融市场和金融体系的具体情况，有步骤地推进和完善金融稳定管理政策框架和政策工具，对促进我国的金融稳定、维护经济增长起到重要的作用，也为全球金融监管提供了实践经验，为国际金融监管合作奠定了基础。

## 1.4 本书的创新之处

本书以宏观审慎政策与货币政策渠道共享为分析对象，从危机后引入的宏观审慎监管政策作为金融监管改革重要抓手的背景出发，讨论了宏观审慎监管政策在部署和实施的过程，与货币政策之间的相互关系，特别是对两项政策之间传导渠道存在共享的研究。

在研究内容方面：本书试图将货币政策和宏观审慎政策之间的在政策传导渠道方面的机制进行理论梳理和实证检验。本书系统性地疏理了涵盖审慎监管政策和影响银行风险、流动性、竞争等的货币政策的传导渠道、调控方式等，但是在具体研究的过程中，重点对每部分中的主要问题展开深入的研究，保证研究成果的深度和广度。本研究既从理论上探讨了不同政策传导渠道共享的运行机理，凸显研究的理论价值，又立足于当前金融稳定的实践需求。两项政策互为补充，不可替代。由于在政策运行时，两项政策也会因为传导渠道的重叠而产生冲突风险，因而在框架完善的过程中，需要进行必要的设计和协调。

在具体的方法使用方面：本书在定量分析中，使用含有多部门的动态随机一般均衡模型，使用参数校准的方式，对宏观审慎政策与货币政策共同施策进行模拟分析，通过各类外部冲击的脉冲响应，宏观审慎政策对于货币政策目标的实现是有辅助作用的，同样货币政策对金融稳定目标也是有积极作用的，但是两项政策不能互相替代，因而在对应各种政策目标时，还是专属政策能够起到最直接的稳定作用。需要指出的是，两种政策的实施是需要进行相互协调的，根据具体的经济、金融情况进行安排和部署。

此外，鉴于固定效应模型无法改善小样本带来的估计偏误问题，本书采用系统 GMM 估计方法克服了这一困难，有效地改善模型中存在的内生性问题，而且模型中加入核心解释变量的滞后项，使得估计结果可信度大大提升。本书通过使用系统 GMM 方法估计，利用我国的商业银行数据，具体分析了货币政策与宏观审慎政策在银行风险、流动性、银行信贷三个传导渠道方面的影响机制，以及影响效果，为后续提出政策协调框架完善的建议提供基础。

综合来看，本书研究中重点分析了宏观审慎政策与货币政策在各国的实践安排、国际对比，以及两项政策之间的相互关系，并在此基础上，重点分析审慎监管政策与货币政策在银行风险承担渠道、流动性渠道上的渠道共享机制、共享程度，以及政策效果的差异，在总结我国金融稳定相关政策之间的协调经验的基础上，本着继承和创新的原则，利用相关研究的成果，提出促进方案。为能够更好实现金融稳定，并与货币政策相配合，宏观审慎政策框架需要进一步完善，包括完善差别存款准备金、动态调整等逆周期调控工具、实施差别化信贷政策和逆周期信贷调控模式、完善杠杆率和流动性调控等工具。本书最终为政策的针对性、灵活性和前瞻性提供保障，突出研究的实际应用价值。

## 1.5 后续仍需进一步完善之处

本书虽然对宏观审慎政策与货币政策在政策传导方面的渠道共享情况进行了理论分析和实证检验，但考虑到我国金融市场中的融资主要会通过商业银行渠道，所以渠道共享的分析侧重于商业银行中的具体传导渠道，即在不同政策的作用下，导致银行的风险偏好受到影响，进而对于银行的信贷供给规模和供给能力，以及银行系统的流动性状况都会产生影响。而对于直接融资渠道等未能全面分析的部分，后续还将继续研究。

首先，本书没有重点分析除商业银行以外的其他类型金融机构。事实上，在资本市场上的流动性也是货币政策进行传导的渠道之一，而宏观审慎政策的实施对金融机构和金融市场都会产生影响。对于实体企业来说，企业的经营、外源融资的成本不局限于间接融资，所以在后续的进一步研究中，会更多考虑整个金融市场的流动性状况。

其次，本书在目前的渠道考虑上，尚缺乏跨境资本流动的相关分析，对于宏观审慎政策来说，部分工具是针对币值稳定的，这会影响到汇率，货币政策在实施的过程中，也会影响到跨境资本；而且在全球化的背景下，各国的货币政策之间会产生政策外溢，所以在政策传导渠道上，跨境资本流动也是后续需要深入研究和完善的。另外，在资本跨境流动的情况下，外部冲击的来源也会比封闭经济面临的冲击更加多样化，所以在政策协调方面，更需要顶层设计的相互协同。

第2章

# 宏观审慎及其与货币政策关系的文献综述

金融监管对于金融系统和金融主体的稳定都有重要意义。就监管形式来说，一类是限制性的监管，另一类是审慎性的监管。对于各国的金融监管实践来说，审慎性的监管占到较大比重。在巴塞尔资本协议Ⅰ和Ⅱ中都强调了资本对于商业银行的重要作用，也是通过相关的指标对金融机构进行约束的，但是危机前的监管是从“微观审慎”的角度出发而对“资本充足率”提出要求的。危机爆发之前，大部分商业银行的资本充足率都是能够满足要求的，因而监管各界认识到，微观审慎监管不足以维护金融稳定，以及系统性风险的产生和蔓延，还需要宏观审慎监管进行约束。

## 2.1　宏观审慎监管相关研究

### 2.1.1　宏观审慎监管的概念演进

宏观审慎的理念在 20 世纪的一些内部会议中就曾经出现过，而且带有宏观审慎理念的政策工具也曾经在多国有过实践。Clement①（2010）具体对宏观审慎进行了早期溯源研究，但是早期它只被看作与宏观经济有关联的一个政策方向，也属于宏观调控的安排（Borio②，2009）。BIS③（1986）在讨论中，公开使用过“宏观审慎政策”这个词语，当时将其看作一项支持性政策，旨在稳定金融系统的支付安全。巴塞尔委员会的第一任主席在其讲演中也曾经公开提到过“宏观审慎”，认为其是系统性的约束举措，而不单是从某一家机构的角度出发的，因而其机制和工具更加审慎。

① Clement, P, (2010). “The term ‘macroprudential’: origins and evolution”, BIS Quarterly Review, March, 59 - 67.

② Borio, C, (2009). “Implementing the macroprudential approach to financial regulation and supervision”, Banque de France Financial Stability Review No. 13, September.

③ Bank for International Settlements (1986). “Recent innovations in international banking”, Report prepared by a Study Group established by the central banks of the Group of Ten countries, Basel, April (Cross Report).

2008 年的全球金融危机给全球金融系统和世界经济带来了巨大的冲击，对于危机前的金融监管空白和缺失，各国际监管组织和各国监管当局都进行了深刻的反思，“宏观审慎”也正式进入金融监管改革的具体实施领域，对于其内涵、目标、工具、框架等的研究也日益详细（Shirakawa[①]，2009；Nijathaworn[②]，2009，Tumpel－Gugerell[③]，2009；Brouwer[④]，2010）。

### 2.1.2 宏观审慎监管的研究方向

（1）宏观审慎监管的意义和目标

巴塞尔委员会、金融稳定委员会等国际监管组织在金融改革研究中都指出，宏观审慎的系统性和宏观性对于金融整体稳定的维护和系统性风险的管理的重要性，政策的目标也是指向金融稳定的，但是金融稳定始终没有一个共识性的界定。一般来说，各类既有的文献将金融稳定划分为两种：一种是强调受到外来冲击时，金融系统自身的稳健程度（Allen 和 Wood[⑤]，2006）；另一种就是从内生的角度强调，金融稳定是系统的自身状况，应对外来冲击时的韧性（Schinasi，2004；Borio 和 Drehman[⑥]，

① Shirakawa，M（2009）．“Macroprudence and the central bank”．Speech by Mr Masaaki Shirakawa，Governor of the Bank of Japan，at the Seminar of the Securities Analysts Association of Japan，Tokyo，22 December 2009.

② Nijathaworn，B（2009）．“Rethinking procyclicality－what is it now and what can be done?”. Presentation by Mr Bandid Nijathaworn，Deputy Governor of the Bank of Thailand，at the BIS/FSI－EMEAP High Level Meeting on“Lessons Learned from the Financial Crisis－An International and Asian Perspective”，Tokyo，30 November 2009.

③ Tumpel－Gugerell，G.（2009）．“The road less travelled：Exploring the nexus of macro－prudential and monetary policy”．Speech at the conference“Learning from the financial crisis：financial stability，macroeconomic policy and international institutions”，Rome，12 November 2009.

④ Brouwer，H（2010）．“Challenges in the design of macroprudential tools”．Introductory speech at the workshop on“Concrete macroprudential tools”hosted by DNB，the IMF and the Duisenberg School of Finance，Amsterdam，13 January 2010.

⑤ Allen，W and G Wood（2006）．“Defining and achieving financial stability”，Journal of Financial Stability，vol 2，issue 2，pp. 152－172.

⑥ Borio，C and M Drehmann（2009a）．“Towards an operational framework for financial stability：'fuzzy' measurement and its consequences”，BIS Working Papers，no 284，June.

2009a）。

从对宏观审慎政策目标进行研究的文献中分析，也有一些不同的认识。有一种观点是从危机导致的风险以及社会成本的方面来研究的，认为宏观审慎的目的在于对抗不同阶段的风险估值和成本预测，政策目的就是对抗顺周期的认知（Brunnermeier 等[①]，2009）。另一种观点就是，宏观审慎的政策目标是限制性的，旨在尽力制止出现可能造成高昂经济成本的危机（Borio 和 Drehmann，2009a），这类观点更加普遍，基于这个观点，Crockett[②]（2000）区分了不同的审慎政策的管理目标，审慎监管整体上突出"审慎"，从监管当局的角度，是维护整体以及个体的稳健性，因而通过指标的管理对指向对象进行限制和管理。

Borio[③]（2003）就宏观审慎监管政策以及微观审慎监管政策进行了对比分析（见表2.1），两项政策从各自的命名角度就能够看出侧重点。作为审慎监管的一体两翼，宏观审慎和微观审慎有各自的监管侧重。从巴塞尔资本协议Ⅰ到巴塞尔资本协议Ⅲ审慎监管体系不断完善，危机前的审慎监管是从个体差异和个体稳健的角度提出审慎监管的指标要求、约束个体金融机构的经营、满足基本的底线要求的；而危机之后的金融监管改革，则从宏观的角度，更加强调系统和整体的监督和管理。

**表2.1 审慎监管政策的对比**

| | 宏观审慎政策（macroprudential） | 微观审慎政策（microprudential） |
|---|---|---|
| 直接目标 | 保障金融体系的稳定，缓解系统性风险，进而对经济有促进 | 维护个体金融机构的稳健经营，避免破产危机 |
| 终极目标 | 维护金融安全和经济稳定 | 保护机构的客户和关联方 |
| 金融风险 | 金融系统内的系统性风险 | 机构外的外部冲击 |

① Brunnermeier, M and Y Sannikov (2009). "A Macroeconomic Model with a Financial Sector". Mimeo, Princeton University, November.

② Crockett, A. (2000). "Marrying the micro - and macroprudential dimensions of financial stability", BIS Speeches, 21 September.

③ Borio (2003). "Towards a macroprudential framework for financial supervision and regulation?", CESifo Economic Studies, vol 49, no 2/2003, 181 -216.

续表

| | 宏观审慎政策（macroprudential） | 微观审慎政策（microprudential） |
|---|---|---|
| 机构之间的关系<br>共同风险的情况 | 机构之间存在业务往来等相互关联，风险传递 | 机构面临的外部风险是普遍的 |
| 审慎监管的对象 | 针对整个金融体系<br>从上到下的管理施行 | 针对每一家金融机构<br>自下而上的管理施行 |

资料来源：Borio（2003）。

（2）宏观审慎政策工具的使用

宏观审慎监管工具的实践。因为宏观审慎政策工具和微观审慎政策工具有一定的重叠，两者更多的是监管角度和理念的差别，所以在事实上微观审慎政策工具要比宏观审慎政策的提出要早。而且在各国的早期监管实践中都曾出现过，对于宏观审慎工具箱的具体分析更多的是从巴塞尔资本协议Ⅲ的修订启动开始。Borio[①]（2009）、Blanchard 等[②]（2010）等的文献指出，对于宏观审慎政策工具的研究，一方面集中于政策的实践和实践的效果，另一方面是政策效果的外溢以及与其他的宏观政策的相互关系。对于实现金融稳定目标来说，其他的宏观经济调控政策或直接或间接也能够作用于金融系统。Caruana[③]（2010b）指出，宏观审慎政策工具并不能覆盖到金融系统的方方面面，也不足以解决金融体系的所有系统性问题。Hannoun[④]（2010）在其研究中列出了一个能够起到金融稳定作用的政策列表，用于表明各类宏观政策都能有稳定性效果（见表 2.2）。

① Borio, Claudio, and Mathias Drehmann, 2009. "Towards an Operational Framework for Financial Stability: 'Fuzzy' Measurement and its Consequences," BIS Working Paper No. 284 (June).

② Blanchard, O. Della' Ariccia, G. and Mauro, P., 2010. Rethinking Macroeconomic Policy. International Monetary Fund Staff Position Note, N. 10/03.

③ Caruana, J (2010b). "Macroprudential policy: working towards a new consensus". Remarks at the high - level meeting on "The Emerging Framework for Financial Regulation and Monetary Policy" jointly organised by the BIS's Financial Stability Institute and the IMF Institute, Washington DC, 23 April.

④ Hannoun, H (2010). "Towards a global financial stability framework". Speech at the 45th SEACEN Governors' Conference, Siem Reap province, Cambodia, 26 - 27 February 2010.

表 2.2　　维护金融稳定的可供选择的经济政策

| | 政策指向 | 工具、举措、手段 |
|---|---|---|
| 微观审慎政策 | 保障个体机构稳健 | 资本充足率 |
| 宏观审慎政策 | 维护金融稳定 | 逆周期资本要求、动态拨备、带宽限制 |
| 货币政策 | 管理价格失衡 | 利率相关工具 |
| | 管理货币供给 | 准备金、贴现等 |
| | 调节内外均衡 | 利率、官方储备等 |
| 财政政策 | 调整社会的总体需求情况 | 根据经济的具体情况相机抉择的安排<br>主要的政策工具是税收调节 |
| | 缓冲财政可能面临的冲击 | 合理科学调节政府债务 |
| 资本调节政策 | 调节期限错配 | 调节资产负债表 |

资料来源：Hannoun（2010）。

新兴市场国家在实践宏观审慎政策工具方面，是自东南亚金融危机之后才开始的。随着宏观审慎政策工具箱的完善，更多的工具被开发和应用于宏观审慎监管政策体系中。Borio 和 Shim①（2007）的研究指出，金融失衡不仅来自国内的金融系统，往往还伴随着外汇资金流动。Turner②（2009）就外汇账户管理和限制外币资产波动的宏观审慎政策工具进行了分析。

在东南亚金融危机之后，有些国家实施了市场化的举措，这些政策的初衷是降低对于资本流动的激励，以此来缓解资本流入。比如，国际借贷庇古税，通过实施这样的工具限制资金需求方的成本操作，进而限制货币错配等（Jeanne 和 Korinek③，2012）。但是这样的政策工具往往会给国内

① Borio, C. and Shim, I. (2007). "What can (macro-) prudential policy do to support monetary policy?", BIS Working Paper No. 242.

② Turner, P (2009). "Currency mismatches and liquidity risk: diagnosis and reform". Paper presented at the EBRD High level workshop on Local currency lending and capital market development in emerging Europe and central Asia. London, 3 December 2009.

③ Olivier Jeanne & Anton Korinek (2010). "Excessive Volatility in Capital Flows: A Pigouvian Taxation Approach," American Economic Review, American Economic Association, vol. 100 (2), pages 403-07, May.

的经济造成影响，会导致信用的波动，因而很多研究者认为这不是直接的宏观审慎政策工具，只能算是辅助举措（Mohanty 和 Scatigna[①]，2005；Ghosh 等[②]，2008；Ostry 等[③]，2010）。

针对宏观审慎政策工具的研究，部分文献集中于既往监管工具的顺周期问题，比如资本监管的指标，就存在一定的顺周期性（Saurina 和 Trucharte[④]，2007；Repullo 等[⑤]，2009）。Hanson 等[⑥]（2010）的研究表明，既往的资本监管要求存在一定的不足，因为在经济衰退阶段，约束银行资本的监管要求可能无法使银行免于危机或者提振市场对其的信心，因此认为应该在经济向好的时期，对于资本有更加严格的监管要求，以抵消经济下行期间的影响。

对于宏观审慎工具，有一些比较重要且实践比较成熟的工具。一是贷款损失拨备工具。这个工具在西班牙的实践较为成熟。从风险来源的角度，风险预测和评估的不充分会直接削弱商业银行的资产，并且导致周期波动增大。鉴于这种情况，Jimenez 和 Saurina[⑦]（2006）认为，动态拨备具备一定的前瞻性，可以相对周全地考虑银行在整个经营周期中可能面临的总体信贷损失情况、平滑信贷周期的成本等。二是贷款价值比。这也是

---

① Mohanty, M S and M Scatigna (2005). "Has globalisation reduced monetary policy independence?". In "Globalisation and monetary policy in emerging markets". BIS Papers No 23, May.

② Ghosh, A, M Goretti, B Joshi, U Ramakrishnan, A Thomas and J Zalduendo (2008). "Capital inflows and balance of payments pressures – tailoring policy responses in emerging market economies", IMF Policy Discussion Paper, PDP/08/2.

③ Ostry, J D, A R Ghosh, K Habermeier, M Chamon, M S Qureshi and D B S Reinhardt (2010). "Capital Inflows: The Role of Controls". IMF Staff Position Note SPN/10/04.

④ Saurina, J and C Trucharte (2007). "An assessment of Basel Ⅱ procyclicality in mortgage portfolios". Journal of Financial Services Research, vol 32, October, 81 – 101.

⑤ Repullo, R J Saurina and C Trucharte (2009). "Mitigating the Procyclicality of Basel Ⅱ", in Macroeconomic Stability and Financial regulation: Key Issues for the G20, edited by M. Dewatripont, X. Freixas and R. Portes. RBWC/CEPR.

⑥ Hanson, S, A Kashyap and J Stein (2010). "A Macroprudential Approach to Financial Regulation". Forthcoming in the Journal of Economic Perspectives.

⑦ Jiménez, G, and J Saurina (2006). "Credit Cycles, Credit Risk, and Prudential Regulation". International Journal of Central Banking 2 (2): 65 – 98.

一项实践历史相对较长的工具，特别是在一些新兴市场国家，Borio 等[①]（2001）就研究过商业银行发放贷款时，抵押品价值与贷款值之间的关联，对贷款价值比的上限进行了剖析。三是针对衍生品市场的头寸、保证金等的管理要求。肇始于“两房危机”的次贷风暴表明，衍生品、创新业务的发展都具有一定的不透明性，一旦发生风险会传递且升级，对整个金融系统造成影响。CGFS[②]（2010a）分析了保证金要求、头寸指标等在金融系统中实现管理的可行性，并研究了这些工具手段对于金融市场的顺周期管理的可能性。

以上是从系统性风险累积，从时间维度来分析的政策工具选择，还可以从系统性风险的横截面维度来分析。金融机构之间，基于业务往来而导致资产负债表之间存在着相互联系，因而系统性风险被分散在金融系统之中，也使金融机构面临共同的风险暴露，一旦遇到外生的宏观动态冲击，那么所有机构，包括系统都会面临风险（Acharya[③]，2009）。Calomiris[④]（2009）的研究就专门分析了市场的失灵与否、风险传递的具体传播渠道等，并且因其具有传染性而提出审慎政策工具应当阻断风险传递的渠道，尤其是在机构业务的集中度方面要进行管理。

（3）宏观审慎政策的有效性及测度难点

随着理论研究和监管实践的深入，对于宏观审慎监管的认识不断提升，宏观审慎政策工具已经不再是刚刚起步的阶段，当下已经涉及金融领域的方方面面，而且还在不断扩展和延伸，创新的宏观审慎监管工具不断涌现。

---

① Borio, C, C Furfine and P Lowe (2001). “Procyclicality of the financial system and financial stability: Issues and policy options”. In “Marrying the macro - and micro - prudential dimensions of financial stability”, BIS Papers, no 1, March, pp. 1 - 57.

② Committee on the Global Financial System (2010a). “The role of margin requirements and haircuts in procyclicality”. CGFS Papers No 36, March.

③ Acharya, V, L Pedersen, T Philippon and M Richardson (2009). “Regulating Systemic Risk”. NYU Stern School Working Paper.

④ Calomiris, C (2009). “Banking crises and the rules of the game”, NBER Working Paper no. 15403, October.

虽然宏观审慎政策是在2008年才开始被监管各界所重视，并被写入巴塞尔资本协议中，但是带有宏观审慎政策性质的工具在此之前也曾被使用。Borio和Shim[①]（2007）重点分析了宏观审慎政策工具的有效性，认为在已经实施的政策工具中，动态拨备机制是相对有效的，其中比较成功的是西班牙的实践。以往文献中的经验数据已经证明，在经济相对繁荣的阶段，金融机构和投资人的流动性普遍充裕，因而对于资金需求方的要求能够相对满足，而且审核和要求也比较低，对抵押品的评估也较简易或宽松，如此行为会导致信贷的顺周期性波动，而如果在这个阶段能够使用前瞻性的举措作为缓解手段，根据周期阶段考虑贷款和信用风险，从西班牙使用动态拨备的经历来看，该项工具不但能够对金融顺周期性有一定的缓解，而且在危机来袭、应对外部冲击时，效果还比较明显，对于信贷增长的影响也不大，有效帮助银行构建了强劲的偿付能力，增强了整个金融体系的应对能力（Caruana[②]，2005；Saurina[③]，2009b）。

对于"工具是否有效"的研究，不仅涉及工具本身的效果验证，还涉及数据的采集和筛选问题，而这方面始终存在一定的难度。在宏观经济领域，对于金融和经济之间联系的研究不少，但是金融对于宏观经济作用的模型化定量研究发展较晚，主要是因为信息的采集和整理有一定的障碍，难以形成支持模型的充足数据和信息。Lo[④]（2009）以美国为例，认为应当存在一个专门从事信息和数据采集的部门或者机构，该机构独立于所有部门，专门收集各类金融机构和企业的资产负债数据和市场数据，包括影子银行系统的相关信息等，这样能够充分掌握市场中的各类资

① Borio, C. and Shim, I. (2007). "What can (macro – ) prudential policy do to support monetary policy?", BIS Working Paper No. 242.

② Caruana, J (2005). "Monetary policy, financial stability and asset prices", Occasional Papers, 0507, Bank of Spain.

③ Saurina, J (2009b). "Dynamic Provisioning. The experience of Spain." Crisis Response. Public Policy for the Private Sector. Note Number 7. July. The World Bank.

④ Lo, A. (2009). "The Feasibility of Systemic Risk Measurements", had written testimony for the House Financial Services Committee on Systemic Risk Regulation.

产价格、各种投资组合的情况，有利于更加及时、准确地把握金融体系的情况。

建立类似的数据和信息采集机构得到众多学者的支持。Sibert[①]（2010）认为，欧元区也需要一个数据信息采集的独立机构，在使用相关数据信息时，还是需要有一定的规则和限制，不能造成数据的过度采集和使用。但是即使能够将数据收集上来，有时候也只能发现金融体系出现了不稳定的状况，而对于系统性风险到底是怎么积聚的，相互关系、关联是怎样的，也还是测度困难。针对这些分析系统性风险的困境，Brunnermeier 等[②]（2010）认为，使用不同时段的金融机构与风险和流动性相关的敏感数据，能够帮助监管当局和研究人员分析系统性风险的状况，并可以通过测度均衡结果定量分析宏观审慎政策的有效性。Gauthier 等[③]（2010）使用加拿大某个金融机构的贷款额、风险状况信息、与同业间的关联数据、市场信息等进行分析，发现宏观审慎政策工具中的资本分配机制能够较好地应对金融机构的违约风险（下降25%左右），因而可以判定，宏观审慎政策在保障金融稳定方面，是有效果的。

通过既往的研究可以发现，宏观审慎政策对于金融稳定能够起到一定的效果，但是仍有许多未能完全分析透彻之处。比如，宏观审慎政策的监管成本，对于政策工具有效性的判断依据，政策效应的溢出及对其他政策的影响程度等，对此的研究还不充分。除此之外，还有一些政策体系完善的问题没有得到有效的解决，比如快速反应机制、应急机制、预期管理机制、机构阻力缓解、市场变化的影响等。又如，动态拨备机制，虽然在西班牙的实践是相对成功的，也有研究发现这种机制在经济衰退的情况下，确实能够维持信贷的增长，但是在经济繁荣的阶段，对于抑制过度信贷作

① Sibert, A. (2010). "A systemic risk warning system". VoxEU, 16 January 2010.

② Brunnermeier, M, Gorton, G and A Krishnamurthy (2010). "Risk topography". Mimeo, Princeton University.

③ Gauthier, C., Lehar, A. and M. Souissi (2010). "Macroprudential capital requirements and systemic risk", Bank of Canada, mimeo.

用并不明显，其实这也是因为信贷本身并不完全依赖于间接金融，作为经济主体来说，其获取外部融资的渠道本身就是多层次、多维度的，在经济向好的时期，更容易获得银行以外的信贷资源（Jimenez 等[①]，2012）。而宏观审慎的资本要求本身具有一定的自由裁量性，而不同国家和地区的执行标准和程度不尽相同，因而对于全球性金融机构而言，虽然也受到系统重要性金融机构资本附加的约束，但是这些机构在不同国家和地区的分支机构，受到东道国政策的监管，有时候反而要求并不严格，所以政策效果也会大打折扣（Aijar、Calomiris 和 Wieladek[②]，2012）。

方意（2016）[③] 重点研究了宏观审慎政策的具体工具组合以及政策效果，研究表明有针对性的指标效果是非常明显的，比如贷款价值比、存贷比。贷款价值比最常适用于限制房地产部门的信贷扩张和价格泡沫，而存贷比更多的是针对银行的信贷供给程度，这都是实践中效果较好的工具。分析政策有效性的原因主要在于指标的最终指向对象和预期目标是对应的；研究还指出，在宏观审慎政策传导时，不同类型的家庭之间的相互代替的方向，以及替代的程度也会关系到政策效果，这主要是因为贷款家庭是会从银行进行贷款的，会受到 LTV 的影响，而银行提供贷款又会受到存贷比的约束。

（4）宏观审慎政策的建模方式

在对宏观审慎政策进行定量分析的文献中，以动态随机一般均衡模型（DSGE）较为普遍，因而根据目前对于金融稳定的普遍理解，都认为金融稳定的问题也是宏观经济的一部分，也适用于宏观经济分析方法。系统性风险积聚于金融系统之内，但也是伴随着金融机构的经营而产生的，因而商业银行本身的经营行为就会产生系统性风险，而货币政策虽然不以金融

① Gabriel Jiménez & Steven Ongena & José – Luis Peydró & Jesús Saurina, 2012. “Macroprudential Policy, Countercyclical Bank Capital Buffers and Credit Supply. Evidence from the Spanish Dynamic Provisioning Experiments”, Working Papers 628, Barcelona Graduate School of Economics.

② Aijar, S., C. W. Calomiris and T. Wieladek (2012). “Does macro – Prudential leak? Evidence from a UK Policy Experiment”, NBER Working Paper No. 17822.

③ 方意．宏观审慎政策有效性研究［J］．世界经济，2016（8）：25.

稳定作为政策目标，但是在施行的过程中，也会对商业银行的杠杆产生影响和效应（Angeloni 和 Faia[①]，2009），所以对宏观审慎政策使用宏观经济模型是适当的。

事实上，到目前为止，学界对于金融稳定和系统性风险也没有统一的界定，因而研究者在进行分析时，也从不同的侧重点来剖析金融体系的稳定与否。Kannan 等[②]（2009）构建了一个含有房地产部门的动态随机一般均衡模拟，通过模拟分析显示，作用于信贷周期的相关逆周期工具，是能够对于金融稳定起到作用的，而且其作用还能为货币政策目标的实现提供辅助。Cúrdia 和 Woodford[③]（2010）使用流动性监管指标存贷比的变化来刻画金融的稳定程度，以此作为一个带有前瞻性的指标，当指标显示出金融压力或者冲击时，可通过使用货币政策能够实现福利增进。但是在这个模型中，系统性风险本身并没有被深入研究和模型化，因而在研究宏观审慎建模的进程中，重点引入了商业银行、杠杆率、银行资本等。Bean 等[④]（2010）推动了宏观审慎政策的模型化，在其研究中直接将宏观审慎监管工具进行建模，认可这种监管工具提高了银行的经营成本，通过这样的方式来判断宏观审慎政策与其他宏观经济政策之间的关系。该文献在研究中将这种银行成本增加直接设定为银行的税务，认为这会直接影响银行的资产负债，但是这样的设定合理性不足，因而在此之后的大部分文献都是通过对贷款价值比、资金要求、资本缓冲、动态拨备等进行建模，以便对宏观审慎政策进行定量分析。

---

① Angeloni, I and E Faia (2009). "A Tale of Two Policies: Prudential Regulation and Monetary Policy with Fragile Banks". Mimeo.

② Kannan, P., Rabanal, P. and A. Scott (2009). "Monetary and Macroprudential Policy Rules in a Model with House Price Booms", IMF Working Paper No. 09/251.

③ Vasco Curdia & Michael Woodford, 2010. "The Central Bank Balance Sheet as an Instrument of Monetary Policy," Discussion Papers 0910 - 16, Columbia University, Department of Economics.

④ Bean, C., Paustian, M., Penalver, A. and T. Taylor (2010). "Monetary policy after the fall", paper presented at the Federal Reserve Bank of Kansas City Annual Conference, Jackson Hole, Wyoming, 28 August 2010.

Covas 和 Fujita① (2010)、Catte 等② (2010) 也都对宏观审慎政策工具进行了建模分析，通过评估资本要求对于商业银行的业务周期、抵押贷款、利差等的影响，使用代理模型和美国的数据进行分析，认为宏观审慎监管政策能够有效地对存贷利差产生积极影响，能管控住无序的扩张，即能够对资产价格泡沫的积聚和破裂产生抑制作用。马勇③ (2013) 重点分析了要如何对宏观审慎政策进行分析，表明分析或建模的重点在于关注金融系统的动态变化。

通过上述文献分析得出结论的是，宏观审慎政策工具在使用的过程中，是能够起到熨平信贷波动作用的，而且针对特定部门的工具也能够有效抑制资产价格泡沫的滋生，这些对于金融稳定有重要意义；部分研究还表明，宏观审慎政策工具在实现金融目标的同时，能辅助货币政策目标的实现。

### 2.1.3 宏观审慎政策的研究展望

经历金融大萧条后，金融监管当局更加深刻地认识到系统性风险对于金融稳定的冲击性，单从微观的视角对系统中的金融机构进行监管是无法全面抑制系统性风险的，甚至可能出现监管的顺周期性，所以危机后的宏观审慎监管政策被广泛接纳。虽然对于政策本身、政策工具、政策推进的文献有很多，但是关于宏观审慎政策体系框架的完善，还需要结合金融市场发展的新趋势、新特点继续研究。

研究方向之一就是要关注金融科技的发展。随着创新技术和移动终端的普及，金融与科技充分结合，衍生出大量的金融创新产品和业务，在提

---

① Covas, F and S Fujita (2009). "Time – varying capital requirements in a general equilibrium model of liquidity dependence". Working Papers 09 – 23, Federal Reserve Bank of Philadelphia.

② Catte, P, P Cova, P Pagano and I Visco (2010). "The role of macroeconomic policies in the global crisis". Bank of Italy Occasional Papers No. 69, July.

③ 马勇．宏观审慎的动态方法论基础 [J]．金融评论，2013 (3).

高金融市场效率的同时，也造成了新的风险来源和系统性风险的累积渠道，因而需要结合金融科技的具体发展，完善宏观审慎政策。

研究方向之二就是宏观审慎监管的跨部门工具的使用。从目前的研究文献中可以看到，政策工具还是更多集中于银行系统、外汇市场，跨国、跨部门的工具和举措还相对不够完善，有待进一步推动和研究。

## 2.2　宏观审慎政策与货币政策的相互关系

在整个金融发展的历程中，曾有很多经济学者认为，金融体系作为一个能够独立运转的系统，也是能够自我完善和修正的。作为经济体系中的一部分，只要货币政策能够对经济体系起到宏观调节的作用，那么自然也是能够对金融体系进行调整的。但是随着对经济、金融的认识不断深入，发现经济体系的稳定只依靠单一的政策是不能达到预期的。货币政策作为最主要且成熟的宏观经济调控手段，其对经济体系的安全和稳定起到重要作用，但是经济体系中涉及的层面非常多，货币政策直接应对金融稳定，在一定程度上，是不足以完全实现的，而且金融体系自身的问题，也需要新的手段和工具来帮助系统完善和自愈。因而就需要构建一个具备更完善、全面的监管体系，以便在事前、事中能更好地保护经济和金融体系（Blanchard 等①，2010；Janet L. Yellen②，2010）。在危机爆发之前的政策配合，是货币政策进行宏观经济调控，而对于金融市场、金融机构等的监管是由具体的监管当局施行微观审慎监管的，但是随着危机后金融稳定政策体系的不断完善，货币政策、宏观审慎政策都是从宏观的系统视角进行经济、金融的管理，而宏观审慎、微观审慎都是从金融监管的角度管理金

① Blanchard et al, 2010. rethinking macroeconomic policy.

② Janet L. Yellen, Macroprudential Supervision and Monetary Policy in the Post - crisis World, Business Economics (2011) 46, 3 - 12. doi: 10. 1057/be. 2010. 35.

融体系和金融机构，所以政策之间的相互关系成为研究的重点。

### 2.2.1 货币政策目标范畴——价格稳定与金融稳定

对于货币政策的目标，一直以来都有争论，但是普遍还是比较认可货币政策的目标以控制通货膨胀为主，其政策的预期目标就是维护价格的稳定，将通胀维持在预期目标，并以此来促进经济可持续的稳定增长和发展。但是货币政策对于金融稳定是否有作用以及作用程度如何，始终是有争议的，即使货币政策能够对金融稳定有一定的影响，但是不能熨平所有的金融周期性问题和存在的风险（Lars E. O. Svensson①，2011），从丁伯根原则的角度，也需要有专门针对金融稳定的政策出台，于是宏观审慎政策应运而生。自从全球金融危机之后，巴塞尔委员会对于金融改革提出新的要求和期望，各国在自身的金融监管改革中，都重点引入了宏观审慎监管政策，该政策的政策目标主要涵盖三点：第一，维护金融稳定，缓解不稳定状况；第二，尽可能规避金融风险的积聚，降低风险可能造成的严重后果；第三，事后层面对于风险的控制并试图进行缓解（Peter Sinclair②，2011）。从中能够直观地看出，宏观审慎监管是系统性的部门政策，由于其也是从宏观的角度考虑政策，因而与宏观经济调控政策的货币政策之间是需要综合考虑的，比如，考虑价格稳定和金融稳定之间的关系，区分不同的周期和维度。

从长期视角来分析，这两项政策的政策目标之间本身是没有直接冲突的，金融稳定和价格稳定之间应该是相辅相成、存在一定重叠关系的目标。货币政策如果能够切实通过各种传导渠道作用于实体经济，保障整个

---

① Lars E O Svensson. “Monetary policy after the crisis”, Speech at the conference “Asia's role in the post - crisis global economy”, held at Federal Reserve Bank of San Francisco, 29 November 2011.

② Peter Sinclair (2011). Macroprudential Financial Regulation: Why, What, How? Prepared for the Bank Indonesia Conference on Macroprudential Financial Regulation, Jogjakarta, May 25 and 26, 2011.

经济处于稳定的通胀目标区间，那么在一定程度上，也是有利于金融稳定的，至少能够避免因金融风险的集中爆发而导致失衡。事实上，这个观点被许多研究者通过数据进行过验证，价格不稳定也会直接或间接导致资产价格不稳定，导致金融不稳定，金融危机也可能由此爆发，所以从这个角度来看，中央银行在实施货币政策时，始终将价格稳定作为首要的政策目标，其实这对金融系统也是有意义的（Calomiris 和 Khan[①]，1991；Bordo、Dueker 和 Wheelock[②]，2000）。

但并不是说，价格稳定是金融稳定的充分条件，事实上在金融历史上，也曾出现过价格稳定但是金融不稳定的时期，比如 1929 年的资本主义经济危机，以及日本资产价格泡沫破裂的阶段，都是金融不稳定导致失衡危机，且是在价格稳定的前提下产生的。所以金融体系不是简单的经济体系中的一部分，价格稳定就能决定金融，而且在各类文献（如 Jeremy C. Stein[③]，2011）中，也会说明两项政策之间、价格稳定与资产价格稳定之间、经济稳定与金融稳定之间是存在潜在冲突的。市场价格受到外部冲击，特别是资产价格受到负面冲击的情况下，可能会导致投资者改变投资预期，进而重新进行投资配置，或导致失衡的产生，产生金融不稳定，甚至危机，进而会进一步冲击实体经济。

伴随着市场结构的日趋多层，经济、金融的不断创新，各种相互关联的情况日趋复杂，金融稳定和价格稳定之间的关系，也不再得到普遍共识，需要根据不同的情况进行不同的分析（见表 2.3）。货币政策实施时确实可能导致金融系统中的流动性水平发生变化，影响金融系统的稳定程度，而宏观审慎政策收紧时，也会影响银行系统对实体经济的信贷供给，影响到投资和经济增长等，所以两项政策之间是存在潜在冲突的，在政策

---

① Calomiris and Khan (1991). "The role of demandable debt in structuring optimal banking arrangements", The American Economic Review, (81) June, pp. 457 – 513.

② Bordo, M, M J Dueker and D C Wheelock (2000). "Aggregate Price Shocks and Financial Instability: An Historical Analysis", NBER Working Paper, no 7652.

③ Jeremy C. Stein. Monetary Policy as Financial – Stability Regulation, National Bureau of Economic Research 1050 Massachusetts Avenue Cambridge, MA 02138 March 2011.

目标的实现上是相互影响的，在政策的具体安排和统筹的过程中，还是需要协调的，以避免政策产生冲突。

表 2.3　关于货币政策目标中是否应当涵盖金融稳定

| | 货币政策 | 宏观审慎监管 | 政策协同 |
|---|---|---|---|
| 杰克逊霍尔共识 | 专注于价格稳定 | 金融稳定应该有自己的专有政策 | 不同的政策有自己的目标、自己的工具，两种政策可以有限组合，但是前提是不能相互影响 |
| 逆周期政策 | 货币政策不需要以金融稳定作为目标，但是需要稍微关注，毕竟要承担“最后贷款人”的职责 | 货币政策不能完全应对金融周期的问题 | 金融的脆弱性会影响到市场主体，进而使货币政策的传导受到阻碍 |
| 资产价格稳定 | 价格稳定、资产价格稳定是两个不同层面和不同市场的目标，但是都需要货币政策的关注 | 在资产价格方面，两项政策无法各自施策，会有相互影响 | 金融稳定和物价稳定、经济增长是相互关联的 |

注：资料来源于 Smets① (2013)。

### 2.2.2　货币政策与宏观审慎政策的关系

自 2008 年爆发全球金融危机之后，微观审慎监管政策受到很大的质疑，但是质疑普遍认为，单靠微观审慎监管不足以保障金融稳定，因为其只能保障个体金融机构的稳健运营，所以从巴塞尔委员会到各国的金融监管当局，纷纷选择了宏观审慎监管政策作为金融稳定政策体系的有效补充。在实施和推进完善宏观审慎监管政策时，一个重要的关注点就在于宏观审慎政策与货币政策之间的政策搭配问题（Prakash Kannan 等②，

① Smets, F. “Convergence and divergence in government bond markets: implications for monetary policy.” 2013.

② Prakash Kannan, Pau Rabanal, and Alasdair Scott. Monetary and Macroprudential Policy Rules in a Model with House Price Booms, IMF Working Paper, 2009.

2009)。无论是货币政策还是宏观审慎政策，在进行政策传导时，不可避免都会作用于商业银行的相关经营行为，进而对信贷供给、需求、触发条件等产生影响，在两项政策各自作用时，会对对方的政策目标产生影响，货币政策本身就会对金融体系和金融稳定有一定的作用，而宏观审慎政策在施行时，通过商业银行的信贷供给、风险承担等方面，也会对经济周期的波动产生放大或者缓释的效果，因此这两项都作用于宏观经济稳定的政策，在施策时，有必要进行权衡和协调（见表2.4）。

**表2.4　　　　金融和经济周期不同阶段，两项政策的关系**

| | | 经济周期 | | |
|---|---|---|---|---|
| | | 经济不景气 | 相对平稳 | 经济景气 |
| 金融周期 | 周期性繁荣 | 负向协同 | 相对中立 | 正向协同 |
| | 相对平稳 | 各自施策 | 各自施策 | 各自施策 |
| | 周期性衰退 | 正向协同 | 相对中立 | 负向协同 |

（1）宏观审慎政策与货币政策对对方的政策目标影响不大

Nier和Kang（2013）、Cerutti等[①]（2017）的研究都表明，宏观审慎监管在应对资产价格波动和无序的信贷扩张，对于保障金融稳定方面具有显著的效应，但是货币政策对于宏观审慎政策目标的影响不大。

Richter、Schularick和Shim[②]（2018）通过不同国家使用宏观审慎监管政策工具LTV的效用进行政策效果的分析，通过针对发达经济体和发展中经济体的季度数据的定量分析，认为紧缩性的LTV对于产出的作用不明显，对于价格稳定的影响基本没有，而宽松的LTV对于经济指标的影响就更微乎其微了。通过56个国家的数据可以看出，宏观审慎政策对于价格和产出的影响基本没有，但是在应对房地产价格、信贷等金融指标

① Cerutti, E. et al (2017). "The use and effectiveness of macroprudential policies: New evidence", Journal of Financial Stability 28 (1): 203-224.

② Richter B, Schularick M, Shim I. The macroeconomic effects of macroprudential policy [J]. BIS Working Papers, 2018.

时，却能够起到积极的作用，因此用于调节金融稳定比较合适。

闫先东和张鹏辉[①]（2017）、吕进中等[②]（2018）对逆周期的宏观审慎政策工具进行模拟分析，综合分析了政策的效果以及其与货币政策之间的协调和搭配。从实证模拟的结果来看，逆周期的宏观审慎监管政策工具对于金融体系的影响更加显著，能够改善金融顺周期的问题，对于约束商业银行的信贷是有显著作用的，而且有利于抑制金融加速器机制，对于经济主体的过度行为有抑制的作用，针对顺周期性也能够进行有效干预。另外，在与货币政策同时实施时，宏观审慎政策能够独立实现维护金融的目标，而且对于价格稳定、产出稳定等货币政策目标的影响有限。

（2）货币政策对于宏观审慎政策目标（金融稳定）的促进

关于货币政策的目标体系的研究文献还是相对较多的，其中对于货币政策的执行周期的研究（Bernanke 等[③]，2001；Goodfriend[④]，2002；Giavazzi 等[⑤]，2006）认为，货币政策的计划、实施周期大致会在 2 年时间，而且政策目标还是主要定位在价格稳定上，对于其他的政策的目标，关注得不充分或者较少，不是要解决的首要矛盾，所以金融稳定目标对于货币政策来说，也许会被考虑，但是绝对不在最重要的位置。而另外一方研究者则认为，货币政策能够直接影响金融系统的稳定状况，比如货币政策提高存款准备金率，就能使银行的信贷供给降低，抑制银行承担高风险

① 闫先东，张鹏辉，YAN，等．货币政策与宏观审慎政策的协调配合［J］．金融论坛，2017（4）：12.

② 吕进中，张燕，张鹏辉，等．宏观审慎政策工具的有效性研究——基于动态随机一般均衡模型的分析［J］．金融监管研究，2018（10）：15.

③ Bernanke，B and M Gertler（2001）．"Should central banks respond to movements in asset prices?"，American Economic Review，May，91（2），pp. 253－257.

④ Goodfriend，M（2002）．"Interest Rate Policy Should Not React Directly to Asset Prices"，in Asset Price Bubbles：The Implications for Monetary，Regulatory and International Policies，（eds. William Hunter，George Kaufman and Michael Pomerleano），MIT Press，pp. 427－444.

⑤ Giavazzi，F.，and F. Mishkin（2006）．"An Evaluation of Swedish Monetary Policy between 1995 and 2005"．Report published by the Riksdag（Swedish parliament）Committee on Finance.

（Kent 等[①]，1997；Borio 等[②]，2004；Filardo[③]，2004）。Faia 和 Monacelli[④]（2007）认为，虽然货币政策目标主要是价格稳定和经济增长，但是如果将资产价格稳定也纳入目标体系，择机采取合适的货币政策工具或者调整政策走向，会得到更高的福利水平，所以货币政策对于金融稳定是有作用的。

在危机之前的研究文献中，虽然也有货币政策是否作用于金融稳定的内容，但是随着各界对于危机的反思，这个议题更加被关注，而且从研究的结论上看，有更多的研究（Trichet[⑤]，2009）认为货币政策中的一些工具能够通过其施策形式抑制金融风险，进而对宏观金融稳定产生积极意义。Angeloni 和 Faia[⑥]（2009）的研究关注到的是，商业银行的经营管理以及由此产生的经营风险，通过相关分析认为货币政策工具在执行和传导的过程中，通过影响银行资本，能够影响资产价格的波动以及商业银行的经营杠杆，并且很大程度上抑制可能在这些领域中产生和积聚的金融风险。Borio 和 Drehmann[⑦]（2009a）的研究表明，通过货币政策的实施，对金融稳定是有积极作用的，而且从宏观审慎政策的角度来说，单纯依靠其来解决不断累积的金融失衡，对于宏观审慎政策当局来说，负担过于繁重。

---

① Kent, C and P Lowe (1997). "Asset - price Bubbles and Monetary Policy", Reserve Bank of Australia Research Discussion Paper 9709.

② Borio, C and W White (2004). "Whither monetary and financial stability? The implications of evolving policy regimes", BIS Working Papers, no 147, February 2004.

③ Filardo, A (2004). "Monetary policy and asset price bubbles: calibrating the monetary policy trade - offs". BIS Working Paper No. 155, June.

④ Faia E, Monacelli T. Optimal Interest Rate Rules, Asset Prices, and Credit Frictions [J]. Journal of Economic Dynamics and Control, 2007, 31 (10): 3228 - 3254.

⑤ Trichet (2009). "Credible alertness revisited", intervention at the symposium "Financial stability and macroeconomic policy", Jackson Hole, Wyoming, August 2009.

⑥ Angeloni, I and E Faia (2009). "A Tale of Two Policies: Prudential Regulation and Monetary Policy with Fragile Banks". Mimeo.

⑦ Borio, C. and M. Drehmann (2009). Assessing the Risk of Banking Crises - Revisited. *BIS Quarterly Review*, 29 - 46.

总结相关的现有文献能够看到，很多的文献研究（Janet L. Yellen[①]，2009；Charles Bean 等[②]，2010）是认可货币政策对于金融稳定是有效用的，能够在一定程度上抑制金融系统内的风险，因而认为货币政策是能够促进宏观审慎政策目标实现的。得出如上结论，主要是基于以下两个方面的考量：第一，货币政策虽然针对价格稳定，但是资产价格也是价格，因而对资产价格有影响，特别是利率政策工具，能够直接影响到资金的持有、借贷成本。当然在紧缩货币环境下，这个作用更明显。如果货币政策环境宽松（利率下降），就可能会对资产价格产生相反的影响，并由此导致普遍性的潜在风险产生并隐藏在繁荣表象中；对此若是没有审慎关注，则会导致顺周期问题的出现（Loisely 等[③]，2009）。第二，货币政策风险承担渠道，这方面也来自宽松的货币政策环境。由于市场面持续向好，所以市场主体往往会因为市场的繁荣而忽略未来可能产生的风险，对于风险的宽容度普遍有所增加，进而进行更多的高风险业务，可以比较肯定的就是，货币政策传导是有风险承担渠道的，通过此渠道，商业银行的经营风险会在经济繁荣时期累积得更多（Tobias Adrian 等[④]，2009；Borio 和 Zhu[⑤]，2008）。综上可知，货币政策紧缩时，能够对金融风险有一定的抑制。

Faia 和 Angeloni[⑥]（2009）的研究指出，商业金融机构是以盈利为目

---

① Janet L. Yellen (2009). "Linkages between Monetary and Regulatory Policy: Lessons from the Crisis," presentation to the Institute of Regulation and Risk, North Asia, held in Hong Kong, November 17.

② Charles Bean, Matthias Paustian, Adrian Penalver, and Tim Taylor (2010). "Monetary Policy after the Fall," paper presented at "Macroeconomic Challenges: The Decade Ahead," a symposium sponsored by the Federal Reserve Bank of Kansas City, held in Jackson Hole, Wyo., August 26 – 28, www. kansascityfed. org/publicat/sympos/2010/bean – paper. pdf.

③ Loisely, O, A Pommeretz and F Portierx (2009). "Monetary policy and herd behavior in new – tech investment". Mimeo, Banque de France, November.

④ Tobias Adrian and Hyun Song Shin (2009). "Money, Liquidity, and Monetary Policy," American Economic Review, vol. 99 (May), pp. 600 – 605.

⑤ Borio, C. and H. Zhu (2008). "Capital regulation, risk – taking and monetary policy: a missing link in the transmission mechanism?", BIS Working Paper No. 268.

⑥ Angeloni, I and E Faia (2009). "A Tale of Two Policies: Prudential Regulation and Monetary Policy with Fragile Banks". Mimeo.

的的机构，在其经营和发展的过程中，本质上就是在经营风险，所以始终是与风险相伴的，系统性风险在时间维度方面的累积也是由此而来的，而货币政策的实施，虽然可能没有主要针对金融机构，但是也会对资产价格产生影响，对于价格的杠杆限制起到积极的作用。

Blinder（2010）指出，因为中央银行的职责中包含“最后贷款人”，执行这项职能的成本高昂，代价巨大，所以中央银行为了避免危机的爆发需要关注系统性风险和金融稳定。Caruana[①]（2011）也是支持这一观点的，认为金融稳定的概念相对广泛，本身就没有统一的界定，其是由一个多方面、多维度的系统而共同构成的。宏观审慎监管虽然是直接针对金融系统进行宏观管理的，但是肯定有力所不能及的地方，所以应该与货币政策共同协作，抵御金融压力和金融冲击。

由于货币政策的利率工具主要是通过商业银行进行传导的，通过调整利率影响金融机构的信贷条件和经济主体的融资成本，而宏观审慎政策工具主要是通过直接限制银行风险资本的方式，来限制信贷供给，所以从这个角度来看，在达到金融稳定目标的视角上，两个政策看起来都能起到一定的作用。Woodford[②]（2012）认为，利率工具本身就能够通过影响信贷起到影响资产价格，进而维护金融稳定，所以货币政策也能够有金融稳定的作用，在此基础上，宏观审慎政策也能够起到维护金融稳定的作用，但是宏观审慎政策不能够满足金融稳定的全部需求。而Svensson[③]（2012）的研究则认为，货币政策不应该过多关注金融稳定，而需要以管理通货膨胀为主要目标。宏观审慎政策能够直接管理商业银行的杠杆率，所以是针对金融稳定的有效政策，两项政策不能混淆。

---

① Caruana, J.（2011）.“Central banking between past and future：Which way forward after the crisis?”, Speech presented at the South African Reserve Bank 90th Anniversary Seminar, Pretoria, 1 July.

② Woodford, M.（2012）.“Inflation Targeting and Financial Stability,” Sveriges Riksbank Economic Review, 2012：1.

③ Svensson, L. E.（2012）.“Comment on Michael Woodford, ‘Inflation Targeting and Financial Stability’,” Sveriges Riksbank Economic Review, 2012：1.

Levine 和 Lima[①]（2015）的研究也从福利的角度证明了货币政策对于金融稳定的意义。由于福利增进的效果比较明显，所以货币政策与宏观审慎政策的配合更加有利于金融稳定。无论两项政策的当局是合并在一处还是分开设立，只要货币政策对于金融失衡进行了调节，就有利于金融稳定，也会有利于社会福利。Notarpietro 和 Siviero[②]（2015）研究了存在金融摩擦的情况下，货币政策应对房地产价格波动的作用，认为房价大幅下跌是由于住房刚需的下降，或者是外界的金融压力导致下跌，此时的货币政策应对，即宽松的货币政策是有利于市场恢复的，社会福利有增进。但是需要说明的是，货币政策对于房地产价格波动进行的应对，很大程度上取决于金融摩擦的具体情况。Praet（2016）指出，货币政策与金融政策之间必然有相互的影响，主要是因为货币政策的覆盖面广泛，能够涉及市场中的各个主体和领域，也能够涉及金融领域，特别是约束金融中介机构的行为，所以随着经济市场的不断变化，货币政策的作用和工具也可以有所延伸。面对不断变化的市场环境，相对狭窄的货币政策目标将不利于经济的稳健增长。马勇等[③]（2017）的研究也证明了类似的结论，即货币政策关注金融稳定目标，不仅不会使原有的政策目标受到影响，而且能够与宏观审慎政策共同维护金融稳定，达到金融稳定且经济增长，在面对外部冲击时，也能更加有效地增强应对的能力。

（3）宏观审慎政策促进货币政策目标的实现

通过对现有文献的分析，能够看出宏观审慎政策的施行，不仅能够对金融稳定起到积极作用，在一定程度上，也能够对货币政策目标有良好的影响，减轻货币政策工具的实施力度。比如，N' Dyaie[④]（2009）构建了

---

① Levine P, Lima D. Policy mandates for macro - prudential and monetary policies in a new Keynesian framework [J]. Working Paper, 2015.

② Notarpietro A, Siviero S. Optimal Monetary Policy Rules and House Prices: The Role of Financial Frictions [J]. Journal of Money Credit & Banking, 2015, 47 (s1): 383 -410.

③ 马勇，张靖岚，陈雨露．金融周期与货币政策［J］．金融研究，2017（3）：21.

④ N' Diaye, Papa M' B. P. (2009). "Countercyclical Macro Prudential Policies in a Supporting Role to Monetary Policy". IMF Working Paper No. 09/257.

一个含有商业银行、银行资本等部门的模型，通过使用宏观审慎政策工具作用于银行的资本，避免银行在经济繁荣的阶段过度信贷，达到稳定金融系统的目标；与此同时还发现，在使用了该项逆周期的资本要求后，货币政策当局在实施政策要达到调整通胀目标时，其需要变动利率的幅度更小，即可达到预期目标。宏观审慎政策体系中的缓解信贷周期的工具，也能对货币政策目标有一定的促进作用。另外，该文献中也分析了货币政策对于资产价格稳定的有益之处，表明如果市场中出现经济过热，即信贷过度扩张以及滋生资产价格泡沫，那么更强力度的货币政策机制也是能够对此产生抑制作用的，阻止信贷和资产价格泡沫的进一步失衡。Catte 等[①]（2010）的研究分析了宏观审慎政策工具中的贷款价值比，这项工具能够对存贷利差起作用，数据分析显示，如果在危机爆发以前的 3—4 年，美国若是能够实施该项政策工具，不仅能够缓解房地产市场的失衡以及房贷规模的攀升，而且能够对经济体系中的其他部门产生积极的缓解作用。不难看出，能够缓解信贷顺周期的宏观审慎政策工具，对于稳定产出的波动都是有积极意义的。

其实很大部分的研究都认为，宏观金融监管的实施，对于经济体是有积极意义的，包括 BIS 的经济报告中也提到过金融稳定是能够与实体经济之间实现良性互动的。因为金融市场的繁荣和稳定是为实体经济提供资金支持的，金融渠道的畅通在一定程度上保障了货币政策渠道的顺畅，特别是两项政策同向发力且渠道共享时，两项政策的政策效果都比较容易实现，且不会产生冲突。Vinals[②]（2013）通过分析宏观审慎政策与各类宏观经济管理政策之间的关系，结果表明，宏观审慎监管政策的实施，对其他的宏观经济政策，特别是货币政策的目标有推动作用，能够共

① Catte, P, P Cova, P Pagano and I Visco (2010). "The role of macroeconomic policies in the global crisis". Bank of Italy Occasional Papers No. 69, July.

② José Vinals, Pazarbasioglu C, Surti J, et al. Creating a Safer Financial System: Will the Volcker, Vickers, and Liikanen Structural Measures Help? [J]. IMF Staff Discussion Notes, 2013, 13 (4): 1.

同维护价格稳定。Jiménez 等（2016）主要研究了西班牙的动态拨备政策。西班牙的动态拨备制度是在国际实践中比较成功的范例，不仅推行时间较早，而且取得了显著的效果。该文献对此的研究，不仅再次证明了西班牙动态拨备制度在抑制信贷周期方面的作用，而且还表明资本缓冲每增加1%，社会就业提升大约6%，信贷增加9%。Boar 等（2017）使用64个国家的相关数据，也证实了宏观审慎监管政策可以用于维护金融稳定，而且在同等条件下，使用了宏观审慎政策的国家，它们的经济增长也显得更加有力，经济的波动幅度也更加平缓。肖立伟[①]（2018）认为，如果宏观审慎监管政策的工具选择得合适，是能够对货币政策的实施起到辅助作用的，从而提高整体的福利水平，但是政策工具之间由于有重叠的情况存在，可能导致政策利率变得不够稳定。所以宏观审慎政策能否帮助货币政策目标的实现，一方面需要看两个政策的立场，另一方面也涉及具体的工具的选择，但是多数情况下，政策是能够相互配合且相互有利的。

事实上，关于两项政策之间的关系如何，相关的研究并不是非常丰富；不同的经济周期，两者相互关系的表现也不尽相同，而且研究者使用不同代表指标作为宏观审慎政策工具，对于研究结果的影响也存在众多的差异。有的研究将宏观审慎政策设定为对于银行的税收，因此对银行的资产负债结构产生影响，以此来分析宏观审慎政策与货币政策间的关系，这与实践中的宏观审慎政策存在较大的差异。因此对于两项政策之间的相互影响和相互关系到底是怎么样的，还需要进行更深层次的研究，比如两项政策在什么状态下是能够合作的，在什么情况下又是需要协调的，以及以哪个政策为主、哪个政策为辅的问题，还需更多地剖析（Bean 等[②]，

---

① 肖立伟．“货币政策+宏观审慎政策”双支柱政策的相互作用和协调［J］．上海金融，2018（9）：14.

② Bean, C., Paustian, M., Penalver, A. and T. Taylor (2010). "Monetary policy after the fall", paper presented at the Federal Reserve Bank of Kansas City Annual Conference, Jackson Hole, Wyoming, 28 August 2010.

2010；Gertler 和 Karadi[①]，2009）。

（4）宏观审慎政策与货币政策实施中的潜在冲突

从理论的角度，政策当局都是期望宏观经济政策之间能够形成协力，共同对宏观经济环境产生更好的效应。但是宏观审慎政策和货币政策之间，并不是总能朝着相同的方向使力，两项政策有时甚至是背道而驰的施策方向。例如，市场中出现了新的技术，技术升级促进了生产力的提升，产品的生产时间明显缩短，所需成本也显著下降，由此导致产品的售价降低，面对这种技术冲击导致市场的波动，货币政策是偏向于宽松的，因而会对市场注入一定的流动性。但是考虑到技术进步可能对于经济中产能落后的经济主体造成压力，进而导致对这些企业贷款的商业银行面临信贷风险，因而从宏观审慎政策当局的角度，为规避进一步的信贷风险，会选择限制信贷扩张的相关政策工具。这时两项政策的施策方向是相反的。

Kannan，P. 等[②]（2009）研究证明，宏观审慎政策工具的选择，可能会给货币政策的工具选择以及政策实施带来一定的干扰，使货币政策安排更加复杂。比如，宏观审慎政策最常使用的逆周期工具，当该工具被使用时，对于货币政策当局来说，就需要充分考虑经济周期的具体变化，确定周期的划分和临界，以及宏观审慎政策会如何影响周期，以及会如何影响到货币政策的渠道和效果。

Jeannine Bailliu 等[③]（2012）也证明了类似的观点，通过逆周期相关的宏观审慎政策工具，当金融机构在经济周期处于上升阶段的时，不会过度发放贷款，从而能够抑制过度的风险承担行为，在很大程度上能平缓顺周期的问题，但是这与上升阶段的货币政策工具的实施目标是有差异的，宏观审慎政策工具的外溢效果，会影响到货币政策的实施效果。因为两项

---

① Gertler，M and P Karadi（2009）．"A Model of Unconventional Monetary Policy"．Mimeo，NYU，April.

② Kannan，P.，Rabanal，P. and A. Scott（2009）．"Monetary and Macroprudential Policy Rules in a Model with House Price Booms"，IMF Working Paper No. 09/251.

③ Jeannine Bailliu，Césaire Meh and Yahong Zhang，Macroprudential Rules and Monetary Policy when Financial Frictions Matter，Bank of Canada working papers，2012 - 6.

政策都是主要通过商业银行的信贷和杠杆机制来发生作用的，一个政策要放松，一个政策要紧缩，冲突都会作用于相同的渠道，而银行经营管理指标，对于信贷供给等都是比较敏感的，因此两项政策之间会发生冲突。而在经济衰退的阶段，宏观审慎政策也有可能影响到货币政策的实施效果。比如，20 世纪 90 年代日本房地产价格泡沫破裂，为恢复经济，货币政策当局加大了流动性的释放，但是宏观审慎政策当局或从限制信贷、强化标准的角度要求更充足的资本，这会导致经济复苏的进程受阻。在经济、金融管理实践中，两项政策很难完全分开，因为在商业银行的领域，两者的传导渠道是近似的，因此需要更多的、更深入的研究来分析两项政策之间需要如何协调。

Ueda 和 Valencia[①]（2012）的研究指出，之所以宏观审慎政策与货币政策存在需要协调的问题，就是因为它们之间有新的政策时机不一致问题。中央银行在实施货币政策时，首先会优选有利于达到通货膨胀目标的工具，随着经济周期的变化，中央银行可能会容忍更高一些的通货膨胀，从而达到减少负债实际价值的目的，缓解社会经济面的整体压力。但是宏观审慎政策在调整时，频率和时机可能都不是随时的。Cecchetti 和 Kohler[②]（2012）在其研究中也得到结论，即两项政策之间如果没有很好地沟通协调，那么潜在的冲突可能导致新的风险产生。另外，这篇文献还得到另一个结论，宏观审慎政策也可能达到价格稳定的效果，“宏观审慎 + 货币政策”会达到比单独使用货币政策更好的效果。当然这不适用于所有的经济情况，它只适用于社会面受到某些特定冲击时，而且也要考虑到工具在模型化过程中的具体设置。

当然也有一些研究，通过实证检验的方法认为宏观审慎监管政策对于货币政策的目标是有影响的。一般认为，货币政策的许多政策工具都是通

① Ueda, Kenichi and Valencia, Fabian V., Central Bank Independence and Macro – Prudential Regulation (April 23, 2012). IMF Working Paper No. 12/101.

② Cecchetti, Stephen G. and Kohler, Marion. When Capital Adequacy and Interest Rate Policy are Substitutes (and When They are Not) (May 1, 2012). BIS Working Paper No. 379.

过金融中介传导的，而宏观审慎政策的本身就是对金融系统和金融机构进行管理，所以宏观审慎政策的实施，会影响到货币政策的执行。宏观审慎政策对于银行系统的监管要求严格的阶段，也会产生类似紧缩性货币政策的效果，而宏观审慎政策放松监管指标时，对于银行系统来说，也类似于货币政策提供货币供给。如果货币政策立场与宏观审慎政策立场出现不一致的话，肯定会造成政策效果的互相影响。

Sanchez 等①（2016）、Bachmann 和 Rueth②（2017）的研究都认可了宏观审慎政策工具对于金融市场的积极作用，但是也都认为宏观审慎政策的实施，对于货币政策目标的实现有负面的作用。Bachmann 和 Rueth 研究了美国金融市场受到贷款价值比效应影响的情况，该政策工具在应对房地产市场的价格波动方面比较有效，但是对货币政策目标的影响就比较负面。该文献研究表明，贷款价值比（Loan to Value，LTV）上升 0.25% 将会导致 GDP 下降 0.1%，为此美联储不得不通过降息的方式，来弥补由于 LTV 的收紧对市场和经济造成的负面影响。Kim 和 Mehrotra③（2017）使用了 VAR 模型对四个国家的宏观经济和监管政策进行分析，通过结构面板数据验证表明，从紧的宏观审慎政策虽然对于货币政策目标有不利的影响（因为无论货币政策的立场是什么，其目标都是保障价格和产出稳定），但是从紧的宏观审慎政策总是会影响到产出，所以在经济平稳时，或者非危机时，两项政策是可以互补使用的。Ayyagari、Beck 和 Peria④（2018）使用了 48 个国家的大、中、小企业数据进行分析，通过研究这些国家在 2003—2011 年使用过的带有宏观审慎监管性质的手段或举措来分析政策效

---

① AC Sánchez, Rasmussen M, Rhn O. Economic Resilience. What Role for Policies? [J]. Journal of International Commerce Economics and Policy, 2016, 07 (2): 1650009.

② Bachmann R, Rueth S. Systematic Monetary Policy and the Macroeconomic Effects of Shifts in Loan - to - Value Ratios [J]. Social Science Electronic Publishing.

③ Kim S, Mehrotra A. Managing price and financial stability objectives in inflation targeting economies in Asia and the Pacific [J]. Journal of Financial Stability, 2017, 29: 106 - 116.

④ Ayyagari M, Beck T, Peria M S M. The Micro Impact of Macroprudential Policies: Firm - Level Evidence [J]. Imf Working Papers, 2018.

果，结果表明宏观审慎政策对于缓解信贷的快速增长是有明显作用的。而且结果还表明，虽然中小微企业的发展更依赖于银行贷款，但是信贷增速的放缓反而对这样的企业是有好处的，这样的政策效果更有利于市场主体的均衡发展。另外，结果也表明这些政策的实施，同样降低了投资的增速，消费市场也受到一定的影响。

### 2.2.3 宏观审慎政策与货币政策之间关系的实证分析

在对金融稳定进行实证分析的同时，对于宏观审慎政策与货币政策之间相互关系的实证分析也越来越丰富。在这些文献中，对于金融不稳定的设置，是各类文献中最不尽相同的地方。但是从中也能发现，对于系统性风险的模型化还比较少。从各类定量分析的文献中可以看出，对于金融不稳定的模型化方式和代理设置，有的更合理一些，有的合理性是有争议的。

Kannan 等[①]（2009）通过 DSGE 建模，加入了房地产部门，通过模拟验证，信贷相关的宏观审慎政策工具，对于货币政策目标的实现也有一定的积极作用。如果货币政策的立场是偏紧缩的，宏观审慎政策工具的配合使用则能够使信贷扩张和通货膨胀都得到有效的抑制，而且对于资产价格泡沫的形成有缓释的作用。但是如果整个体系面临的不是金融负面影响，只是技术类的冲击，那么泰勒规则的货币政策工具就能够很好地实现货币政策的目标，能够应对价格波动和产出波动。

Ramona Jimborean 等[②]（2010）使用法国的经济面数据和部分商业银行的经营和管理数据指标，利用向量自回归模型（FAVAR）分析了商业银行的经营以及自身的信贷渠道等是否会对货币政策的效果产生影响。该

① Kannan, P., Rabanal, P. and A. Scott (2009). "Monetary and Macroprudential Policy Rules in a Model with House Price Booms", IMF Working Paper No. 09/251.

② Ramona Jimborean, Jean – St' Ephane M. ' Esonnier Journal International Journal of Central Banking – IJCB Volume December 2010, Volume 6, Issue 4, PP. 71 – 117.

文献重点考虑了商业银行的经营杠杆以及自身的流动性状况，这些指标虽然是商业银行自身经营稳健与否的关键考量，但是也能从中找寻到宏观经济整体波动的情况。因而对于流动性和杠杆率这两个宏观审慎政策可以施力的渠道，政策能够通过其起到缓解顺周期的效果。在此基础上，该文献继续研究了货币政策对于商业银行的影响，通过对比单个银行的经营因素对宏观经济的允许反馈效应和限制反馈效应，结果显示个体金融机构的经营指标中所蕴含的宏观经济信息对于货币政策的目标影响不大，甚至没有。这也就在一定程度上表明，货币政策对于商业银行的监管作用并不突出。如果商业银行自身的经营出现不稳定的状况，中央银行是难以发现并处置的，因而对于金融系统中积聚的系统性风险，对于货币政策当局来说，也是难以起到关键性作用的。因此宏观审慎政策管理金融稳定的职能，是其专有的且是不可替代的。另外，这篇文献结合微观层面的个体银行和宏观层面的整体情况，认为货币政策当局和宏观审慎政策当局各司其职，共同作用才能维护整体经济的稳定。

Paolo Angelini 等[①]（2012）通过动态模拟的方式分析政策之间的作用情况，其中重点嵌入了商业银行的运行，通过检验认为宏观审慎政策的主要政策目标和政策职能都集中于金融稳定，是不会对经济体产生过多的外溢效应的。作为宏观经济管理的重要手段的货币政策，本身也是有能力可以维护价格稳定、促进经济增长的，两项政策互不干扰。但是如果当经济面受到金融压力时，两项政策共同作用能够收到最大的效应。

随后的大量文献中，都是使用动态随机一般均衡模型进行分析，只是选取的视角有所差异。Quint 和 Rabanal（2014）使用动态随机一般均衡模型评估欧元区的数据，但是他们的研究只考虑了欧洲中央银行的货币政策对宏观审慎政策的影响；Bailliu 等（2015）也是用 DSGE 模型检验货币政策和宏观审慎规则的关系，并且证明了政策当局都会主动应对金融失衡。

---

① Paolo Angelini & Stefano Neri & Fabio Panetta, 2012. “Monetary and macroprudential policy”. Working Paper Series 1449, European Central Bank.

在其他的模型使用方面，Federico 等（2014）① 为了改变宏观经济数据存在内生性的问题，用存款准备金率作为货币政策的工具、逆周期要求作为宏观审慎政策的代表进行了相关研究，使用了 52 个国家 1997—2011 年的宏观经济数据，得到的结论是：对于新兴市场国家来讲，货币政策和宏观审慎政策的搭配能够起到同时满足价格稳定和金融稳定的要求。同样，为了避免宏观经济数据的一些内生性的问题，Tressel 和 Zhang（2016）② 使用了欧元区的银行数据来进行分析，他们通过使用银行贷款的情况来评估宏观审慎政策的有效性，通过实证检验表明，以银行资本成本作为管控目标的政策工具在缓解信贷方面的作用最为有效，而且这个渠道与货币政策的传导渠道重叠。他们还证明，在货币政策立场宽松的情况下，贷款价值比工具的作用也是显著的。

Gambacorta 和 Shin（2016）③ 通过对 10 个国家的商业银行的数据进行定量分析，研究证明银行权益是影响银行融资成本和贷款供给的重要因素，银行权益/总资产每增加 1%，其融资成本降低 0.4%，年度贷款增加 0.6%，这也表明，银行留存增加，将增加银行资本，也有利于宽松的货币政策工具的传递。而且他们还证明，对于资本化程度低的银行体系，宽松的货币政策工具与资本要求的工具之间存在冲突。Gambacorta 和 Murcia（2017）④ 结合美洲 8 个国家（阿根廷、巴西、哥伦比亚、墨西哥、秘鲁、加拿大、智利和美国）的具体金融经营状况，进行综合的数据检验和分析，认为宏观审慎政策的安排能够抑制信贷的过度波动，起到维护稳定的作用，且在货币政策的立场与宏观审慎一致的情况下，对于信贷的作用

① Federico P, Vegh C A, Vuletin G. Reserve Requirement Policy over the Business Cycle [J]. Imes Discussion Paper, 2014.

② Tressel T, Zhang Y S. Effectiveness and Channels of Macroprudential Instruments: Lessons from the Euro Area [J]. IMF Working Papers, 2016, 16 (4): 1.

③ Gambacorta L, Shin H S. Why bank capital matters for monetary policy [J]. Journal of Financial Intermediation, 2016, 35.

④ Gambacorta L, AM Pabón. The impact of macroprudential policies and their interaction with monetary policy: an empirical analysis using credit registry data [J]. BIS Working Papers, 2017.

更大。

Klingelhofer 和 Sun① (2019) 使用向量自回归 (VAR) 模型，分析认为宏观审慎政策可用于保障金融稳定，并且不会引发经济的衰退，还能够成为货币政策的补充，用于弥补货币政策宽松导致的经济过热。Jiang 等 (2019b) 使用广义矩估计 (GMM) 的方法和结构向量自回归 (SVAR) 模型，通过 88 家商业银行的风险承担、房地产价格、股票市场价格泡沫去分析宏观审慎政策和货币政策的协同效应。Ailian Zhang 等的研究从时间序列的视角将宏观审慎监管政策和货币政策结合到一个框架中，使用中国 2009 年 1 月至 2018 年 6 月的数据，构建时变参数 TVP - VAR - SV 模型。通过实证研究表明，宏观审慎政策和货币政策在抑制系统方面能力的持续性和程度上都存在明显差异。货币政策在短期应对通货膨胀、维护价格稳定是有效的，而宏观审慎政策在长期控制资产价格是有作用的。另外，两项政策在对风险产生影响的渠道上，在不同的阶段也是有所不同的。

### 2.2.4 宏观审慎监管与货币政策措施的协调

货币政策作为传统的宏观经济调控政策，对于政策实施及其对其他政策的影响与协调方面，其实一直都是研究的重点。虽然既有文献中有部分的学者认为，货币政策也能够起到金融稳定的作用，货币政策体系可以涵盖金融稳定的目标，因而宏观审慎政策在金融稳定方面只有辅助性的作用，不具备决定性的地位，但是从监管实践和理论研究的主流来看，还是更加认可两项政策有各自的政策目标，可以互为补充但不能相互替代。特别是在金融创新不断升级的现代经济、金融体系中，金融体系的脆弱性也比之前更加突出，因而面对范畴不断扩大的金融稳定概念，只有专门针对

① Klingelhofer J, Sun R. Macroprudential policy, central banks and financial stability: Evidence from China [J]. Journal of International Money and Finance, 2019, 93 (MAY): 19 - 41.

性的宏观审慎政策才能发挥作用。第一，利率作为重要的货币政策工具，当中央银行对政策利率进行调整时，它将会对所有的市场经济主体产生影响，特别是对借贷活动产生直接的作用。无论是哪个行业中的经济主体，只要存在借贷行为，不可避免都会受到影响（Ostry 等①，2010）；但是宏观审慎政策工具，大部分是直接作用于金融系统内的金融机构的，是针对市场中的风险过度承担的行为和机构的杠杆经营的，并以此达到金融稳定目标（BIS②，2010；Ingves 等③，2009）。第二，对于金融市场完全开放的经济体来说，各经济主体对于间接渠道的依赖是有限的，更多的是依赖于直接融资渠道，因而经济主体有能力也有可能从不同的渠道获得融资，且融资成本可控。所以针对这种市场环境，传统的货币政策通过资产价格的渠道进行传导，在大多数的情况下能够达到包括资产价格在内的一般性价格稳定，但是如果是在面临金融压力骤增的阶段，风险溢价的规模快速增长，则会改变既有的利率对于资产价格的影响机制，达不到稳定的目标（Kohn④，2009），这时就需要专门的宏观审慎政策工具的实施和干预。第三，利率政策工具在本质上也不是出于金融稳定的目标而实施的，这与该政策工具出台的要求并不一致。如果利率也同样关注金融稳定的情况下，可能会导致市场中的通货膨胀偏离锚定的目标区间（Mishkin⑤，2007）。如果经济面已经处于预期的通货膨胀目标区间，为了保障金融稳定而进行

① Ostry, J D, A R Ghosh, K Habermeier, M Chamon, M S Qureshi and D B S Reinhardt (2010), "Capital Inflows: The Role of Controls". IMF Staff Position Note SPN/10/04.

② Bank for International Settlements (2010). "Group of Central Bank Governors and Heads of Supervision reinforces Basel Committee reform package", BIS press release, 11 January 2010 (http://www.bis.org/press/p100111.htm).

③ Ingves, S, G Lind, M Shirakawa, J Caruana, GO Martinez (2009). "Lessons Learned from Previous Banking Crises: Sweden, Japan, Spain and Mexico", Group of Thirty, Occasional Paper 79, Washington DC.

④ Kohn, D (2009). "Policy challenges for the Federal Reserve". Speech at the Kellogg Distinguished Lecture Series, Kellogg School of Management, Northwestern University, Evanston, Illinois, 16 November 2009. (http://www.bis.org/review/r091117e.pdf).

⑤ Frederic S. Mishkin, 2007. "Will monetary policy become more of a science?", Finance and Economics Discussion Series 2007-44, Board of Governors of the Federal Reserve System (U.S.).

利率的变动，那么不论是否达到金融稳定目标，都有可能导致通胀发生变化，这与货币政策的初衷又是相悖的。

Bean 等[①]（2010）通过含有金融摩擦的 DSGE 模型的构建，分析两项政策在搭配过程中的相互影响，模拟对商业银行进行一次性的税收征集作为宏观审慎政策工具，由于银行的收益受到约束，从而影响银行的资本存量。模拟结果表明，商业银行杠杆率、资本存量等指标的变化，会导致银行承担过度的风险，或者改变信贷标准发放更多的贷款，对于这些情况可能引发的金融风险，宏观审慎政策工具能够有效地抑制或缓解；货币政策如果是使用“逆风而动”的工具也有抑制作用，但是作用效果不如宏观审慎政策。所以研究建议两项政策之间还是需要合作，相互不可替代。但是文章中并没有进一步分析两项政策要如何进行协调。

事实上，宏观审慎监管与货币政策虽然都是宏观视角的管理政策，而且有传导渠道重叠，但是两项政策是不存在替代的。货币政策不能完全承担金融稳定的作用，而且它们在各自实施时，可能存在潜在冲突以及政策效应外溢，因而两项政策之间到底要如何协调也是一个非常重要的议题。

Lambertini 和 Rovelli[②]（2003）主要研究的是货币政策与财政政策之间的相互关系，通过模型模拟分析，认为两项政策的政策当局都倾向于做后行动的一方，也就是等对方政策执行之后，再执行自己的政策。由于政策当局发现在“双寡头”的机制中，任何决策者都能得到纳什解，因此在双方进行博弈时，本质上也是市场在进行筛选，在竞争的模型中政策当局主题其实更偏向于领导者，根据福利的情况进行判断，以此来表示是否达到政策的预期目标，从而解决选择的问题，所以两种政策之间是

① Bean, C., Paustian, M., Penalver, A. and T. Taylor (2010). “Monetary policy after the fall”, paper presented at the Federal Reserve Bank of Kansas City Annual Conference, Jackson Hole, Wyoming, 28 August 2010.

② L. Lambertini & R. Rovelli, 2003. “Monetary and fiscal policy coordination and macroeconomic stabilization. A theoretical analysis,” Working Papers 464, Dipartimento Scienze Economiche, Universita' di Bologna.

有潜在冲突的可能性的，跟宏观经济政策之间的潜在冲突是类似的。任何政策都有外溢的情况出现，所以政策之间，特别是宏观政策之间都面临协调方面的挑战。与此类似，当货币政策使用利率工具进行市场调节时，如果将金融稳定的效益也考虑进去，那么宏观审慎政策配合使用即可，这样后者的决策频率也会有所下降。Cecchetti[①]（2009）也是通过含有银行的模型进行模拟检验，认为政策合作是必然的，因为虽然它们具体的政策工具不同，但是作用于商业银行时，往往效果近似，特别是在利率工具和资本充足工具方面能够有一定的互通性。当货币政策工具实施时，如果也考虑金融稳定的情况下，那么是可以较少使用到宏观审慎政策工具的。

Yellen（2014）从美国美联储货币政策的发展和实践的角度指出了货币政策与宏观审慎政策之间的关系。她认为这两项政策之间的协调需要遵循一定的原则：一是宏观审慎一定要切实起到金融稳定责任，通过各种合适的手段和工具的使用提高金融系统的韧性，使货币政策能够更好地服务于实体经济和自己的目标，而不要使其再去关注金融。二是宏观审慎监管当局需要切实关注金融市场的变化、风险的来源、具体的演进和路径，并随时评估宏观审慎监管工具应对市场、风险的具体能力。对可能存在的金融监管不足、空白、重叠等进行必要的调研，并与货币政策共同努力来协调配合，协调配合的重点就在于既要保障金融稳定的实现，也要保障价格稳定和经济增长的可持续。三是宏观审慎政策需要关注市场预期，与市场保持持续的沟通，共同研判金融稳定的趋势和观点，并将这些简报与货币政策委员会沟通。卜永祥[②]（2016）表示，宏观经济的整体安全和稳健是至关重要的，金融行业作为经济中的重要组成之一，直接影响到经济的整体情况，而金融周期的波动和经济周期的波动交汇在一起，更是使周期波

① Stephen G. Cecchetti, 2009. "Crisis and Responses: The Federal Reserve in the Early Stages of the Financial Crisis," Journal of Economic Perspectives, American Economic Association, vol. 23 (1), pages 51 - 75, Winter.

② 卜永祥. 货币政策与审慎监管的关系［J］. 中国改革，2016（2）：3.

动和风险有放大的基础，所以货币政策作为宏观经济调控的重要手段，需要与金融政策、金融监管、金融调节相互配合。

当然，货币政策与宏观审慎监管政策之间的协调，并不是简单的事情，除了必要的沟通、持续的关注以外，以下五点也是需要重点把握的：

第一，需要清楚经济周期和金融周期的基本规律，并且了解各个周期都是处在哪个阶段，不同周期之间是如何的交叉，是同步的、重合的、还是错位的。根据相关文献的分析以及实践的检验证明，由于金融周期和经济周期各自所处的阶段不同，宏观审慎政策和货币政策会分别采取不同的立场。如果两者是相同的立场，那么政策效果会互相补充；如果政策立场不一致，那么可能就会导致冲突。所以通过分析周期的位置，判断政策的实施方向，并对政策进行必要的协调，避免互相影响造成政策外溢，整体福利水平下降。不仅要考虑政策立场相反的情况，而且要考虑政策力度，因为相同政策的不同立场并不会带来效果刚好相反的效应，比如宽松的货币政策能够刺激信贷，促使信贷供给增加，同样也会刺激信贷需求，但是紧缩的货币政策未必能够降低信贷需求，而且宽松的宏观审慎监管也未必能起到跟宽松的货币政策同样的效果（BIS，2018）

第二，宏观审慎政策与货币政策的相互协调，不仅需要考虑周期本身的不一致问题，还需要注意外部冲击的来源，因为冲击来源也会导致周期不一致情况。Angelini 等（2012）的研究证实，如果经济周期的变化是通过供给引导的，那么宏观审慎政策对货币政策目标的促进就是有限的；但是如果经济周期的变化是由于金融部门的冲击导致的，那么宏观审慎政策工具能够促进货币政策目标的实现；如果周期是由资产价格推动的，那么两项政策需要协调使用才能更好地稳定整个经济金融系统。Tayler 和 Zilberman（2016）使用一个带有借贷成本的模拟机制，通过实证分析表明，如果是信贷领域的负面影响，那么逆周期的宏观审慎政策工具能够更加有效。

第三，需要关注宏观审慎政策和货币政策在执行时，各自安排的政策长度。通常来说，货币政策在短期内更关注价格和产出的平稳，长期会关注经济的可持续增长，而宏观审核政策短期关注资产价格、信贷的波动，长期关注系统性风险的累加和蔓延。所以，如果金融风险没有直接冲击到实体经济，没有对经济体系的安全造成威胁，货币政策是不会去关注金融稳定并采取政策的。Malovana 和 Frait[①]（2017）使用 6 个国家的数据进行实证检验，证明宽松的货币政策是会刺激信贷增长的，定量结果表明，信贷与国内生产总值之比会因此而上升，不仅如此，其对非风险的银行资本比率也有积极的影响。这就说明货币政策的实施其实是通过扩大信贷周期而放大金融周期的，所以从政策长度的角度来看，两项政策需要关注对方的施策期限并进行协调。

第四，充分考虑不同政策的优势，选择合适的政策。考虑到不同的政策在实施时都有边界限制，所以政策搭配和协调时，也需要关注操作的成本和难易程度。既往的相关理论研究表明，金融环境的优良程度直接关系到货币政策的传导和效应的发挥，影响目标的实现，所以从这个角度来看，货币政策与宏观审慎政策是有互补的必要性的，但是需要针对现实金融环境的具体情况来具体分析什么政策、什么工具更合适。Rubio 和 Yao[②]（2017）的研究指出，当全球性的金融危机爆发之后，对于各国的宏观经济管理当局来说，为了刺激经济的恢复，纷纷采取宽松的货币政策立场，但是当政策利率已经没有下降的空间，也就是政策触及下限时，也就没有更多操作的可能，这个时候，就需要发挥宏观审慎监管的调节作用。Roisland（2017）指出，货币政策在通货膨胀、产出、经济增长方面是具有比较优势的，所以对于中央银行来讲，货币政策专注于价格和产出，适时关注金融风险，避免泡沫破裂之后的救助，而宏观审慎政策则专注于调整金融市场，保证金融稳定。

第五，国际协调也是需要考虑的重要因素。在国际化的背景下，资本

---

① S Malovaná, Frait J. Monetary Policy and Macroprudential Policy. Rivals or Teammates? [J]. Journal of Financial Stability, 2017: S1572308917305843.

② Yao F, Rubio M. Macroprudential policies in a low interest - rate environment. [J]. Reserve Bank of New Zealand Discussion Paper Series, 2017.

在各国之间相对充分地流动，所以各国的货币政策、宏观审慎政策等的政策效应都会存在外溢的情况，在这种情况下，各国的宏观经济政策之间也是需要互相考虑的。在 2008 年全球金融危机之后，美联储的量化宽松货币政策，导致美国的国内利率是低于其他很多发展中国家的利率，资本外流到这些国家，导致这些国家的币值波动，进而影响到国内的经济和产业发展等。而且从金融领域的情况看，金融风险本身具有很强的传染性。货币政策变化导致的资本流动更加频繁，以及市场的恐慌情绪等，会加快金融风险传染到各地，因此宏观审慎监管也需要国际视角、国际协调，面对跨境风险时，各国的监管当局需要考虑检测全球金融系统性风险的情况（Agénor 和 Silva①，2018）。

### 2.2.5　基于宏观审慎与货币政策协调的机构安排

宏观审慎政策与货币政策之间需要协调，这是目前宏观经济领域的业界共识。在各国进行实践的同时，理论研究也在不断深入和完善。

（1）对于机构设置的理论分析

中央银行始终是作为货币政策的主导部门而存在的。各国在既往的宏观经济管理实践中，也几乎都是沿用此惯例的。现在的问题是，当局要如何安排与设置宏观审慎政策。

有观点认为，既然两项政策都属于宏观经济政策体系中的调控手段，且都存在政策外溢的情况（Bean 等②，2010），在某些传导渠道上也存在重合的情况，因此两项政策可以统归到中央银行内部。中央银行作为重要的宏观经济管理当局，是政府的重要组成部门，在其以往的宏观经济调控

① PR Agénor，Silva L. Financial spillovers，spillbacks，and the scope for international macroprudential policy coordination [J]. BIS Papers，2018.

② Bean，C.，Paustian，M.，Penalver，A. and T. Taylor (2010). “Monetary policy after the fall”，paper presented at the Federal Reserve Bank of Kansas City Annual Conference，Jackson Hole，Wyoming，28 August 2010.

的实践中，对于市场和机构的了解比较深入，而且有较为全面的数据积累，有的国家的中央银行本身也具备金融监管的职能，相比其他政策当局更加了解金融市场；宏观审慎监管能够获取更多的微观数据和经济主体信息，也能促进货币政策当局综合考虑市场的状况，而且这在实践中也是比较容易实现的。如果中央银行也负有金融稳定的责任，那么在市场流动性、支付结算效率等方面的既有管理渠道还是可以继续发挥作用的，通过与宏观审慎政策工具的配合，更便于货币政策的渠道畅通。有很多文献虽然证实了中央银行在施行政策时，在某些情况下也是能够对金融稳定起到作用的，但是这种作用会因时而变。如果两项政策都放在中央银行，那么在不同政策安排时，工具的选择、政策的力度、时机的考虑都需要根据具体的情况做出具体的安排，而且各国根据国情不同，安排也会有所不同。

Blanchard 等[①]（2010）的研究主要是围绕货币政策当局和宏观审慎政策当局之间的机构部署问题进行分析，其主要剖析了两项政策是否可以由统一的机构来安排，即中央银行来统筹。结论认为，这两项政策本身具有趋同性，原因在于：首先，中央银行作为宏观经济调控的重要当局，本身就有大量的数据储备、信息来源和沟通渠道，而且能够覆盖到各个市场面，这是其他的监管当局不具备的特征；其次，两项政策放在同一个机构的内部，政策制定时可以信息共享，极大地避免了因为不了解对方政策的施策时机和力度而造成的不必要的冲突，尤其是面对外部压力时，统一安排和协调能够最大限度形成合力，尽快控制风险的蔓延和传播；最后，两个政策的部分工具的传导有相同的机制，即货币政策的“风险承担渠道”也是在商业银行的经营中体现的，所以与宏观监管在一起，显得更加合适。

当然也有部分经济学者通过研究认为，宏观审慎政策当局和货币政策当局应该完全分开设置，因为价格稳定和金融稳定本来就是不同的范畴和

---

① Blanchard, O, G Dell' Ariccia, and P Mauro (2010). “Rethinking Macroeconomic Policy”. IMF Staff Position Note SPN/10/03, 12 February.

内涵，两项政策放在一起更容易相互影响，且会导致两个政策都缺乏独立性，缺乏深度。因为同一个当局考虑的目标区间太多，反而容易束手束脚，更加难以抉择，所以机构安排应当分开规划，而且分在不同的机构进行政策部署，能够使政策的执行更加简单、清晰，避免了需要同时参考过多因素的复杂性。

2008年的全球金融危机带给各界的反思很多，包括政策举措的滞后性和时机选择的滞后性，因而在理论和实践领域反思完善举措时，宏观审慎政策和货币政策之间，既需要相互独立，也需要相互辅助。因为只要涉及宏观的政策都会对价格稳定和金融稳定产生影响，所以政策安排的思考还需深入。

（2）国际监管安排的实践

中央银行在各国的金融体系中处于核心地位，而且是货币政策的当局。宏观审慎政策是否应当由中央银行负责，与货币政策当局之间的安排部署到底又是如何？对此，其实各类观点都有过分析（见表2.5），从结论来看，也是各有利弊。统一在中央银行肯定更利于步调一致，决策的时间也会相应缩短；而另开设其他的部门负责宏观审慎政策，则更有利于集中资源应对金融体系的问题，责任更加清晰明确。

**表2.5　　　　不同机构设置方式的对比①**

| | 货币政策、宏观审慎都由中央银行负责 | 货币政策当局与宏观审慎当局是两个完全不同的机构 |
|---|---|---|
| | 例如：英国、比利时 | 如美国、欧盟、匈牙利 |
| 政策实施的具体效率 | 高效集中决策 | 各自决策，效率提高不明显 |
| 政策当局的职责范围 | 明确责任归属都在央行 | 各自的职责安排，没明显优势 |
| 政策决策的独立程度 | 集中于中央银行 | 没有明显的优势或劣势 |
| 决策机构的素质水平 | 具体的人员安排并不透明 | 具体的工具由各自的专家构成 |
| 中央银行的名誉 | 潜在影响 | 有利于央行的声誉 |

① 资料来源：Hoo－Kyu Rhu，Macroprudential policy framework（宏观审慎政策框架），2011.

Sibert① (2010) 具体指出了宏观审慎当局的人员安排，认为其也需要构建政策委员会，除了政府官员、国际组织成员外，还要加入其他领域的成员共同构成。其他领域成员可以重点考虑：宏观经济方面的权威、微观经济领域的权威、从事专业研究的会计师、金融工程的研究者、金融领域的一线从业者。研究还认为，这个委员会中的成员组成，甚至可以考虑不包括监督和管理部门的工作人员，如此的安排和设置也是对政策本身负责，保证其客观和科学。

Erlend W. Nier 等②通过分析各国的实际情况以及既往中央银行、金融监管当局的监管实践，指出当局对宏观审慎与货币政策的具体设置或部署，需要考虑 5 个方面的情况：第一，政策的决策和政策的执行是不是完全分开；第二，行政当局在宏观审慎政策中能起到的作用的具体程度如何；第三，宏观审慎政策的具体机构安排和职责的权属是不是独立的；第四，中央银行在金融稳定系统中的具体作用，是否要将宏观审慎政策也纳入；第五，是不是要设置一个能够对金融稳定起到全面、协调作用的机构。通过这 5 个方面，将不同国家和地区所实施的金融稳定安排区分为以下 8 种（见表 2.6），并具体分析了各种模式的优点和缺点。

**表 2.6　　八种机构安排设置模式对比**

| 特征 / 模式 | 中央银行在已经管理了货币政策的基础上，再对宏观审慎进行管理 | 宏观审慎当局的设置或安排 | 财政部或其他政府部门在金融稳定体系中的作用 | 政策决策和举措的执行是否分离 | 是否有专门的协调委员会 |
|---|---|---|---|---|---|
| 模式一（爱尔兰等） | 央行统一负责两项政策 | 中央银行内部 | 没有相关安排 | 没有其他安排 | 不存在 |

① Sibert, A. (2010). "A systemic risk warning system". VoxEU, 16 January 2010.

② Nier, Erlend W., Jacek Osiński, Luis I. Jácome y Pamela Madrid, 2011. "Institutional Models for Macroprudential Policy", IMF Staff Discussion Note 11/18 (Washington: Fondo Monetario International).

续表

| 模式 \ 特征 | 中央银行在已经管理了货币政策的基础上，再对宏观审慎进行管理 | 宏观审慎当局的设置或安排 | 财政部或其他政府部门在金融稳定体系中的作用 | 政策决策和举措的执行是否分离 | 是否有专门的协调委员会 |
| --- | --- | --- | --- | --- | --- |
| 模式二（美国、泰国等） | 部分在央行 | 与央行有关的委员会 | 被动配合 | 部分政策分离 | 不存在 |
| 模式三（法国、巴西等） | 部分在央行 | 独立设置 | 主动参与 | 有 | 不存在 |
| 模式四（荷兰等） | 部分在央行 | 在央行内部 | 没有安排 | 部分领域 | 不存在 |
| 模式五（加拿大等） | 央行只负责货币政策 | 多机构负责 | 被动 | 没有 | 存在 |
| 模式六（韩国、墨西哥等） | 央行只负责货币政策 | 多机构负责 | 积极 | 没有 | 事实上有 |
| 模式七（秘鲁、冰岛等） | 央行只负责货币政策 | 多机构负责 | 没有 | 没有 | 不存在 |
| 模式八（欧洲系统性风险理事会） | 央行只负责货币政策 | 设置专门的管理委员会 | 被动配合 | 相互分离 | 不存在 |

通过上述的相关分析不难看出，机构的安排和部署都是不完美的，总会有积极、有利的方面，也会有不完美的瑕疵部分，而且不同的经济体在选择时，也会考虑本国（本地区）的以往监管延续、金融市场的开放情况、市场的规模、整体流动性状况等因素，再进行最适合自身的选择。即使各国（各地区）都在不断完善宏观审慎政策体系，但并不能阻止未来金融危机的爆发，金融失衡总是会累积并爆发的，市场的波动也是不能完全阻止并消除的，因而无论如何选择、协调、安排，都需要肯定中央银行本身在宏观经济体系中的重要作用，两项政策之间根据具体的市场情况，根据各自传导渠道的通畅程度进行适时协调，这才是对于各自预期目标最好的维护。

### 2.2.6 总结与展望

通过对大量的现有文献的整理能够发现，研究者们普遍认可两项政策都指向宏观，所以它们之间存在着必然的联系，也会相互影响；货币政策通过市场和机构，尤其是信贷条件，也能够影响到资产价格，进而对商业银行的资产业务产生影响，且通过金融机构的资产负债情况对于金融稳定产生不同维度的影响；宏观审慎监管通过要求流动性、杠杆率、逆周期的缓冲等，限制商业银行的过度风险经营以及无序扩张，所以银行的信贷、流动性等也会因此而变化，进而会对货币政策的传导产生作用。因而两项政策在部署时，都需要充分考虑到这些因素的直接和潜在影响。

虽然货币政策工具箱越来越丰富，但是利率工具始终还是处于相对重要的位置。政策利率的变动会通过商业银行影响市场的流动性，尤其是对于间接金融依赖程度比较高的经济体。利率工具会对商业银行的经营杠杆和风险承担起到关键作用，增加顺周期性，使金融不稳定产生并累积。因而对于宏观审慎政策部署方来说，就需要关注金融机构受货币政策的影响以及影响程度，应对金融系统整体的敏感状况进行施策，同时关注整个市场中的新变化、新现象。在未来关于两项政策的相互关系的研究中，需要重点关注并考虑以下方面：

第一，比较主要的就是两项政策之间到底是如何产生外溢，进而影响到对方的政策效果的。从现有的文献中可以看出，风险承担渠道是一个比较主要的影响机制，但是这个渠道中的影响因素并不唯一，也不明确，理论上看是与信贷相关，但是其他的方面和其他的渠道，还有待进一步思考和挖掘。即使是信贷渠道，针对不同金融体系、金融市场的国家和地区，在此渠道上的相互影响程度，也需要进一步厘清。

第二，两项政策当局的机构安排和完善的问题。从现有文献能够看出，对于政策当局的安排，主要表现在是否要将两项宏观政策都合并在中央银行内部。从前期文献中可以看出，合并在中央银行内部，有利于信息数据的共享，而且中央银行长久执行货币政策和其他金融监管，本身就有一定的基础和经验，后续合并进来宏观审慎监管，不仅政策延续性更好，而且降低监管成本。但是最大的问题就是损害了政策的独立性，而且可能导致政策的制定更加复杂。如果设置独立的宏观审慎监管部门，与中央银行实现完全的独立，这样做的好处是保证政策实施的针对性，而且保障了中央银行对于货币政策和整个经济体系的管控职责。在目前各国（各地区）的实践中，各种模式都有存在。后续的研究，应当会在此基础上分析各种模式实践中的优劣，以及进一步完善宏观经济政策框架的举措，特别是我国宏观经济管理框架体系的安排、构建和完善。

第三，与实证分析方面相关的研究。对于宏观审慎政策的政策效果以及政策外溢的研究，在目前的实证分析当中，还是相对有限的，仍需深入下去。随着宏观审慎政策工具箱不断扩充和渗透，对于各类工具的目标效应的定量分析是未来分析的重点之一，因为宏观审慎政策虽然是金融监管政策，但也隶属于宏观经济政策，其不可避免会产生政策外溢，会对金融体系和经济体系中的其他部门产生或大或小的影响。经济体系中的各部门都有各自的监管调控当局，因而宏观审慎政策也面临与其他各个宏观经济管控当局之间的博弈和协调，所以对于宏观审慎政策工具的定量分析显得更加重要，甚至对于工具本身的设计、使用、择机、计量方法等都仍然需要根据具体的情况进行具体的判断。

第四，关于两项政策之间的相互关系、相互影响的进一步分析。这个议题在未来相当长的一段时间内，都会是研究的重点议题。因为随着经济、金融的发展，金融与经济之间的关系会越来越深入，两者的相互关系也会不断发生变化，需要不断研究。首先，对于宏观审慎工具的模拟化设定，会对政策效果的分析以及其与其他政策的关系产生直接影响，因而对于政策工具到底要如何更加精准刻画，是一个重要的研究方向。其次，对于货币政策与宏观审慎监管政策的相互关系的作用机制，包括理论分析和实证分析，现有文献中对此的分析还有不清晰和不明确的地方，尤其是两项政策在什么条件下是正向作用，在什么条件下是反向作用，除了风险承担渠道外，是否还存在其他的作用机制，特别是除了间接金融方面，在直接金融方面有什么相互的影响。最后，模型本身的发展。目前来看，大部分分析两项政策之间相互关系的文献比较倾向于使用 DSGE 模型，但是模型的构建、考量的因素等，也是需要不断完善的。

# 第3章

# 宏观审慎政策的发展

2008 年全球金融危机爆发后，鉴于对危机的反思和预警，各国纷纷积极开展金融监管改革，特别是对于宏观审慎政策的采纳和吸收，成为监管改革的重要内容。

## 3.1　后危机时代宏观经济政策的变化

"宏观审慎"这个词并不是在金融危机之后才出现的"新词"，但却是在危机之后登上监管政策舞台的关键政策。在经历全球金融海啸的冲击之后，宏观经济管理领域的专家和政策制定者们普遍认为，危机之前既有的监管政策不足以维持金融稳定，对于系统性风险的认知还不够充足，对于金融机构之间的联系监督不足，因而需要一种与以往有别的监管政策理念，直接对系统性风险进行识别。在此背景下，"宏观审慎"被更加广泛地提出和深入研究。

### 3.1.1　宏观审慎政策的提出和发展

在早期文献中，英格兰银行在 20 世纪 70 年代末时，提出了"宏观审慎"这一词汇，但是在使用的过程中，更多的是一种管理的趋势，或管理的理念，或对未来管理的一种展望，并没有对它进行明确、清晰的界定，对于其内涵和外延也没有深入剖析，即只是一种广泛意义上的思考和方向上的概念，并没有相对具体的考量，也没有具体的操作方案和政策工具等，而且跟金融监管的关系也没有直接建立起来。

受到 1998 年的东南亚金融危机的影响，"宏观审慎"的概念在众多东南亚国家和地区受到关注。对于新兴市场国家来说，存在明显的总体信贷风险暴露，这类信贷风险并不是针对个别银行、个体金融机构的，单个机构也很难识别并控制，因而着眼系统的宏观审慎分析被应用于机构行为管理，"宏观审慎监管"一词才逐渐出现并成为金融监管的政策。2000 年 9

月，当时的国际清算银行总裁在其一次演讲中，第一次对“宏观审慎监管”（Macroprudential Regulation）这一概念进行了界定，接着在2003年和2004年，Borio、White等因其在监管实践领域的经验累积，进一步就宏观审慎监管的概念，宏观审慎监管的内涵、框架等进行了一些拓展性的阐述和分析。

长久以来，监管主体的监管手段和监管方式更多聚焦于个体的金融机构，所以直到2008年金融危机爆发之前，宏观审慎政策都没有成为一个需要严格遵守的政策或者要求，更多情况下是出现在金融稳定报告中，或在从业人员的相关公开的讲演中，或在向机构高层进行汇报的信息整理中（见图3.1），仅仅是一种向市场主体提供的参考意见。这些意见通过或私人，或机构，或窗口指导等渠道，传递给市场主体，力图在一定程度上改变金融机构的行为选择，因而这个时期的“宏观审慎”是一种“软约束方式”。

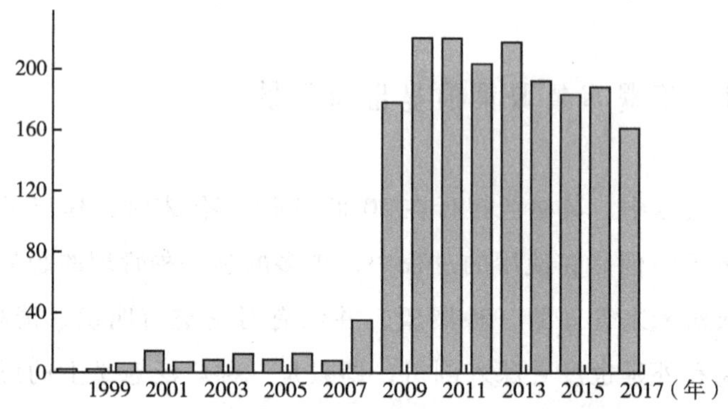


**图3.1 各国中央银行在公开发言中提到“宏观审慎”的次数**

资料来源：国际清算银行2018年度经济报告。

对于危机的总结和反思，各界普遍认识到微观审慎监管的不足，以及宏观审慎监管的意义和重要性，2009年4月的20国“伦敦峰会”上，正式提出了将宏观审慎监管政策作为一项重要的金融监管政策的补充，用以缓解系统性风险，增强金融稳定，并且提出了多项增强金融体系弹性的举措，包括：①专门设立了金融稳定委员会（FSB），其主要的职能就是维护金融稳定，该部门设置在金融稳定论坛；②要求各个成员国加强对于宏观审慎监管风险的考量；③完善各成员国的金融监管，特别是对于顺周期问题的缓解；④扩大监管的领域，不再局限于金融机构，对于系统重要性金融机构加强管理、金融工具、金融市场、影子机构等均纳入监管范畴。

### 3.1.2 从微观审慎到宏观审慎

(1) 微观审慎政策的不足

在过去的相当长的阶段，全球的经济、金融呈现出通胀水平以及通胀波动相对下降，实体经济增速明显，且产出的波动趋于平缓并伴有降低，这个现实的情况令人满意，也被称为“大缓和”（Great Moderation）时期；与此同时，另外的经济现象是资产价格和信贷等也在经历周期性的繁荣与衰落，并由此诱发了周期性的区域金融危机。自从布雷顿森林体系瓦解之后，金融市场的多元化发展带来了金融创新的复杂化，由此导致金融与宏观经济之间的关联日益加强，这也带来了宏观经济与金融对长期目标的偏离。但由于通胀目标始终保持在各界能够接受的区间内相对平稳，虽然金融危机周期性爆发，但都是局部失衡，因而对于这类资产价格泡沫则体现为一定程度的“接受”。也就是说，对于金融系统中存在的风险隐患并不是没有发现，而是没有及时处置，但是现实中的信贷和资产价格累积导致的风险远高于各界的预期，且不能自我消化和修复，在爆发时，会随着各行业的产业链传染到各个部门。

在 2008 年的全球金融危机之后，关于金融中介，特别是商业银行的管理出现了新的主题，那就是商业银行已经满足了巴塞尔资本协议的要求，但是依然不能避免金融危机的爆发以及机构破产的可能。周期性出现的金融危机已经显示出既有的传统金融监管是存在错配的，而且在危机发生的预测、预警和事后的处置等方面也都存在不足。在金融监管中只关注个体金融机构显然是不够的，金融危机的全面爆发就充分说明了对于金融系统的整体风险管理缺失，极易导致金融失衡，进而出现经济失衡。

微观审慎监管力度正在不断深入，特别是对于商业银行资本充足率的要求更加严格，这很大程度上是因为自20世纪80年代开始，不断出现银行挤兑风波、银行破产风险，进而导致金融失衡，影响金融和经济的发展。各国对于银行的稳健经营有了更多的期待和要求，而且从微观审慎监管的逻辑上看，只要每一家金融中介的经营都是安全稳健、可持续经营的，那么由这些金融主体共同构成的金融体系也是稳健的。从这个角度来看，微观审慎监管也是对金融稳定起到积极作用的，但是微观审慎监管应对系统性风险的能力还有不足，没有关注到机构之间由于业务往来导致的风险积聚在金融机构之外，而非在金融体系之内。商业金融机构本身的逐利性，会导致其基于机构的个体利益选择应对资本监管的举措，这些行为也会损害金融体系的整体稳健。英格兰银行（2009）总结认为，传统的金融监管不能有效应对严重金融危机的原因有两个方面：一是微观审慎监管所使用到的监管指标存在一定的局限，资本充足率难以切实约束到商业银行的资产负债表，而流动性等监管指标又没有得到很好的发挥；二是微观的视角和操作，会导致总体的问题被忽视，如总体杠杆的问题、期限错配的问题等。

商业银行作为金融体系中重要的中介机构系统，银行与银行之间存在着大量的业务往来，银行与实体经济主体之间同样存在密切的业务往来。

从横截面的角度，商业银行之间由于同业拆借、银团贷款等方式，形成大量的资金关系，而金融风险就会在机构之间不断传递和累积，同时也使金融机构之间的联系更加密切且频繁。商业银行的重要职能之一就是促进储蓄转化成投资，因而就在资金的供需双方之间形成中介的桥梁，通过存贷款等业务与实体经济部门存在着短期或长期的关系。由于借贷资金等流动性因素的存在，导致金融机构和实体经济部门之间存在着互相传染、互相影响的关系。我们从横截面的角度就会看到这些系统性风险的存在和传递。



从时间的角度，就是顺周期的问题。在经济周期的上行阶段，市场整体对于风险的态度都是相对宽容的，而且资产的价值也会累积上升，银行也会将充足的流动性释放到实体经济部门的不同领域。当经济周期处在下行阶段时，资产大幅贬值，信用风险攀升，商业银行也会通过缩表的方式来满足资本监管的要求，但资本成本上升，流动性匮乏，实体部门的融资成本昂贵。由此可见，银行的信贷变化也具有明显的周期性，而且这种周期性还放大了经济周期的波动幅度；巴塞尔资本协议对于资本充足率的要求，也是导致顺周期的一个原因，所以宏观审慎监管工具的逆周期资本要求，就是为了缓解之前监管要求中导致的顺周期倾向。

微观审慎监管能够从银行资本的角度限制银行的经营行为，但也导致资本水平与风险敞口高度重合，而且并不能限制系统性风险随时间变化的累积，以及在金融机构之间的传递，因此需要能够缓解系统性风险的监管理念进入金融监管的大框架内，即宏观审慎监管政策的推出和实施。

（2）从微观审慎到宏观审慎的完善

从审慎监管的角度，微观审慎监管旨在保证微观个体的商业银行的稳健，避免机构破产的潜在风险。因为商业银行会吸收存款，所以商业银行的稳健也对金融消费者是一种保护。但是周期性金融危机的出现，显现出传统的微观审慎监管存在一定的不足，并不能有效遏制风险的积聚和危机的爆发，事前的预警不够充分，而且事后没有有效的管控手段，导致这一结果的本质问题就是微观的视角没有充分考虑到金融中介与宏观经济之间的关联。而宏观审慎监管作为监管的另一个方面，它将监管的视角转变到内生性风险、金融与实体经济之间的关系、系统影响力问题等方面，重点关注系统性风险，维护金融稳定，降低由于金融失衡导致的实体经济损失和危机，所以政策目标指向整个金融体系（Freixas 和 Rochet，2008）。

金融系统中之所以存在着游离于商业银行之外的风险，很重要的一个原因就在于商业银行认识到风险的存在，会通过一些风险转移的方法将风险转移出去，而且对于个体商业银行来说，维护金融系统稳定的成本太高。系统稳定应该是公共基础，不应该由商业银行来承担。宏观审慎监管就是针对系统性风险的累积、导致金融不稳定的情况，而实施的监管政策，因此宏观审慎监管政策就具有了一定的公共品的属性。

商业银行的经营行为造成的金融风险外溢以及顺周期性，除了上文中提到的原因，另外一个很重要的原因就是机构本身的道德风险。正如在2007—2008年这个阶段，商业银行、金融机构面临挤兑、破产时，都会有行政主体的救助行为，比如英格兰银行对北岩银行的流动性救助，这些都在很大程度上助长了金融机构的过度风险承担行为，但是这种事后的救助成本太高，不是优选；而宏观审慎监管在一定程度上，就是通过纠正金融机构在经济繁荣阶段的经营选择，约束银行的行为，以此来应对危机时面临的冲击。

宏观审慎政策的实践旨在缓解系统性风险的横截面维度和时间维度（英格兰银行，2012）。时间维度的重要表现就是金融顺周期性，信贷、资产价格等的周期性变化与经济周期的繁荣与衰落出现相同的周期变化，相同方向的波动会使波峰更高、波幅更窄，从而使整个经济、金融体系都非常的脆弱，更易诱发危机。从横截面维度来说，主要是系统性风险在金融体系内的分布，也就是金融机构的经营行为等导致的风险转移到系统内，引发机构之间的传染效应。根据 IMF（2011）报告，风险的分布是金融中介的杠杆率、规模、业务集中情况、中介之间的业务往来相关的函数。系统性风险的这两个维度不是相互独立的，当金融系统中的风险累积到一定程度、爆发危机时，金融中介之间的传染会更加明显。

（3）微观审慎与宏观审慎对比

如表 3.1 所示，在微观审慎层面，监管当局从局部均衡的视角约束金融机构的行为，从而忽略了积聚于机构之间的金融风险，存在一定的“合成谬误”：因为有的监管政策对于个体机构是合适的，但是个体稳健不等于由个体组成的整体也是稳健的，而且对于个体有意义的政策，对于整体而言可能未必是合适的，局部均衡并不能直接保障整体的均衡，而且微观的视角只关注到个体，对于识别和缓解金融系统中的风险，明显是不够的。IMF（2011）曾指出，系统性风险的产生、传导过程存在很大的复杂性，而且在体系内外都比较容易传染，因而需要对各类金融机构、金融业务、金融衍生品、金融基础设施等进行广泛关注。在经济、金融一体化的过程中，金融行业的产业链条不断延伸，链条上的所有金融机构和参与主体都面临着共同的风险暴露，特别是在产业链中居于核心地位的机构，在一个网络状的金融环境中，这种外部性还表现在创新型的金融产品和业务的复杂。由于参与方众多而致使欲望不断膨胀，进而导致系统性风险积聚得更快。这种不断累积和扩张致使整个金融系统内部关联更加复杂和多层，在临界状态下一旦受到扰动，即使是很小的冲击，也会导致整个关联的网络系统的剧烈波动甚至坍塌。所以从宏观审慎监管的视角，需要识别和关注在整个系统中处于关键环节的金融机构，这不仅是针对商业银行的，还包括投资银行。

**表 3.1　　宏观审慎政策与微观审慎政策的对比**

| | 宏观审慎 | 微观审慎 |
|---|---|---|
| 监管角度 | 一般均衡 | 局部均衡 |
| 风险的测度 | 测度系统性风险<br>CoVaR<br>SRISK | 单个商业金融机构的在险价值（VaR），银行如何得到流动性、潜在的外部性没有关注 |
| 风险测度难度 | 难度大 | 相对容易 |
| 要应对的失衡表现 | 负外部性；顺周期性 | 个体损失导致的社会化承担 |
| 政策目标 | 针对系统性风险，维护金融稳定 | 保障个体金融机构的稳健 |
| 政策效果 | 防范系统性风险导致的整体危机 | 防范个体金融机构的经营出现问题 |
| 使用到的政策工具 | 逆周期的政策工具<br>贷款价值比等 | 资本充足率 |
| 政策的辐射范围 | 自上而下<br>整个金融体系 | 自下而上<br>个体的金融机构 |
| 机构之间的相互关联 | 金融机构面临着共同的风险，而且机构之间的业务往来也会带来更多的相互联系 | 机构通过创新业务将风险从自身转移出去 |

资料来源：根据 Claudio Borio（2000）、Brunnermeier（2013）整理。

从测度风险的角度也能够看出，宏观审慎监管更加关注整体，而系统性风险的测度难度也更大。对于个体银行来说，会通过多元化的经营方式来分散风险并提高收益，这在个体机构方面，可能是有利的，但是对于整个金融系统来说，加大了系统之间的联系，风险更容易在机构之间传递，从而导致系统性风险的升级。从既往银行危机的历史可以看出，个体金融中介如果出现破产的危机，会使中小存款主体受到直接伤害，而且会对金融行业产生一定程度的信任危机，导致流动性受损，由此导致的社会化的损失被认为是一种负面现象，这正是微观审慎监管要面对和解决的主要问题。而宏观审慎监管主要针对金融机构之间、与实体部门监管的相互关联风险，以及顺周期等问题。需要指出的是，宏观审慎与微观审慎之间不是相互割裂的，而是相互关联的，在有些方面两者的边界甚至是有些模糊的。因为中小型金融机构往往是系统性风险的承担者，但可能不是风险的创造者，当面临金融冲击时，未必能够获得救助，因而更需要加强自身经营的稳健性。

### 3.1.3 宏观审慎政策的目标

2008 年全球性的金融海啸爆发并导致全球经济遇冷，反思危机的形成和蔓延的过程，监管不足的原因主要在于微观审慎监管没有识别并阻止系统性风险，进而导致金融失衡，而且存在“合成谬误”，在金融顺周期的作用机制下，金融中介根据经济周期的运行选择“理性”且“最优”的经营决策，但是最终却导致集体的不理性和诱发危机升级。在认识到整个金融系统内的风险传递和积聚是造成危机的直接缘由之一后，各国在进行金融监管完善的过程中，正式引入了“宏观审慎”的监管政策。

宏观审慎监管的基本理念是，个体层面的稳健难以维持金融系统的稳定，需要从业务活动、市场联系，以及机构运营等多角度去评估风险，并在此基础上注重对于金融体系整体监管的设计和安排，对出现的问题做出积极的响应。在使用到“宏观审慎”时，通常有以下这些表达方式：宏观审慎分析、宏观审慎监管、宏观审慎部署、宏观审慎管理等，后来逐渐形成了“宏观审慎政策”这一涵盖多种层次和角度的表达。

由于微观视角不能作用于防范和控制金融体系的系统性风险，因而其监管成效会受到质疑。其不能阻止和缓解危机的爆发，根源在于其不能与宏观层面的风险实现协调，这也是推动宏观审慎监管发展的重要原因。宏观审慎的目标主要体现在两个方面：一是通过相应的制度安排和工具使用，积极缓解金融系统内部的风险，包括横向的风险传递和纵向的风险累积；二是当市场和机构面临外部压力或者重大冲击时，能够自我修复，即增强金融系统的弹性，降低对实体经济的冲击。这种监管理念和监管方式上的变化，会涉及金融中介、金融市场、金融业务、金融经营等与实体部门之间的联系。

从广义的角度来看，宏观审慎政策的目标是维护金融稳定，促进整个金融体系应对外部负面冲击的能力，在这个过程中，重点使用工具或者举措降低金融系统的各种聚积形成的系统性风险。金融部门的顺周期是导致系统性风险的因素之一，降低顺周期性也是宏观审慎政策的目标之一，但是政策的实施并不是要消除金融周期，而只是要消除由此导致的系统性风险的积聚、蔓延和扩张。通过降低金融部门的顺周期性，缓解不可预测的金融波动对各类市场主体的冲击，进而确保在存续较少系统性风险的基础上，保障金融系统的稳定健康运转，同时提升金融系统自身抵御外部冲击的能力。

从监管对象的角度来分析，伴随着金融市场的风险逐渐增加，单一的资本充足率指标已经不能，也不足以约束商业银行的行为，这一点从不断更新和完善的巴塞尔资本协议中就能够看出，静态地分析金融中介的资产负债表，往往会掩盖很多已经存在的风险，比如按照风险资产计算资本充足率时，在机构的交易账户中持有的证券化产品是并不占有很高的权重的，因而更加关注传统业务的监管指标，不能反映出机构存在的高杠杆率，但是这些风险是由其他的机构或者母公司来承担的，因此风险被暂时掩盖了。

不难发现，在 2008 年的全球金融危机之前，多数国家和地区在金融监管方面，通常侧重于旨在保障单个金融机构稳健运营的微观审慎监管，而货币政策更偏向于管理通货膨胀、维护价格稳定的目标。但是这种政策组合在应对金融系统内部不断积累的系统性风险方面，存在一定的不足，因而在此基础之上，还需要加入“宏观审慎政策”，通过新政策加强系统稳定性保障。

## 3.2 宏观审慎政策工具的实施

“宏观审慎”的概念自2008年金融危机之后，被正式引入金融监管的国际和国内框架中，但是对于宏观审慎以及宏观审慎政策工具的相关概念，却仍在不断完善中。普遍来讲，宏观审慎政策工具主要是为了实现宏观审慎监管目标的政策手段，不仅包含金融监管当局日常所使用的能够直接作用于金融市场与机构的工具，其他的宏观经济政策，比如货币政策、财政政策、外汇管理政策、房地产市场管理政策等，都具有间接影响金融市场的效果，因此有些也被认为是宏观审慎政策工具。宏观审慎政策工具是一个广泛的概念，也是随着金融市场发展和创新在不断与时俱进的工具，这些工具通过事前约束和渗透，限制金融主体和市场主体承担过多的风险，从而达到防范系统性风险，进而维护金融稳定的目的。图3.2中的柱状图代表每组经济体中平均每10个经济体每年采取宏观审慎措施的次数。

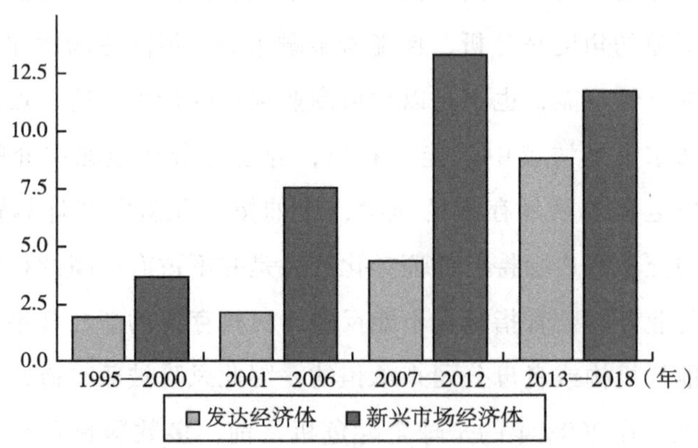


**图3.2　使用宏观审慎政策措施的次数**

资料来源：转引自国际清算银行2018年度经济报告；BIS央行成员的演讲稿；BIS根据表中统计的宏观审慎措施计算。

### 3.2.1　宏观审慎政策工具分类

宏观审慎监管工具的分类方式有很多，国际货币基金组织就提供过多种不同的分类依据，比如按照政策工具的作用目标主体进行分类，分为基于借款方的工具（作用于金融机构头寸），以及基于贷款方的工具（作用于金融机构的资产或者负债）；按照系统性风险产生的维度进行干预（IMF，2011），从而将宏观审慎政策工具分为两类，一类是针对跨时间维度的，旨在解决金融顺周期额问题，包括逆周期的资本缓冲、贷款价值比、动态拨备等，另一类是针对系统性风险横截面维度的，旨在控制机构之间的相互关联以及共同风险，包括流动性等监管指标、集中度限制等。

无论具体怎么划分这些工具，从宏观审慎政策目标来看，这些政策工具的实施，目的就在于解决系统性风险的问题，以及提高金融系统应对冲击的能力。此处为了能够将工具的分析形成体系，所以选择了国际货币基金组织的分类方法之一，按照系统性风险的来源以及政策工具所针对的领域，将宏观审慎政策工具分为三类（见图3.3）：一是对商业银行等金融机构的经营行为，以及其过度地去承担风险的选择所设置的限制性政策工具，主要针对机构的信贷和杠杆；二是对市场和金融机构的流动性方面、期限错配方面等的管理要求，避免由于流动性不足导致的挤兑和市场交易波动等的风险；三是基于金融机构之间的关联性、金融机构的系统重要性进行必要管理，因为系统性风险会随着金融机构之间的交易而进行传递，并且隐藏在机构的资产负债表之外，因此对于金融机构之间的相互往来导致的业务高度关联需要进行更多的关注和管理。另外，在系统中占据重要地位的金融机构或者金融基础设施，因其在金融系统中的地位很关键，可能导致其与众多的机构之间形成业务、产品、服务方面的往来，因此必须进行额外的管理。

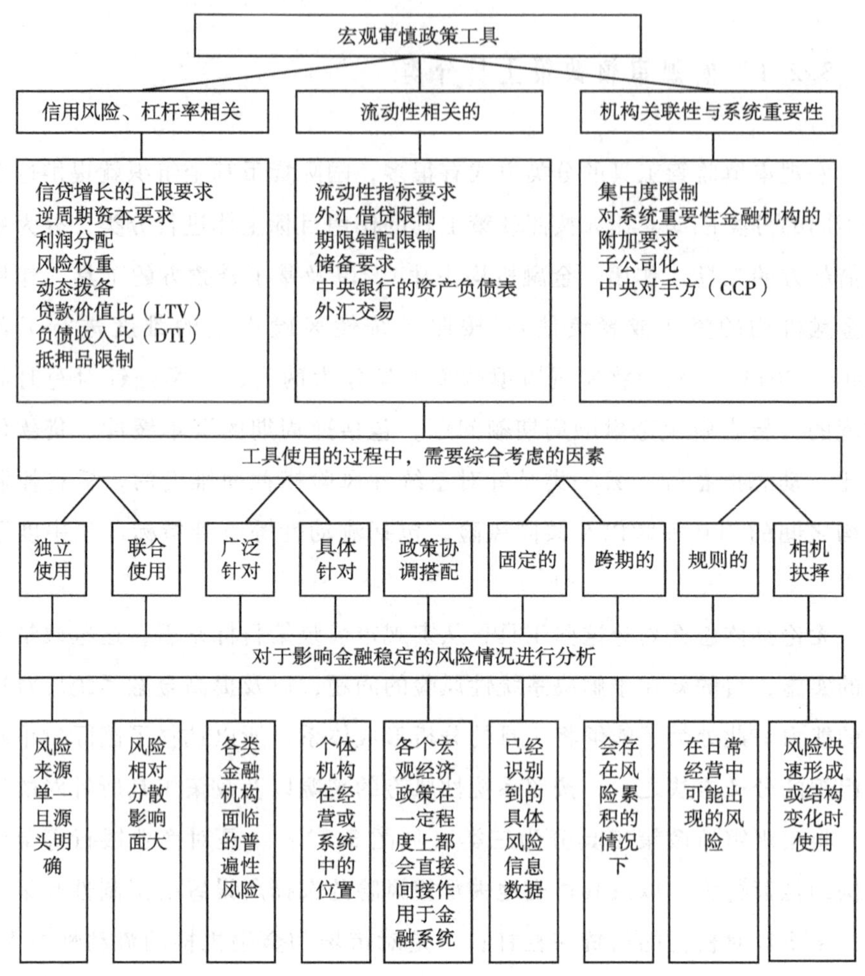


**图 3.3　宏观审慎工具的构成和实践问题**

资料来源：国际货币基金组织的相关文献。转引自 C. Lim, F. Columba, A. Costa, P. Kongsamut, A. Otani, M. Saiyid, T. Wezel, & X. Wu, “Macroprudential Policy: What Instruments and How to Use Them?”（宏观审慎政策：工具组成和使用方式），2011.

### 3.2.2　宏观审核政策工具的实践

（1）信贷类的工具

信贷类的工具在本质上都是针对信贷成本的，通过信贷成本的提高来限制信贷的无序扩张，跟提高利率是一样的。之所以既需要信贷类的宏观审慎工具，也需要货币政策的利率工具，是因为时机和目标。利率渠道虽然也能达到控制信贷扩张的目的，但是选择工具实施的时间，是根据市场价格的变化来确定的，在此过程中，虽然也会对信贷产生一定的影响，但更多的还是关注价格、通货膨胀等，在价格受到波及并产生通货膨胀之前，可能金融稳定危机就已经产生，并且对金融体系已经产生了不利的影响。因而对于政策当局来说，单一的政策不足以维系不同的目标，而且选择出台政策的时机也有不同的考虑，这就需要新的政策工具来完成新的目标。

①逆周期资本缓冲，这是一项旨在缓解顺周期性的宏观审慎政策工具。经济上升期间，信贷环境和条件都相对宽松，对于放款机构来说，提供信贷的标准相对也比较宽松，因此承担了更多的风险。而后随着经济周期的变化，经济处于衰退阶段时，借款者可能就会出现无法还款的情况，对于借款机构，在这个阶段不仅面临一定的信用风险，而且经济衰退也会导致流动性不足，因此就会出现贷款标准更加严格，进而引发惜贷的情况，导致经济的进一步下滑。虽然政策利率在一定程度上能够对于周期性进行调节，但是不能完全承担金融稳定的作用，而且存在一定的滞后性。逆周期资本缓冲工具，要求商业银行在经济繁荣阶段，建立更高的风险资本，高于之前微观审慎政策的实施要求。这样做的目的，一方面能够使商业银行在经济较好时期不要承担高杠杆；另一方面，在经济下行期间，商业银行也能够保障必要的流动性充足，这样就能够限制供给驱动下的信贷周期顺周期变化。

②贷款价值比（LTV）工具也有类似的效果，这项工具是从需求驱动信贷扩张的角度来施策的。因为资金需求方在使用借贷渠道时，也会重点考虑资金成本的问题，如果资金成本过高，会严重限制借贷的需求。贷款价值比就是在贷款需求不断升高的阶段，通过降低贷款价值比来提高信贷成本，使信贷增速放缓，进而阻止可能诱发金融机构的过度风险承担和高杠杆。根据国际清算银行的统计，贷款价值比工具是使用频率较高的工

具，而且其对于限制信贷扩张具有非常重要的效果，非常有利于限制金融行业中的泡沫累积（见图 3.4）。

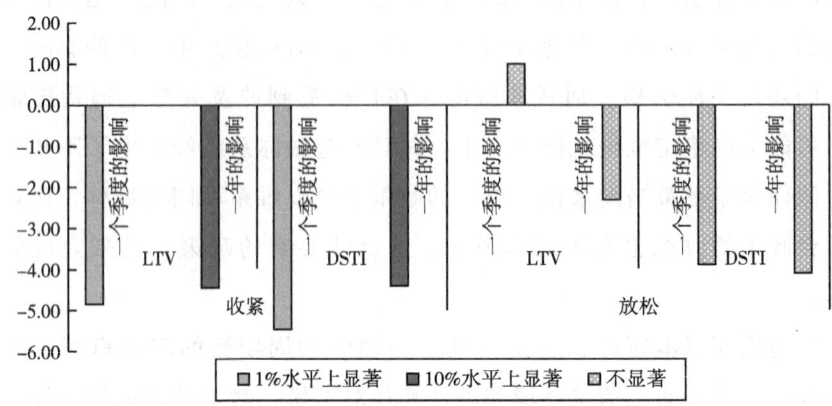


**图 3.4　住房贷款的实际的增长受贷款价值比（LTV）、偿债收入比（DSTI）指标的影响**

资料来源：转引自 BIS 年度经济报告 2018；BIS 根据 Kuttner and Shim（2016）计算。

③杠杆率工具是在巴塞尔资本协议Ⅲ中提出的，是与资本充足率共同用以缓解商业银行风险的重要宏观审慎工具之一。根据巴塞尔委员会的意见，各成员国自 2018 年开始，以最低 3% 的杠杆率（杠杆率 = 一级资本/银行资产负债表内外的总风险敞口）对商业银行系统进行管理，但是各国根据自身的具体情况可以调整。该政策工具不同于之前的资本充足率，因为杠杆率可以更好地显示商业银行面临的风险以及风险的程度。宏观审慎监管当局能够通过这个工具，在很大程度上提高商业银行使用高杠杆的成本，以此来降低不良贷款率，而且这也能对商业银行的创新和衍生产品起到一定的规范作用，最终促进商业银行的稳健运营，提升抵御风险的能力。我国银监会根据巴塞尔委员会的国际规则在 2014 年公布《商业银行杠杆率管理办法（修订）》，明确从 2015 年 4 月正式实施，确定了我国杠杆率的计算公式，以及将杠杆率的监管要求定在 4%，高于国际监管标准。

④动态拨备制度，也是宏观审慎政策工具中有一定实践经验的举措，在全球金融危机之前，西班牙、南美洲的部分国家等就曾经在各自的银行

监管中引入过该制度。该工具的目标在于缓解金融顺周期的问题，其具体的金额根据预设的模型进行调整，随信贷的变化而完善，通过在经济上行阶段建立损失的准备金，用以在经济不景气的阶段来进行损失弥补，从而在整个信贷周期内分摊信贷供给成本。所以当出现了金融系统性风险时，该机制能够提供一个有效的缓冲区，而且在周期内平滑监管负担，对于增强金融系统的稳健性有积极的作用。

该政策工具在具体使用的过程中，各个国家或地区在计算拨备量时，所采用的计算基数有所不同。比如，西班牙的拨备是基于信贷的，其计算公式是“α△ 信贷 + β 信贷 - 专项拨备 = 一般拨备”，其中 α 在 0—2.5%；β 在 0—1.64%。哥伦比亚的拨备计算是基于贷款的预期损失，因而其使用“拨备 = 贷款余额 × 违约概率 × 违约损失”来衡量。秘鲁的实践模型则是基于其本国的国内生产总值（GDP）的，由此可见这项工具是一个在实践中有自由裁量权的工具。

（2）流动性监管要求

流动性监管的指标要求也是自金融海啸之后引入的宏观审慎监管规则性要求，虽然在危机之前，也有部分国家和地区实施过类似的举措，但都不是强制性的。金融危机爆发之后，多数的商业银行在满足资本充足率要求的情况下，仍然无法避免危机的冲击，最主要的原因就在于流动性不足，为此各国的中央银行提供了大量的流动性援助，但是也不能避免危机的升级。通过危机的教训和反思，巴塞尔委员会在 2010 年 12 月正式通过了流动性风险的监管要求，纳入全球监管的要求，并提供了两项指标的计算基础。宏观审慎监管的流动性工具指标，更加重视中小企业、零售业务等，通过具体的测算要求和指标监管，不仅能够规避流动性风险的传递，而且在一定程度上也能降低市场之间的联系。

流动性覆盖率（LCR）指标是由两部构成的，分子为优质的流动性资产储备，而具体的分母是“未来 30 天现金净流出量”，该指标是要为银行的流动性提供一个充足的保障。也就是说，如果机构遇到极端情况，现有的资产变现能够维持 30 天的基本需求，该项指标要求大于 100%。对于其中高质量的流动性资产（HQLA），巴塞尔委员会具体指明了它的两个重要特性：一是市场价值明显，容易通过直观渠道获得估值；二是资本自身的风险特性低，且它们不与其他的高风险资产之间存在关联。这也是保证金融机构在遇到极端压力情况下，能够具备一定的流动性抵御能力。

净稳定资金比率（NSFR），主要是用来要求银行保障在未来至少1年期的长期流动性状况，满足商业银行对于稳定资金来源的需求，该项指标表示为，"可用的稳定资金/所需的稳定资金"，要求大于100%，在银行满足指标的过程中，需要慎重地评估自身的融资风险，拥有稳定的融资渠道，而且合规要求银行对于其同业拆借，特别是短期的批发融资不能产生过多的依赖，所以"稳定资金"主要涵盖长期的融资、长期储蓄，因而指标的目的还在于改善商业银行的资金期限错配的问题，

我国银监会也在2011年10月正式颁布了商业银行的流动性风险管理办法，正式引入流动性覆盖率和净稳定资金比率，并要求这两项指标不低于100%。

（3）系统重要性金融机构的附加管理

雷曼的破产导致全球金融危机的升级，也表明系统重要性金融机构的经营失败会导致整个金融体系受到冲击，给社会和经济造成损失。根据FDIC的数据，2008—2012年，美国国内的中小银行先后有465家倒闭，涉及资产规模高达6890亿美元，而且根据IMF估计的数据，仅2009年全球银行业面临的信贷损失将近2.8万亿美元。

当大型的金融机构产生危机时，往往会迫使行政当局进行救助，来避免可能造成的更大的损害，但是也有可能滋生机构的道德风险，因而需要破除"大而不能倒"的预期。2011年，FSB和BCBS联合制定了全球系统重要性银行的评估方法，以及针对评估结果全球系统重要性银行的额外监管要求。评估方法中包含机构规模、全球活跃度、机构关联程度、机构可被替代程度、机构经营的复杂程度5个方面的大类指标，以及12个具体的指标，通过这些指标为各国的系统重要性银行赋分，并根据分数的情况将系统重要性银行分别纳入分好的5组中，根据对应的组别提出附加的资

本监管要求（见图3.5）。

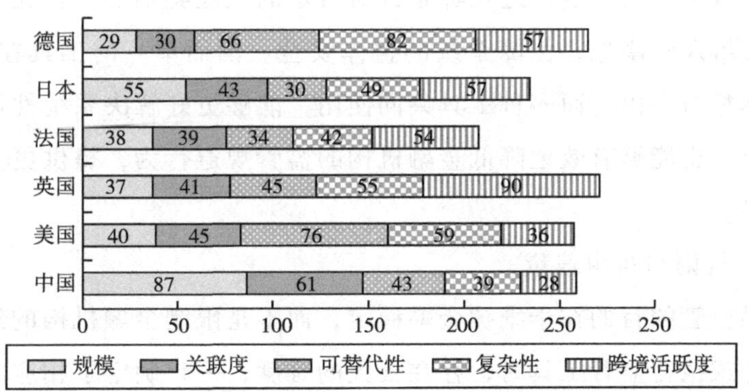


**图3.5　2020年各主要国家全球系统重要性银行的评分构成**

资料来源：BIS网站，转引自赵先信，国内外系统重要性银行监管比较与思考。

（4）政策沟通

所谓的“政策沟通”，也就是政策当局就宏观审慎监管的目标、具体的监管要求、实施的进度安排等向市场主体、社会公众进行必要的解释，以此来获得市场的反馈。具体的沟通形式可以有很多种，比如中央银行或者宏观审慎当局的公开演讲、新闻，各个政策主体定期的金融稳定报告或者金融监管报告等。这种政策沟通的机制也是一种政策工具，通过沟通内容的传递，给予市场主体一些监管的信号或者表明监管态度，有助于市场主体、金融机构根据沟通的内容来决定后续的经营行为。

### 3.2.3　宏观审慎工具使用中需要综合考虑的问题

各个国家和地区在实施宏观审慎政策时，都会综合考虑当地的实际情况、风险的来源、风险形成的主要类型、金融机构能够承担的压力情况、监管当局能够提供的执法力度和执法资源，以及各国具体的宏观审慎政策安排的情况等。通过全面的分析和综合的考虑，权衡不同的因素，来选择合适的宏观审慎政策工具。

(1) 单个工具与多种工具

每项政策工具在设计之初都是针对特定的风险类别的，旨在风险积聚的初期缓解风险隐患，保障系统的整体安全。因而单一的工具在使用时，政策目标相对突出；而多种工具共同使用，能够更好解决系统性风险的不同侧重点，也能够有效地降低金融机构的监管规避行为，提供更大程度的监管效果。

(2) 规则与自由裁量

金融监管的目的在于维护金融稳定，而不是限制金融机构的经营。因而在设计或执行监管工具时，存在很大的难度，一旦确定了相应的监管规则，就会相对固化、缺乏灵活性。但是市场的发展是不断前进的，存在很多的不确定性和监管套利等行为，而且相同类型的不同机构之间，在经营上也存在一定的差别，因而使用普遍适用的规则，虽然能够约束金融机构的一般性经营行为，但是也存在一定的风险，而且面对日新月异的金融创新，既定的规则在应对金融机构的创新业务时，也不能充分、有效地发挥作用，极端情况下甚至会阻碍积极的创新发展。在必要规则使用的同时，宏观审慎监管当局在实施针对系统性风险的政策工具时，也应当具有一定相机抉择的权力，能够根据具体的情况对监管要求进行适当的调整，顺应市场和机构的新变化和新需求。因而在宏观审慎政策工具实施的过程中，管理者会在客观现实的基础上，也依靠一些主观的判断作为依据，对于工具进行弹性的实施。

(3) 基础广泛的与针对性的

如果宏观审慎政策工具是有针对性的举措，那么可以直接锁定要缓解的金融风险，效果更加直接和明显。宏观审慎政策本身就是应对系统性风险而受到关注并探索使用的，因此它的政策工具特征之一就是针对隐藏在系统内的风险，政策工具的针对性也更加精准。比如贷款价值比，就是专门用于抑制房地产行业过热导致信贷资金大量流入的风险隐患的。但是这种针对性较强的政策工具在使用时，越是希望精准施策，越是需要大量详尽的数据支撑，而且在使用的过程中，还会产生大量的监管成本，因而在使用时，也需要权衡成本和效益。与此相比，基础广泛的工具就能够产生相对广泛的效益。这种工具适用于数据相对不容易获取，或者风险的存在相对零散的情况，这样的政策工具在使用时，往往在达到监管目标的同时，成本相对较小。

（4）固定的与跨期的

系统性风险的产生，不是一蹴而就的，其在金融系统内的累积也是有一定的时间的，而且最终也需要一定的条件才能诱发。因而宏观审慎政策工具不仅需要应对突发的系统性风险，而且还要应对不断积累的系统性风险，这就需要在周期内的不同阶段有不同的安排和调整，这样才能更好地熨平经济周期的冲击。当面临经济不确定时，金融机构往往会出现惜贷的情况，导致银行资产下降，进一步给经济发展前景带来不确定性，因此就需要对金融机构的资本提出跨期的要求，也就是逆周期资本缓冲。类似的工具，都能够起到跨周期约束金融机构行为的作用。金融经营行为是长期性的，金融监管也需要根据形势和阶段做相应的调整和应对，才能真正缓解金融系统内横向和纵向累积的金融风险。

（5）与其他政策的协调

任何的宏观经济政策都不是独立的，任何政策的施行在达到经济目的的同时，也会产生其他的作用，这些“其他”的作用会对经济体系中的其他部门产生正面或负面的影响。因此宏观审慎政策在施行时，还需要与其他宏观经济管理政策、其他监管政策相互协调。对于宏观金融稳定政策框架来说，并不仅仅是只有宏观审慎政策，其他的宏观经济政策也会对金融稳定产生各种影响。

其中，非常重要的政策之一就是货币政策。货币政策本身就是非常成熟的宏观经济调控政策，在长期的政策研究中，关于货币政策是否会对金融体系产生影响，是否会对金融稳定产生影响，虽然没有定论，但是其对金融系统的影响是必然存在的。因为政策工具（利率、存款准备金等）会直接用作于银行，并对银行的资产负债、杠杆、信贷等都产生影响，形成风险承担的渠道，而且由于货币供应量的变化也会改变金融系统中的流动性状况，这些影响通过金融、经济再传导到宏观经济中。

另一个会影响金融稳定的就是财政政策。财政政策虽然是一个主要影响社会总需求的政策，但是其政策传导也会对金融系统产生作用，比如紧缩性的财政政策立场，就会减少需求进而有助于缓解资产价格泡沫的生成和累积，而且还能够缓解衰退周期冲击下的金融失衡。财政政策中的税收更是可以对资产价格市场进行调节。比如房地产市场，如果在市场出现大量投机交易时，可以通过提高交易过程中的税收比例来限制投机的频率和行为，甚至比货币政策的提高利率或者宏观审慎政策的 LTV 能更直接有效。

还有一个重要的政策就是汇率政策。汇率政策在应对资本流动导致币值失衡时，通过外汇干预可以起到积极的作用，这一过程可能积累或者消耗官方储备，但是有利于抑制金融失衡。

从监管的角度来说，宏观审慎政策与微观审慎政策相辅相成，单纯从监管工具的使用来看，宏观审慎政策和微观审慎政策工具都是指标类，直接作用于商业银行的，但是从政策的部署视角来看，宏观审慎是从金融部门整体的稳健和韧性来实施政策的，而微观审慎监管是从金融机构个体的稳健和抗击风险能力来实施的，所以监管政策之间肯定是相互配合的。

要建立全面、协调的金融稳定系统，必然会涉及不同政策层面，及不同政策当局之间的配合和协调。有时各项政策的政策立场一致，共同发力可能导致政策效果重叠，力度过大；有时各项政策立场不同，各自实施政策的工具会导致政策冲突，所以政策的协调非常关键。

（6）宏观审慎政策在金融稳定框架中的作用

在 2008 年的全球金融危机爆发以前，监管当局普遍认为，只要每家金融都能够稳健经营，那么整个金融体系就是稳定的。而为了保障每家金融机构都能够安全、稳健地运营，监管当局实施包括资本充足率在内的一系列针对单个金融机构的微观审慎监管政策。因此微观审慎监管政策用来作用于金融市场维护金融稳定，而货币政策主要用于保障物价稳定，避免通货膨胀的风险。这一政策组合在不同的国家和地区，特别是经济发达的国家和地区，得到现实的佐证，这些国家的经济发展也是伴随着低通胀、低产出波动的。

但是金融危机的爆发却显示了另一个现实问题，那就是金融机构都是能够达到监管要求的，但是金融体系的不稳定性仍然导致危机的出现。这就表明，在个体金融机构之外，还存在其他的金融风险，因而这种金融体系中的内生性问题就显得尤为突出。当金融体系或者金融机构受到负面冲击时，风险会在金融机构之间传染和蔓延，金融市场出现波动，直接导致金融不稳定，甚至爆发金融危机。对于个体金融机构来说，它们本身只能控制自身的经营稳健，对于整个系统的稳健以及风险的蔓延作用能力有限，而且由于经营的同质性等，还会产生相近的风险暴露，比如金融机构采用相同的避险策略，就可能出现“羊群效应”。

这种系统性的风险会直接冲击金融机构的经营，以及市场对各类机构的信心。由于是相同的风险暴露，所以对于机构的冲击也是无差别的，这就是对整个市场和体系的冲击。系统性风险就是1个前文提到的外部性的问题，也是“基本”的市场的失败。金融机构可能采取“去杠杆”和惜贷的策略，来应对冲击给机构造成的流动性不足和风险，但如果所有的机构都采取这种相似的举措，就会对金融体系造成威胁，同时也会对整个市场中的其他类型经济主体造成威胁，损害整个经济市场。

如果负面冲击只是来自价格方面，或者只是简单环境产生的金融问题，那么传统的货币政策就能够起到宏观调控的作用，或者再采取一些中央银行的特定职能，比如最后贷款人职能，也能实现事后的管理控制。但是面对当代复杂的金融环境，传统货币政策盯住通货膨胀的政策目标显然是不能抑制所有金融风险的，而且事后干预也需要对风险来源有充分的认识，才能够有效实施，但识别这些，困难也比较大。宏观审慎政策的目标就是保障金融体系的稳定和安全，许多政策工具也是前置的举措，因而更加适合管理和控制系统性风险，能够更好地维护金融稳定。

## 3.3 宏观审慎政策完善过程中面临的挑战

宏观审慎政策发展至今已经十多年了，虽然在不断完善，但仍有许多挑战需要考虑。

### 3.3.1 基本挑战——管理动态的金融系统需要权力

技术的进步、产品的发展、创新的提升、服务的细化等金融行业的升级和变化，都对金融市场与机构的发展起到至关重要的推动作用，也带来了更多的盈利能力和盈利机会。但是在这些创新中，也有对于市场环境、监管政策等的规避，所以面对动态的金融系统，监管也需要有前瞻性和灵活性。宏观审慎监管作为一种宏观视角的监管，这也是其需要应对的重要挑战。

如果对于所有的金融机构、金融业务等都实施“规则”监管，虽然能够遏制部分风险的衍生，但是会疲于应对金融系统的动态前进的特征，因而对于宏观审慎监管来说，灵活的自由裁量机制就显得尤为重要。从基本面的角度来看，宏观经济管理当局需要给宏观审慎政策的制定者和实施者一定的权力，包括数据的采集和使用的权力，以及对于规则的制定和自由裁量的权力。

(1) 数据的采集和使用的权力

宏观审慎政策主要是针对金融体系内的系统性风险，而系统性风险在识别和管理方面都有一定的难度，政策工具的使用效果有赖于对风险来源、风险传递路径、风险的可能趋势等的精准掌握，因此政策制定当局就需要海量的信息和数据来支撑政策工具的选择和实施时机。微观审慎政策的数据采集，往往都是通过各类机构的监管主体进行的，但是随着金融市场的发展、金融产品的多元化创新，系统性风险的相关数据不仅局限于各类金融机构，还包括各类经济主体，甚至是个人金融消费者，因而需要的数据和信息涵盖的范围非常广泛，而且有些数据甚至是敏感数据，由海量信息作为基础形成对整个经济体系的风险积累情况和确实的判断。因此对于所有相关信息采集和数据的整理，都需要权力的保障，才能够更好地、更高效地获取数据和信息。

（2）规则的制定和自由裁量的权力

诚如前文的分析，宏观审慎政策在实施时，需要具备一定的灵活性和前瞻性，避免应对金融系统动态特征的压力，也避免部分金融监管套利和规避等行为。任何政策实施和工具的使用，都需要一定的论证过程。政策一旦实施，也应当按照既定的部署，有序推进，才能保障效果的显现。但是宏观经济政策的使用，普遍有滞后性的问题，因为从发现问题到考虑措施，再到具体实行，是有一个时间段的，这个时间段就是政策工具和市场变化之间的时间差。而系统性风险对金融体系造成危害，虽然不是瞬间就能形成的，但是爆发和凸显的都是有触发机制和触发事件的，所以对于规则的制定和调整，需要当局具备一定的自由裁量的权力，这样才能更好地维护金融系统的稳定与安全。

### 3.3.2 宏观审慎政策的有效性辨识

在既往的宏观审慎政策实施的经历中，政策本身以及政策工具的有效性受到质疑，因为政策工具实施以后，对于金融机构、金融市场、金融消费者都产生了不同程度的影响，特别是银行资本、流动性、杠杆率等的实施，直接影响长期内的金融服务可获得性。因此在宏观审慎监管政策的管理下，金融机构的短期盈利能力会有所下降，同时会增加金融消费者获得金融服务的成本，降低金融服务的可获得性，而对这些影响的定量分析，并不容易实现。

宏观审慎政策及其工具之所以受到各种质疑，主要有以下几个方面的原因：第一，宏观审慎政策的制定和执行当局需要解决政策的成本和收益的问题。如果政策的施行成本比较高，但是获得的效果没有显而易见，就容易导致政策的成本收益率低，就会被质疑，也难以继续推动政策执行。第二，宏观审慎的政策工具大概率上还是针对金融机构，特别是商业银行的资本进行约束的，因而不可避免地会给机构的经营带来压力，造成利润的降低，尤其是逆周期的一些工具的使用，明显在经济繁荣的阶段限制金融机构的贷款，因而会给金融行业的盈利水平造成一定的影响。第三，宏观审慎政策在不同的国家和地区面临不同程度的挑战，正是因为政策工具的使用会给行业和机构造成影响，某些发达国家的政治家出于选举的考量，会错误地选择政策实施的时机和力度，避免对即将到来的选举造成不利的影响，因而宏观审慎政策会面临非经济因素的干扰。

### 3.3.3 宏观审慎政策当局与其他机构之间的合作是最重要的

事实上，对于系统性风险的识别和管理，以及金融稳定的维护，不仅需要宏观审慎政策，其他的宏观经济政策也会对金融体系产生影响，进而作用于金融稳定，所以即使宏观审慎政策是针对金融稳定和系统性风险的宏观经济管理工具，但它也是金融监管的一部分，是宏观调控的一部分。宏观审慎政策在具体实施时，需要与其他的宏观经济管理当局进行必要的协调和合作，特别是政策目标之间的相互沟通，不仅涉及货币政策制定实施当局，还包括其他行业的监管部门、其他宏观经济政策的制定部门等。因为系统性风险不仅会在整个金融行业内部积聚，也会在经济体系中蔓延。

就监管部门之间、政策部门之间的协调，本身也是存在风险的。一方面，在协调沟通之中，因为各部门政策目标不一致，协调起来就有困难，而且政策传导渠道也有重叠，会造成政策效应外溢；另一方面，当宏观审慎政策与其他政策搭配使用时，政策效果可能是“1 + 1 > 2”，也可能是“1 + 1 < 2”，无论是出现什么情况，都不能确定到底是哪项政策工具更有效或者效用不明显，哪项工具能起到关键性的作用，哪项工具外溢的情况

更突出。而且如果政策搭配没有如预期，不能很好地管控系统性风险，那么对经济和社会造成进一步危害，而当产生危机时，又由哪个部门来承担责任呢？所以在完善政策合作的同时，对于善后机制的完善、问责机制的完善等，也都是需要考量的，缺乏这些机制也有可能产生系统性风险。

### 3.3.4　金融科技发展提出的新挑战

随着后危机时代世界经济的缓慢复苏，全球金融环境发生诸多变化，信息技术、大数据等的高速发展带来的金融科技进步，为复苏中的金融行业带来新的盈利机会，同时也带来更多的风险挑战。很多既有的金融产品和服务不能满足金融消费者多样化的需求，再加上有的机构产品出现问题，使金融消费者遭受严重的损失，消费者会对行业产生不满，于是很多的金融消费者将目光转向新兴技术类型的金融创新产品。

从金融机构的角度来说，金融危机之后，金融机构的竞争力和盈利能力都受到影响，巴塞尔资本协议Ⅲ的推进推高了金融机构的合规成本。为了规避风险，金融机构更加惜贷，因而在维护既有客户群体方面越发困难，导致银行等金融机构都在不断地寻求新的技术升级手段和业务模式来增加营收的规模和效率，金融机构的转型和升级迫在眉睫。当科技与金融相结合时，金融科技获得了迅猛的发展，金融服务的供给方发生很大变化，不再是只有传统的金融机构才能够提供服务的，会有更多的机构加入进来。金融科技的高速升级，使很多金融企业的成长路径发生变化，从以前的“小到可以忽略”逐渐变得具有系统重要性，甚至“大而不倒”的情况。因而从金融监管的角度，监管层不能只关注传统的金融机构，伴随着金融科技带来的多样性和多层次性，监管的方式不再是单纯的指标监管和统一的保准，监管当局需要关注的领域应更加宽广和分散。

从宏观审慎管理和抑制系统性风险蔓延和积聚的角度，科技金融的发展可能会有形成系统重要性和顺周期等方面的风险。具体表现为：

（1）金融科技的发展必然会产生新的独特的一些商业模式

如果一个市场参与者拥有独特的商业模式，而且在市场中成为这个相对狭窄领域中的主导者，那么一旦其经历一些外部的冲击或者不确定性时，因其具有不可替代性，将会导致很多风险问题产生。而随着信息技术的普及和升级，这些技术以及由这些技术所带来的实施举措，将会改变市场参与者之间的联系，这种联系不再仅仅存在于机构的行为之中，也存在于个人与机构之间，甚至个体参与者的行为或者举措都变成系统的重要方面。

（2）金融科技的应用将导致金融系统的顺周期性加强

金融体系本身就存在着一定程度上的顺周期性，尤其是商业银行借贷的顺周期性更加明显。当经济形势向好时，就会倾向于放松放贷的条件，而在经济形势下滑的阶段，会对贷款的条件和方向进行限制，避免银行资本和盈利水平的恶化。伴随着金融科技的不断创新与发展，金融部门的顺周期性可能进一步加强。科技金融的发展在海量数据和模拟的支持下，机器通过学习能够产生自动化的操作，而机器学习是基于相同的决策机制，因而从积极的方面来看，监管也可以通过机器学习的方式，更加有针对性地监管，同时节约监管成本；但是从金融风险的角度，市场主体的决策趋同性会更高，因而更容易造成系统的顺周期性，导致系统性风险。

（3）市场主体之间的相互关联性会进一步加强

在金融市场中，金融机构之间、创新机构之间、不同机构之间的高度联系将持续存在，而且由于信息系统的相互关联性，这种高度关联的程度会不断加强、不断紧密，连接点的数量激增、信息数据等的标准化建设等，意味着在整个金融体系中存在更多的风险点。在新的商业模式中，供需双方不再需要更多的中介，而是直接产生联系，这将增加市场主体之间的能够产生联系的数量，市场主体的职能也不再单一。风险点的增加、传导渠道的增加，都积聚着潜在的风险。

第 4 章

# 宏观审慎政策与货币政策的相互关系

## 4.1 对货币政策进行的反思

一直以来，关于货币政策的研究就持续存在，特别是随着社会、经济、金融、科技等的变化和创新的不断发展，对于社会经济事务管理的方方面面也都提出了新的挑战，所以对于货币政策的思路也是不断推进的。次贷危机之后，在总结监管教训，发展新的监管理念和手段的同时，对于货币政策的重新思考，也在不断推进中。

### 4.1.1 关于货币政策运用的共识

货币政策和财政政策都是宏观经济调控政策，在各国的经济管理中发挥着核心的作用。而货币政策作为中央银行对经济市场管理的重要手段，虽然对其的研究始终存在各种声音，但是在诸多的研讨中，对于货币政策本身也是有一些共同判断的。

第一，关于通货膨胀的认识。通货膨胀作为经济中较为普遍的现象，它的直接表现形式就是价格本身的变化，因而可以认为通货膨胀是与货币增长直接相关的。货币本身的波动也意味着价格的变动，因而积极的货币政策可能会导致货币扩张，导致持续的通货膨胀。只要货币政策持续地向市场注入流动性，市场价格水平就会持续上涨。

第二，大部分的货币政策当局追求价格稳定的政策目标。价格作为市场供求的反应，如果太高的话，会使资源的市场配置机制受到伤害，而且也会诱发社会经济中的潜在不利因素。价格的虚高不仅对经济、金融造成扭曲，也会冲击社会民生。所以作为货币政策的目标之一，价格稳定非常重要。

第三，货币政策立场不是一直不变的，其有长期和短期之分，甚至跟货币政策当局的施政理念有关。从宏观经济的整体目标来说，包括有价格稳定、充分就业、经济增长、内外均衡等，根据菲利普斯曲线，短期内，价格稳定和充分就业之间需要取舍，但是长期来看，由于预期的影响，这种取舍和博弈并不需要，也不存在，因而货币政策的立场和举措，需要根据面对的具体情况，进行具体的考虑和安排，面对突发状况时，也需要有应变应急的举措。

第四，预期管理成为货币政策的重要手段。正是因为市场和价格受到越来越多因素的影响，同时货币政策的任何举措和手段也会影响到经济体的方方面面，也会对其他经济政策、监管政策产生外溢，因而预期管理也成为了货币政策的重要政策工具。当然这也是源自预期革命给市场和管理带来的变革，预期已经逐渐成为市场主体做出经济规划的重要依据，而这些预期的存在也会影响市场主体的投资、生产等，通货膨胀、市场价格等也会因此而产生反应，从而对市场和政策产生作用。因而通过预期管理来干预市场，也是要求当局的政策更加直接和透明。

第五，时间不一致的影响被更加重视。无论什么调控政策，在一定程度上都具有滞后性，而且市场中的经济主体，也都会根据经济基本面的相关数据对于政策的出台和改变做出预期，因而映射到经济行为上，群体性的行为就会导致经济面发生变化，就更加导致政策实施的滞后性，而且可能衍生出新的风险。货币政策管理当局，在货币政策的实施过程中会积极选择并关注一些中介的经济目标，使用这些目标来作为当局和市场共同关注的指标。这也再次说明，对于当局来讲，清晰的目标、透明的过程，加上预期的引导，对于货币政策实施效率来说，越来越重要。

第六，泰勒规则。泰勒规则虽然并不适用于所有的经济体，但是其在货币政策规则领域占据很重要的位置，也是宏观经济建模最普遍使用到的。中央银行努力提高名义利率，使其高于通货膨胀率，这样才能更好去控制通货膨胀，避免陷入流动性陷阱。从理论上来说，货币政策当局如果想要控制通货膨胀在目标区间的话，可以通过短期利率的变化来实现调控的目标。



通过对于货币政策、货币政策立场、货币政策规则的这些认识，很多经济学家相信，整体经济是可能达到最优产出水平的。对于货币供给而言，适度控制货币扩张，以稳定通货膨胀，保持经济的持续增长，消除当局在短期内因价格稳定和充分就业而要博弈的困扰，保持中央银行的货币政策完全独立，这些都是保障宏观经济稳定的充分基础。如果市场中出现了资产价格泡沫，在条件允许的情况下货币政策进行适度的干预，可缓解对于产出和通胀的影响。

### 4.1.2　货币政策实施遇到的新问题

次贷危机的爆发并由此引发全球的金融危机，导致世界主要经济体的经济发展受到冲击，也对既往的货币政策体系提出了很多反思和讨论，特别是关于金融稳定是否能作为货币政策的目标之一，由货币政策进行管理的研究非常多。部分学者剖析金融海啸的根源，分析结论后认为，经济相对平稳时期，通货膨胀可控，经济持续增长，但是这可能导致信贷泡沫的积聚，各类市场主体对于风险存在忽视，低估了风险的总体水平。因此很多学者认为，货币政策作为重要的、相对市场化的举措，是应当有责任抵御资产价格泡沫的：因为事后的处置成本太高。

(1) 抵制资产价格泡沫与事后清理的争论

在分析货币政策是否应该应对资产价格泡沫、如何应对，以及时机选择等问题之前，需要先对资产价格泡沫进行分析，区分一下不同种类的资产价格泡沫是信贷导致的，还是非理性繁荣导致的。

从金融发展史可以看到，资产价格泡沫也是不完全一致的，其中信贷驱动而生成的资产价格泡沫是相对比较容易导致金融危机的，比如次贷危机。信贷驱动的资产价格泡沫一般会有以下发展路径：对经济有信心→对市场有把握→预期经济会繁荣→市场中的流动性比较充裕→信贷逐渐活跃且总量增长→对于资产的需求不断攀升→资产价格逐渐提高→鼓励了贷款的更多需求→形成资产价格和信贷需求的循环上升。这一路径将导致信贷泡沫出现，如果市场中的流动性依然宽松，金融中介也会下降信贷标准和审核要求，甚至为贷款的发放提供便利和创新。当资产价格泡沫无法承受而被刺破时，资产价格开始下跌，资产价值下降，金融中介会削减后续的贷款额度和放贷意愿，这一过程中，金融机构也面临资产减值和信用风险的冲击，更大范围内的资产都会受到波及和影响，甚至导致金融体系的崩溃。从美国房地产市场繁荣，到“两房危机”，到众多商业银行倒闭，到雷曼破产，致使全球金融危机，这一过程还是比较明显的。

另外就是非理性诱发的资产价格泡沫，当然这种资产价格泡沫是由于短暂的失衡导致的，也就是过于乐观导致预期偏差，这种资产价格泡沫由于虚拟程度低，对金融体系造成的威胁相对可控，危机后的调整相对而言也更容易使经济恢复，所以对此的管理只要把握好预期和周期，就能够相对稳住金融系统。

对比这两种资产价格泡沫的形成和发展就会发现，信贷驱动的资产价格泡沫一旦破裂，通过政策和调控手段，是难以在事后形成有效干预的。这种类型的泡沫在任何经济环境下其实都能生成，因为它的形成是通过信贷驱动的。只要经济稳定、流动性充足，就会有更加充足的信贷供给去驱动资产价格泡沫，参与其中的各方当事主体都为资产价格泡沫的生成起到推动作用，都对风险的累积没有充分的认知。所以对于货币政策来说即便识别到了，也难以抉择处理方式。因为货币政策对于资产价格泡沫的管理需要精准识别是什么导致的，知道来源才可能进行管理。对于非理性繁荣生成的，货币政策的作用有限。如果是信贷驱动的，货币政策选择刺破可能会对整个经济面造成影响。

（2）新兴经济体的独特金融体系

不同国家因为发展的经历和阶段不同，金融体系也呈现出不一样的特征。对于新兴经济体来说，其金融发展起步晚，对外开放程度也跟发达国家不一样，其金融系统的基本特征是：第一，商业银行是金融系统中最重要且核心的金融中介机构，其经济主体在需要融资时首先选择的还是银行，其他的金融机构即使发展迅速，也暂时没有达到发达国家的状态。第二，商业银行经营同质化程度高，依赖存贷利差的盈利模式，所以整个市场的信贷主要是由商业银行提供的，这对货币政策传导，以及货币政策效应外溢都会产生影响。第三，金融体系的脆弱性比较明显，更容易受到信贷周期的影响，而且短期的资本流动会对整个系统造成冲击。在全球经济金融一体化程度较深的当前全球体系中，金融体系韧性不强，不仅会被国内的周期影响，也会受到全球周期的影响，进一步加深国内金融系统的脆弱性（Agénor 和 Pereira da Silva[①]，2012）。

对于新兴经济体来说，可能金融对外开放的程度还相对有限，并没有完全开放，但是各国对外贸易的开放程度都很高，基本都是世界经济的重要组成部分，所以只要是贸易往来国的资产价格出现大幅波动，就会因贸易产业链传导到国内，并对国内的资产价格产生影响。特别是在次贷危机以前，曾一度出现全球的流动性过剩，所以各国的中央银行都面临治理输入性通胀的压力，特别是作为原材料输入国的发展中国家。

（3）发达国家的非常规经济政策的影响

发达经济体的高额负债，始终是其经济发展中存在的一个隐患，这是导致很多国家发生债务危机的根源，也是各国宏观经济政策所要面临的棘手问题。

后危机时代，为了更好地促进经济恢复发展，在金融市场领域，中央银行通过资产价格的管控来实现维稳市场。从这个角度看，中央银行在未来的经济事务管理中，可能会越来越多地关注到金融市场和金融稳定。在全球金融海啸之后，各国的中央银行普遍使用了“量化宽松”的货币手段以及很多非常规的货币政策工具，财政政策方面也辅之以“财政悬崖”等，这些政策工具和手段的创新和改变，在解决各国国内的经济、金融问题的同时，也会跟其他国家的金融市场产生关联，并且对其他国家的资本市场以及金融稳定造成影响。

在这种情况下，新兴市场同时面临着国内的经济发展和外部输入的各

① Agénor, P. -R., and Pereira da Silva, L., 2012. Macroeconomic Stability, Financial Stability, and Monetary Policy Rules. Forthcoming, International Journal of Central Banking.

种压力，中央银行在制定和实行货币政策时，也面临多种考验：一方面是资本的流动会更加频繁，并且导致资产价格和金融市场的不稳定；另一方面，国内货币政策需考虑与其他宏观经济政策之间的协调。

（4）金融稳定是否要纳入货币政策目标

虽然部分货币政策工具是能够对信贷供需、金融机构的行为、债务水平结构等产生直接或间接的影响，但是对于金融系统中的其他指标和变量的作用方式和作用效果，其实是不明确的，比如对于房地产价格、机构的过度使用杠杆等，货币政策的干预无法产生效果或不明显。所以从这个角度来说，使用货币政策去解决金融稳定的问题是有局限性的，而且使用货币政策工具去干预资产价格稳定时，会使价格稳定的目标受到干扰，也就是货币政策的目标之间需要妥协。对于日益多变的金融创新，以及由此带来的金融系统性风险，其实最佳的选择是通过其他的政策来进行管控，也就是巴塞尔委员会重点提出的宏观审慎监管政策。

反思次贷危机，构建更合理的宏观经济管理体系是一直以来的研究主题，特别是货币政策的未来发展以及其与金融稳定目标之间的关系等，还存在很大的分歧。但是从实践角度看，我们更加认同宏观审慎监管政策应作为金融稳定的施策举措，而不要让货币政策承担更多的目标。

## 4.2 两项政策与资产价格之间的联系

自从科技泡沫破裂之后，房地产行业成为许多国家的经济支柱行业，并迅速成为虚拟资本活跃的领域，而从各国的信贷支持来说，也给予了很大的便利与创新举措，直至美国次贷危机的爆发，房地产价格泡沫被刺破。回顾金融史上的诸多危机，都会发现资产价格泡沫这个重要的导火索，因而应对资产价格泡沫是宏观金融管理的重点。

### 4.2.1 货币政策应对资产价格的争论

从货币政策出现在宏观经济调控领域开始，对于货币政策目标的探讨就一直存在，普遍认可的主流目标集中在经济领域，包括价格稳定、币值稳定、促进经济增长等。但是其对于金融领域的影响和干预，比如对信贷周期和信贷条件、对资产价格的管理和控制，始终都是存在争议的。在美国的次贷危机爆发之前，美国的货币政策始终是保持宽松的，而美国的房地产价格也是持续高企，这两者之间是否有联系，有多大程度的联系，也引发了货币政策宽松立场是否会导致金融失衡，致使金融不稳定的进一步讨论（Taylor，2007、2009）。总结起来，关于货币政策是否应当将资产价格稳定也作为货币政策的目标之一，主要有以下几种观点。

（1）货币政策目标中不应当包括资产价格

部分专门从事中央银行研究的专家和实践者都不认同将资产价格纳入货币政策的目标当中，因为要应对资产价格波动，需要大量的监管成本。对于中央银行来说，宁愿进行事后干预，因为事后干预的成本可能更低。格林斯潘曾经阐释过资产价格泡沫，他认为，企业实体通过技术革新不断提高生产水平和生产效率，为企业创造了更多的价值，而投资者看好经济面和企业的整体盈利能力，推动了股票价格的不断上升，逐渐达到了一个与实际经济水平不符合的高度，从而产生了资产价格泡沫。很多时候，这种资产价格泡沫比较难以在事前被识别到，基本都是在泡沫已经积累到一定程度，甚至破裂时才会有意愿去干预。而且在泡沫出现的早期，即使能够被识别到，中央银行可能也没有意愿去干预，因为对于资产价格泡沫本身的确认需要人力成本和时间成本，而且对于资产本身的走向与趋势的判断没有标准，相对都是主观的选择，在此情境下，如果要进行干预，从政策工具的角度上来说，无论是利率的工具，还是公开市场操作，都是控制市场中整体的流动性水平，货币政策一旦选择了紧缩的立场，不一定能够直接针对到发生资产价格泡沫的领域，而是会直接对整个经济面产生冲击，短期会伤害经济的发展。所以货币政策还是应该专注于价格稳定，对于资产价格泡沫的管理应由其他当局来判断和处置（Greenspan，2005）。

货币政策研究者重点阐述了为什么不能由货币政策来干预资产价格，因为如果使用了货币政策工具来达到管理资产价格的目的，而且不能给经济面带来伤害，那么需要有两个充分条件：首先，当局对于资产价格泡沫的出现、膨胀、积聚、破裂的全过程都清晰地掌握；其次，如果实施了紧缩性的货币政策，就要有其他的配合政策来缓解对经济体的直接冲击，以及可能出现的其他问题，因为紧缩性的政策立场会比宽松的政策立场带来更多的隐患。但是实践表明，这两点都是很难做到的，尤其是第一点在实践中是实现不了的。比如次贷危机，在“两房”没有出现危机之前，其实关于房地产价格泡沫的声音是始终存在的，但是对于出手干预的时机，对泡沫膨胀的判断等，一直没有定论，所以中央银行干预资产价格的难度和争议都很大（Kohn，2008）。

所以，很多经济学家都认同货币政策还是应该集中于关注价格稳定和产出稳定这些与经济面直接关联的指标，因为货币政策对抗资产价格效果太微弱，就如上文说明的，资产价格泡沫的识别、认定、发展路径是很难被中央银行掌握的。从市场透明的角度看，能够被当局掌握的数据，经济主体也是可以发现的。如果市场主体发现存在这样的“隐患”，市场机制也是能够缓解的。如果资产价格泡沫可以被轻易识别，那么它在一定程度上对于金融稳定的危害有限。除了这个因素以外，货币政策工具在应对资产价格泡沫方面没有优势。基准利率的变化，不仅会传导到资产泡沫存在的领域，对于整个经济体系都是一样的，所以针对性不强，而且存在政策套利的可能。利率与资产价格之间的关系，不同的文献有不同的论证结果。正是由于货币政策对于资产价格的影响机制并不确定，所以货币政策如果要将资产价格稳定也纳入政策目标中，那么就需要更高的政策成本，再考虑与其他政策目标的协调，会显得成本更高。最后一点就是，如果货币政策目标过多，就会显得过于复杂，中央银行与市场沟通时，就会产生混淆和误导。

（2）货币政策制定过程中需要考虑资产价格

虽然很多经济学者认为货币政策目标中不应当包含资产价格稳定，但是也有部分学者认为，货币政策应当考虑到资产价格这个因素。如果市场当中的资产价格是合理的，能够反映市场供需的情况，那么其作为价格的一部分，货币政策不需专门关注它；但是如果资产价格出现异常波动，那么货币政策在制定和执行时，需要对其有所关注，选择政策工具时，尽可能同时应对资产价格失衡和物价失衡。资产价格涵盖实体和虚拟两个方面，会受到各类因素的共同作用。所以货币政策在应对价格和产出稳定的同时，对于资产价格应给予关注，使其不对通胀等产生负面影响（Bernanke 和 Gertler，2000）。

（3）货币政策目标中应包括资产价格稳定

随着虚拟经济的不断发展，资产价格的扭曲和失衡成为一种“常态”，而且资产价格和其他产品（服务）价格关联紧密。资产价格泡沫不断膨胀，就会导致扭曲市场关系，因此货币政策只关注价格稳定是不够的，也需要关注资产价格的稳定，特别需要明确的是供需双方中的哪一方导致的价格失衡，据此做出合适的调控（Goodhart 和 Hofmann，2001；Detken 和 Smets，2004），并保障价格稳定的目标不受影响。部分经济研究曾指出，资产价格也是货币币值的重要体现形式之一，如果资产价格发生变化，货币的币值或者购买力也会发生变化。因此货币政策目标中的价格稳定，不仅包括商品和服务的价格，也包括资产的价格。一次次的金融危机，无论是货币危机、债务危机，还是次贷危机，都表明了资产价格会导致金融失衡，诱发金融危机，给经济带来重创。综上，货币政策当局需要关注到资产价格稳定，并将其纳入政策目标体系中加以调控。

（4）货币政策与房地产价格

在次贷危机爆发之前的近十年期间，以美国为代表的发达经济体持续实施宽松的货币政策，起初是为了应对科技泡沫破裂带来的经济迟缓，随着房地产行业逐渐成为新的支柱产业，相对较低的利率水平也为房地产价格的上涨提供了流动性方面的助力。虽然既往的文献和各国的实践中对于利率和房价之间的关系，并没有确定性的统一结论，但是从理论上分析，宽松的货币政策可以传导到房地产市场。可以试想以下的情境：国内的市场中存在着两种可供选择的投资产品，一种是收益率相对较低的债券，另一种就是房地产等耐耗品，用货币与这两类投资品进行兑换，就会产生两个价格，一个是债券的价格，另一个是房地产的价格。这个时候中央银行实施宽松的货币政策，向市场注入了一定的流动性，这些流动性进入消费者的手中，有了富余的资金储备，对于消费者来讲就能购买更多的投资品。假设市场中的债券存量、房地产存量等都没有变化，预期也没有变化，如果消费者将富余的资金选择购买债券，则债券的回报率会因此下降，而房价会有所上升；相反，如果消费者更多地选择房地产，那么债券的回报就会更高。当然在定量分析时，结论并不是简单的线性关系，但广义货币与房地产价格之间的相关性更加明显①。

不同于国外文献主要集中于分析微观的机制，在货币政策与资产价格关系方面，国内的文献在进行相关分析时，主要是从积极的货币政策立场这个角度出发，研究其与资产价格波动是不是有关系。从法律制度方面，根据《中华人民共和国银行法》，我国的货币政策目标是“保持币值稳定，并以此促进经济增长”，所以两个政策目标是有主次区分的，且是有递进关系的（周晖和王擎，2009）。从法律定性的角度，我国的货币政策是以“稳定”为最先目标，并以此来保障经济的可持续增长，所以对于房地产市场价格的管理，不是我国中央银行的政策目标，应当由其他的调控方式和手段来进行管理。由于我国的融资市场中还是以商业银行贷款为主，所以通过限制信贷供给在一定程度上能够限制流入房地产行业的资

① 具体参见 Ferguson（2005），其对 16 个工业国过去 25 年的分析表明，当年的 M3 增长率与实际股票价格变化，并没有明显的相关性，但是当年的 M3 增长率与房地产实际价格，具有明显的相关性；而 Belke、Orth 和 Setzer（2008）用美国、欧盟、日本、韩国、瑞士、瑞典、挪威和丹麦来代表全球，使用 VAR 模型检验了全球的广义货币和资产价格的关系，并进行稳健性检验，得出货币供给是房地产价格变动的领先指标的结论。

金；但是如果直接使用紧缩性货币政策，那么就需要考虑对于经济中其他行业的冲击，所以在使用货币政策应对资产价格问题时，需要衡量政策成本和政策收益（韩冬梅、屠梅曾和曹坤，2007）。

### 4.2.2 宏观审慎政策积极应对资产价格泡沫

资产价格泡沫的累积虽然不是金融失衡的唯一原因，但却是最重要的诱因之一。资产价格泡沫的不断膨胀离不开信贷资金的支持，一旦资产价格泡沫因为外部冲击被刺破，直接冲击的就是信贷市场。资产价格和信贷之间存在循环的作用机制，资产价格大幅下跌，导致信用违约出现，致使信贷供给者受到损失，以及提高信贷标准甚至惜贷。此时的任何干预手段，在短期内的效果都不明显，因为市场信心受到冲击，恢复难度较大，市场主体对于整个经济面都是持悲观的预期，甚至对于生产类的投资都不积极。因此对于资产价格泡沫应当采取前置的干预举措，避免隐患被逐渐放大到难以清理的程度。就如同之前的分析，在这个方面，货币政策虽然可以事后干预，但是成本太大，而作为旨在维护金融稳定的政策更加适合对资产价格泡沫进行调控。

信贷与资产价格泡沫之间形成的循环机制，不断推高资产价格的同时，也将风险隐患变成现实危机。在循环过程中的信贷来源，一方面是金融中介的负债业务和中央银行的流动性注入；另一方面是来自金融中介的盈利资金，这就涵盖了创新业务、衍生业务等杠杆经营，因而就形成了“杠杆经营 - 信贷供给 - 资产价格”的路径和循环，致使金融中介的风险承担更高。宏观审慎政策工具就是需要在杠杆经营时，限制商业银行的杠杆率；在经济繁荣的阶段，施行逆周期的资本限制，通过这些工具的使用，在资产价格泡沫形成的早期，对金融中介进行监管和约束，对于市场中存在的流动性进行调节。另外，针对过热的行业和经济部门，许多国家在实践中使用到贷款价值比的工具，通过该监管要求进行专门的管理。

就房地产这个行业来说，自科技泡沫破裂之后，一度成为新的经济增长支柱产业，支撑了新一轮的经济周期，因其产业链条的长度和宽度广泛，而涉及经济中的诸多部门，也关系到国计民生的诸多方面。房地产市场价格作为一种重要的资产价格，成为经济增长、金融稳定、系统性风险多重关系的枢纽。房地产市场的需求，主要来自两个方面，一个是刚性的住房需求，另一个是投机性的投资需求。无论是哪种需求，对于消费者来说，房价都是比较昂贵的投资品，对于大多数消费者来说，是没有能力全款购买的，于是就通过金融中介而产生了大量的房屋贷款。过往的经历表明，当房价下跌时，提供房贷的金融中介也同样承担了巨大的压力，不仅会导致缩紧房贷，同时也由于抵押品市值下降，坏账风险增加，对于各类房地产消费者、对于金融、经济整体都是不利的①，甚至会导致危机。因此对于房地产行业，房地产价格都是需要进行必要管控的。西班牙以及部分国家的实践经验表明，贷款价值比、债务收入比等是比较成功的宏观审慎政策工具，用于遏制因房地产行业的过热而导致的资产价格不稳定，因为这类工具在很大程度上控制了金融加速器机制②。如果控制住了资产价格的快速上升，对于挤出房地产价格泡沫，控制系统性风险的积聚都有重要意义。因而房地产的市场价格越高，房贷总量就会越大；当泡沫破裂、市场价格下跌之后，违约率也会随之升高，进一步刺激房价贬值③，所以紧缩的管理工具能够抑制房价上升的速度，使资产价格趋于平稳④。

---

① 基于1960年到2007年的跨过数据，Claessens、Kose和Terrones（2008）表示，在经济衰退期，伴随着房地产泡沫破裂的产出损失大于其他方式的2—3倍。而且，房地产价格下跌往往延长衰退，因为房地产价格成为家庭消费和不动产投资的进一步阻力，同时使金融中介的资产负债表处于不利的环境之中。

② 这种加速机制如果不能有效管理，会导致一个积极的、在信贷和房地产价格之间的双向反馈（Almeida等，2005；IMF，2011b）。

③ Crowe和others（2011）验证发现，贷款价值比紧缩10个百分点，房地产价格升值速度会下降8—13个百分点。Wong和others（2011）表示，当房地产价格的下跌，相较于有贷款价值比的国家，没有贷款价值比限制的国家发生房屋贷款违约的概率更高，借款人所遭受的损失更大。

④ 国际货币基金组织通过对经合组织国家1980—2010年的数据验证，发现使用紧缩贷款价值比的国家，房地产价格的下跌过程更平缓。

### 4.2.3　一个简单的模型模拟

宏观审慎监管政策的目标是通过对系统性风险的监管，实现金融稳定的目标，在其具体政策实施过程中，会直接作用于商业银行的渠道，对资产负债产生影响，货币政策在传导时，也会通过金融机构、金融市场传导到实体经济，在这个路径中会对商业银行的信贷供给规模产生影响，也会间接作用于资产价格，以下用几个简单的公式来说明。在这个模拟中使用了逆周期的资本要求和贷款价值比作为宏观审慎政策的工具，这两项工具，一项是针对所有商业银行经营管理的，另一项是针对房地产信贷的，通过简单的模拟方式，可以直观地显示宏观审慎政策对资产价格等产生作用的机制。其中，式（4.1）代表的是对消费者的模拟，显示的是消费效用最大化；式（4.2）是对贷款者的最优的模拟。

$$\frac{1}{c_t^s}=\beta^s E_t\left(\frac{1}{c_{t+1}^s}\frac{1+R_t^D}{\pi_{t+1}}\right) \tag{4.1}$$

$$\frac{1}{c_t^b}=\beta^b E_t\left(\frac{1}{c_{t+1}^b}\frac{1+R_t^{B,H}}{\pi_{t+1}}\right)+(1+R_t^{B,H})\lambda_t \tag{4.2}$$

其中的角标 $s$ 和 $b$，分别代表存款（saving）和借款（borrowing）。$\beta^j$ 代表折旧因子。$\beta^s>\beta^b$，此处参考了动态随机一般均衡模型的一般设置，相较于贷款方，存款方的折旧因子相对要高。$R_t^{B,H}$ 表示借款利率，贷款的主要需求是房屋的购买，$R_t^D$ 表示存款利率。另外，根据一般的设置，$c$ 代表消费；$\pi$ 代表通货膨胀。对于存款方［式（4.1）］，他们进行存款主要是考虑当前和未来的存款收益；对于借款方［式（4.2）］的行为，主要是考虑到贷款的成本问题，当然他们的行为也受到 $\lambda_t$ 的限制，这个限制来源于本身的信贷承受和意愿。

根据商业银行的信贷供给，以及监管要求，借款方会受到式（4.3）的约束，

$$(1+R_t^{B,H})b_t^H\leqslant m^H E_t(q_{t+1}^h h_t\pi_{t+1}) \tag{4.3}$$

这里 $q_t^h$ 表示房屋的价格水平；$h_t$ 为当期的现货的房屋保有量；$m_t^H$ 为宏观审慎当局要求的贷款价值比，根据指标的具体设定，要求商业银行在向需求方提供房屋抵押贷款时，遵循对抵押品价值的比例上限，这也是调整银行对特定部门贷款的主要方式；$b_t^H$ 为银行信贷的供给量。

对上述三个式子进行分析，从式（4.3）和式（4.2）就能够显示，宏观审慎政策要发挥其对金融市场进行调节的作用，是可以独立实施政策的，不是必须要跟货币政策一同使用，两项政策之间是相对独立的。贷款价值比 $m_t^H$ 能够对于房贷的比例进行直接干预。对于资金的需求方而言，这就关系到能够获得贷款的额度，就会影响到房贷需求方的 $\lambda_t$。如果信贷受到影响，会直接对房屋的需求产生影响，进而影响房产价格，即在这个过程中，$m_t^H$ 政策的执行会影响 $\lambda_t$。

从货币政策执行的角度，政策工具主要表现在利率政策的调整和改善方面，主要会对存款的利率和贷款的利率产生影响，也就是 $R_t^{B,H}$ 和 $R_t^D$ 是主要的作用渠道，通过这两个利率的变动对于市场进行调控。通过式（4.1）和式（4.2）能够看出，如果货币政策调整，这两个式子都会受到影响。但是如果是对房地产行业的价格进行调控，只能是通过影响贷款的利率来影响借贷的行为，这对于投机性需求可能是有用的，但是对于刚性需求的影响有限。所以宏观审慎政策能够进行更直接的干预，也更有针对性。

对于宏观审慎政策与货币政策之间的相互联系，始终是宏观经济管理中的一个重要的研究主题，因为宏观审慎监管政策的工具也会对商业银行的资本和信贷进行约束，所以这样的宏观审慎调节方式与货币政策之间到底存在什么样的关系，是相辅相成还是相互冲突。从广泛的角度来看，这两种关系可能都是存在的。从理论和实践的经验来看，宏观经济管理中，货币政策是必不可少的，而宏观审慎监管政策也是至关重要的，所以需要从理论上先理清两者之间的关系，才有助于协调两者之间的关系。

## 4.3　货币政策与宏观审慎政策的相互关系

从前文的相关分析中其实也能够发现，宏观审慎监管政策与货币政策都会对金融机构产生影响，两者之间在产生作用时，既有相互依赖，也有相互背离。

### 4.3.1　货币政策与金融政策的基本关系

对于政策之间关系的研究，首先需要区分不同政策之间的概念和范畴。从经济管理政策来看，包括财政政策、汇率政策、市场监管政策等，从名称就能够看出它们是根据政策目标进行分类的，所以相关政策的政策工具也是围绕着各自的政策目标实现来选择和使用的，从这个角度来说，货币政策和金融监管政策是截然不同的两个政策，有各自的政策目标。

货币政策作为宏观调控的政策之一，其目标还是以关注通货膨胀，维护市场价格，保持币值稳定，并以此促进经济的可持续、高质量发展。从各国的宏观经济管理实践上看，其政策工具主要包括基准利率、再贷款、再贴现等，当然在面对市场不断创新，会有越来越多适应新形势新需要的货币政策工具出现，特别是在面对突如其来的外部冲击时，也需要特殊的政策工具来应对可能出现的危机。而新的政策工具无论是什么样的实施方式，总体来说，主要是利用利率和预期来对市场行为进行引导的，所以中央银行作为货币政策的主要负责机构，其对于金融机构的关注程度是比较多的。

宏观审慎监管政策着眼于整个金融系统的稳定，而微观审慎监管政策旨在让每一家金融机构都能够保持稳健经营，所以金融监管政策，其主要的职能与目的就是维护金融体系的稳健运转，保障金融稳定。而金融稳定作为一种状态描述，更多地表现为金融系统能够自主运转完成支付结算、投资储蓄转化、风险可控等，且在遇到外界冲击时，有一定的韧性，具备“自愈”的能力。就金融监管政策的实践来看，无论是既有的工具和指标，还是新发展的举措和方式，都有金融稳定目标在其中的，而且内置了早期预警的机制和阈值等。如果危机出现时，政策当局也会有应急的处置举措，如宽松的流动性举措、资金的注入支持等。由此可见，金融监管政策涵盖的方面很多，有些国家和地区全部由中央银行负责，有些国家是由不同的机构负责的。

宏观审慎监管政策虽然是金融政策，与货币政策是不同的，但是这并不是说，宏观审慎政策不会影响到市场价格、不会对经济的发展产生影响；同样货币政策也可能会对金融稳定产生不同程度的影响。货币政策通过利率影响市场上的流动性状况，金融机构和实体企业的借贷行为对资本成本敏感，可能会因此发生违约的行为，造成金融机构的经营困境，导致金融风险产生，影响金融稳定。宏观审慎监管政策的实施，也会对商业银行的杠杆率、流动性进行约束，会导致能够流入实体经济的总量变少，会影响到货币政策对于市场流动性的干预预期，会导致货币政策的政策效果受到影响。由此可见，货币政策与宏观审慎监管政策之间会有相互影响。

金融监管政策与宏观调控政策事实上是不一样的，政策的初衷、施政的主体、使用的举措等都是有各自方式的。它们的种种不同表明，两项政策即使会相互影响，间接也能满足对方的政策目标。但是两者毕竟不可替代，有各自的管理当局，也有各自的作用机制。就比如货币政策工具中的基准利率，这一工具对于调节市场，影响资源的流动和使用效率方面是能达到货币政策的目标的。但是这个工具若是用于达到金融稳定的目标，其实是困难的，即便有效果，也相对比较弱，因而将金融稳定作为货币政策的目标之一，其实对于货币政策来说，既做不到，也增加了政策实施的难度，所以货币政策与宏观审慎监管政策是各自独立的政策。

因此，我们看待货币政策与宏观审慎监管政策之间的相互作用和关系，就类似于货币政策与财政政策之间的关系，财政政策的实施会间接影响价格稳定和通货膨胀，而货币政策的实施也会调节收入分配等。对于宏观审慎政策与货币政策之间，也应该是类似的“博弈机制”，在政策决策的过程中，还是需要考虑和预判其他政策的决策机制、工具选择、施策力度以及后续的跟进，特别是都作用于宏观经济时，不同的政策之间相互影响必然存在。对于金融稳定这一重要的目标，还是需要宏观审慎政策来完成，而不能被货币政策来替代，而货币政策，特别是中央银行的“最后贷款人”的职能，是金融稳定的保障和兜底。所以货币政策虽然不以金融稳定为目标，但是在极端情况下，可以作为最后的补充和弥补。

### 4.3.2　宏观审慎政策与货币政策相互补充

自东南亚金融危机之后，到2008年金融海啸爆发以前，一直都是“货币政策+微观审慎监管”的组合关系，在这种组合安排下，对于商业银行的监管要求不断提升，而且整体经济状况是持续地稳健上涨的，同时金融失衡却在逐渐酝酿、信贷扩张的速度过快，导致系统性风险的不断聚积。英格兰银行在其2009年的一篇研究报告中指出：“单纯依靠货币政策并不能应对金融失衡，因为它并不以金融稳定为目标，如果考虑了金融稳定，可能会使其通货膨胀的目标受到妨碍，而且通过货币政策影响商业银行的资产负债，可能会对实体经济造成不良影响。”所以对于货币政策来说，还是应该集中于其既有的政策目标，保持经济增长；对于金融体系的问题，还是需要专门的金融政策来管理。

前文的分析也曾指出，宏观审慎监管政策和货币政策之间是有相互冲突的，那是不是就认为，如果没有货币政策，就可以减少不必要的金融失衡？货币政策对于金融稳定是有不利影响的？从既往的实践其实可以看出来，虽然在不同阶段两项政策之间确实有博弈和潜在冲突，但是两项政策的协同作用是明显要强于单个的任何一个政策的政策效果的，所以对于宏观经济调控来说，是个联合最优解的性质，也就是两项政策共同达成损失最小或者福利最大的情况，在制定各自政策时，也将对方政策的指标进行考量和嵌套，以制订出最优的解决方案。

丁伯根原则直接说明，任何政策都应该有相对单一的政策目标。一种政策要达成多重目标反而会导致各个不同目标的政策效果被稀释，而且从比较效应原则的视角，货币政策追求价格稳定、币值稳定目标的效果，是显而易见的，也是行之有效的，能够自然而然达到预期目标，但是其对金融稳定的作用就相对有限。而宏观审慎监管政策则刚好是能够起到维护金融稳定作用的政策，这与 Poole（1970）、Mundell（1962）等提出的政策的制定和出台，需要与其能够达到的最大化效用的目标相匹配。所以应当是，货币政策追求价格稳定、币值稳定，而宏观审慎监管政策追求金融的系统稳定。

货币政策与宏观审慎监管政策的目标是相辅相成的，不是二元对立的，他们各自的政策目标之间也是有内在联系的。但是两项政策需要协调也是必然存在的，尤其是在间接金融市场领域，两项政策在传导的过程中，都经过商业银行，这就可能存在博弈，但是这两项政策都是宏观经济管理中不可缺少的，也是未来政策框架中需要不断调整和完善的。

（1）货币政策对于宏观审慎政策的作用

货币政策是以价格稳定为主要的目标，在其实现自身目标的过程中，可以在一定程度上与宏观审慎监管政策形成合力，对金融稳定的实现起辅助的作用。

首先，货币政策的目标还是集中于价格稳定和促进经济增长的，金融稳定并不是作为货币政策目标而存在的，或者不是放在重要考量位置的，而且金融失衡可能来自金融系统中的任何部门和领域，也并不一定就是直接与流动性枯竭有关，所以货币政策没有可能对金融稳定负责，但是宏观审慎监管政策作为维护金融稳定的手段，如果在应对金融扭曲方面出现不及时的话，货币政策也是能够弥补局限性的。当出现金融市场失衡的情况时，有些宏观审慎政策不能及时反应，或者针对性不强，在不能控制住的金融失衡的情况下，货币政策也能够起到补充、完善的作用。当然，这也意味着中央银行需要以此监控并收集更多的金融指标、财务数据等，并且对于政策的周期性也要进行必要的调整。

其次，货币政策可以且需要弥补宏观审慎监管政策的不足。从既往的相关文献中可以看出，货币政策对于金融稳定的作用机制、传导机制本身就存在相当大的不确定性，但是从中央银行的特性以及货币政策的作用来说，在某些极端情况下，货币政策还是必须要发挥“压舱石”作用的。比如，面临通货紧缩的状况，宽松的货币政策为市场注入流动性，也避免了金融机构的惜贷行为，对于金融市场的稳定还是有意义的。需要指出的是，无论是事前的监管还是事后的干预，都是有管理成本的，所以在使用政策配合时，还是需要综合考虑的。

（2）宏观审慎政策对于货币政策的作用

宏观审慎政策是从宏观的视角为维护整个金融系统的稳健和提升应对外部冲击的能力，但是具体到宏观审慎政策工具，也是需要作用于个体的金融机构，通过个体机构合规经营来阻断系统性风险横截面和时间维度的累积。

首先，宏观审慎政策主要是事前干预的政策。通过政策工具的实施，用以约束商业银行等的经营，促使机构将系统性风险内部化，降低系统所面临的整体风险。由于金融系统受到的冲击的来源广泛，所以系统性风险的具体表现形式也不尽相同，有信贷方面的风险、杠杆过高、期限错配等，这也表明宏观审慎政策工具多样化的必要性。政策工具的干预是从不同的角度，在事前规制机构的行为，促进银行的合规经营。货币政策的执行通常是通过工具的使用调整货币的供给，政策的实施其实是对经济市场各主体来说的，相对而言是同等力度，是会产生普遍性的效果的，所以有时候政策的作用体现得不均匀，而宏观审慎政策在其针对性不强的部分，其实是能够有一定的辅助作用的。

其次，在货币政策受到限制的情况下，宏观审慎政策能够发挥作用。货币政策通过各类工具来调整货币供给，进而维护价格稳定和产出稳定。在面对外部扭曲时，货币政策为了快速应对，会首先选择宽松的政策立场避免经济陷入衰退。但是如果经济正好处于下行周期，在受到外部冲击时，可能持续的宽松会导致流动性陷阱，或是导致金融系统性风险的衍生，所以就需要使用宏观审慎政策来维护金融机构和金融系统的稳健；金融稳定作为基础，也更有利于经济的整体恢复和产出的增长。

### 4.3.3 宏观审慎政策与货币政策的目标冲突的风险

从上述的分析可以看出，两项政策专注于各自的目标，通过配合也是可以形成协力的，但是两项政策目标之间的潜在冲突也是不能忽视的。比如，虽然货币政策的风险承担渠道是能够影响金融市场稳定与否的，但是如果要通过货币政策达到金融稳定的作用，则会导致其他政策工具为此做出大幅度的调整，导致价格稳定受到影响。

货币政策与宏观审慎监管政策这两项政策目标之间的关系，到底是可以形成相互促进的效果，还是会导致冲突的风险，在很大程度上是要看市场中价格失衡或者金融失衡的具体情况，比如对于市场的冲击程度，以及供求的变化（见表4.1）。

**表4.1　两项政策在不同的情况下可能的关系组合①**

| | 通货膨胀超出预期，高于管理范畴 | 价格稳定在目标区间范围内 | 通货紧缩倾向明显 |
|---|---|---|---|
| 金融周期处于上行阶段 | 两政策能够互补 | 两政策各自施策 | 政策立场冲突 |
| 均衡状态 | 两政策各自施策 | 两政策各自施策 | 两政策各自施策 |
| 信贷紧缩，流动性紧张 | 政策立场冲突 | 两政策各自施策 | 两政策能够互补 |

举一个例子说明宏观审慎监管政策与货币政策立场发生潜在冲突的情形：假设当下处在经济不景气的周期阶段，而且市场中累积的资产价格泡沫越发膨胀、有破裂的潜在隐患，对实体经济中的价格产生直接的负面冲击，价格引导的产品市场中的供求关系发生失衡。由于资产价格泡沫，金

① Denis BEAU，Laurent CLERC and Benoît MOJON，“Macro - prudential policy and the conduct of monetary policy”（宏观审慎政策与货币政策的执行），2011.

融市场的供求关系也是扭曲的，但是实体经济和虚拟经济中的作用方向却是不一致的。面临着这样的整体状况，货币政策的立场是宽松的，为市场注入流动性，缓解经济下行的压力，提高经济效率；而宏观审慎监管政策的立场则是倾向于控制信贷的进一步扩张，这就会导致能够流入实体经济中的资金变少，导致经济增长进一步受到阻碍。

这种扩张性的货币政策立场虽然会促进经济的可持续发展，但是对于金融稳定来说，可能就是负面的。如果扩张货币政策使用的是降低存款准备金或者政策利率的工具来进行宏观调节，为市场注入流动性，那么在此过程中，有可能激励商业银行放松贷款标准，或者从事更高风险的投资和经营行为，甚至产生投机、高杠杆率的情况，这就会导致信贷的顺周期性，扩大周期波动的幅度。商业银行本身的经营特性，是依赖于高负债的，因而本身就面临着相对较高的信用风险，而信息不对称以及宏观经济当局的信号释放，都会使金融中介有意愿承担更多的风险，以此获得更高的回报，在此过程中不仅自身的风险不断增加，而且通过与其他机构之间的业务往来，将风险转移、传递到整个金融体系，甚至经济体系中。所以在金融海啸爆发之前，微观审慎监管虽然约束了金融机构的行为，使其满足监管的指标和要求，但是机构之间、系统蔓延的风险没有被关注到，而货币政策作为宏观经济政策，也难以识别并预防这些风险累积。

宏观审慎监管政策在施策时，也会对实体经济中的价格产生影响。例如，日本的房地产价格泡沫破裂后，导致房贷市场的信用风险急剧飙升。出险之后，日本从审慎监管的角度限制了商业银行的信贷扩张，特别是对资产价格泡沫累积的行业有指标限制，这些政策能通过限制市场行为来巩固金融稳定，但是这又明显会阻碍经济的发展。因为限制金融机构的经营行为，特别是对于杠杆、高风险等经营的举措，是审慎监管的重要举措，对于单个金融机构和金融行业来说，也都是至关重要的。但是监管工具的执行其实也是需要缓冲阶段的，只有经过一段时间的过渡和沉淀，才能够看出来政策工具是否合适以及是否有效果，但是当下能够发现约束性过强的宏观审慎监管政策对于金融领域的直接损伤，经济不景气不能得到缓解。回想一下，在2018年年末时，众多国家和地区都对于第三版巴塞尔资本协议的实施进行了缓冲，一方面是需要根据本国的情况进行进一步的安排；另一方面也能够看出，宏观审慎监管政策对于货币政策目标的实现，其实并不是完全的促进作用，对于宏观经济改善和提升也并不一定是积极的。

基于以上因素的考虑，在对于宏观审慎监管和货币政策两者的态度上，也并不是“各自完全独立、各做各的政策实施”，就是合适的，虽然这符合丁伯根法则，但是现实是这两者不可避免会相互影响，所以两项政策在实施时，势必是需要考虑对方政策可能带来的政策效果以及对经济、金融的影响。

## 4.4 宏观审慎政策对货币政策的作用机制

货币政策的政策目标主要是在价格稳定、币值稳定方面，并以此保障经济稳定增长；宏观审慎政策的实施可能会对价格稳定产生影响，但是对于能否维护经济增长的目标，需要具体分析。

### 4.4.1 宏观审慎政策影响货币政策的路径

通过一个简单的机制分析宏观审慎政策工具对于价格的影响渠道，同时也能够反映其对货币政策传导的影响情况：

$$i_t^{lending} = i_t + \delta_t \tag{4.4}$$

式（4.4）对商业银行的贷款利率进行了界定，在中央银行的政策利率之上加了一个自身的利率调节，这个利率调节其实是对商业银行经营的利润的补充。银行在进行信贷业务时，有信用调查、信贷管理、信贷风险、资金成本等，而且银行本身是有盈利性要求的，所以它需要这样一个利润机制，但是这个利润机制会受到宏观审慎政策的影响。特别是在经济下行或者金融失衡时，政策利率与市场利率之间可能出现背离的情况，市场利率中蕴含了更多的风险溢价。

在日常管理期间，宏观审慎政策也会对这个利润机制产生影响，按照金融监管的要求，政策工具通过资本要求、杠杆率等工具对银行的经营行为进行调控，银行的运营成本、合规成本等都会上升，直接影响银行当期及未来的盈利情况，因而就会影响到这个利润机制，即这个利润机制也是受到 $\omega_t$ 变量影响的。受到这个监管机制的影响，银行所期望的贷款收益也会因此增加，这部分的成本不是完全由银行自己来承担的，部分会转嫁给资金的需求方，也就是贷款方，而这一转嫁的过程就会影响货币政策的传导。

$$i_t^{lending} = i_t + \delta_t(\omega_t) \tag{4.5}$$

通过式（4.5）可以解释我们想要说明的问题，当宏观审慎政策工具被具体实施于商业银行时，银行资产端就会直接受到影响，特别是逆周期工具的引入。通常来说，逆周期的工具都是要求银行在经济向好的阶段多进行储备，以缓冲经济下行时期对银行经营的外部冲击，能够有充足的流动性和资本来维持稳定的经营，保证在整个周期内，银行的经营是相对平稳的，不出现过度的波动。但是逆周期的工具通常和货币政策的立场相反，因而当其影响信贷的成本和可获得性时，就会对货币政策的实施和传导产生不确定性。

### 4.4.2 宏观审慎政策的实施有利于辅助货币政策

在经济面运行较为稳定的阶段，货币政策与宏观审慎政策施行各自的政策，即使两者合作，可能收到的效果也比较微弱。但是在面临突发的状况以及负面的外部冲击时，两项政策的协同配合的意义就很大。宏观审慎政策在启动和部署的不同阶段，会有一些政策工具与其他的宏观经济政策或者金融监管政策相重合。

在提升和改善金融机构、中介机构的主体责任方面，宏观监管的要求主要体现在对系统重要性金融机构的识别和附加监管要求方面。系统重要性金融机构因其机构规模、与其他机构之间的联系、国际性等方面的具体情况，在整个金融系统中起到关键性的作用，如果这样的金融机构出现经营不善的话，可能会波及其他众多的机构和经营主体，给整个金融系统造成压力。这种金融压力并不是只由引发危机的这家机构的股东或者高管来承担，而是由社会、经济体和监管当局共同来承担的。所以系统重要性银行因其在金融系统中的特殊地位，而成为“大而不能倒”的机构，这又往往衍生出道德风险和外部性问题，因此宏观审慎监管要求对于这类机构，根据其系统重要性程度进行资本附加要求，以此来限制此类金融的过度风险承担和道德风险。虽然系统重要性资本附加要求和货币政策之间的关系不明显，但是应该可以认识到，当此类机构出现影响整个金融系统的危机时，中央银行还是可以选择流动性注入的救助方式的，因而前置的资本附加要求，在一定程度上避免了事后的救助成本。

另外，宏观审慎政策工具，致力于提升整个金融体系的韧性，尤其是针对商业银行进行市场化的变革，推动交易集中于统一的中央结算机构，以及将商业银行独立于其他的经济主体和经营实体。统一、集中的交易对手能够减少信息不对称，降低交易对手风险，不确定性也有所下降，并且更容易掌握交易的波动、市场的变化等，对于衍生品的监管更加全面，能够监控到更多的交易数据、信息和细节。且这些市场数据对于货币政策的统筹也是极为有利的，而且在面对负面金融压力时，能够及时控制市场的整体流动性状况，便于事后干预的实施，能够更有效地应对危机，提升危机发生后的处置效率。

### 4.4.3 宏观审慎政策的溢出效应

宏观审慎政策工具在使用时，主要是针对金融机构提出相应的监管要求，以此来阻断金融风险的集聚和传递，达到金融稳定的目标，而货币政策的部分工具也是需要通过金融机构来进行传导的，因而宏观审慎政策会影响到货币政策的执行效果。

从两项政策的政策目标来看，分别关注价格、产出、流动性、资产价格等因素，所以如果是这些因素同时向着同一个方向变化，对于政策当局来说，相对是比简单的，政策也是可以形成合力的，能够“1+1>2”，因为在这些被政策当局关注到的指标是同向变动的情况下，不同政策的政策立场是一样的。比如，市场中存在通货膨胀高企的压力，而这个时候资产价格泡沫也不断滋生且积聚，对于政策当局来说，货币政策立场是收紧的，而宏观审慎监管政策的立场也是紧缩的，因而它们之间是比较容易形成合力的，此时中央银行可能会上调存款准备金率，而宏观审慎政策当局可以选择提升贷款损失拨备工具。但是如果不同的指标向着不同的方向波动时，不同政策的政策立场会产生冲突。

耶伦①曾经提到过关于宏观审慎监管政策和货币政策之间的目标分配问题：“如果两项政策是完全相互独立的，各自有各自的政策工具箱，各项政策都是独立的执行，这对于政策组合来说，是最完美的情形。”所以当政策之间存在交叉影响时，最优政策策略是需要综合协调的。如果中央银行执行的货币政策，不足以弥补宏观审慎监管政策给经济体的主要部门造成的负面影响，那么两项政策之间的协调是无法达成的。

另外的情况就是政策缺乏独立性的问题。宏观审慎政策是以金融稳定为首要目标的，只要出现不稳定因素，或者预见不稳定状况，政策当局就会选择相对合适的工具对市场中出现的情况进行调节。比如，出现房地产市场过热，导致房产价格不断攀升，造成泡沫积聚的情形，作为宏观审慎监管当局就会通过贷款价值比工具进行干预，限制商业银行的信贷供给。但是如果经济状况总体平稳，通胀指标也在政策目标的区间内，那么对于中央银行来说，即使它可以通过调整基准利率来干预银行信贷，也没有动力去实施。因为目前的经济面本身向好，不会对消费者价格产生影响，而

① Yellen, Macroprudential supervision and monetary policy in the post-crisis world: a speech at the Annual Meeting of the National Association for Business Economics, Denver, Colorado, 2010.

收紧信贷反而会影响经济面。所以宏观审慎的工具就会对经济面产生影响，而迫使货币政策做出应对。

并不是所有的宏观审慎政策工具的使用，都能够起到调节金融周期的作用。继续考虑上文中的情形，宏观审慎监管当局选择了 LTV 工具，期望限制商业银行的信贷资金流向过热的房地产行业，紧缩性手段的使用会提高商业银行的信贷资金的获取成本，包括房企在内的很多企业无法承受融资成本的情况下，会有融资转换，从间接融资转向直接融资，在融资需求不变的情况下，直接融资市场的利率也会被推高，这同样会损害到产品和服务市场的总需求，导致更多的经济主体受到限制而无法获得外部融资，这在很大程度上确实能够抑制房地产价格泡沫，但是这一机制有赖于流动性向房地产行业流动的转换情况。可以看出，宏观审慎的这一项政策工具可能增强了金融系统的韧性，但是对于宏观金融稳定、对于缓解金融顺周期产生的作用有限，所以就需要货币政策的利率工具进行弥补。

之所以导致这种情形或者结果的出现，是因为宏观审慎政策工具在进行金融稳定调控时，主要还是利用商业银行的信贷传导，通过控制信贷的总量对于市场的供求进行调节，进而改变市场主体的投资和消费的具体行为，这在很大程度上与货币政策中的存款准备金工具有类似的渠道和机制，只不过两者的频次和时机是不一致的。对于比较依赖间接金融市场的经济体来说，商业银行作为主要的政策传导中介，货币政策和宏观审慎监管政策都通过其去产生作用，它们渠道共享，必然的结果就是两项政策都不独立，都会影响对方的政策效果。

## 4.5 货币政策对宏观审慎政策的作用分析

货币政策作为宏观经济调控最主要的政策之一，其即使不以金融稳定作为政策目标之一，但也势必会对金融系统产生影响的。

### 4.5.1 货币政策与宏观审慎政策传导渠道重叠

次贷危机的教训说明“货币政策+微观审慎监管”的政策框架在应对金融危机冲击时，难以发挥事前功效，且事后干预成本极高。所以需要宏观审慎监管加入政策体系中，以避免金融系统的不稳定及其向实体经济的传播，共同维护金融稳定和经济安全。

宏观审慎政策作为金融稳定政策体系中的核心政策，其目标就是监管系统性风险，进而保障金融系统的稳定。如果宏观审慎监管政策能够完全发挥其功效，将金融风险的冲击和可能导致的危害控制住，那么货币政策的压力会减少很多，也不会要缓解“危机”而出台特殊的政策工具，同时以较小的成本维护系统稳定。以下对两项政策在传导渠道上具体共享机制进行进一步的分析，明确它们各自对商业银行的具体产生影响的中介目标，这样才更有利于分析政策重叠时的实施效果。

通过一个模拟来分析两项政策的具体传导机制。

对于商业银行来说，其自有的资本是通过前期的留存 $\prod_b$ 而不断积累、逐渐增加的，所以银行的资本界定为式（4.6），其中 $\delta_b$ 代表的是银行的折旧。

$$K_{b,t} = (1 - \delta_b) K_{b,t-1} + \prod\nolimits_{b,t-1} \tag{4.6}$$

从中不难看出，银行的资本积累还是需要依靠前期的收益的累积，以此增加资本的储量。而银行收益中的很大部分是来自其贷款获得的收益。银行对各类客户提供信贷，其对信贷资金的定价遵循式（4.7）的条件：

$$R_t^{B,i} = \mu_t^{B,i}\left[R_t + \phi'\left(\frac{K_{b,t}}{L_t} - \nu_t\right)\right] + Adj_t^{B,i} \quad i = H, E \tag{4.7}$$

从式（4.7）中可以看出，银行信贷成本和利润的构成，其中，$R_t$ 是政策利率，这是受到货币政策直接调控的指标；$\nu_t$ 是宏观审慎当局设置的监管指标，是对商业银行经营过程中需要保持的资本充足水平的要求，所以当银行经营中的资本与信贷的关系偏离了监管要求时，就会出现$\phi'$这样一个经营合规的成本，它们共同构成了贷款利率的基础。而$\mu_t^{B,i}$作为一个非零的、根据时间变化的利润要求，这是银行基于自身在行业中的重要性等因素而设定的。调整项目 $Adj$，是银行在经营的过程中，对于相应比例进行调整的成本。

所以当银行的信贷供给增加时，资本资产的比率就可能会低于宏观审慎监管的要求$\nu_t$，这样银行的合规成本就会增加，会变相地敦促银行提高贷款利率以减少信贷的规模。而银行的贷款利率升高，也会影响到信贷的需求，在需求减少的同时会给消费等造成不利影响。

对于银行的经营来说，还有一部分成本是存款利率 $R^D$，金融消费者可以选择将资金存入银行获取利率，也可以选择直接进行当期消费：

$$R_t^D = \mu_t^D R_t + Adj_t^{B,D} \tag{4.8}$$

通过式（4.8）能看出，货币政策会对存款的利率产生影响，存款利率是在政策利率上加了一个非零的、随时间变化的调整$\mu_t^D$，以及调整成本 $Adj$。通过等式（4.7）和等式（4.8）可以看出，宏观审慎政策能对商业银行的贷款起到作用，但是对于存款基本没有影响；而货币政策是能够对银行的存贷款都起到作用的。即两项政策是同时对银行的贷款产生影响。

货币政策的部分政策工具在使用时，会通过商业银行的信贷供给成本来进行市场流动性调节的。从之前的宏观审慎监管分析中也已经看出，宏观审慎的部分政策工具更是通过信贷渠道实现政策目标的，由此可见，在这一渠道上，两项政策都会进行传导。如果两项政策的政策立场一致，那么就会起到事半功倍的效果，但是难以区分到底是哪一项政策起到的作用更大；如果两项政策的政策立场不一致，政策效果就会出现事倍功半的结果，而且在这样的结果出现时，既难以区分责任，也会对两个政策管理当局的独立性产生一定的负面效果。

### 4.5.2 货币政策影响宏观审慎政策目标的渠道

货币政策会在以下几个传导过程中，通过影响金融机构和经济实体的行为，影响到金融体系的稳定，也就是宏观审慎监管政策的目标（见表4.2）。第一，商业银行渠道。这个渠道主要是受到利率、存款准备金、再贷款等工具的影响，商业银行信贷发生变化。第二，金融机构风险承担。这主要是由货币政策立场导致的，其立场决定了市场对待风险的态度。第三，价格的外生性。资产价格、利率及资本流动等，导致货币币值波动，对金融体系造成影响。但是需要说明的是，由于各国的国情不同，开放程度不同，市场化水平不一致，金融市场容量有差异，所以这些渠道在不同国家的表现是不同的。

**表4.2 货币政策影响金融系统稳健的渠道①**

| 金融失衡的具体表现 | 影响机制 | 货币政策具体举措的效果 | |
|---|---|---|---|
| | | 宽松货币政策 | 紧缩货币政策 |
| 商业银行过度进行杠杆经营 | 金融机构宽容风险，承担风险，高风险经营 | 金融体系稳定性降低 | 改善金融体系稳定性 |
| 信贷供给受到制约 | 不良贷款率上升 | 改善金融体系稳定性 | 金融体系稳定性降低 |
| 金融市场中的价格受到负面的外部冲击 | 资产价格波动 | 金融体系稳定性降低 | 改善金融体系稳定性 |
| | 本币币值波动 | 改善金融体系稳定性 | 金融体系稳定性降低 |

资料来源：IMF报告。

（1）货币政策的立场会影响借款约束的松紧程度和违约的可能性

根据经济面的情况不同，货币政策当局会定调不同的货币政策立场。如果是宽松的货币政策，那么从中央银行的角度还是会向市场提供流动性的，商业银行在政策的激励下，会放松贷款标准，资产净值也会被高估，对于经济主体来说，就能以相对低的成本获得外部融资；相反的货币政策

① Erlend Nier et al. The Interaction of Monetary and Macroprudential Policies —Background Paper, 2012.

立场则是收紧流动性，提高借款的门槛和成本，这样对于经济主体来说，可能会出现高违约率，影响到金融机构的稳健，进而影响到金融系统的稳定。其主要的情况为：第一，收紧的政策会形成高融资成本，对于资金需求者来说，后续获得资金的成本明显增高，难度也会有所增加，而且对于负债者而言更是增加了负担。第二，融资成本的变化会导致经济主体后续的生产、投资行为的选择、决策的系列变化，影响到库存、周转、财务安排等，对于经济主体的发展也是不利的。第三，提高融资成本，可能直接刺破资产价格泡沫，使市场压力陡增，导致商业金融机构直面危机，所有这些方面都会使金融不稳定的程度不断提升。

（2）改变货币政策立场会影响金融中介的风险承担行为

货币政策的立场发生改变时，往往也是市场流动性发生变化时。市场流动性的变化直接关系到产品市场的价格，部分货币政策工具是通过商业银行进行传导的，比如利率工具、再贴现工具、存款准备金工具等，由于政策立场的变化，商业银行对待风险的态度也会变化，进而影响到其风险承担的行为。虽然金融机构和市场主体都明白货币政策立场，但是面对流动性比较充裕时，经营性机构的逐利性也会促使商业银行承担更多的风险，以期获得更多的回报，所以商业银行的借贷会宽松，同时也会增加杠杆获得更多的流动性。对于市场主体来说，无论是否有资金需求，当融资成本较低时，也会对风险的态度更加宽容。所以在货币政策立场宽松的阶段，可能会形成系统性风险的累积。

随着全球经济、金融的一体化发展，在地球村中的各个国家和地区都成为了世界工厂的一部分，有着各自的角色，很多发展中国家和新兴经济体成为供给的一方，为全球消费者提供了大量的产品和服务，对全球经济而言形成了一股强有力的供给力量，因此也对部分产品和服务的消费国造成了一定的输入性通胀压力；同时，全球经济经历了东南亚金融危机、欧美科技泡沫破裂等经济负面压力的冲击，纷纷实行宽松的货币政策，而这些资金也快速地流入虚拟经济中，各国的房地产市场出现了普遍过热的现象，房价高企对实体经济造成威胁。所以在反思次贷危机时，研究者们将目光聚焦到商业银行因低利率而导致的过度承担风险，也就是货币政策的风险承担渠道（risk taking channel）。

从理论的角度分析货币政策的风险承担渠道可以看出，作为间接金融中介，其追求更高的风险主要来自其经营行为、高管报酬刺激、业务创新等渠道。

第一，商业银行本身的逐利性经营行为。从商业银行的定义来看，其是从事营利性活动的金融机构，所以从机构管理的角度，商业银行的高管作为资产管理的受托方，是要对机构的盈利情况负责任的，而且高管的收益也是和其所管理的资金的收益相挂钩的。根据这种激励协议，作为金融机构的高管本身也是追求高收益的，所以其带领下的商业银行也是追求高收益的。在政策利率普遍较低的阶段，低利率会刺激商业银行的管理者从事更多的高风险和高收益的项目，而且市场整体对于风险都很宽容。货币政策立场宽松，基准利率较低，投资者逐利，资本本身也逐利，对于投资者而言，往往就会选择高回报的债券或者公司股票，而放弃低利率的政府债券。而且低利率引发的风险承担，不仅表现在投资选择上，还体现在心理预期上，会因为名义利率比较低，而认为实际利率也很低的货币幻觉，而更加有意愿进行高风险投资。除此以外，作为商业银行，其主要的职能就是“吸收存款，发放贷款”，基准利率较低的情况下，不利于商业银行吸收存款，但是有利于发放贷款，而存贷业务本身并不能给商业银行带来更多的收益以及差异化经营的保障，因而商业银行为了自身的发展也会在中间业务和表外业务方面寻求突破，且在可以容忍风险的状态下，也会倾向于扩张表外业务，提高自身的盈利规模，从而进行更高风险的经营活动。

第二，收入价值渠道的推动。商业银行在评估自身承担风险时，往往使用到相关的风险计量模型，这个模型各家银行不尽相同，但是总体而言，就是计量风险时是以市场价值作为衡量基础的。金融市场中的各方参与者都会关注到包括商业银行在内的所有金融机构的风险情况，以此来判断对风险的定价。如果货币政策宽松，基准利率偏低，往往能够使金融机构的价值有所上升，而且其承担风险和压力的能力也较高。因为流动性宽裕、对待风险宽容，所以市场整体对于信贷都是宽松的，对于抵押品的价值也是普遍高估的，因此在评估商业银行价值时，银行的坏账准备、信用风险评估、价值波动等都会趋于平稳，商业银行的价值也会高估。[①] 所以低利率的环境可能刺激商业银行承担更多的风险，基本就是通过对于机构的流动性、收益、市场价值等的变化来实现的。

第三，商业银行的业务创新渠道。低利率会直接导致信贷扩张，同时还会对长短期贷款的结构产生影响，产生期限错配的问题。对于资金需求方来说，低利率会激励企业寻求长期的贷款，获得更长的资金使用期限，但是对于商业银行来说，机构以及高管都更加关注短期收益，因而会使用杠杆获得短期融资并进行高风险的投资，这就会将风险转移到银行的资产负债表外，而金融风险被暂时隐藏起来，一旦危机爆发，则会导致大量的风险暴露。由于流动性充足，商业银行也会进行业务创新，为不同的资金需求者提供形式多样、长短不一的信贷服务，这也无疑会增加潜在的信用风险。

（3）货币政策能够引起资产价格和汇率的外部性

货币政策立场的变化，还会引起资产价格的变化，因为市场中的资金比较多，可能流向不同的行业和领域，也包括虚拟经济的领域，从而引发资产价格的变化和波动，出现金融失衡等情况。不仅如此，对于一个开放程度高的国家或者地区，利率的变化，还会引起资本的跨境流动，进而导致汇率的波动，也可能会导致金融不稳定的传染等问题。

首先，资产价格渠道。此处的资产价格偏重于房地产市场价格，这也是次贷危机爆发的源头。当货币政策立场宽松、市场资金充足时，虽然流动性注入是对所有市场主体而言的，但是能够获得更多的资金，受到多方因素的影响。房地产行业作为 20 世纪末兴起的支柱性产业，引领了多个

① 一个相近的论述在 Adrian 和 Shin（2010）的模型中被提出，度量风险的改变决定了银行资产负债表和杠杆条件的调整，相反，扩大了经营周期的变动。这种机制与 Bernanke 和 Gertler（1999）、Bernanke，Gertler 和 Gilchrist（1999）所提出的金融加速器机制紧密相关，即风险是源于资金供给者的金融摩擦，而不是借款人的金融摩擦。

国家和地区的经济周期发展，在金融加速器的作用机制下，房地产行业更加“繁荣”，价格泡沫积聚风险不断增大。这是从理论上来说的，在实践中，各国的表现情况却是不一致的。国际货币基金组织就此进行调查研究发现，各国情况有所不同，比如爱尔兰、西班牙，随着两国的政策利率不断降低，两国房地产价格不断大幅上涨；但是新西兰、英国的情况却不是这样，而是利率很高，房价也飙升。

其次，汇率渠道。如果一个经济体对外的经济往来比较频繁，对外贸或者外部资金的依赖程度比较高的话，货币政策的调整势必会由利率的变化，导致汇率的变化。无论是从理论上还是实践中都能够发现，各国之间的基准利率的利差，会引起资本在各国之间的流动，这在市场规模不是很大的经济体中，出现得更加明显。如果一个经济体中的金融体系是以商业银行为主体的系统，那么国际资本的流动就会导致国内的信贷变化，汇率本身就是国内外联系的重要指标，具有较强的外部性，因此币值的稳定也会受到威胁。只要资本收益发生变化就会引起资本流动，而且导致信贷供给增长，发达经济体本身的政策利率就不高。由于新兴经济体的利率普遍高于发达经济体的水平，所以受到资本流动的影响更为明显。以冰岛为例，由于其国内的基准利率比较高，引起资本的大量流入，致使本币升值，且伴随通货膨胀；货币政策进行干预，提高利率收紧市场流动性，引起更多的资本的流入，情况进一步恶化。

以上的这些渠道，都是相互作用的，每个经济变量发生变化都会引起多个因素的联动，而且不同国家有各自的金融特征以及金融构成，市场的容量和规模差异大，开放的领域和开放的程度不一，监管的力度和方向也有差别，这些因素叠加在一起的效应强度和影响力度，也是不完全一样的。

### 4.5.3　货币政策对宏观审慎政策的完善

(1) 货币政策（短期利率政策）影响整个金融体系

正如上文提到过，货币政策不是重点关注金融系统的，也不对其稳定负责，但是政策的实施会对金融行业产生作用。比如，基准利率的变化，会影响到经济体中的杠杆率，以及会导致信贷债务等期限、结构方面的变化，市场经济体对于风险的厌恶或宽容的态度等，进而也会由此对于资产价格、信用的价格等都产生间接的影响。在次贷危机之后，通过大量的反思性文献，能看出金融与宏观经济之间的相互关系是非常复杂的。大量学者通过各类模型的模拟分析得出结论：短期的货币政策工具对于金融行业的影响更为明显且剧烈，这种效果是以前考虑不周的地方，因而这些短期工具如果使用得不合适，会对金融系统产生直接的伤害。

特别是短期的基准利率的变化，对于市场的变化和影响起到了关键性的作用。各类金融机构主体，无论是商业银行，还是基金、其他机构，对于短期的资金融通都是有竞争的。比如，很多的经纪机构，在使用资金投资时，主要是隔夜市场到期，还有货币市场中的票据业务，对于大多数的商业银行来讲，都是极其关注短期工具的，而且作为其业务重点的批发金融领域，大多数的情况也是以短期为主的。所以，如果货币政策根据对市场的判断调整短期利率时，会直接对整个金融市场产生作用，而且由于短期利率较低，短期融资更加方便且高效，商业银行提供的信贷可能会超过社会最优水平，导致给未来留下隐患，再加上利率的变化，极易导致影子银行体系的发展，而这些部门处在未被监管的空白地带，更容易产生风险。

（2）宏观审慎监管作用不到的地方，货币政策也能够进行维护

对于很多发展中国家来说，国内金融体系的完善程度还不足，过度依赖间接金融，因而商业银行机构成为金融市场中最重要的金融机构，系统重要性很高。商业银行的主要业务就是“吸收存款，发放贷款”，因而基准利率的变化对其业务的影响更为关键且直接。

货币政策的有效与否，其实和传导渠道的畅通有很大的关系，特别是通过商业银行进行传导时，在商业银行的债务水平不高的情况下，提高利率在很大程度上是能够有效抑制风险累积的。对于商业银行来说，其债务都是有成本的，债务越多成本越大，对其盈利也是有影响的，而且会导致

商业银行抵御风险的能力下降。所以货币政策的利率工具对于金融体系中的主体，还是能起到规制保护的作用的。另外，中央银行本身还有“逆风”的政策工具作为备选，商业银行之间由于业务往来和同业拆借而产生的相互联系，也是由中央银行的同业拆借利率来规范并管理的。

鉴于中央银行以及货币政策在整个经济、金融系统中的地位和作用，宏观审慎政策可以被认为是防范信贷泡沫的直接手段、前沿堡垒，但它不是能够完全抵御所有风险的完备体系，这也是货币政策作为兜底举措、最后防线的重要原因。因为大部分的宏观审慎政策工具是直接对商业银行和其他金融机构实施限制，这些限制都是会导致金融机构短期盈利下降，或者经营成本升高的，所以金融机构有更大的动力去创新规避举措，并且实施合理的监管套利等，这又会给信贷泡沫留下隐患，因而还是需要货币政策这道防线。

# 第 5 章

# 各国的宏观审慎政策和货币政策安排的实践

在金融危机以前，各国的宏观经济调控主要依赖货币政策和财政政策，金融监管主要依赖监管部门，政策之间的协调主要体现在货币政策与财政政策的协调方面。危机过后的金融监管改革着重加入了宏观审慎监管理念和监管举措，为了维护金融稳定，与货币政策之间，就政策目标、政策传导以及政策工具方面存在一定的共享，因此两项政策亟须在顶层设计方面进行必要协调和搭配。就目前各国的实践情况来看，主要是体现在宏观审慎监管的职能与中央银行的职能之间到底该如何安排和匹配，需要明确进行职责分工。各国在宏观审慎政策与货币政策的搭配、协调、机构组织安排等方面却有不同的实践，同时理论与实践也在共同推进，并不是理论在先的情况，各国所采取的实践安排也是基于各国的实际情况，形成了多样化的部署。

在实践中，各个国家和地区的指导理论主要集中于中央银行的角色和职能、中央银行的货币政策中是否要含有金融稳定的目标、中央银行是否要对宏观审慎监管负责等。根据各个国家的具体情况形成了不同的理论观点，一部分观点认为，中央银行可以全面负责宏观审慎政策与货币政策，因为政策渠道和效果有共享，也有差别，两项政策具备相对统一的基础条件，由中央银行统一部署更有效率、更为妥当；另一部分观点认为，中央银行的主要职责是制定货币政策，货币政策与宏观审慎政策在本质上是两种不同性质的宏观调控政策，在处理价格稳定和金融稳定时，两种政策的实施时机、采取的工具、推动的力度方面，并不总是一致的，将两种政策都集中在中央银行可能会导致在应对失衡时，政策难以协调或产生掣肘的情况出现，两种政策都达不到预期效果，所以需要有其他的机构专门负责宏观审慎政策的制定和安排，根据金融市场的具体情况，相机抉择采取必要的举措或工具，并与中央银行的货币政策形成配合，共同维护国家金融、经济的稳定与安全。

## 5.1 美国的政策协调实践安排

美国次贷危机是引发全球金融海啸的直接诱因，事后回顾和总结次贷危机的发生和发展，可以发现在金融监管方面，无论是美国的多层监管模式，还是一段时期内的“去监管化”浪潮，都导致了金融重叠和监管空白的存在，而且美国金融市场中的经济主体相互依赖程度比较高，随着金融衍生品市场的不断繁荣，金融复杂性日益增大。虽然危机并不是直接来自商业银行，但是危机迅速蔓延到了银行系统，并导致危机升级。

### 5.1.1 美国的金融稳定框架机构设置

(1) 金融稳定监管委员会

鉴于危机的教训，美国当局也在积极推行金融监管改革，并签署了《多德－弗兰克华尔街改革与消费者保护法案》（以下简称《法案》）。基于《法案》的相关要求，美国设立了其监管历史上的第一家跨机构的系统性风险监管组织，即金融稳定监督委员会（FSOC），直接对美国国会负责（见图 5.1）。《法案》从机构定位的角度，赋予金融稳定监督委员会宏观审慎监管主体的地位，并给予其跨机构监管的权力，对其基本的职责确定为三个方面：一是有效识别可能对美国的金融体系稳定造成威胁的各种风险因素；二是有效促进美国金融市场的自我完善、自我约束、规避机构可能出现的道德风险，以及对政府救助的期待；三是有效管理金融系统内可能出现的各类新风险，并采取积极的应对举措。

鉴于《法案》对于金融稳定监督委员会的定位和要求，委员会在行使职能时，兼备决策功能与协调功能两个方面：

第一，从决策的功能上来看，金融稳定监督委员会对宏观审慎监管政策负有责任，在金融稳定体系中也是有着绝对权力的，而美国的中央银行只是在操作和执行层面发挥作用。具体而言，会针对美国的各类金融机构做出必要的管理和监督，避免出现系统性的风险。首先，对高资产规模的金融机构提出专门要求。要求资产规模超过 500 亿美元的各类金融机构，需根据金融稳定监管委员会的监管要求，定期汇报机构运营、风险、资本等汇总情况，使委员会能够充分且及时了解大型金融机构的实际情况，并针对这些金融机构可能存在的潜在风险，提出前瞻性的建议。其次，如果委员会确认，金融机构的经营行为可能对金融稳定产生直接或者间接的影响，就会通过美联储，提高这类金融机构的监管指标要求，通过更加严格的资本金、杠杆率的限制，控制金融机构的扩张并缓解潜在的风险。最后，对于金融公司、海外银行在美国的分支机构，如果这些机构可能对金融系统产生风险隐患，那就会被视为金融稳定委员会的监管对象；如果这些机构的经营会导致金融失衡，委员会也会通过美联储对这些机构进行处置，以防失衡的蔓延。

第二，从协调的功能上看，为了避免多头监管可能出现的监管重叠和监管空白，金融稳定监管委员会专门在机制设计上，突出了协调的举措，促进各个机构的协调统一。首先，重点就储蓄类的金融机构进行专门的管理和监督，重点突出联邦保险公司对此的重要职责。改革后的联邦储蓄保险公司较之以往，新增了对如下机构的监管：①接手了对州立储蓄机构的监管；②监管资产规模超过 500 亿美元的银行控股公司，因为这类机构有银行控股且规模较大，可能导致存款消费者的权益受到损害，所以需要对存款保险机构的监督；③FSOC 交托的非银行金融机构，其可能有存款类业务或对此有影响。另外，为避免职能混淆，从机构安排的角度，将美国境内的储蓄机构的监管权限进行了解析，撤销了之前的监管当局——美国储蓄机构管理局，将其监管的对象拆分给了美联储、联邦保险和货币管理署。其次，针对之前存在监管漏洞的部分，新增了对影子银行系统、各类基金等的监管，因为这类业务层级嵌套较多，隐蔽性和复杂性导致其游离于监管之外，造成金融系统性风险时却未被关注到，因而需要规避这部分的监管空白。同时，根据美国国会的要求，加强了对于互换合约的专项监管，包括执行互换业务的机构、经纪、数据中介等，都一并纳入监管框架中。最后，为了能够更好地实现不同监管主体之间的沟通和有效协调，金融稳定监管委员会设置了 15 个成员席位，涵盖了金融领域各个机构和部门的主要负责人，具有广泛的代表性，其中 10 人具有投票权，5 人没有投票权，委员会的主席是由财政部部长兼任的。

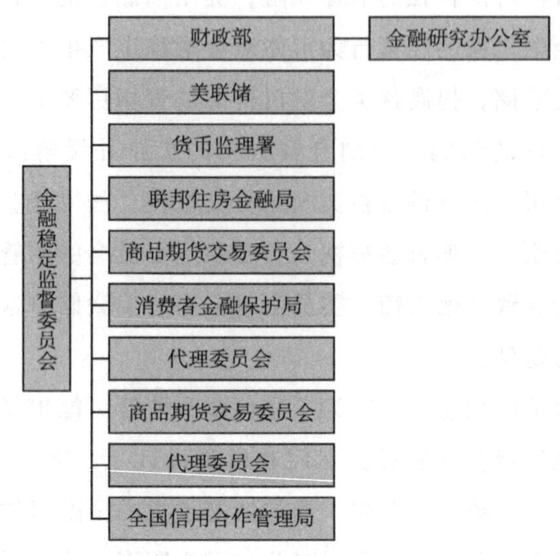


**图 5.1　FSOC 的基本管理机构的设置**

（2）美联储

根据《法案》，金融稳定监督委员会是宏观审慎监管政策的主导机构，美联储在委员会的授权下，专门负责履行和执行宏观审慎监管举措的实施。

美联储是典型的二元式中央银行体系，其虽是私有制性质，但是作为美国的中央银行，其始终也是以货币政策的制定和执行作为其重要的工作职能，货币政策目标也是重点关注通货膨胀目标和就业稳定目标。次贷危机引发金融失衡，雷曼破产导致金融海啸，这也引起美联储在货币政策目标方面有所改变。美联储在金融危机之前，秉承的理念就是金融系统是具有自我调节和纠错的能力的，能够在一定程度上容错纠偏，因此金融稳定是有自我实现的基础的，所以不需要中央银行的货币政策去承担更多的目标。但是随着金融行业的发展，金融市场的外延不断扩展、金融产品的复杂程度也日益增高，系统性风险在金融体系内的积聚和扩散更加隐蔽，也对金融系统的冲击更为剧烈，因此危机之后，美联储将金融稳定作为货币政策的目标之一。美联储在制定和执行政策时，需要综合考虑物价稳定、金融稳定、就业稳定之间的权衡，特别是系统性风险在金融体系的累积，以及向实体经济的扩散问题。

美国国会通过的《法案》，其中设了专门进行宏观审慎监管的主体机构，金融稳定监管委员会，如上文中的分析，重点明确了其在决策和协调方面的重要职能和作用。但对于美联储而言，因为其货币政策目标中新加入了金融稳定目标，所以其具有货币政策的主管当局和宏观审慎监管政策的执行当局这两个任务。而且从美联储的态度中也能看出，其认为货币政策的执行也是宏观审慎监管的重要基础和保障，所以美联储不仅对可能诱发金融失衡的系统性风险要进行管理，也需要承担从整体上维护经济稳健与安全的货币政策的制定与执行。对于系统性风险的监管和防范，《法案》要求美联储承担起必要的职责，加强对金融系统的管理：首先，持续监测没改过的宏观经济各项指标，同时关注金融体系的相关运行情况，做好动态的监测；其次，加强对系统性风险的监测，就可能出现的极端事件提出必要的预警和应急举措，避免干预不及时；最后，鼓励美联储就整个金融体系的韧性和应对外部冲击的能力。

自从新一轮的金融监管改革推进并实施以来，美联储从自身职责的角度，不断调整和摸索货币政策与宏观审慎政策之间的关系和协调机制，完善并制定推动金融稳定的系统性举措和治理框架。从美国当局的具体选择和操作来看，把就业目标、抑制通胀和金融稳定结合在一起，在事实上有助于金融监管方面的融合与协调，同时实现宏观审慎政策目标和微观审慎政策目标。但是美联储也在具体实行宏观经济金融稳定政策的过程中，更加清晰地感受到自身在实现目标协调方面存在难以克服的局限性、滞后性，以及目标之间的不一致性，而且宏观审慎监管可能在实施时，更需要独立的机构起到更加有效的作用。

### 5.1.2 美国宏观审慎政策与货币政策的协调

从政策协调的角度来看，金融稳定监管委员会本身就是作为主导宏观审慎监管政策框架的协调机构，而美联储也将金融稳定纳入货币政策中，所以两项政策的协调具有一定的基础优势。

为了更好地实现政策协调，金融稳定监管委员会设置了三个机构，分别是：①代理人委员会；②金融研究办公室；③专业委员会。代理人委员会的最主要职能就是动态化地协调各个金融监管机构，其成员主要是各个成员机构的高级别官员，日常通过各自的系统检测市场信息和搜集数据，并确定系统重要性金融机构和设施，为系统性风险的管控提供基础。

金融危机后，社会各界都深刻认识到，金融创新是把“双刃剑”，金融产品的复杂性和金融结构的多样性都亟须与时俱进的金融监管，金融研究办公室的设立，就是作为一个专门的智库机构，研究市场和机构的变化路径，以便能够更加清晰地认识系统性风险，为委员会的决策提供参考。金融研究办公室是委员会的重要支持单位，法定的工作重点是金融体系内的数据采集和整理分析，开发并维护数据系统，并将数据在各金融监管当局之间共享。机构设置上，其虽然下设在财政部，但是其提供支持和共享的各类数据都是独立、客观、公正和科学的。

为了能够与时俱进地监测系统性风险，避免信息不对称、监管不到位导致的监管缺失，在代理人委员会之下又设立了多个专业委员会。专业委员会的设置并不是一成不变的，而是根据金融市场发展的需要进行不断调整和部署，根据金融监管的具体要求不断改进和完善的。经过不断灵活调整，目前有 5 个专业委员会具体安排和推动各个决策的执行，分别是：数据委员会（鉴于危机前的监管信息过于碎片化，不能形成有效的衔接，该委员会被 FSOC 指定任务主要是处理数据，重点在识别风险，提升市场主体的自律能力）、金融市场设施和支付结算清算活动委员会（鉴于系统重要性金融机构并不仅体现在机构规模性，还体现在金融行业中的位置以及与其他机构之间的关系方面，有些机构虽然规模小但却为金融系统提供基础设施支持，所以特设此委员会负责）、非银行金融公司认定委员会（此委员会的职责关系到美联储的监管范畴的认定）、监管和处置委员会（主要是检测和发现未被监管到，可能影响美国金融市场稳定的相关因素，弥补监管不足）、系统性风险委员会（重点关注金融体系中的系统性风险）。作为金融稳定监督委员会的成员单位，可以指派本机构中的一人或多人进入专业机构，保证各个专业委员会职员的履职能力。

通过美国在宏观审慎监管政策和货币政策协调的安排和实践可以看出，金融稳定监管委员会作为宏观审慎监管政策的设计当局，负责全面的政策制定和协调，根据《法案》其本身是对国会负责的，而且整体配置以及各个下属部门、下属委员会的安排，都为金融稳定监管委员会获取各渠道的数据和各方面的信息提供基础服务。而美联储的政策目标中也包含金融稳定，因而也是宏观审慎监管政策的主要机构之一，所以在协调方面，美联储因其在宏观经济政策和金融监管政策的双重职责，有相对较大的话语权和决策权。

美联储在其2022年的监管报告中提到美国银行业的整体经营状况（见图5.2、图5.3和图5.4），就美国的货币政策整体而言，危机后属于偏宽松的，对于银行业的整体稳定有一定的影响，但是通过宏观审慎监管的实施，银行业的整体运营稳健，有利于金融和经济的双重稳定。

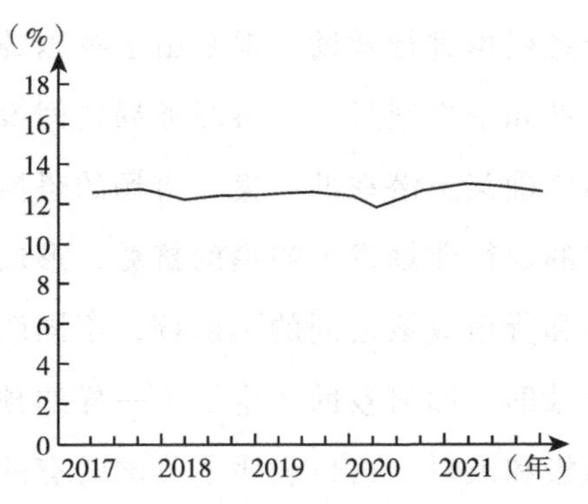


**图5.2　美国近5年的资本充足率**

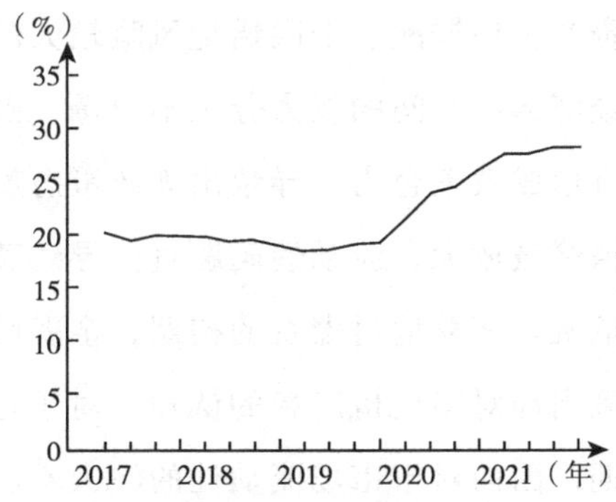


**图5.3　美国近5年的流动资金占总资金的比率**

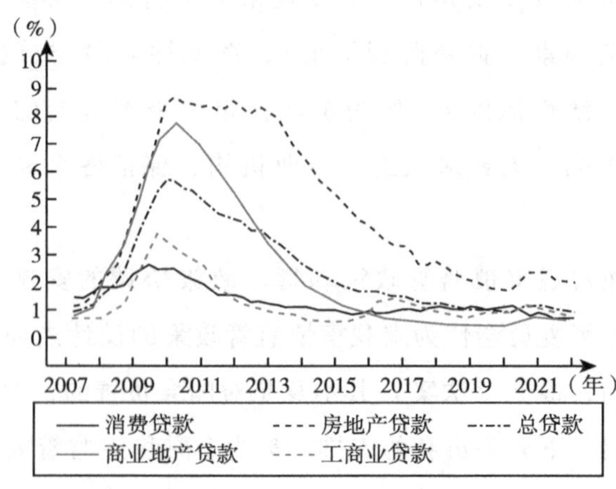


**图 5.4 美国 2007—2021 年贷款拖欠率的情况**

资料来源：FED，美联储监管报告。

## 5.2 英国的宏观审慎政策与货币政策的实践

2008 年的金融危机，对各国的经济和金融都产生了不同程度的影响，英国的金融市场也出现流动性不足的情况，诸多银行面临挤兑的危机。在危机刚刚开始蔓延的阶段，英格兰银行基于中央银行的基本职能对于存在资产负债错配、期限错配风险较大的金融机构进行救助，但是由于英国的经济部门之间的权力分工不协调，财政部和中央银行、金融服务局之间没有形成政策合力，导致出现政策态度不明确甚至潜在的冲突，市场的恐慌情绪被放大，流动性问题直接导致英国的银行业爆发大规模的挤兑，形成危机。挤兑危机爆发的初期，金融政策和货币政策之间的不协调，不同政策当局对待危机隐患的认知、对于是否救助、如何救助产生了不一样的预期，因而对于市场流动性的注入不够积极和及时，这也表明了英国既有的金融管理模式并不能有效应对金融危机的冲击。在金融海啸之前，英国专门成立了金融服务局作为对行业统一监管的主体，用以应对可能出现的系统性危机或者金融失衡与不稳定，但是从实践的结果来看，这个机制并不能起到期望中的效果，因此危机过后，英国开始了新一轮的金融监管改革，在此过程中，当局认识到不仅需要加强金融监管，更重要的是政策之间需要协调，特别是货币政策和金融管理政策之间。

通过危机救助经历，英国的管理当局认识到之前的关注个体金融机构的监管方式，叠加以物价稳定为目标的货币政策组合，不足以预防金融危机，更加不能救助危机，甚至监管本身也存在一定的顺周期性，所以监管改革实践中的重要内容就包含对宏观审慎监管政策的采纳，以及对货币政策、监管政策等的协调。为了能够更好地执行新纳入的宏观审慎监管政策，英格兰银行专门成立了金融政策委员会（FPC），负责制定和执行宏观审慎监管，该机构在 2013 年时，被英国政府通过立法的形式进行了确认。

### 5.2.1　英国负有金融稳定义务的各个机构

（1）各金融管理当局或部门

英国的各个管理当局中，多重机构都对金融稳定有义务，这些机构包括但不限于以下 4 个，它们各有职责和分工。

①英格兰银行作为英国的中央银行，下有多个附属的内设机构，机构职责中都含有一定的维护稳定的意义。其中最重要机构之一是货币政策委员会（MPC），主要是对货币政策负责任，虽然不以金融稳定为目标，但是为了避免金融失衡，英格兰银行本身也担负着对整个金融市场的基础设施的建设、监督和管理责任。

②金融政策委员会（FPC）是在 2011 年设立的，其主要负责宏观审慎监管政策，保障金融稳定目标。通过对系统性风险进行有效前瞻性监测，并且适时地采取合理的行动，以此来降低金融系统中的风险，增强金融体系的弹性和韧性。

③2013 年，在英格兰银行内设了一个负责微观审慎监管的机构，即

审慎监管局（PRA），其主要对商业银行、投资公司、保险机构的经营进行监督和管理。

④金融行为管理局（FCA）也对微观审慎监管政策负有一定的责任。与其他机构不同，金融行为管理局并不隶属于英格兰银行，而是一个独立的监管机构，主要对金融机构的经营等的行为进行监督，并且与审慎监管局形成互补。PRA 没有监管到的机构，都在金融行为管理局的监管范畴内，比如资管类机构、影子银行系统、经纪商、咨询机构等。

货币政策委员会、金融政策委员会、审慎监管局、金融行为管理局这 4 家机构，虽然有的相对独立，有的是中央银行的内设机构，但是每个机构都对金融市场的管理起到重要的作用，因而 4 家机构的主席和管理层交叉任职，便于进行信息的沟通，以及进行政策的协调。

（2）各个当局的政策目标

政策需要进行协调，从政策目标来分析，不同的政策有不同的指向对象，而其不同的政策实现的路径以及见效的周期都不相同。货币政策本质上是针对整个经济体、经济面的，而宏观审慎政策和微观审慎政策更加关注金融系统。

从英格兰银行的具体政策目标选择上来看，其货币政策还是更加关注价格稳定和经济增长，其重点关注到的指标就是消费者物价指数（CPI），这也是货币政策当局普遍会关注到的重点指标。由于该指标是能够按月提供的，所以货币政策当局可以相对及时地确认检测指标是否在可接受的范畴之内，也便于政策做出积极响应。但是宏观调控政策普遍具有综合性，所以难免出现滞后的情形，政策的有效性在短期内难以显现。

宏观审慎监管政策的目标是维护金融稳定，但是金融稳定的概念相对宽泛，没有统一的界定，通常用来描述一种金融系统的整体状态，即在市场运转过程中，资金的供需双方、服务的供需双方能够进行交易且价格稳定。但是这种状态缺乏显而易见的指标来衡量，所以政策目标的实现与否，相对比较难以判断。

### 5.2.2　政策工具之间的协调

实现政策目标，需要合适的政策工具的使用。对于货币政策来说，政策工具比较成熟，常规的政策工具对于货币政策当局来说，使用起来更加便捷，随着经济形势的变化以及新情况的不断出现，也出现了很多非常规的工具。对于审慎监管政策来说，微观审慎政策不断发展，越来越丰富，而宏观审慎政策是在建设的过程中，政策工具的效果还有待进一步观察。对于英格兰银行，其常规的货币政策工具主要就是政策利率工具，通过利率的变化影响向市场注入的流动性。当市场面临金融冲击时，英格兰银行使用的是量化宽松的货币政策，扩张中央银行的资产负债表等。

在宏观审慎政策工具的选择方面，FPC 主要使用了以下政策：①鉴于金融海啸的诱发因素，为抑制房地产过热，选择了缓解房地产行业系统性风险的监管要求，也就是贷款价值比等指标。②针对顺周期导致的风险积聚，选择了逆周期相关的监管要求，都是在巴塞尔资本协议Ⅲ中专门提到的工具。例如，逆周期的资本缓冲（CCB），用于提高金融体系吸收损失的韧性，能够缓冲外界对于体系的冲击，平缓系统性风险，是一个资本类的工具。③对于商业金融机构的杠杆率监管要求，这也是一个资本类相关的监管工具，用来限制金融机构的过度风险承担，也能够使机构的资产质量有所提升。④针对特定性部门的资本金要求，这个监管工具的主观性比较强，根据金融政策委员会的跟踪和预测，若认为某个行业或者部门存在潜在的风险，可能导致金融失衡或者经济的波动，会对存在风险敞口的机构有专门性的、额外的资本监管要求。⑤针对系统重要性金融机构的额外资本监管要求。

政策之间的协调面临很多复杂情况，为了更好地进行沟通，不同机构的高层之间需要交叉任职。在具体的实践方面，英格兰银行做出了积极努力，取得了一些实践的经验。在商业银行监管方面，英格兰银行的金融政策委员会、货币政策委员会进行了政策工具的搭配，力图改善危机冲击后的金融环境。从货币政策的角度，对市场注入必要的流动性，缓解市场的焦虑情绪，这些都是常规的方式，但是在危机后的阶段，政策利率已经接近触底，没有继续下降的空间。金融政策委员会针对商业银行的资本进行管理，会同微观审慎监管当局进行压力测试确定增加银行的资本金要求，这样不仅能够约束银行的高风险经营，同时也没有限制银行的放贷，鼓励了正常的流动性注入，与货币政策形成协调（见图 5.5）。

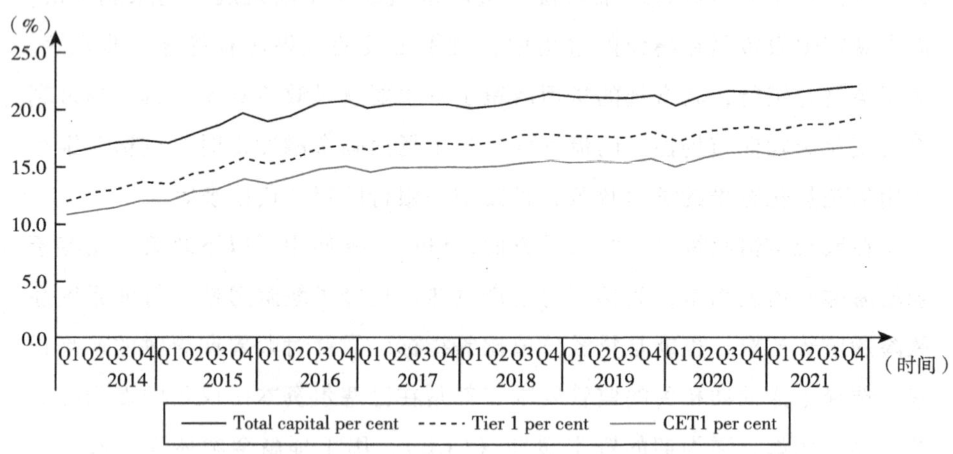


**图 5.5　英国国内商业银行的资本满足情况**

资料来源：英格兰银行。

在房地产行业监督和管理方面，两项政策也需进行协调。货币政策的实施，对于缓解市场中的流动性紧张有积极的作用，但是如果资金大量进入房地产领域，可能进一步导致行业过热，造成资产价格泡沫的问题，而且经济主体本身也担心负债水平的上升可能致使金融失衡。货币政策只关注其通货膨胀的目标，而宏观审慎监管当局就房地产市场的状况，特别是房屋抵押贷款进行干预。金融政策委员会使用贷款价值比等政策工具进行干预，通过图 5.6 和图 5.7 的对比可以看出，通过相关政策的实施，英国个人住房贷款方面的变化。同时进行压力测试，测试抵押利率贷款提升 3%，可能导致的房贷主体的违约情况，并以此进行持续的检测。

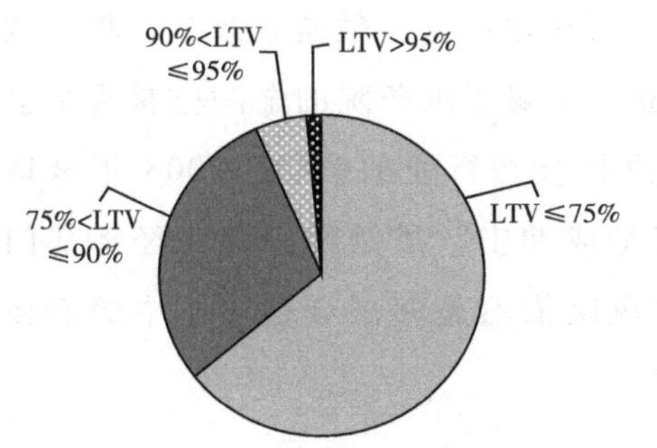


**图 5.6　2008 年个人住房贷款 LTV 的分布**

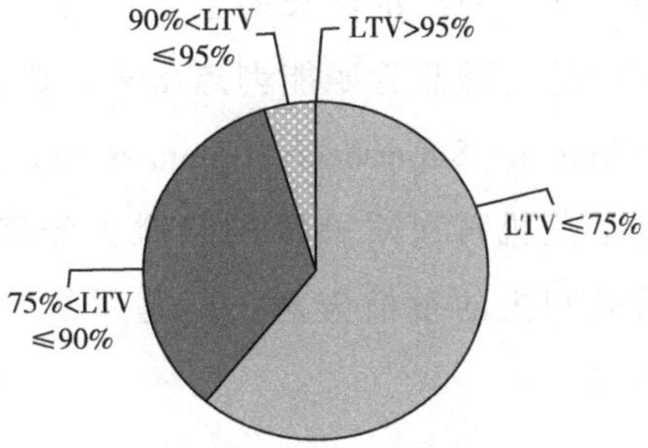

**图 5.7　2021 年个人住房贷款 LTV 的分布**

资料来源：英格兰银行。

在外部冲击对市场的影响方面，不同政策之间也是共同作用。从 2016 年开始，英国当局积极推动并进行“脱欧”的全民公投，为了缓解宏观经济可能产生的负面冲击影响，货币政策当局首先实施了宽松的货币政策，通过公开市场操作、窗口指导等方式向市场注入流动性。为了能够更好地与货币政策进行协调，金融政策委员会在测算和要求杠杆率的指标时，扣除了各家金融机构在中央银行的存款准备金等，这些工具的操作既考虑到了维护金融体系稳定性的目标，也兼顾到了货币政策的目标实现不受干扰。

## 5.3　韩国宏观审慎政策与货币政策的协调与实践

韩国的经济和金融在 20 世纪八九十年代飞速发展，但是由于韩国经济模式本身存在一定高风险，过度依赖政府的信用，所以韩国银行业普遍贷款比例高，到 1997 年时，该比例已经飙升至 59.1%，而且企业的不良贷款率达到 22%，受到东南亚金融危机的影响，韩元大幅下跌并迅速冲击经济面，致使金融失衡，经济增长停滞。

韩国政府在干预经济和危机的过程中，进一步认识到金融稳定对于经济安全和经济增长的重要作用，因而开始进行金融监管改革，将财政部中的金融监管职能剥离出来，成立了隶属于国务院的金融监督委员会（Financial Supervisory Commission）进行金融行业的监管。2008年全球金融危机再次对韩国的金融、经济造成冲击，虽然韩国宏观经济部门采取积极的举措应对，但是系统性风险依然是韩国金融体系中的潜在隐患。

### 5.3.1 韩国宏观审慎监管框架

东南亚金融危机之后，韩国实行的分业监管方式，虽然取得一定的成效，但是在应对金融体系的系统性风险时，还是存在不足之处，特别是对于横截面维度的系统性风险。因而金融海啸之后，韩国当局进一步推动金融监管改革。为了避免多头监管导致的监管重叠和监管空白，开始构建多机构的协同监管机制，而宏观审慎监管政策则是由多家当局共同来执行和实施的，这样的架构在一定程度上也会导致权力分散。

韩国的金融稳定系统是由5家监督管理当局共同组成的，其中包括韩国中央银行（即韩国银行）、东南亚金融危机后专门设立的金融监督院（FSS）、金融监督委员会（FSC）、企划财政部（韩国的财政部）、存款保险公司。

在这一金融稳定体系中，作为中央银行的韩国银行负责全面的管理，追踪整个宏观经济的运行和发展、关注金融市场的状况和变化、对于潜在的金融失衡进行监测和预警，如果发现有危机出现的隐患，及时采取必要的手段，维护金融稳定和经济安全。

金融监督委员会（FSC）作为直属国务院的机构，其主要就是在金融生态环境建设方面起到积极的作用，出台并完善金融法律法规，推动金融市场的进步、发展、创新，维护市场活力和韧性。金融监督院（FSS）是金融监督委员会的下设机构，是一个执行层面部门，就宏观审慎监管、微观审慎监管的具体政策部署，进行具体的操作和实施，监督各个金融机构的经营行为和业务情况。金融监督委员会（FSC）直接向韩国国务总理负责，与其下设的金融监督院（FSS）共同在金融稳定、抑制系统性风险方面发挥重要的作用，参与到金融行业、金融系统监管方方面面。两个机构分别从制定政策、选择工具到执行政策、实施监管，对系统性风险进行有针对性的跟踪、识别、分析、管理，与韩国银行形成有效的配合。

存款保险公司主要在商业银行领域起作用，商业银行的负债类业务需要保障，因而存款保险公司主要是应对金融机构经营不善可能导致的流动性风险，甚至是破产危机，会对银行的并购、重组、清算等进行监督等，关注机构变动会对金融体系造成的影响并做好预案。而财政部自从东南亚金融危机之后，就剥离了金融监管方面的职能，所以并不会直接干预金融市场和金融稳定，但是引起会对市场主体和经济面产生作用，因而也在一定程度上影响着金融稳定。

五家机构都会对金融稳定产生影响，而其中的韩国银行还要直接负责货币政策、企划财政部负责国家的财政政策，这就导致机构之间的政策协调和配合存在一定的问题。

### 5.3.2 宏观审慎政策与货币政策的协调

2008年的金融海啸之后，韩国以宏观审慎理念为主体的金融监管体系得到进一步完善，初衷是为了维护金融稳定，防范系统性风险。但是由于参与其中的政府部门和机构很多，而每个部门都隶属于不同的管理条线，这就导致在评估风险、决策方案时，容易产生意见分歧，针对市场和机构的金融管理举措出台的进程相对较慢，各方利益和关注的焦点较难统一。

基于此，在2011年年末时，韩国当局正式修订了既有的《韩国银行法》，出台了修订案，在新版法案中，强调了韩国银行在金融稳定工作中的责任，直接在修正案中强调，中央银行不仅要负责本国货币政策的制定和执行，维护价格稳定，同时在实施货币政策时，要对国内的金融系统稳定有必要的保障。这就表明，对于韩国银行来说，在金融系统失衡时，作为中央银行是可以使用货币政策来保障金融稳定的。

改革后的韩国金融监管系统，虽然多方机构参与其中，但是中央银行和金融监督院（FSC）是具有联合实施调查研究并施策的权力的，即便是金融监督院没有参与，韩国银行也可以独立进行调研工作。而且中央银行作为最后贷款人，在金融机构存在流动性风险时，有义务对申请援助的机构进行评估和分析，并根据情况进行合理的援助，其中涉及的金融机构，并不局限于商业银行，还包括证券、保险、基金、信托等金融机构。

由于《韩国银行法》修订案中，将金融稳定也作为了中央银行的重要职责，要求韩国银行加强对宏观审慎监管权力的掌握，所以韩国国内的很多宏观审慎监管政策的出台，都是韩国银行牵头进行的。为了能够更好地监测韩国金融体系的系统性风险，韩国银行专门设计、开发并应用了一个分析工具，即“系统性风险评价模型”① （Systemic Risk Assessment Model for Macroprudential Policy，SAMP），用于事前对经济体、对金融系统、对银行类金融机构进行监测，对可能潜在的、会导致金融失衡的风险因素进行综合分析、压力测试等，就脆弱性高发的部门提前部署方案，防范系统性风险的累积。韩国中央银行发布的《金融稳定报告》也会测算金融稳定指数和金融脆弱指数。

从图 5.8 和图 5.9 也能看出韩国金融体系的基本状况，即受到国内外

---

① SAMP 模型作为一个压力测试的模型，有自己的设计和使用特点。它不仅可以对单个银行进行测定，评估银行的风险情况，以及风险因素在机构之间的传染、扩散的情况，也可以针对系统性风险进行整体的测试，评估在面临外界冲击时，金融体系的韧性和弹性，同时测试金融、经济失衡的尾部风险，而且能够对不同的风险种类进行测试，进而对不同的宏观审慎政策的效果进行评估和模拟分析。这个模型尽可能贴近韩国经济的真实环境和受国际环境影响的情况，通过模型的测定，来决定韩国中央银行后续的政策倾向和工具的选择。SAMP 模型不仅被韩国银行使用，而且韩国银行也向国际货币金基金组织、国际清算银行、其他国家的银行征求过改善的建议。

的各种影响，市场也并不是非常稳定的状态。韩国的宏观经济政策体系涉及的部门和机构相对较多，货币政策在中央银行，宏观审慎监管政策也是在中央银行，但并不是所有的宏观审慎政策都在。上文中提到的五个机构或部门都在不同程度参与到金融稳定的体系建设中。作为具有规范指导作用的部门法的《韩国银行法》及其修订案，虽然对于中央银行的宏观审慎职能予以明确，但是该法只能对其国内的商业银行起到作用，并不是对金融全行业起到作用，所以对于整个金融体系的稳定管理，还是需要不同的机构来协调配合。

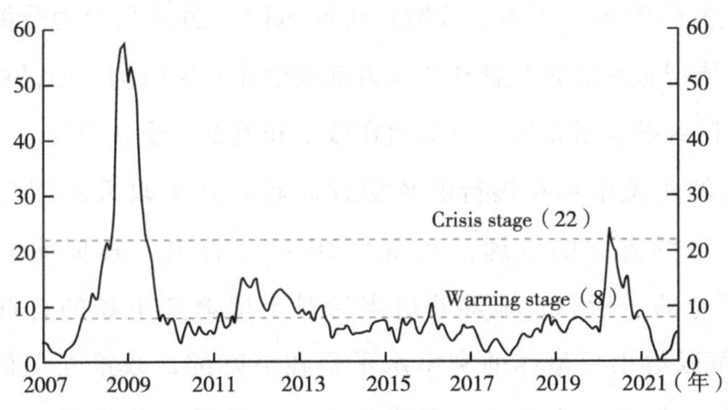


**图 5.8　韩国金融稳定指数**

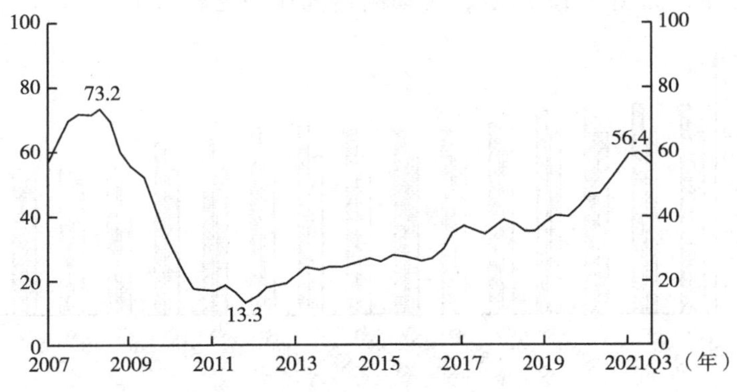


**图 5.9　韩国金融脆弱性指数**

资料来源：转引自韩国银行《金融稳定报告》，2021 年 12 月。

货币政策与银行业相关的宏观审慎政策都在韩国银行，但是其他金融机构和金融市场的宏观审慎政策在金融监督委员会，以及金融监督院，这就导致政策合力较难形成，从而对整个金融稳定管理系统提出了严峻的考验。因为各个部门都有自己的工作目标和政策手段，需要对分歧的部分进行协调，而且信息沟通往往也存在缺位，这就会导致不同的机构之间相互掣肘。当经济体面临外部冲击时，不同的管理当局通过不同的渠道获得部门市场情况的数据和信息，而后使用自己的预测方式对经济面进行分析，导致最终的分析预测结果不尽相同。由于各家机构在实施政策时，针对了不同的中介目标和市场痛点，因而起到的政策效果不能形成合力，甚至会产生互相抵消的效果，不利于分散系统性风险。虽然从权力分散制衡的角度来说，不能把金融监督和管理的权力都集中在一家机构，但是由众多的机构和部门共同维护金融稳定，也必然在效率和效果上受到损失。

从韩国的相关市场和银行的数据方面看，其实政策的配合更多集中于对房地产市场方面的管理，从图 5. 10 可以看出，其贷款价值比一直是在不断下降的，所以也能够看出当局对于房地产市场的普遍态度。而从图 5. 11 可以看出，整体的利率水平是在下降的，政策立场偏宽松，当然从 2022 年年初开始有收紧，所以从两项政策的配合来看，其对房地产市场的管理，如图 5. 12 所示，波动的情况还是比较大的。

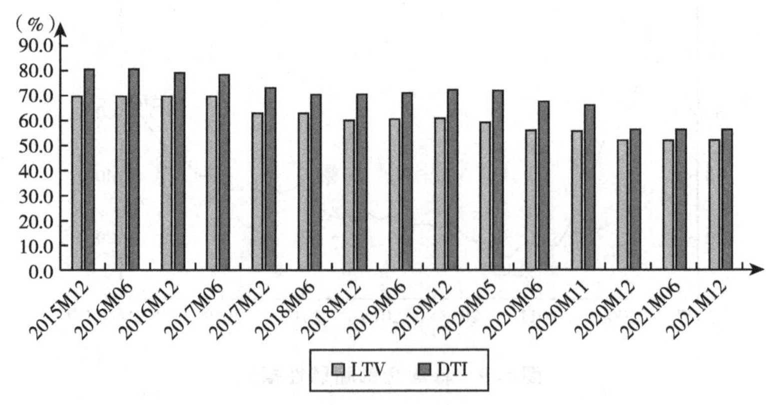


**图 5. 10　韩国的贷款价值比和债务收入比情况**

资料来源：韩国银行。

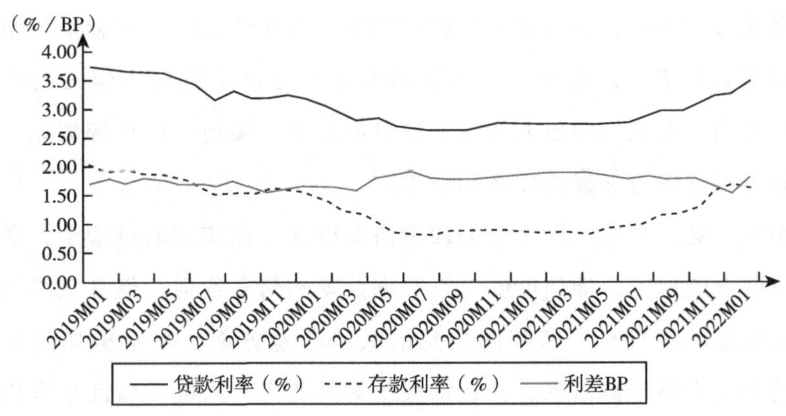


**图 5.11　韩国的商业银行的利率**

资料来源：韩国银行。

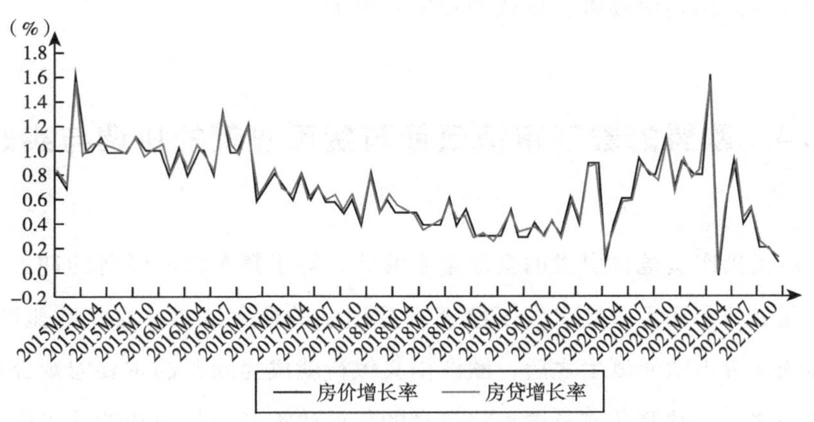


**图 5.12　韩国的房价增长率和房贷增长率**

资料来源：韩国银行。

鉴于韩国的宏观审慎政策是由多个机构共同执行，而货币政策是由韩国银行执行，所以对于韩国中央银行来讲，要执行多个政策，完成不同的目标，在考虑经济面、市场状况等时，既要关注价格稳定、经济增速可持续，也要关注市场流动性、银行类金融机构的经营、金融的系统性风险等，还要与金融监督委员会等进行沟通。这对于韩国中央银行来说，责任比较重，而且多头行事也容易导致效率不高，因而对于其他四家机构的配合还是比较依赖的。虽然近年来韩国当局一直在致力于各家金融稳定机构之间的信息共享和沟通配合，从法律制度上完善了机构协作的内容和要求，但是由于不同机构获取数据和信息的来源、渠道、口径等的差别，还是比较难实现整合和提高效率和效果。

由此可见，多头共同主导的政策协调模式，在实践的过程中，必然存在难以弥合的地方，即使能够进行数据共享和信息沟通，但是最终呈现出的结果依据并不理想。从韩国当局的政策考量方面，是希望加强金融监管，特别是宏观审慎监管，并且加大了对其的支持力度，以此来实现货币政策与宏观审慎监管政策的协同。但是通过上述分析可以看出，由于宏观审慎监管分散在五个不同的管理当局中，所以本身就难以协调，加上中央银行还要兼顾两项政策，协调的难度就更大。

## 5.4 欧盟的宏观审慎政策与货币政策的协调与实践

由美国次贷危机引发的全球金融海啸，对于整个欧洲经济的冲击也是比较猛烈的，而且直接引发了欧洲部分国家的债务危机。自从欧盟建立、欧洲统一货币欧元诞生之后，欧洲中央银行就成为欧盟的重要宏观经济管理机构之一，欧盟各成员国也将自身的货币政策制定权力让渡给了欧洲中央银行。但是由于不同国家的经济发展速度、产业结构等都不同，因而货币政策效果在各国的表现也有一定的差异。在金融监管方面，既有的监管框架设计虽然是统一监管，但是各国之间始终是处于相对独立的状态的，而且从整体层面缺乏有强制力的统一规则和制裁的方式，并且不同国家之间的监管原则也是不一样的，所以跨国金融机构往往也面临不同东道国之间的合规差异。金融监管创新也难以实现在跨国层面的举措，监管套利等情况偶有发生。这导致金融危机来袭时，对机构、市场、国家债务产生了连锁影响，后续的应对也不理想。

### 5.4.1　金融稳定政策体系的安排

金融危机之后，欧盟也在不断探索更加适合多成员国协同的监管体系，同时也在积极实践欧盟层面的货币政策与宏观审慎监管政策的协调。危机后，欧盟通过了《欧盟金融监管改革法案》，专门设立了欧洲系统性风险委员会。该机构的主要职责就是维护金融稳定，从事宏观审慎监管政策的制定和执行。从机构设立的角度，该机构是由欧洲中央银行作为主要的推动单位而成立的，但它不是欧洲中央银行的下设机构，其日常主要就欧洲金融系统中潜在的系统性风险进行监测和管理，并通过预警的方式进行持续性的监督，与欧洲中央银行的货币政策协同发力，形成一体化的监管。

2009 年下半年，欧盟理事会就金融监管改革专门表决通过了《欧盟金融监管体系改革法案》，在审慎监管领域，形成宏观审慎监管和微观审慎监管的合力，同时与货币政策形成协调。其中重要的机构设置，就是成立了欧洲系统性风险委员会（European Systemic Risk Board，ESRB）。这一机构设置目的就是维护区域金融稳定，负责欧盟区的宏观审慎监管，抑制系统性风险的累积和蔓延；为了能够更好地与货币政策进行配合，该委员会主席是由欧洲中央银行行长兼任的，办公机构也是设在欧洲中央银行内，但它是一个独立的机构，其与欧洲银行业管理局、欧洲证券与市场管理局、欧洲保险与职业养老金管理局共同构成欧盟跨国层面的统一监管框架。

欧洲系统性风险委员会，作为欧盟泛金融监管的主体机构，它旨在维护区域金融稳定，执行宏观审慎的监管政策。其具体的职责范畴也是集中于宏观经济以及区域金融的系统性风险。在宏观经济层面，注重对于经济指标的持续观测，并以此来判断宏观经济是否存在安全隐患，以及与金融体系之间的相互关联是否可能出现传染隐患；在金融监管方面，持续关注金融体系的系统性风险，特别是跨国金融机构之间的相互关联，系统重要性金融机构的经营等，通过识别并预警欧盟区域内的金融系统性风险的状态，进行必要的干预和管理。该机构会就确认的风险隐患与国际监管当局进行信息沟通，并形成统一的监管干预，避免各自行动导致的监管重复和监管空白。欧洲中央银行和各国的中央银行则配合实施具体的宏观审慎监管举措。

欧洲中央银行在具体配合宏观审慎监管方面，除了由中央银行行长兼任欧洲系统性风险理事会的主席，便于信息的沟通外，2013 年为了应对欧债危机，专门设置了单一监管机制，由欧洲中央银行负责具体的运作。该机制的建设初衷是要实现一个独立的、强大的、统一的欧盟内的跨境监管统一体，所以单一监管机制的章程明确指出，欧洲中央银行所实施的政策和工具，应该是对“欧盟的金融稳定和欧盟内各成员国的金融稳定”有积极的作用，其监管的重点是区域内的 123 家系统重要性商业银行。

### 5.4.2 宏观审慎政策与货币政策的协调

总体来看，欧盟在货币政策与宏观审慎监管政策的协调方面，是两项政策分别隶属于不同的机构进行决策，整体的宏观审慎监管是由欧洲系统性风险委员会来负责，货币政策是由欧洲中央银行负责，但系统性风险委员会的任职成员中，包括中央银行行长，以及 3 个从事微观审慎监管的欧洲监管局的主席，通过信息共享、协同管理的方式，共同维护欧盟区域的经济发展和金融稳定，并创新区域层面跨国的单一监管机制，重点关注系统重要性金融机构。通过货币政策与宏观、微观审慎监管政策等的统一合作，从系统层面解决了监管分散、各国割裂的情况。

在具体的实践层面，欧洲中央银行不仅负责货币政策，在法律框架内，其对银行系统的宏观审慎监管也具有一定的权限，在具体的宏观审慎政策工具要求方面，出台了《资本要求法令》和《资本要求法规》[①]，其

① 《资本要求法令》（Capital Requirements Directive IV，CRDIV）和《资本要求法规》（Capital Requirement Regulation，CRR）。

中就对欧洲的银行业监管重点提出了几个指标：一是逆周期资本缓冲。这是在资本充足要求之上提出的额外要求，属于自由裁量范畴的工具，根据成员国各自的金融市场情况以及银行系统的风险状况，在 0—2.5% 区间调节，其目的就是进行逆周期的资本调节，约束顺周期对经济的冲击。二是贷款价值比。这个指标在全球范围内都是使用频率较高的工具，主要是用于对房地产市场进行约束的。各国的房地产市场中都存在不同程度的价格泡沫，需要 LTV 进行调节；而且这个工具是与货币政策配合得比较好的，因为货币政策在一定程度上是针对整个经济体的，但是贷款价值比可以针对风险部门。三是系统重要性机构缓冲。全球金融稳定理事会每年会公布全球系统重要性金融机构，并对这些机构分类进行监管附加的要求，但是还有一些金融机构虽然不在全球的名单上，但是在各国的金融系统中也是极具重要性的，因而对这些机构，各成员国国内认定并进行不超 2% 的附加要求。

通过货币政策与宏观审慎政策的相互配合，欧洲的银行业总体稳健。从图 5.13 和图 5.14 可以看出，欧洲银行业的经营状况以及稳定程度，资本要求、杠杆要求都符合并超过监管要求，流动性覆盖率的均值在 150% 以上。

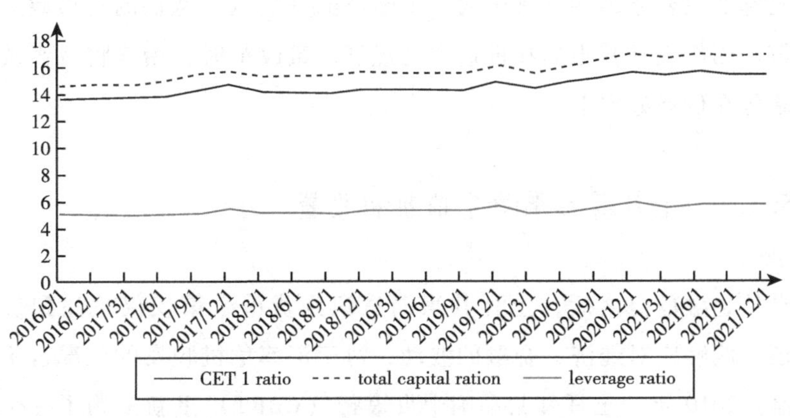


**图 5.13　欧洲银行资本充足率和杠杆率**

资料来源：欧洲中央银行。

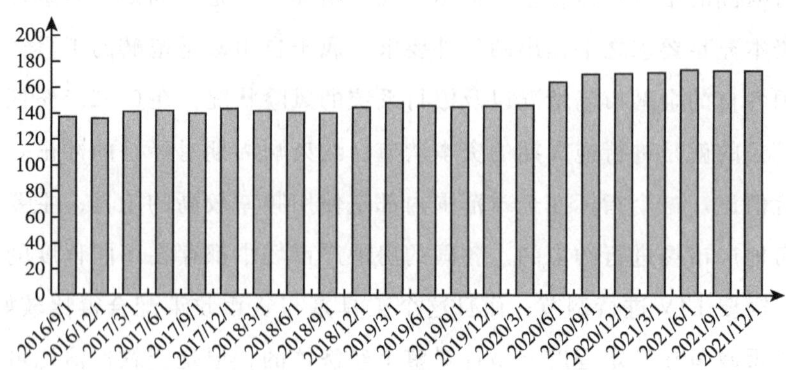


**图 5.14　欧洲银行流动性覆盖率**

资料来源：欧洲中央银行。

## 5.5　土耳其宏观审慎政策与货币政策的协调与实践

土耳其共和国作为十大新兴经济体之一，其经济、金融发展也备受瞩目。纵观其金融发展史可以发现，其在国内经济发展过程中，曾经多次受到严重通货膨胀的影响，而且在 2001 年发生过银行挤兑引发的金融危机，这些问题的主要原因在于其国内宏观经济的失衡以及宽松的货币政策、财政政策。因而土耳其当局在推进宏观经济政策改革时，始终将货币政策的目标聚焦在价格稳定上。

### 5.5.1　土耳其金融稳定的机构设置

自从金融危机之后，土耳其当局意识到货币政策仅仅关注到价格稳定，还不能够应对经济、金融的波动，对于汇率危机频发的状况也不能有效抑制。2010 年，土耳其共和国中央银行（CBRT）重新架构了一个含有多个目标、多个政策工具的宏观经济管理和金融监管的组合体，通过这个政策框架体系来缓解其国内的经济、金融波动。

根据 Kara（2016a），土耳其中央银行当前的与过去的货币政策对比如表 5.1 所示。

**表 5.1　　中央银行的政策目标与工具安排**

| | 之前的安排 | 改革后的安排 |
|---|---|---|
| 政策目标 | 以价格稳定为唯一目标 | 价格稳定和金融稳定的双重目标 |
| 政策工具 | 政策利率工具 | 政策利率<br>宏观审慎监管工具 |

土耳其中央银行通过采用宏观审慎监管政策，把金融稳定的目标也纳入中央银行的货币政策中，是期望通过补充目标的设置来促进价格稳定的目标更好地实现，并为此在政策工具箱中增加了更多的宏观审慎监管性质的工具。因此，对于土耳其的货币政策来说，其政策立场不仅体现在利率变动对市场流动性的影响，而且会综合考虑经济、金融基本面情况，使用多元化的政策工具组合，比如风险资本权重要求、准备金要求等。

通过图 5.15 可以看出，土耳其的中央银行在制定宏观审慎政策和货币政策时，是如何匹配目标实现共同支持价格和金融稳定的。

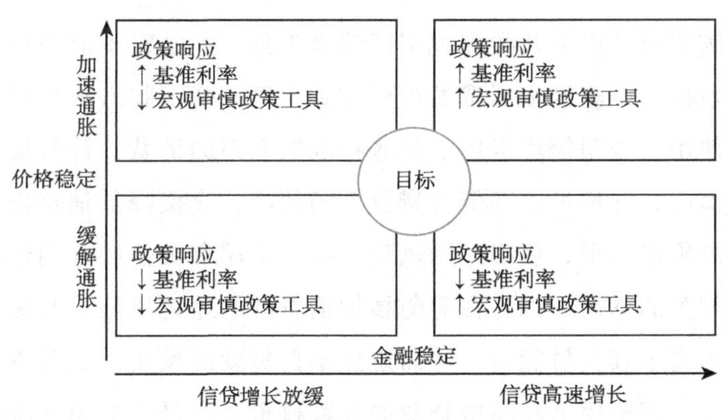


**图 5.15　土耳其中央银行的政策执行**

资料来源：CBTR（2010）。

根据这个政策组合框架，当价格失衡（通胀飙升）时，通常会首先实施紧缩的货币政策立场，提高利率，吸收市场中的流动性；而当金融失衡的情况下，特别是信贷高速增长或者国际收支严重失衡时，当局会采取普遍意义上的，或者针对特定部门的宏观审慎政策工具来遏制扩张。在既往的实践经验基础上，土耳其央行综合使用了五类政策手段，主要包括政策利率（即回购利率）、非对称的利率走廊、随市场资本变化的外汇市场干预举措、多种流动性管理工具、创新的差额存款准备金制度。

另一个对宏观审慎监管政策起到重要作用的机构是土耳其银行监理署（Banking Regulation and Supervision Agency，BRSA）。该机构主要是从商业银行监督管理的角度，对高速增长的信贷累积和持续增长的家庭债务进行约束和管理。该机构从 2011 年开始，持续对金融消费者的贷款提出监管要求，目的是通过限制消费贷款来增加商业银行的存款和储蓄，并将储蓄资金引导到实体经济和有效投资方面。为了保障这些目标的顺利推进，土耳其中央银行不仅对存款类金融机构提出准备金要求，也将融资公司纳入该项管理要求之中。

### 5.5.2 土耳其在两项政策方面的搭配

土耳其实施了以下几类宏观审慎政策工具，一是对于消费信贷的限制和约束，包括：调高刷卡消费的最低付款比例；基于收入水平限制信用卡的提供和使用；限制信用卡用于某些特定的部门的消费；针对房贷和车贷的贷款价值比，这样可以降低可贷资金的数额，直接降低信贷需求，并间接降低资产价格水平，缓解违约风险；限制信用卡负债的分期还款的期限等，这些相关的举措，都是在避免增加消费者的违约风险，避免每月分期付款的金额高于其支付能力，从而避免不良贷款的发生。二是资本充足方面的要求，提高信用卡和消费贷款的风险权重。三是增加消费贷款的一般准备金率。其基本的思路是，降低银行净利润，增加二级资本，这不会影响银行的总资本充足率，但会降低一级资本充足率和核心资本。如果银行想弥补下降的比率，他们可能会减少风险加权资产进而影响信贷供应，并可能提高贷款利率。四是储备要求，通过数量渠道减少资金，通过价格渠道提高信贷利率，同时也对融资公司提出相应的要求。

自2011年开始，上述收紧的宏观审慎政策工具在金融机构中逐步推行实施，与紧缩的货币政策相配合，在一定程度上抑制了贷款增速的上涨，而且也缓解了家庭负债的扩张。从2011年年中至2015年，土耳其的消费贷款年增长率从45%逐渐下降到15%，而同期的商业贷款的增长率则相对保持平稳。

到了2017年，土耳其当局实施了新一轮的政策组合，即宽松的宏观审慎监管政策+宽松的财政政策+紧缩的货币政策立场。这一时期，土耳其当局的政策目标是保持通胀在合理范畴内，同时要稳定汇率，避免汇率波动导致对金融市场的冲击。因此中央银行收紧流动性，加大流动性管理工具的实施，并为稳定汇率积极开展公开市场操作。作为政策组合的重要构成，鉴于央行已经实施了紧缩的政策，其他政策在立场上倾向于宽松。财政政策方面，积极推动刺激经济的政策，避免流动性收缩导致经济的收缩，而宏观审慎的政策立场也是偏向宽松的，银行业监管机构释放了部分之前累积的资本缓冲。当然，能够实施这样的政策配合，也是因为财政政策之前有一定的累积，因而可以有配合的政策空间，而前期宏观审慎政策的相对紧缩，使得社会中总体的融资需求较低，债务的比率没有很高。

总体来看，土耳其的货币政策中是增加了宏观审慎政策目标的，也采用了相应的宏观审慎政策工具，宏观审慎的使用是为了能够更好地实现目标。

## 5.6　中国的“双支柱”调控框架的实践

### 5.6.1　货币政策与宏观审慎机构设置安排

从我国宏观审慎监管政策与货币政策协调的机构设置的角度来看，我们一直非常重视宏观审慎监管的推动和完善工作，在2017年的全国金融工作会议上，重点提出了要防范系统性风险，守住不发生系统性风险的底线，为此还专门设立了国务院金融稳定发展委员会，该委员会的办公室就设立在中国人民银行，设立的初衷就是为了能够强化中央银行在管理系统性风险方面的主要职责，同时也是确认其对宏观审慎监管的职责。2019年年初，为了更好地健全宏观审慎政策与货币政策的“双支柱”架构，进一步明确了中央银行对宏观审慎政策的管理权责，并在中央银行内设立了宏观审慎管理局。

从我国当前的实践中可以看出，我国的宏观审慎监管政策是与货币政策同在中央银行内部的，在中央银行的内部形成“双峰”模式，这种调控模式在于能够较好地统一不同的政策目标。这两项政策虽然都在中央银行，但是分属于不同的具体部署机构，并受到金融稳定委员会的统一安排。货币政策偏重于价格稳定和经济增长等，而宏观审慎政策则注重于金融稳定和系统性风险。它们有各自的政策目标和政策手段，因此在这样的机构设计机制之下，两项政策之间能够尽可能地配合和优化。但是这种模式也有一定的挑战，就是两项政策同在中央银行，虽然是有各自的分管机构，但是还是会导致政策目标之间的相互独立性和有效性受到质疑，而且在权衡时，难免会有取舍。

### 5.6.2 中国宏观审慎监管的实践

在宏观审慎监管理念的实践方面，中国的探索开始得比较早。自东南亚金融危机之后，人民银行就关注到，仅仅维护价格稳定不足以应对经济、金融市场的复杂性，金融稳定作为宏观经济均衡的重要基础之一，也是需要被重点关注到的。另外，我国的货币政策可以用于维护价格稳定，但是难以兼顾金融稳定，所以中央银行就在不断地探索货币政策以外的工具或者举措，用以维护金融稳定。早期中央银行就有宏观审慎监管理念的工具，包括窗口指导等。从2003年开始，我国就关注到房地产市场发展的现实情况，并提早进行了必要的部署和指导，通过调节按揭比例对市场主体实施差异化的信贷政策来防范风险，引入贷款价值比来稳定信贷市场；从 2004 年开始，中央银行又开始重点实施差别存款准备金等，这些都是宏观审慎监管理念的具体体现和现实实施。在监管改革的促进下，中国银行业的稳健发展（见图 5.16）。

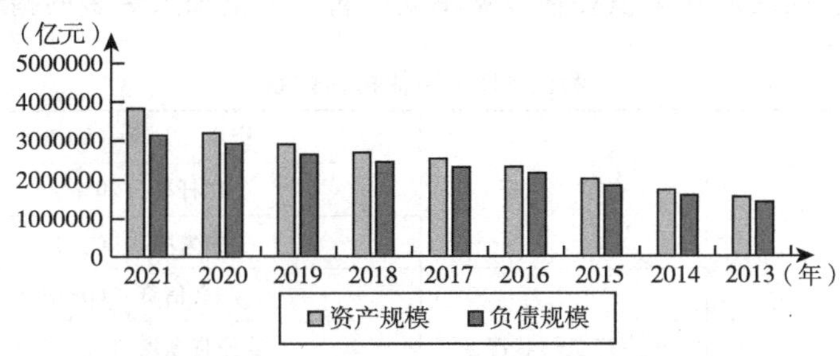


**图 5.16　我国商业银行的总体资产负债规模**

资料来源：中国人民银行。

2008 年，肇始于美国房地产泡沫断裂导致的危机不断升级，蔓延全球，对世界各经济体造成不同程度的冲击。传统货币政策框架以价格稳定为主要的目标，但是这种框架具有一定的局限性。因为传统的宏观经济政策，主要还是应对经济周期的波动和调整价格失衡的状态，这种政策框架对于通货膨胀能够有一定的作用，但是对于金融周期和系统性风险作用有限，甚至宽松的政策立场还可能导致信贷周期波动增大，并诱发系统性风险的累积。

金融危机之后，宏观审慎监管作为金融监管改革的重要抓手被纳入巴塞尔资本协议Ⅲ，各国的金融监管实践中也吸收引入宏观审慎工具，自此货币政策与宏观审慎政策都成为能够影响金融体系的宏观政策。2009 年，中国人民银行开始重点研究系统性构建宏观审慎监管系统。2011 年推出了差别存款准备金动态机制，将宏观审慎监管要求的资本水平与银行系统的信贷水平关联在一起，平缓商业银行信贷周期的波动，促进商业银行稳健发展、持续经营。

2015 年年底，中国人民银行将之前的合意贷款，以及差别存款准备金合并入宏观审慎评估体系（MPA，见表5.2），并宣布从2016年开始实施MPA，其中重点涵盖七个方面，主要就是规范银行业金融机构的行为，通过资本质量、信贷政策相关、跨境融资风险、资本负债、流动性、定价、杠杆等多个方面来进行宏观审慎管理，并将管理的重点扩大到广义信贷的领域。此后宏观审慎评估体系不断完善，逐渐加入更多的指标。

**表5.2　　我国MPA评估指标体系**

<table>
<tr><td rowspan="18">宏观审慎评估体系</td><td rowspan="3">资本、杠杆</td><td>资本充足率（80%）</td></tr>
<tr><td>杠杆率（20%）</td></tr>
<tr><td>损失吸收（-）</td></tr>
<tr><td rowspan="3">资产负债状况</td><td>广义信贷（60%）</td></tr>
<tr><td>委托贷款增速（15%）</td></tr>
<tr><td>同业负债（25%）</td></tr>
<tr><td rowspan="3">流动性要求</td><td>流动性覆盖率（40%）</td></tr>
<tr><td>净稳定融资比例（40%）</td></tr>
<tr><td>准备金合规（20%）</td></tr>
<tr><td>市场定价</td><td>利率（100%）</td></tr>
<tr><td rowspan="2">资产质量</td><td>不良率（50%）</td></tr>
<tr><td>拨备率（50%）</td></tr>
<tr><td rowspan="3">跨境资金</td><td>融资风险加权（60%）</td></tr>
<tr><td>币种结构（20%）</td></tr>
<tr><td>融资期限（20%）</td></tr>
<tr><td rowspan="3">信贷政策</td><td>政策评估（40%）</td></tr>
<tr><td>政策执行（30%）</td></tr>
<tr><td>资金运用（30%）</td></tr>
</table>

从2017年开始，宏观审慎评估的指标就逐渐扩展到更多的领域，年内将商银行的表外理财纳入广义信贷，进行宏观审慎评估，标志着对商业银行表外资金的管理加强，而且随着金融科技的高速发展，金融领域与科技领域深度融合，金融体系也在不断地延伸和拓展，因此中央银行也重点提出要不断地探索对具有系统性特征的金融机构、金融中介，特别是成规模的互联网金融业务实施宏观审慎监管；2018年纳入同业指标，2019年

又纳入制造业中长期贷款。通过不断地完善宏观审慎评估体系的内涵，不断丰富政策体系，与时俱进地进行完善，为实现经济高质量增长提供金融支持。

### 5.6.3　宏观审慎政策与货币政策的“双支柱”配合

就我国宏观审慎政策与货币政策的“双支柱”搭配，其中还是以货币政策为最主要的宏观调控政策，通过适当的政策工具来维护经济健康增长和价格相对稳定，并且缓解经济周期的波动，注重“总量”调节；而宏观审慎政策本质上还是金融监管的政策，其重要的作用就是维护金融部门的稳定，通过“结构性”的政策来调节金融机构的过度杠杆的问题，抑制系统性风险的蔓延和积聚，平抑金融周期的波动。在政策工具的使用方面，货币政策主要是通过利率走廊、公开市场操作等，维持基准利率；而宏观审慎政策的工具，主要就是上文中提到的宏观审慎评估，用于约束商业银行的资本、信贷、杠杆的扩张，保障市场中的必要流动性，同时对于系统重要性金融机构提出更高的监管要求，并对外汇市场进行适当的干预。

(1) 早期的配合实践

在两项政策配合的实践方面，我们国家也有长期的探索。虽然宏观审慎理念的具体提出是在2008年之后，但是我国在有宏观审慎性质的工具使用上，已有一定的前期积累和经验。

早期的宏观审慎政策体现在中央银行的窗口指导方面。由于我国在国际收支方面，出现大额的“双顺差”，根据当时中央银行的购汇政策，而向市场中注入了一定的流动性，为了避免由于市场中的流动性过剩导致的价格失衡，中央银行使用存款准备金工具，通过提高商业银行的存款准备金率来吸收市场中的流动性，但是考虑到国内、国际市场上的流动情况不同，不能过度使用利率相关的政策，会导致汇率联动的问题，于是中央银行使用带有宏观审慎性质的窗口指导进行对冲，用于约束信贷的扩张，促进商业银行系统的稳健和安全。而且伴随着我国对于利率市场的改革和完善，货币政策也在不断地进行调整，因而在利率政策领域，单纯依靠利率的升降，对于信贷的影响作用有限，反而对于资本流动可能产生影响，所以更加需要借助具有宏观审慎性质的工具来维护金融稳定和安全。

2003年，我国全年经济增长高达9.1%，房地产市场发展迅猛，有过热的趋势，为避免更多的流动性向房地产市场的流入，中央银行对于房地产市场采用了收紧的宏观审慎政策工具，通过贷款价值比（LTV）的使用对房地产市场进行约束，因为这样的政策工具并不会对整个经济市场造成普遍性的冲击；2003年6月，中国人民银行出台了专项通知，要求对于房地产市场的信贷进行管理和约束，适当限制了第二套及以上自住房屋的贷款比率，通过限制对房地产市场的杠杆促进市场的稳健，这也是货币政策与宏观审慎理念在我国中央银行的早期实践成果。

（2）宏观审慎政策框架构建以来的实践

从我国正式开始探索并实施宏观审慎监管工具，并且构建宏观审慎政策体系以来，中央银行与其他宏观经济部门在协调配合方面积累了更多的经验。受到全球金融危机的影响，中央银行自2008年7月开始实施了多重积极货币政策，包括降低基准利率、降低存款准备金率等；11月开始实施积极的财政政策和适度宽松的货币政策，这些政策立场和工具导致了国内的金融市场在随后的两年，出现了明显的信贷扩张和繁荣的局面。这种信贷扩张，不仅体现在对各类实体企业提供的贷款，更多是体现在对地方政府融资平台的发放贷款方面，以及对于房地产企业和房屋需求者的贷款方面。所以这一系列的政策导致房地产行业再次明显过热，住房的价格也在不断攀升。

基于这样的情况和背景，实施宽松的货币政策立场有其必要性，但是对于部分资产价格市场的过热推动也很明显，因而从2009年年初开始，为了与货币政策实现协调搭配，限制信贷扩张可能导致的系统性风险累积，开始探索实施相适应的宏观审慎政策工具，发挥其政策功效，维护金融稳定。从这时起，中央银行就正式把宏观审慎政策与货币政策结合起来使用，同时调控经济和金融。

①房地产领域。从 2010 年开始，各个宏观经济当局就配合实施一揽子政策，在货币政策方面，从 2010 年 10 月开始的 10 个月间，官方基准利率先后 5 次提升，准备金率也先后被提升了高达 9 次。配合货币政策的立场，宏观审慎政策工具主要施行在房地产市场领域和商业银行监管领域。

对房地产的监管方面，各部门合作实行了多项举措。一是通过区分自住刚需和投资需要的房屋，特别是在按揭贷款方面，对首套房屋和第二套房屋进行调整，2010 年 4 月，将首套房的抵押贷款上限降至 70%，二套贷款上限降至 50%，同时将第二套房按揭贷款利率进行上浮，达到官方基准的 110%；9 月时，暂停了对第三套房的按揭贷款。通过直接对房地产市场进行约束和信贷限制，达到缓解房地产市场过热的局面，以及稳定房地产价格的目的，避免资产价格泡沫的不断累积。二是财政政策也同时配合实施了税收方面的举措，2010 年年初对于购房不满五年的房屋，在转售时要求了更高的税收，9 月时，对于刚需的首套住房又放松了税收，各个地方也根据当地的具体实际情况，提出房屋限购的相关配套政策要求。三是根据我国整体的房地产市场以及价格的实际情况，2016 年继续使用了贷款价值比和债务收入比这两个针对房地产市场的政策工具，限制商业银行对房地产市场的信贷规模，并且随时关注市场的情况，不断地进行逆周期的调节，充分与政策利率之间形成配合，既能够稳定价格水平，促进经济的增长，同时抑制房地产价格泡沫的累积。在这一领域，我们能够直接看出各个政策当局，都在共同施策，形成政策之间的相互协调与配合，促进房地产市场的健康、稳健发展。

②商业银行领域。不仅是在房地产的领域，在其他政策工具选择上，宏观审慎政策也与货币政策之间形成“双支柱”。宏观审慎政策体系的构建，最主要的施策领域就是金融系统，很多的政策工具都是在商业银行的渠道产生的作用，因而通过宏观审慎政策与货币政策在这些渠道上的共同作用，能够对金融系统的稳健性起到积极的作用。

原中国银监会自 2013 年开始实施《商业银行资本管理办法（试行）》，提出各类资产的计提方法和指标要求（核心一级资本充足率、一级资本充足率、资本充足率分别不低于 5%、6%、8%），而且推行实施了资本保护、逆周期、系统性资本等的缓冲区间，根据巴塞尔资本协议中关于杠杆率的要求提出对我国商业银行监管的杠杆率要求，即不低于 4%。图 5.17 和图 5.18 分别是原中国银保监会公布的我国商业银行的指标情况，从具体的数值可以看出，商业银行系统整体能够达到合规要求。

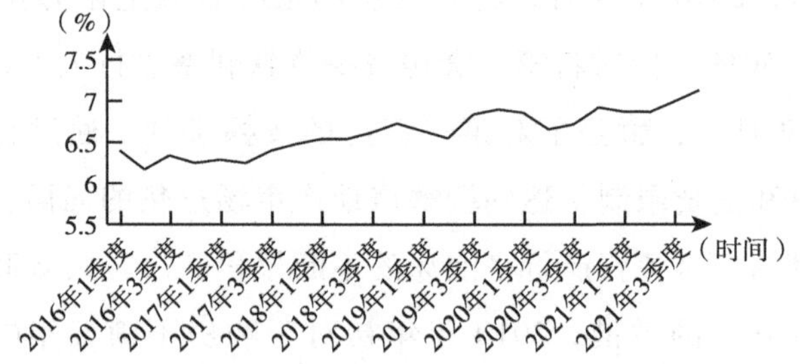


图 5.17　我国商业银行的杠杆率状况

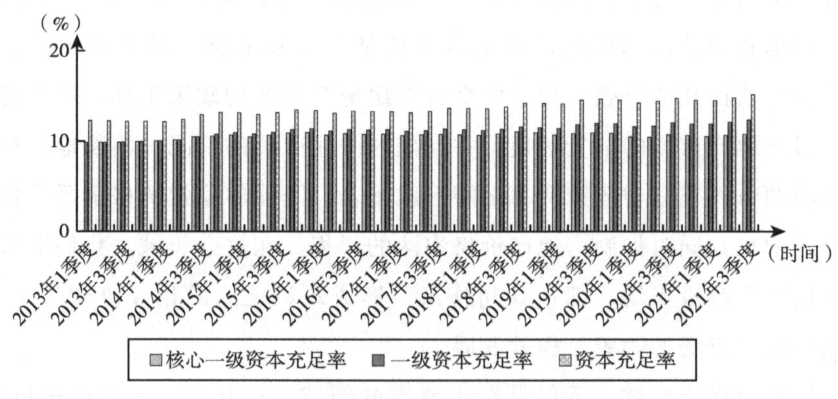


图 5.18　我国商业银行的资本监管指标状况

在对商业银行的流动性监管方面，我国在既有的监管指标的基础上，也积极引入了巴塞尔资本协议Ⅲ中的相关要求，并且提高拨备率要求到 150% 等（见图 5.19 和图 5.20）。

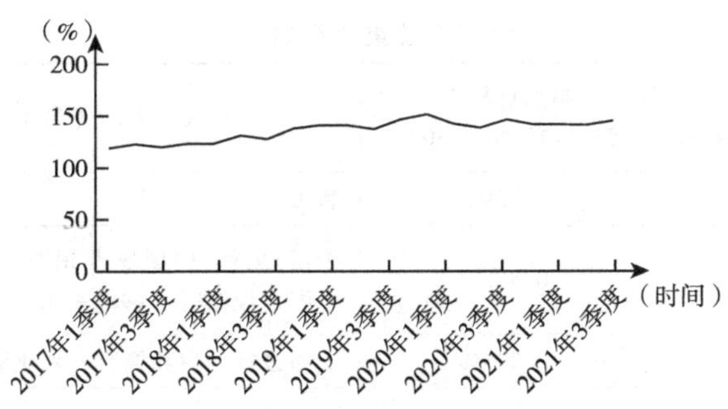


**图 5.19　我国的流动性覆盖率状况**

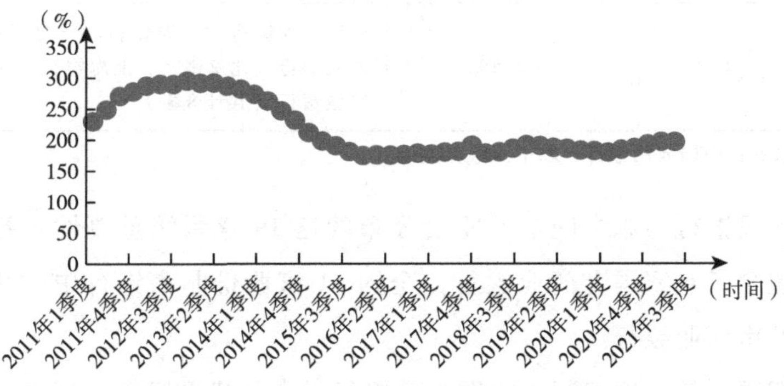


**图 5.20　我国的拨备覆盖率状况**

资料来源：中国人民银行。

③对系统重要性机构的规制。进入 2021 年后，为了进一步发挥宏观审慎政策对系统性风险的管理和应对，中国人民银行专门颁布《宏观审慎政策指引》，通过对宏观审慎政策框架的不断完善，对系统性风险的潜在累积形成管理，促进金融系统的稳健，并通过宏观审慎压力测试，为进一步开展监管提供依据和参考，并将宏观审慎管理的范畴扩展到跨境资产等。另外，针对系统重要性金融机构的管理，也是在实践的过程中，结合巴塞尔委员会的实践，在 2021 年年底由中国人民银行以及中国银保监会共同颁布《系统重要性银行附加监管规定（试行）》，确定了对于系统重要性金融机构的特殊监管要求，为机构监管的监管实施提供了必要的依据和法律支持，并基于我国金融市场、金融机构 2020 年的经营数据、评估数据等，认定了 19 家系统重要性银行，通过这些银行的系统重要性得分，对应分为 5 组（见表 5.3）。

表 5.3　　我国系统重要性银行①

| 目前分为五组 | 额外附加资本要求 | 附加杠杆率（为附加资本的 50%） | 认定银行（共计 19 家） |
| --- | --- | --- | --- |
| 第五组 | 1.5% | 0.75% | 暂无 |
| 第四组 | 1% | 0.5% | 中国银行、中国农业银行、中国工商银行、中国建设银行（共计 4 家） |
| 第三组 | 0.75% | 0.375% | 交通银行、招商银行、兴业银行（共计 3 家） |
| 第二组 | 0.5% | 0.25% | 中国民生银行、中国邮政储蓄银行、浦东发展银行、中信银行（共计 4 家） |
| 第一组 | 0.25% | 0.125% | 中国光大银行、平安银行、华夏银行、广东发展银行、北京银行、上海银行、江苏银行、宁波银行（共计 8 家） |

资料来源：中国人民银行、原中国银保监会。

从人民银行与原中国银保监会公布的这 19 家系统重要性银行的分布来看，包含了 6 家国有商业银行，全国 11 家股份制商银行中的 9 家，以及 4 家城市商业银行。

我们国家的中国银行、中国工商银行、中国建设银行（以上 3 家在第二档）、中国农业银行（第一档）也先后被金融稳定理事会（FSB）列入全球系统重要性银行之中。根据我国的商业银行的具体经营规模、发展状况、业务分布等的情况，我们国家的人民银行、原银保监会、财政部针对我们认定的 19 家制定了专门的附加管理要求，保障这些对金融系统可能产生重要性影响的银行的稳健和持续健康发展，以此来抵御可能积累的金融风险，为系统性风险的防控提供更强大的保障。

事实上，我国的“双支柱”调控框架虽然发展了一段时间，也取得了一定的进展，但是总体而言还处于起步阶段，在未来的完善过程中仍面临一定的挑战。因为货币政策的历史比较悠久，政策框架也是相对成熟和完善的，所以在未来的实践中还需要进一步完善宏观审慎政策框架，扩大宏观审慎评估的范畴，要对系统性风险有更加全面的认识和预警。



① 2020 年 10 月公布的我国系统重要性银行及监管附加要求。

# 第 6 章

# 货币政策与宏观审慎政策的渠道共享——风险承担渠道

## 6.1 引　　言

2008 年全球金融海啸之后，金融稳定委员会、巴塞尔委员会等国际组织以及各国的专家、学者都开始反思危机爆发的原因和教训，特别是在金融监管领域，普遍认为货币政策与微观审慎监管的组合，在应对金融失衡方面存在缺失，微观审慎监管的监管重点在于金融机构而不在于金融系统，传统的货币政策框架可以有效管理价格失衡，促进产出增长，但是对于金融稳定的影响存在一定的争议。宏观审慎监管政策的引入正好弥补了在对金融系统稳定性管理方面的不足，宏观、微观审慎监管政策与货币政策之间，形成新的监督管理框架。事实上，长期宽松的货币政策也是此轮金融危机的重要诱因之一。传统的货币政策分析认为，政策工具通过商业银行等机构传导，但是机构的风险是中立的。有众多的文献研究表明，现实中实施的货币政策通过政策工具的使用会影响到商业银行对于风险的认知，以及对于风险的态度，甚至会改变商业银行的风险容忍程度以及承担风险的意愿。最终可能是，商业银行因为承担了更多的风险，在面临外部冲击时，难以抵御风险，导致经营失败，并且将风险蔓延至金融系统，导致系统性风险的累积，这一渠道也被认为是货币政策在商业银行的风险承担渠道。

危机后对于既有宏观经济框架的审视，学者们认识到货币政策的风险渠道，因而对于宏观审慎监管政策的需求就更加突出。宏观审慎政策作为广义的金融监管政策，其政策目标指向系统性风险的缓解，保障金融系统在受到外部冲击时，具有韧性并维持稳定运行。而宏观审慎监管政策的引入，能够配合货币政策，缓解货币政策的风险承担渠道的负面效应，与宽松的货币政策形成有效互补。

从具体的全球经济情况来看，金融危机后，各国都在积极地刺激经济的发展，但是由于财政能够施策的空间受到的一定的限制和约束，所以各国应对国内经济增长的刺激性政策还是以货币政策为主，在普遍宽松的货币政策立场下，各国的金融市场中普遍获得充足的流动性。自 2020 年以来，全球经济、金融市场波动频繁，各国的货币政策当局纷纷开始实施更加宽松的货币政策。2020 年 3 月开始，美联储和英格兰银行都下调了基准利率，不仅如此，欧洲中央银行、美联储、日本中央银行等都进行了大规模的资产购买，并实施更加宽松的信贷举措。我国也同样实施了一系列的宏观调控举措。自 2020 年 1 月开始，三次下调存款准备金率，2020 年 2 月人民银行设立 3000 亿元的专项再贷款，随后又增加 5000 亿元的再贷款再贴现专用额度。各国宏观经济调控当局的举措，不仅向市场注入了流动性，降低了实体融资成本，也降低了银行业盈利空间。在宽松的货币政策刺激下，商业银行为了追逐利润与争夺市场份额，从而进行高风险投资，造成银行业风险集聚，极易引发金融系统的不稳定。但是从政策搭配的角度来看，各国的中央银行和金融稳定当局也吸取了上一轮金融危机的教训，意识到货币政策在具体化解系统性风险方面的不足，在实施宽松政策的同时，也注意避免系统性风险在金融系统内的积累，重点突出货币政策与宏观审慎监管政策的搭配或者构建金融稳定框架体系。

我们国家的金融监管领域始终在实践货币政策与宏观审慎政策的相互协调、相互配合，共同组成“双支柱调控框架”。政策组合中货币政策主要保障经济体的整体发展、总量的增长、币值稳定、价格稳定等，而宏观审慎监管则将管理重点放在金融部门上，监管系统性风险的产生和发展，缓解系统性风险的累积，维护金融系统的稳健和发展。因此货币政策在充分发挥其调控宏观经济功能的同时，宏观审慎政策也需要不断完善，强化其对宏观金融系统整体稳健的保障性作用，降低金融承担风险的经营，阻断系统性风险在市场主体之间、市场中的流动和传染。

本部分的分析主要是通过实证的方式验证货币政策的实施是否会导致商业银行的经营出现高风险倾向，以及探讨通过宏观审慎政策的引入，是不是能够对银行的风险承担起到变化，怎样变化？为了能够更好地解释这些问题，拟构建模型进行具体的分析和验证，并对两种政策的搭配进一步分析，旨在为中央银行内部的货币政策和金融监管政策的具体配合提供参考。

## 6.2　理论分析和研究假设

商业银行的风险主要是两个方面：一个是结构性的风险，另一个是周期性的风险。结构性风险主要来自商业银行之间的业务往来。因为商业银行的经营方向相对趋同，而且竞争比较激烈，本来就面临着共同的风险暴露，再加上业务之间的高度相关性，所以其中任何一家商业银行发生经营不善的情况，就会波及其他银行，甚至对整个金融系统产生影响。周期性风险则主要来自经济周期的变化而带动的信贷周期的顺周期情况，在经济繁荣阶段由于信贷过度导致风险水平升高，而在经济衰退阶段，惜贷成为银行业普遍的共同行为，可能直接导致刺破信贷泡沫而出现系统性危机。商业银行出于自动、自发的机制，愿意主动承担风险，高风险通常也伴随着高报酬。对于银行来讲，经济形势整体乐观时，受到政策和环境的双重激励，其也更加有意愿进行高风险的投资，但是在经济悲观的情境下，就会更加保守。所以无论是从周期性的角度看还是从结构性的角度看，宏观审慎政策的监管和实施都需要被约束，以缓解系统性风险在商业银行内外的累积和传染。

### 6.2.1　货币政策的实施对银行风险承担的影响

货币政策的具体实施，作用于商业银行的“风险承担渠道”，主要分为两个阶段：第一个阶段是货币政策的立场和实施工具，作用于商业银行并导致银行主动或被动承担了各种风险；第二个阶段是源于商业银行承担了高风险，在改变自身经营的同时，与实体经济部门发生借贷关系，将风险传递到实体经济部门，从而对整个经济体造成影响。对于传统的货币政策理论来说，这一渠道的验证打破了之前关于“银行风险中立”的假设，这就表明货币政策通过商业银行的传导对信贷意愿和信贷额度产生了影响，这为货币政策的实施和传导机制提供了新的思路和视角。另外，在货币政策与金融系统之间建立更为紧密的关联，表明货币政策的实施对于金融稳定、资产价格等不再是完全中性的，货币政策在制定和实施时，需要充分考虑政策的各种传导路径，对整体宏观经济和具体经济部门的影响，除了要实现既定的政策目标外，也有必要考虑其他的政策目标的情况。对于商业银行的经营而言，在吸收存款时依赖于储户的信任和预期收益，在放贷款时依赖于贷款者的需求和成本等，银行自身也会因此承担不确定性。银行的风险偏好和风险承担的水平，是受到多重因素影响的系统工程，而且也是在不断变化的，因此我们所分析的银行的风险承担，是指商业银行的风险承担意愿和风险承担能力。也就是，作为商业银行机构对于各类调控方式、监管政策的所做出的反馈，通过这种反馈来表明商业银行的风险偏好，并确定具体的风险承担经营行为。具体到商业银行的经营策略，涉及对于风险的宽容程度，这会受到多方面因素的影响。主观上来说，就是银行根据本身的逐利特征而主动选择承担风险、获得报酬；客观上来说，主要是商业银行受到市场环境和监管政策的约束，被动地调整经营策略和风险承担水平。

首先，从利率的价格传导机制来看，该机制主要是通过利率发生作用的。由于货币政策改变了政策利率，政策利率的变动会直接影响银行的存款和贷款业务，银行的营收会因此变化，进而导致银行对于风险的识别发生改变，激励商业银行提高自身风险承担的水平。具体而言，商业银行在对待抵押品的价值方面，利率的变动会直接影响到资产的价格水平，从而导致抵押物品的估值发生变化。所以在市场环境和政策立场都比较宽松时，政策利率的下调会导致抵押品的价值上浮，在这样的估值背景下，商业银行又通常都是使用在险价值（VaR）对银行的风险进行识别和管控的，所以抵押品的价值成为商业银行和贷款企业之间的重要连接，企业抵押品的价值会使银行在信贷审核时，对于企业的违约概率估计偏低，对于贷款的回收比较乐观，放贷的标准或尺度有所降低，对风险的识别和感知不断下降，导致商业银行更容易将贷款发放出去，对于信贷的激励机制增强、约束机制下降，于是银行未来将承担的风险更大（Matsuyama，2007；曾智和姚舜达，2017）。当然出现这种类似于金融加速器的机制，也是源于在银行和借款方之间，信息不是完全对称的。银行能够获得的企业信息是有局限性的，所以在决定发放贷款之前，只能够凭借抵押品的价值来判断信贷风险和偿债能力，对于信贷的提供存在着更多的不确定性。从另一个角度来说，当货币政策宽松时，低利率会作用于市场中的各种主体。对于商业银行来说，一方面，从信贷供给的角度，因为低利率，商业银行的资产负债表也得到改善、融资成本下降，而且金融市场中的整体流动性都是比较充裕的，其可以提供更多的信贷额度给市场中的资金需求主体。另一方面，商业银行在这样的市场环境中会比较乐观，对于未来的经济和市场预期也是比较正面的，因而在经营行为上会更加积极，从而改变了自身的风险偏好，而且商业银行对于市场中的合格贷款人的筛选标准也会降低，且筛选的动力不足，这就可能出现逆向选择的风险，导致原本可能无法获得贷款的经济主体也进入银行的放贷范围内，增加了银行的贷款风险。

其次，从商业银行的逐利机制来看，商业银行作为营利性的机构，对于利润的追求也是经营的目标之一，因为考虑到制度的因素、契约的要求等，所以在面临市场环境和政策约束变化时，往往采取更加积极的逐利经营。就如同之前的许多文献中提到的，商业银行有自身确定的目标收益率，如果其与政策利率之间的差距比较大，商业银行就会被激励去承担高风险，实现预期收益。这一机制也被称为“锦标赛效应”（江曙霞和陈玉婵，2012）。一般来说，商业银行的经营遵循流动性、安全性、利益性三个方面的原则，对机构的逐利性产生影响的有以下几个方面：第一，心理原因。从市场主体的角度，包括商业银行在内的所有投资主体都会受到货币幻觉的影响，追求相对更高的名义收益率，尤其是在经济繁荣的阶段，对于市场的前景乐观，愿意投资风险更高的资产，银行同样也有明显的意愿承担更多的风险并期望获得更多的利润。第二，竞争原因。在经济上行的阶段，由于整体经济可能刚刚走出低谷，市场的流动性充足，所以市场中的银行主体之间的竞争更加激烈，放松贷款的标准和准入门槛，风险资产的占比不断提升，以便更多地获得客户和占领信贷市场。第三，契约因素。有部分的金融机构的业务涉及含有较长期限的资产增值服务，因其向消费者承诺了一定的固定利率作为回报，所以需要在产品存续期间平滑利润。在货币政策宽松的情况下，为平衡契约存续期间的长期收益，机构也会在流动性充裕的情况下主动进行高风险的投资，以获得更高的回报。第四，激励因素。商业银行的管理层能够获得的薪酬在一定程度上也是与银行的盈利和收益相匹配的，如果当下的经济环境宽松，市场流动性充沛，银行的收益也会因利率较低而有所下降，所以高管层为了提高机构的盈利能力和水平，保障自身的薪酬福利水平，也更愿意承担高风险，从而提高高收益资产在整体资产中的配置比例。

再次，从商业银行的资产和负债机制来看（赵成珍和宋锦玲，2017），这一机制也是源自政策利率的传递效应而形成的。对于商业银行来说，其经营所需的流动性很大部分是来自储户存入银行的存款。如果货币政策是紧缩立场，那么可能是实施了提高利率的举措，在这种情况下，政策利率的提高会导致存款利率的提升，那么商业银行就需要为其负债业务支付更多的成本。从资产一方的角度来看，银行能够获取报酬的业务除了办理服务外，还有一大类就是提供信贷资金给市场主体，如果货币政策偏向紧缩，那么银行可贷资金比较少，资金的成本也会提升。银行筛选合格贷款对象的努力程度会提高，也会提高信贷的标准，以保证将来能够将本息都收回来。在高利率的政策约束下，商业银行的负债成本高，其有意向将成本的负担由负债方转移到资本方，这样也会引起银行承担风险的水平提高。由于资产和负债方对于银行的风险承担影响机制相反，所以这种机制认为，货币政策的实施最终给商业银行带来风险的程度，取决于资产方的资产组合配置与负债方的风险转移这两方面作用的大小。当利率水平比较低时，会刺激到银行的资产方，银行为了能够保持相对较高的预期收益而倾向于配置高风险、高收益的资产；但是当货币政策立场是收紧时，可能会提高政策利率，导致银行的存款利率提高，吸收存款的支出成本更高，所以为了保持高预期收益率，需要在资产方配置高收益的资产，形成资产替代，这样则会导致银行的风险承担水平更高。

最后，从预期机制来看，中央银行货币政策与商业银行经营行为之间，除了明确的政策实施外，还有沟通机制和预期反馈。此处的"预期"，主要是指市场主体根据公开的货币政策工具的实施和变动的情况，来预测整体的经济发展趋势，并基于自己对未来发展的预测来实施相应的经济活动。对于商业银行来讲，其会以货币政策的导向作为后续信贷经营开展的重要依据，并由此影响到银行的风险承担状况。中央银行的货币政策立场和公开的工具使用，在很大程度上都被看作是中央银行向整个市场传递的信号，也是一种与市场的沟通，这是面向所有市场主体的信号释放。当央行调低利率时，银行主体会因此预期货币政策的立场是在促进经济增长，并且利率的下调也会伴随着流动性的充裕，银行对于资金需求主体的经营状况也比较有信心，企业获得充足的发展资金也能够更好地促进自身的提升，而且一些原来难以获得资金或者获取资金成本过高的企业，也有更多的机会获得贷款。从这种反馈机制来说，中央银行的预期管理显得尤为重要，具体的政策实施，会产生直接的经济效应。但是伴随着市场主体的预期的改变，以及预期有自我实现的路径，对于中央银行的货币政策来说，则需要考虑到政策的变化给予市场的信号。如果货币政策持续宽松，那么商业银行和企业实体都会产生"货币幻觉"，而且对整体的市场预期过于乐观，作为央行也是需要预判到市场对于政策的反馈和预期的，所以为了避免银行更多地承担风险，货币政策在经济相对平稳时期，可以略微紧缩一些，避免市场流动性过剩。因为流动性充裕的市场预期既不利于商业银行的经营，也不利于价格的稳定，还会导致资金需求方为了避免将来在经济不景气的阶段不能获得充足的资金而提前囤积资金，这样会使货币政策当局对于市场产生误判，暴露更多的风险。当然中央银行（货币政策当局）的预期管理与沟通反馈，也与政策本身的透明程度有关。如果政策的决策机制是比较透明的话，那么市场整体对于未来利率走势的预期也是比较贴近实际的，这样就有利于降低市场整体的不确定性。如果市场主体的预期是有效的，并且据此进行经营，则能缓解后续政策的压力，也相当于为货币政策当局提供了一定的保障。事实上，预期管理作为一种重要的宏观经济管理方式，被越来越多地应用于实践中，因为政策本身就会随着市场预期的变化而有所调整甚至改变，而且也能引导预期朝着政策当局期望的方向发展，从银行主体的角度来说，如果能够争取把握政策以及市场预期，也可以适时地调整自身的经营方向，而不需要等到政策落地时再进行调整，缩短适应政策的时间，更加妥善地运营。所以银行的风险承担在很大程度上会受到货币政策立场，特别是宽松立场的直接影响。虽然作用机制存在不同，但仍可能同时发挥作用。结合中国货币政策的实施情况以及中国银行业的发展现状，本章提出如下研究假设：

假设 1：我国商业银行的经营会受到货币政策的影响，特别是宽松的货币政策会使银行的风险承担水平更高，即存在风险承担渠道。

### 6.2.2 宏观审慎政策对银行风险承担的影响

通过对于周期性的观察，可以发现金融体系本身具有顺周期的特性，所以信贷周期也具有这种顺周期性，信贷的繁荣会进一步促进整体经济的增长和发展，而信贷的收缩会导致实体经济中的资金更加紧张，会加深经济的下行程度和速度，所以这种信贷和实体企业之间在整个经济周期内的互动，会进一步增加经济的不稳定性。从结构性的角度来看，金融机构之间在业务上高度趋同且往来频繁，存在明显的系统性风险外溢的情形，因此个体金融机构发生危机，通过资产负债、杠杆经营等渠道，极易传染到其他机构甚至整个金融系统，在资金比较充足的时期，机构的杠杆水平也是比较高的，但是在经济不景气的时期，就会导致风险扩散。因为经济下行，流动性紧张，各行各业都面临一定的资金困境，都受到金融监管和货币政策等的制约，大量的机构通过出售资产的方式获取流动性，并实施“去杠杆”的行为。由于资产的部分本来就是来自各家机构之间的业务往来，所以就会导致将风险迅速传递到其他机构，给银行的稳健造成负面冲击。

宏观审慎监管政策对于商业银行的风险承担干预，也是通过监管工具来引导银行合规经营，进而影响其风险承担的行为。所以宏观审慎评估中的政策工具能够有效地干预和防范商业银行之间的风险传递。宏观审慎监管的资本及杠杆类的工具，主要就是针对金融机构的顺周期、过度风险承担等经营行为而设置的政策工具。逆周期资本缓冲，其主要目的就是增加银行的损失吸收能力，提高融资成本，以此降低信贷的增长速度。从逆周期资本的具体要求来看，当经济繁荣时，容易激励商业银行承担更多的风险，而宏观审慎政策工具是收紧的，会要求银行保持充足的资本并限制银行的杠杆，约束银行的信贷供给规模和增长速度；在经济不景气时，释放之前存储的资本，缓解资金成本过高的压力问题，规避惜贷造成的经济加速下跌。此外，为了防止银行的过度风险承担，在经济上行期间宏观审慎监管当局如果收紧资本类的工具，银行为了能够合规，就会在一定程度上收缩风险资产的持有，提高存贷利差等，这样就会抑制信贷的供给，降低未来的违约概率，而且也有利于资产价格的稳定；同时银行基于政策敏感性，也会主动提高信贷门槛，加强内控机制的完善。

在结构性风险方面，商业银行为了追逐高利润，往往会进行一些表外操作，比如一些理财类的产品，在填表时是放在资产负债表外的，但是这些资金有可能被用于相对较高风险的投资，事实上也涉及一部分的信贷扩张，所以如果不能够及时兑付，那么风险就会由表外转移到表内。宏观审慎评估将表外理财也纳入管理，关注这部分的潜在风险，通过宏观审慎评估，减少风险的承担和传染。宏观审慎评估体系中的“拨备覆盖率”指标，也是资产质量类的指标，其主要的作用机制也是为了能够约束银行的过度风险承担，并且预防信用风险，所以在流动性充足时，提前做好储备以应对未来可能出现的损失；在流动性紧张时，用之前的储备来缓解，抑制顺周期性。

此外，货币政策和宏观审慎政策既可能相互补充又可能相互冲突。宏观审慎政策的目标靶向是解决金融体系内的系统性风险，作为中国金融体系的重要组成部分，银行业对系统性金融风险的贡献不容小觑。因此，宏观审慎政策的实施也会对银行的风险承担产生影响。在宏观审慎政策的信贷工具中，一方面，提高贷款限制和增加交易成本，减少家庭部门的信贷需求，尤其是对于借款人存在一定自身风险的情况，以此来减少银行潜在的不良贷款，增强银行在当下及未来的稳定性；另一方面，让市场主体对于经济更有信心和期待，这样对于银行的信贷总量也有作用。宏观审慎政策中提高流动性要求可以最大限度地降低因重新定价、流动性缺口以及汇率波动产生的银行风险（Altunbas 等，2017）。系统性风险的跨部门传导问题通常依靠宏观审慎政策的结构性工具来解决，通过附加资本和流动性要求，提高具有系统重要性的金融机构应对外部冲击的能力以及自我修复的能力，由此可知，宏观审慎政策的实施将会降低银行风险承担水平。除此之外，宏观审慎政策本身就是能够在一定程度上抑制政策变化导致的金融顺周期引发的风险增大和波动扩大。在银行业内部，货币政策宽松时，银行的风险容忍度上升，在盈利动机的驱动下，银行将会进行高风险投资使得银行自身的风险水平上升，但是银行的经营需要符合监管的规定，会要求银行的资本、流动性、杠杆率等始终是与其承担的风险相匹配的，所以银行为了合规也会主动降低风险（王擎等，2016），避免系统性风险的进一步积累。据此，提出如下假设：

假设 2：在经济的上行阶段，宏观审慎政策与货币政策同时实施，有利于约束银行的过度风险承担，降低风险水平。

## 6.3 实证研究设计

### 6.3.1 研究样本的选取与具体的数据来源



2003 年，我国开始进行金融机构的市场化改革，并且对于金融机构的监管也施行了改革，商业银行的发展从此更加市场化运行。本书数据的选取即是从2003年开始的，使用2003—2018年商业银行的公开数据进行分析①，覆盖银行各种类型，以增强研究的代表性。

### 6.3.2 研究中具体使用的变量及其界定

（1）商业银行风险（RISK）

通过对既有文献的分析，发现在研究商业银行风险时，更多会使用到“Z值”、不良贷款率占比等来作为银行具体承担的风险指标。其中在分析Z值时，更多是用以表示银行存在的倒闭风险，但就我国的具体情况来看，银行破产的概率相对较小。本书的代理指标选取有两个：一是风险加权资产的比率和，因为这个指标是与银行的经营资产的行为直接相关的，是银行的主动行为；二是不良贷款的占比，这个相对而言是银行的被动接受。不良贷款的产生部分源自借款人自身的情况。此外，后续还会使用Z值作为替代变量进行稳健检验。

（2）货币政策（MCI）

通常用来衡量货币政策立场的方法是使用价格，也就是对外价格的汇率和对内价格的利率相对于基期的加权平均，但是从中我们难以具体认识到货币供应水平的改变，以及货币政策偏好的变化，而且考虑到货币政策工具在选择和实施阶段，还是会使用到准备金等工具来对市场中的流动性进行数量方面的管理，本书主要借鉴马勇和何顺（2019）的研究思路和角度，通过构建货币状况指数来表示货币政策的宽松或者紧缩的立场。

$$MCI = \omega_1 \times Rgap + \omega_2 \times Egap + \omega_3 \times M_2gap \tag{6.1}$$

① 选取了我国78家商业银行2003—2018年的公开数据，样本涵盖5家国有商业银行、12家股份制商业银行、61家城市商业银行及农村商业银行，数据均来源于Wind数据库与BVD下的全球金融机构数据库。

式（6.1）中纳入了利率、汇率、$M_2$；式中的所有 gap 都表示缺口；R 代表利率；E 为汇率；同理 M2gap 为货币供给量增长速度的缺口。

使用 HP 滤波的方式进行缺口的衡量，滤波中的 cycle 为缺口值①。

$$\omega_i = \frac{|z_i|}{\sum_{i=1}^{n} |z_i|} \tag{6.2}$$

对估计结果进行量纲转换，将 MCI 的数值标准化至［－100，100］区间，得到的具体估计结果为：

$$MCI = 0.2 \times Rgap + 0.23 \times Egap + 0.2 \times M_2 gap \tag{6.3}$$

MCI② 的经济含义为：当 MCI 上升时，表示货币政策趋于宽松，反之 MCI 下降则表示货币政策收紧。具体来看（见图 6.1），2000 年年初期我国正式加入 WTO 后，贸易出口规模激增，人民币升值压力凸显，外汇占款规模迅速扩大，中央银行为防止国内流动性过剩，多次提高存款准备金率并提高存贷款基准利率，形成稳定且显著的紧缩性货币政策，MCI 由 2003 年年初的 32.89 下降至 2008 年年中的 －100；此后，全球金融危机爆发，中央银行迅速作出反应，通过宽松的货币政策导向以及 4 万亿元财政政策刺激经济，对冲外部的负向冲击。伴随着美国以及全球量化宽松货币政策的流行，新兴经济体面临严重的货币升值压力，2010 年以后，为了避免由于市场中的流动性过于充足导致信贷驱动资产价格生成泡沫，中央银行的货币政策开始收紧，提高存款准备金率，因而体现为 MCI 出现向下的趋势。自 2012 年开始，中央银行为避免对市场造成过大的波动，通过公开市场操作的政策工具对市场进行资金调控。2013 年 5 月，受外汇占款连续激增、热钱持续涌入等因素影响，央行重启央票的发行，以对冲银行体系的过多流动性。2018 年以来，受到经济下滑、贸易摩擦的影响，我国实施了稳健货币政策，通过定向降息支持民企、小微企业发展，MCI 走势上行。

---

① ω 为权重，基于 VAR 响应得到；$|z_i|$是变量 i 的缺口值的单位结构化信息冲击在随后 30 个月内对通货膨胀率的累积脉冲响应值。

② 本书中的 MCI 是在月度数据上取平均值来作为年度数据的。

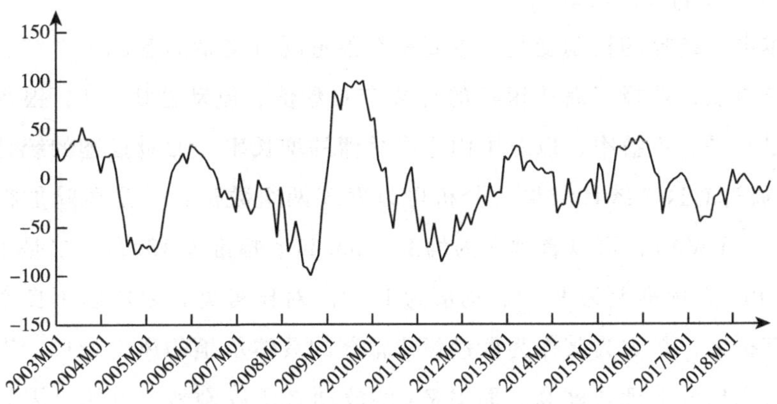


**图 6.1 2003—2018 年 MCI 变化趋势**

本书所构建的 MCI 指数能够较为客观地反映我国货币政策松紧程度的变化，因此可以作为后续实证研究的基础指标。

（3）宏观审慎监管

本书借鉴了国际货币基金组织（IMF）所使用的宏观审慎监管数据库（iMaPP）中重点指出的政策工具，构建了我国宏观审慎政策工具指标 MPA，用以表示宏观审慎政策的实施情况。具体包括逆周期资本缓冲（CCB），资本节约缓冲器（Conservation），银行资本要求（Capital），银行杠杆率限制（LVR），贷款损失准备金要求（LLP），银行对各部门信贷增长和数量限制与惩罚（LCG），贷款限制（LoanR），外币贷款限额（LFC），贷款与价值比率（LTV），偿债收入比限制（DSTI），适用于特定交易、资产或负债的税费（Tax），流动性要求（Liquidity），存贷款比率限制（LTD），外汇敞口头寸或货币错配限制（LFX），宏观审慎目的的准备金要求（RR），对系统重要性金融机构的资本和流动性附加（SIFI），其他（Other）。参考 Alam 等（2019）的构建方法，将一次紧缩型宏观审慎政策工具的实施表示为 +1，一次扩张型政策工具的实施表示为 -1，没使用的记为 0；再将各个工具指标的月度观测值加总，获得宏观审慎政策综合指标的年度观测值，记为 MPA。

（4）控制变量的选取

本书所选择的控制变量，主要是在参考既有文献的基础上，结合本书的研究重点，选择了商业银行的总资产对数值、流动性比率①、银行的资本充足水平、收益率，以及国内生产总值的增长率。变量描述的统计见表6.1，通过对这个统计结果的分析可以发现两组数据：一是风险加权资产的占比（RWA），可以看到它的均值为53.11、标准差13.27；二是不良贷款（NPL），标准差为1.37、均值为1.67。对比可见，之所以不良率的差异没有很大，是因为其作为衡量商业银行的具体承担的风险指标，宏观审慎监管当局的管理强度高。而RWA的波动之所以剧烈，可能是因为各类银行在进行资产选择和配置时有不同的考虑和安排。MCI标准差是31.33，这也显示出我国的货币政策特征，即在调控时还有一定的波动，这主要是国内外的宏观经济和金融环境变化导致的。

**表6.1　　变量描述性统计**

| 变量 | Obs | Mean | Std. Dev. | Min | Max |
|---|---|---|---|---|---|
| RWA | 759 | 53.11 | 13.27 | 18.44 | 64.00 |
| NPL | 730 | 1.67 | 1.37 | 0.040 | 6.040 |
| Z | 756 | 57.652 | 30.41 | 12.5 | 127.7 |
| MCI | 816 | -7.378 | 31.33 | -63.81 | 77.06 |
| MPA | 1092 | 4.7142 | 4.0449 | 0 | 13 |
| M2 | 1092 | 15.259 | 4.507 | 8.275 | 26.497 |
| LNTA | 816 | 7.921 | 1.855 | 3.592 | 12.54 |
| CAR | 765 | 12.61 | 2.666 | 4.270 | 24.31 |
| LR | 742 | 127.5 | 146.8 | 7.310 | 675.5 |
| ROA | 809 | 0.950 | 0.434 | -1.390 | 2.640 |
| GDP | 816 | 8.411 | 1.985 | 6.600 | 14.20 |

① 流动性比率（LR）=银行同业拆出数量/拆入数量×100。

### 6.3.3 具体模型构建

本书具体使用系统GMM的估计方法来进行实证，将因变量的滞后项选入动态面板模型中，以便估计的结果对于国内的情况具有普遍性的意义。

(1) 货币政策工具的使用对于银行风险的影响

$$Risk_{i,t} = \alpha_0 + \alpha_1 Risk_{i,t-1} + \beta_1 MCI_t + \varphi_i Control_{i,t} + \theta_t + \varepsilon_{it} \quad (6.4)$$

式(6.4)中，i表示银行个体，t表示时间，Risk是银行整体风险。MCI代表货币政策的具体实施和干预的情形，MCI的具体数值越高表明货币政策的立场越倾向宽松。Control代表控制变量，主要涵盖银行的资产回报率、流动性比率、资本、规模，以及国内生产总值的增长率。若$\beta_1$大于0，意味着货币政策立场宽松，将会导致商业银行的经营承担了更多的风险；反之，若$\beta_1$小于0，则说明货币政策即使是宽松的也不会对商业银行的风险产生激励和作用。

(2) 宏观审慎政策对银行风险承担的作用

$$Risk_{i,t} = \alpha_0 + \alpha_1 Risk_{i,t-1} + \beta_1 MPA_t + \varphi_i Control_{i,t} + \theta_t + \varepsilon_{it} \quad (6.5)$$

式(6.5)中，MPA为宏观审慎政策。若$\beta_1$大于0，表示宏观审慎政策的实施将会加剧银行风险承担水平；反之，若$\beta_1$小于0，表示宏观审慎政策的实施将有利于约束银行风险承担情况。

(3) 两项政策同时实施对于银行风险承担的影响

$$Risk_{i,t} = \alpha_0 + \alpha_1 Risk_{i,t-1} + \beta_1 MCI_t + \beta_2 MPA_t + \beta_3 MCI_t \times MPA_t + \varphi_i Control_{i,t} + \theta_t + \varepsilon_{it} \quad (6.6)$$

式(6.6)中，MPA为宏观审慎政策。本章重点关注$\beta_3$的系数，如果$\beta_3$大于0，意味着中央银行的货币政策宽松，宏观审慎政策也是宽松的，政策叠加将会导致银行的风险承担加剧，系统性风险增加。但是若宏观审慎政策能够约束和抑制商业银行的过度风险，并与宽松货币政策形成配合，则既能够稳定银行系统和金融体系，也能够保障产出和经济增长。

## 6.4 实证结果分析

### 6.4.1 银行风险承担渠道的存在性

本书通过回归分析基准模型，验证两项政策对于商业银行的具体承担风险的作用。表 6.2 是两项政策各自单独使用时，对于银行风险承担的结果，通过列（1）和列（2）的具体结果可以看出，MCI 是正值，在 1% 水平上显著。这个结果充分说明，当 MCI 升高时，也就是货币政策偏宽松的阶段，这一时期对于商业银行来说，无论是主观原因还是客观原因，其承担的风险也随之上涨，这也就验证了假设 1，我们是存在货币政策的风险承担渠道的。

之所以会出现这一情况，是因为宽松货币政策作用于商业银行，会导致银行的贷款业务的盈利受到影响，一方面会扩大信贷的规模，另一方面为了弥补损失银行会选择其他的高收益业务，这些会导致银行所承担的风险在当期和未来都有所提高。通过表 6.2 中列（3）和列（4）可以看出，宏观审慎监管 MPA 的估计是负值，这就表明宏观审慎监管的力度是能够直接影响银行承担风险的情况的。如果提高资本要求或者收紧监管政策的话，商业银行为了合规就需要收缩风险业务，提高资本要求的水平等，这些都能有效抑制银行的风险。

表 6.2 中，RWA 和 NPL 的一阶滞后项都显示为正值，这表明银行在应对不同的政策环境和市场环境时，对自身承担的风险进行调整时，是有调整成本的；同时也说明了银行的风险承担不是一成不变的，而是随着市场情况变动的，这也是本书使用动态面板的原因。从控制变量方面进行解释，银行的具体规模对于风险承担的作用是负的，银行的资产规模对于抗击风险是有重要作用的。而资本充足率的水平对于商业银行的作用也是负数，这也表明宏观审慎监管的作用，能够有效约束银行的风险倾向。国内

生产总值的估计系数是正值，这其实说明了银行风险的顺周期特征，它与货币政策的实施具有相关性。

**表6.2 货币政策、宏观审慎政策与银行风险承担**

| 变量 | RWA | NPL | RWA | NPL |
|---|---|---|---|---|
| | (1) | (2) | (3) | (4) |
| L. RWA | 0.7883 ***<br>(0.0121) | | 0.7677 ***<br>(0.0155) | |
| L. NPL | | 0.3709 ***<br>(0.0082) | | 0.3884 ***<br>(0.0087) |
| MCI | 0.1190 ***<br>(0.0179) | 0.0066 ***<br>(0.0019) | | |
| MPA | | | -3.4624 ***<br>(0.4972) | -0.6077 **<br>(0.2670) |
| LNTA | -0.5738 *<br>(0.2900) | -0.0263 **<br>(0.0108) | -0.5892 **<br>(0.2830) | -0.0025<br>(0.0106) |
| CAR | -0.6977 ***<br>(0.2036) | -0.0007<br>(0.0115) | -0.5647 ***<br>(0.1766) | -0.0216 ***<br>(0.0075) |
| LR | -0.0151 ***<br>(0.0016) | -0.0002<br>(0.0001) | -0.0152 ***<br>(0.0019) | 0.0010 ***<br>(0.0002) |
| ROA | 2.4866 ***<br>(0.6400) | -0.1549 ***<br>(0.0452) | 2.9833 ***<br>(0.6267) | -0.0937 *<br>(0.0518) |
| GDP | 1.5768 ***<br>(0.2708) | 0.0013<br>(0.0125) | 4.5704 ***<br>(0.6819) | 0.5009 **<br>(0.2454) |
| 常数项 | 0.0000<br>(0.0000) | 0.0000<br>(0.0000) | 0.0000<br>(0.0000) | 0.0000<br>(0.0000) |
| $N$ | 616 | 583 | 611 | 579 |
| AR2p | 0.2304 | 0.1555 | 0.2300 | 0.3942 |
| Hansenp | 0.2408 | 0.5469 | 0.2952 | 0.5816 |

注："()"内是标准误；*、** 和 *** 分别代表在10%、5%和1%的水平上显著。

## 6.4.2 宏观审慎政策与货币政策协调对银行风险的作用

实证的结果充分说明，货币政策的实施是会对银行的风险意愿和风险承担有影响的，特别是宽松的立场更会促进银行风险的承担，这就需要金融监管来进行干预，通过宏观审慎工具来约束银行的杠杆经营，避免过度的风险承担。

表 6.3 具体显示了加入两项政策的交互项后的回归情况，具体表明了政策同时实施对商业银行风险的影响。通过表中列（1）和列（2）的具体实证结果可以看出，MCI 和 MPA 的交互项为负数，分别是在 10% 和 1% 的水平上显著，由此表明中央银行的货币政策立场若是紧缩的，其与宏观审慎共同使用，对于银行风险承担的作用则是重叠的，所以政策的具体立场对于银行的风险承担影响是同向的。但如果是宽松货币政策立场，与宏观审慎政策配合使用，既能保障经济运行，也能维护金融稳定，银行自身的风险承担就比较可控，这验证了假设 2。一旦货币政策宽松，对于商业银行的经营其实也提供了一个宽松的政策环境，银行的利润来源因此而发生变化，银行面临利润收缩和竞争加大的情况，银行就会追求高风险和高收益，而根据宏观审慎监管的要求，银行必须满足必要的核心资本充足率、杠杆率指标要求，而且需要保持必要的流动性，所以银行承担风险的行为会受到制约。

**表 6.3　　两项政策协调对银行风险的影响**

| 变量 | RWA | NPL |
|---|---|---|
| | (1) | (2) |
| L. RWA | 0.7707 ***<br>(0.0066) | |
| L. NPL | | 0.2932 ***<br>(0.0043) |
| MCI | 0.0343 ***<br>(0.0112) | 0.0032 ***<br>(0.0010) |
| MPA | -0.1128<br>(0.1221) | -0.0588 ***<br>(0.0153) |
| MCI * MPA | -0.0033 *<br>(0.0020) | -0.0027 ***<br>(0.0003) |
| LNTA | -0.4301<br>(0.3012) | -0.0728 ***<br>(0.0220) |

续表

| 变量 | RWA | NPL |
|---|---|---|
| | (1) | (2) |
| CAR | -1.4816***<br>(0.1618) | 0.0177<br>(0.0147) |
| LR | -0.0114**<br>(0.0046) | -0.0022***<br>(0.0004) |
| ROA | 12.4085***<br>(1.3560) | -0.0708<br>(0.0674) |
| GDP | 2.2245***<br>(0.4057) | 0.1758***<br>(0.0287) |
| 常数项 | 0.0000<br>(0.0000) | 0.0000<br>(0.0000) |
| *N* | 538 | 554 |
| AR2p | 0.2362 | 0.9306 |
| Hansenp | 0.1539 | 0.6742 |

注："()" 内是标准误；*、** 和 *** 分别代表在 10%、5% 和 1% 的水平上显著。下同。

### 6.4.3　稳健性检验

为了增强本章结论的有效性，本章在替换被解释变量后进行如下稳健性检验。

第一，替换被解释变量，选取 Z 值反映银行风险承担水平，Z 值的计算公式为：

$$Z_{it} = \frac{ROA_{it} + CAR_{it}}{\sigma_i\ (ROA_{it})} \tag{6.7}$$

Z 值具体反映的是商业银行存在的破产风险的概率，Z 值越高，说明银行的经营越稳健；反之，Z 值低，则说明银行的经营存在一定的破产概率。式（6.7）中的 ROA（return on assets）为银行的资产回报率，CAR（Capital Adequacy Ratio）代表其资本充足率，$\sigma_i(ROA_{it})$ 为 $i$ 这家银行 ROA 的标准差。表 6.4 具体反映了稳健性检验的情况，由列（1）的结果可知，在Z值替换了银行的风险变量之后，MCI的估计系数仍然是负数，这表明宽松的货币政策或导致Z值下降，银行经营的稳健性下降，也表明了银行承担的风险更高，再次验证了假设1。从列（2）可以看出，两项政策的交互项估计系数也是正值，这也再次验证了假设2。宏观审慎政策对于银行的约束管理，是有积极作用的，能够缓解银行的过度风险承担，即缓解由于宽松货币政策导致的银行系统性风险的提高。

**表6.4　　替换银行风险承担变量**

| 变量 | LNZ | LNZ |
|---|---|---|
| | (1) | (2) |
| L. LNZ | 0.9210 ***<br>(0.0074) | 0.8978 ***<br>(0.0109) |
| MCI | -0.0011 ***<br>(0.0001) | -0.0007 ***<br>(0.0001) |
| MPA | | 0.0018<br>(0.0014) |
| MCI * MPA | | 0.0001 *<br>(0.0000) |
| LNTA | 0.0080 ***<br>(0.0024) | 0.0113 ***<br>(0.0022) |
| CAR | 0.0425 ***<br>(0.0036) | 0.0212 ***<br>(0.0025) |
| LR | 0.0001<br>(0.0001) | 0.0001 ***<br>(0.0000) |
| ROA | 0.0113<br>(0.0128) | 0.0679 ***<br>(0.0078) |
| GDP | -0.0287 ***<br>(0.0054) | -0.0051<br>(0.0063) |
| 常数项 | 0.0000<br>(0.0000) | 0.0000<br>(0.0000) |
| *N* | 537 | 611 |
| AR2p | 0.3798 | 0.2307 |
| Hansenp | 0.2305 | 0.3125 |

第二，替换货币政策变量。选取货币供应量 M2 增速作为 MCI 的替代变量重新进行回归，估计结果见表 6.5。由表 6.5 中列（1）可知，M2 的估计系数显著为负，说明货币供应量上升，银行系统的稳健性下降。换言之，货币政策偏向宽松，银行就有意愿承担更高的风险，再次验证假设 1 的成立。列（2）显示，M2 与 MPA 的交互项估计系数为正且显著，随着货币政策趋于宽松，宏观审慎政策的实施提高了 Z 值，从而降低银行破产概率，验证假设 2 成立。通过替换变量的稳健性检验可以看出，本章的假设都得到再次验证，因而本章的结论是稳健的。

**表 6.5　　替换货币政策变量**

| 变量 | LNZ | LNZ |
|---|---|---|
| | (1) | (2) |
| L. lnz | 0.9210***<br>(0.0074) | 0.8853***<br>(0.0098) |
| M2 | -0.0144***<br>(0.0019) | -0.0146***<br>(0.0024) |
| MPA | | -0.0792***<br>(0.0102) |
| M2 * MPA | | 0.0036***<br>(0.0004) |
| LNTA | 0.0080***<br>(0.0024) | 0.0252***<br>(0.0074) |
| CAR | 0.0425***<br>(0.0036) | 0.0520***<br>(0.0028) |
| LR | 0.0001<br>(0.0001) | 0.0001<br>(0.0001) |
| ROA | 0.0113<br>(0.0128) | 0.0059<br>(0.0218) |
| GDP | 0.0032<br>(0.0031) | -0.0051<br>(0.0047) |

续表

| 变量 | LNZ | LNZ |
|---|---|---|
| | (1) | (2) |
| 常数项 | 0.0000<br>(0.0000) | 0.0000<br>(0.0000) |
| $N$ | 537 | 611 |
| AR2p | 0.3174 | 0.2902 |
| Hansenp | 0.1943 | 0.4663 |

## 6.5 结论及政策建议

本章使用了78家具体的商业银行的经营数据、监管数据等，来分析宏观审慎监管对银行的风险承担作用，以及货币政策对银行风险承担的作用，检验结果表明以下三个结论：一是通过检验证明了在我国的银行部门中，确实存在所谓的“风险承担渠道”，降息、降准等货币政策工具的使用，会对银行的风险承担起到促进的作用。二是货币政策通过货币供给的调整影响商业银行行为改变了政策导向，当货币供给增长时，会给银行的风险承担造成激励。但是这种影响对于不同的银行，激励是不一样的。资产规模越大的银行受到的影响较小，资本充足水平越高，其受到宽松货币政策的影响越小，所以风险承担渠道在具体的银行机构中存在个体差异。此外，宏观经济周期和银行风险承担之间，也是存在相关性的，良好的经济发展环境能够提升银行承担风险的水平。三是宏观审慎政策的实施能够抑制银行的风险经营行为，特别是在货币政策宽松的情况下，更能起到约束银行风险的作用。

根据本章获得的实证结论，在具体的政策配合方面，我们提出以下三点参考：首先，要完善我们的利率市场机制，有效提升货币政策的传导。我国的利率市场化改革进行了多年的实践和探索，虽然取得了很多的经验，但由于利率渠道的完善直接关系到货币政策的传导效率和政策效果，而且在利率渠道上也会对商业银行的存款和贷款直接产生影响，因此从货币政策的角度还需要提高政策的靶向性，在具体施策时，也需要考虑政策的力度和强度，关注风险承担渠道的存在及其对于银行系统的影响。其次，中央银行应当加强宏观审慎管理和货币政策管理的配合，完善“双支柱”调控框架，共同为经济发展和金融发展努力，维护好金融稳定和经济安全。一是对于货币政策立场可能导致的银行风险，货币政策当局应当有系统性考虑，特别是在货币政策框架体系的完善方面，以及工具的灵活使用方面，都需要根据经济发展的特点以及实际情况进行分析。二是要与宏观审慎政策形成有效的协调。宏观审慎政策虽然从表面上看跟微观审慎政策工具一样，都是对资本、杠杆、流动性提出要求，但是其监管的视角是系统性的，需要逐渐扩大宏观审慎政策的监管范围，不能局限于银行系统，而要关注国际金融监管协调等。三是构建适合我国金融系统整体发展的政策框架，使两项政策相互配合，实现有机统一，共同作用于经济系统和金融体系，发挥好“双支柱”的作用。最后，对于商业银行本身而言，在明确理解货币政策会直接或间接导致银行的风险承担发生变化时，应当主动调整自身的经营策略和风险态度。在政策和环境发生变化时，或者说在受到货币政策冲击时，商业银行需要根据自身的规模、资产负债水平、与其他机构之间的关联、既往的累积等个体的特征来应对外部变化，并作出合理的调整，提升自身的风险应对能力；在合规经营的同时，也能够使自身的发展获得进步，保障经营的稳健。

第 7 章

# 货币政策与宏观审慎政策的渠道共享——银行信贷渠道

## 7.1 引　言

货币政策实施的政策效果和政策效率在很大程度上，是有赖于其具体的传导机制的，因而从货币政策体系框架的完善角度，我们更需要对政策工具的选择、政策的力度有一定的引导，进一步强化金融资金向实体经济的传导，让微观经济主体能够获得更多、更便宜的资金。

围绕货币政策相关研究，其中的一个重点就是关于货币政策的具体传导机制。伯南克等（1988）强调指出，商业银行的信贷是其关键性的传导渠道之一，在这一渠道上，中央银行通过调整商业银行的存款准备金率影响银行能够提供的信贷规模，进而导致银行调整其信贷资金的供应机制，即货币政策的信用传导机制。货币供给发生变化，会导致商业银行的资产发生变化。如果货币政策的立场是偏向紧缩的，那么可能对于市场中的货币供给相对减少，这就会导致银行的可贷资金规模下降，进入实体经济中的资金也会减少，从而影响企业的资金成本和投资的机会。对此，大量经济学家又进一步地完善了“金融加速器”机制。这个理论认为，宽松的货币政策更有利于经济的繁荣和发展，因为其能够为市场带来更多的资金和流动性，微观主体也能够获得更多的投资和融资的机会，因而为经济的向好提供了环境基础，商业银行的信贷流转也更加顺畅。货币政策立场的宽松或者紧缩，直接影响银行能够提供给社会的信贷总体规模。由此可见，银行信贷已经成为货币政策传导的重要渠道之一。

从国内的实际情况看，虽然货币政策传导已经从单纯的信贷渠道转为信贷、利率、汇率和金融资产价格等多渠道，但信贷渠道仍然是我国货币政策传导的主渠道，尤其是在当下直接融资市场发展不充分的情况下，银行在信贷市场上发挥着关键作用，银行贷款成为大部分资金使用者唯一的外源性融资手段（江群和曾令华，2008；姚余栋和李宏瑾，2013）。商业银行通过改变存款准备金率、再贴现率等方式改变可使用货币量，进而通过信用扩张或紧缩的形式增加或减少贷款，以达到货币传导的目的。此外，商业银行的信贷调整在改善社会资源配置、促进经济结构调整方面也发挥着重要作用，商业银行通过优化信贷投向与结构，能够更好地支持实体经济发展，激发企业活力，促进经济高质量发展。为此，实证研究货币政策工具对银行信贷增长的影响，这对改善货币政策传导机制和提高货币政策的有效性具有重要的参考意义。

需要注意的是，存款准备金的调整导致的信贷变化，是可能生成信贷驱动的资产价格泡沫的，潜在的价格泡沫破裂的风险也是不容小觑的，所以货币政策在实施时可能导致或者引发一定的金融失衡，因此需要宏观审慎政策进行调节，对金融系统因其他政策和自身运行所产生的系统性风险进行宏观的管理。宏观审慎政策更加注重对于金融系统顺周期性的调节，从系统的、跨时间、跨市场的角度来进行监管，解决系统性失衡等问题，避免风险的累积和传染，保障金融稳定，进而维护经济增长。对于商业银行来说，银行的经营特别是银行的信贷本身也是具有顺周期特征的，因而宏观审慎政策在对银行提出监管要求时，也都是针对其顺周期的经营而提出的逆周期要求，比如对杠杆率的要求，对动态拨备等的要求，都是通过指标来平滑银行在整个周期的信贷供给，引导银行在信贷定价、资产质量等方面形成更加合理、科学和审慎的经营策略。在实践领域，中央银行的货币政策与宏观审慎评估体系应当相互配合，就货币政策可能在信贷传导渠道上导致的风险，宏观审慎监管予以修正，为货币政策的实施提供辅助和空间，提升各项政策的政策效率。本章聚焦的问题是，货币政策传导过程中的银行信贷渠道是否存在？货币政策与宏观审慎工具两者搭配使用会对银行信贷增速产生何种影响？为解决此问题，本章拟构建实证模型分析货币政策是否对银行的信贷增速产生影响，并进一步分析宏观审慎监管与货币政策搭配的政策效果，为央行和疏通货币政策传导、防范信贷泡沫提供经验借鉴。

## 7.2 理论分析和研究假设

货币政策在传导时，会重点通过商业银行的信贷机制发挥作用，特别是在我国的金融系统中，商业银行占据比较重要的位置，大量的资金投放是通过商业银行的信贷渠道来完成的，而宏观审慎政策作为宏观金融监管政策，其政策工具也会影响到银行的信贷供给，所以两项政策共同在信贷渠道上形成作用机制，在出现风险时，也能协调配合，抑制风险的扩散和蔓延。

### 7.2.1 货币政策对银行信贷的影响

(1) 货币政策与信贷驱动型资产价格泡沫

从金融危机之前的美国货币政策可以看出，美联储从2002年开始，持续使用低利率政策，货币政策始终宽松，这明显会导致金融失衡的产生，而且多项的理论研究以及实证检验也已经显示，货币政策对于刺激信贷泡沫是有一定的重要作用的。第6章已经探讨过，低利率可能导致商业银行的风险承担行为，宽松的货币政策会使金融市场当中的流动性充足。而且公开的、透明的、可以预测的货币政策，对于市场主体来说，一方面，降低了政策预测的不确定性，对于经济发展前景预测也因此更加乐观，因而更加鼓励机构进行高风险经营；另一方面，在低利率的机制下，还会改变商业银行的信贷估值模型对于抵押品价值评估的高低，使银行更容易将贷款投放出去，也更加容易形成信贷驱动的资产价格泡沫。除此之外，中央银行因其最后贷款人的职责，也会对被刺破的泡沫进行事后的清扫，这种货币政策的兜底机制会给金融机构造成“不能倒、不会倒”的错觉，进而产生道德风险。这些都会导致信贷风险甚至危机的产生和积累，最终对整个金融系统造成威胁。

货币政策的风险承担渠道被验证，也从侧面体现了宽松货币政策会导致信贷泡沫的生成，但是用货币政策去抑制信贷驱动的泡沫，却有诸多的限制。第一，使用货币政策治理这种信贷驱动下的资产价格泡沫在本质上是不符合丁伯根原则的，而且政策目标过多也会导致政策效果不能及时实现。货币政策如果需要同时兼顾经济稳定和信贷稳定、产出稳定等目标，就需要去权衡和博弈，因为每个周期都不是一致的。如果由统一的政策来管理，必将导致名义锚定的目标被削弱，也可能导致其他的问题出现。第二，货币政策在应对金融失衡或者金融风险时，需要甄别风险来源。有些冲击导致的金融不稳定是货币政策无法直接缓解的，而且信贷驱动的资产价格的泡沫本身就是由于宽松货币政策导致的信贷扩张引起的，所以不能通过货币政策来治理。第三，货币政策用于直接管理信贷，对于当局来说可能的举措就是限制流动性的供给等，但是这样的工具使用，可能会出现失误的情况。因为信贷驱动的泡沫本身就不容易识别和判断，直接使用紧缩性的货币政策会对整个经济面产生影响，政策执行成本太高。

（2）货币政策对银行信贷的影响

通过回顾全球经济发展史和金融发展史就能够看出，无论是局部的金融危机还是全球性的金融海啸，最终都会对实体经济产生影响，对于产出、就业等造成直接或者间接的威胁。货币政策当局作为重要的宏观经济调控部门，其具体应用何种宏观经济管理政策，是会对经济和金融产生影响的。宽松的货币政策，会促进经济的繁荣，也会促进金融的上升；相反，紧缩的货币政策会对经济和金融产生限制性的作用。从理论上来说，既存在着经济周期，也存在着金融周期，而且随着虚拟经济的发展，对于金融周期的研究更加全面和系统。周期理论认为，金融活动受到环境的影响，政策通过金融系统内的各种渠道传导进而对系统内的部门产生持续性的影响，这种影响是呈波浪形的，上下波动。据此我们能够更加多角度地去理解和分析金融、经济的运行，也为政策的制定提供依据。



从一般的宏观经济政策的理论来说，实施扩张性的货币政策会促进国内的经济发展，提高产出水平，刺激就业。但是从具体的实施工具上来说，最后都会传导到货币供给，传导到市场，所以宽松的货币政策会对经济市场中的所有主体产生普遍的影响。当政策松动时，对于资金供给方的商业银行来说，会更加积极地发放贷款，增加自身的收入，也愿意去进行有风险的投资；对于资金需求方的实体经济来说，也会对市场乐观，对风险的意识不足，也会积极地推动信贷市场的繁荣。

事实上，去观察商业银行与信贷相关的数据时就会发现，在经济持续向好、稳定向上的阶段，银行的信贷规模、信贷增速普遍都呈现出明显上升的情况，而在经济处于下降周期时，信贷供给不足甚至惜贷，信贷规模的增长、增速也都会明显下降，而且前期的信贷有可能会演变成为不良贷款，所以商业银行的信贷呈现出顺周期的特性。通过图7.1也能看出，随着我国经济的持续稳健增长，商业银行的信贷总额也是在不断提升。陈守东等（2015）利用其合成的金融状况指数对这个金融周期进行分解，研究表明我国金融周期的波动与货币政策有直接的相关性，且是高度一致的。金融的景气与否直接与信贷的规模等一致，当货币政策立场宽松、积极时，信贷业务的总量也是不断增长的，从而形成了信贷的上涨周期。

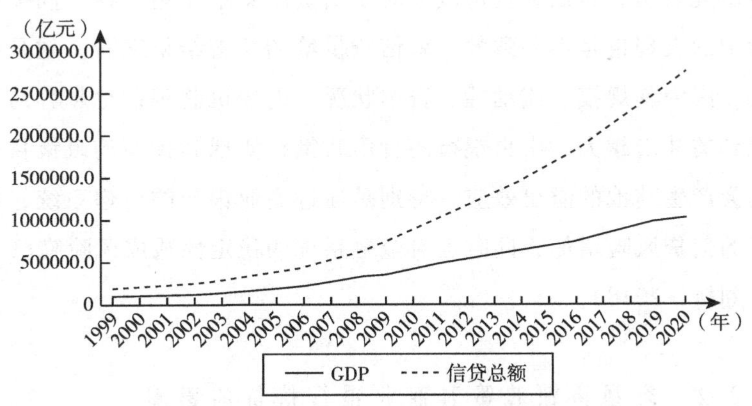


**图7.1　我国的GDP增长与信贷增长**

从商业银行的经营方面来看，当经济周期处在上升阶段，商业银行的盈利能力较好，对于风险的包容度就高，不良信贷的比例整体也不高，同时经营者对于实体经济的整体发展也是充满信心的，认为企业都能够在经济的持续发展中获得良好的收益，也能够偿还银行的贷款，因而更有积极性将资金提供给企业使用。

从企业的角度来看，市场的充足流动性和经济的持续向好、政策的宽松立场都让企业觉得有更多的机会获得高额回报，而且这个阶段企业获得外部资金的渠道和机会都在增多，也为企业的扩大再生产提供了资金支持，在资金使用的过程中，会倾向于更高回报的风险投资。但是在经济的下行周期，银行的经营和企业的作为，都会与经济上行阶段的作为截然相反，企业还不上贷款，增加银行的不良率，而银行也会收缩贷款，这反而对于整个实体经济的发展有更大的冲击。

对于这种信贷的顺周期性，我国的很多学者都进行过实证检验。刘生福等（2014）从货币政策分型的角度进行过实证研究，对比发现，与价格型工具相比，数量型货币政策工具对于商业银行的信贷风险的作用更加明显，当货币政策是通过数量型政策工具进行宏观调控时，对于信贷的驱动作用更大，也更容易刺激风险的形成。张朝洋（2018）对货币政策扩张的进一步研究表明，积极的货币政策对于信贷的刺激作用，在不同类型的商业银行中的表现也是不一致的。就信贷供给的冲击结果来看，越是中小商业银行，因为其规模、流动性、资本状况、内控机制等，也越容易受到影响，受到的冲击越大。中央银行的货币政策在实现其预期的政策目标的同时，也会产生其他的溢出效应，特别是通过商业银行的传递系统，导致商业银行的信贷风险增加，同时也对金融系统的稳定性造成风险隐患（黄之豪和孔刘柳，2018）。

### 7.2.2 宏观审慎政策对商业银行信贷的影响



2009 年的匹兹堡峰会上，“宏观审慎”正式作为监管改革的政策之一被提出，成为巴塞尔资本协议Ⅲ中的重要内容，也成为了各国金融监管改革的重要内容，与中央银行的货币政策形成配合。就如之前分析中所提到的，宏观审慎政策是一种逆周期的金融监管政策，其对金融机构进行指标约束，实现逆周期的调节作用，降低金融机构行为的顺周期性，并且平缓风险，增强金融系统的整体韧性和应对外部冲击的能力。而且宏观审慎政策针对不同层面的系统性风险，都有针对性的工具或者举措，特别是针对信贷顺周期的工具，能够与其他的宏观经济政策形成配合。

宏观审慎政策的监管机制能够直接阻断信贷供给和资产价格泡沫之间的关联，特别是抑制信贷驱动的泡沫的宏观审慎工具，比如动态拨备、杠杆率等，这方面的相关政策可以由宏观审慎监管当局根据经济状况、市场行情、货币政策的立场、商业银行的驱动等情况综合考虑，并且实施相机抉择的措施，用于应对信贷风险。Wang 和 Sun（2013）通过对宏观审慎政策工具的效果进行分析，证实宏观审慎政策在处理商业银行信贷膨胀方面，特别是在信贷驱动的系统性风险管理方面，是有积极的作用的，能够有效阻断风险由于银行间的相互关联而蔓延。Lim 等（2011）的研究也表明，宏观审慎政策工具在缓解信贷顺周期问题上，是有显著效果的，其中贷款价值比上限、拨备等都是被实践检验过的有效政策工具。

从我国的经济金融发展的实践来看，商业银行的信贷风险与经济周期的发展也具有一定的同频性，顺周期的特征也是比较显著的，这与商业银行的信贷管理能力和信贷管理水平都有一定的关系。商业银行对于整体宏观经济环境的分析和判断，对于具体的产业部门的梳理和研究都主要依靠国家公布的相关数据，自身的信息渠道和数据系统还相对比较滞后，所以不能够及时地预警，在发放贷款时，更多的是根据政策松紧、流动性充裕程度、企业的抵押情况进行判断，有一定的制约性，所以从监管的角度来说，需要宏观审慎监管的介入和管理，通过政策的监管来实现信贷波动风险的缓解。

就宏观审慎政策工具在商业银行信贷领域的监管效果来说，有众多的学者也进行过实证的检验。沈沛龙和王晓婷（2015）、熊劼（2017）通过使用商业银行的相关数据分析证实，提高贷款损失准备金的指标要求，能够明显有效果地降低商业银行将来要承担的风险，而且动态的机制更有利于缓解信贷的顺周期性，避免信贷风险的累积和蔓延。郑兰祥和王敏（2019）使用系统广义矩方法，使用我国的金融监管和金融系统的相关数据，检验并证实了宏观审慎政策工具能够降低金融系统性风险发生的概率。而从房地产市场的发展情况来看，房地产价格作为非常重要的资产价格之一，也是引发信贷波动的重要推动因素，而且房地产部门是容易诱发系统性风险的部门之一，所以针对这种情况，宏观审慎政策工具的贷款价值比上限、贷款收入比上限，都是直接针对信贷、针对特定部门的监管工具，能够抑制商业银行过度的信贷扩张，平缓信贷的顺周期性，对系统性风险起到管控的作用（梁琪等，2015）。因此宏观审慎政策的实施对于缓解商业银行的风险承担倾向，维护金融整体稳定是有积极意义的。

我国在使用宏观审慎监管理念管理商业银行系统方面，是有比较成熟的方式的。自从 2010 年，中国人民银行使用差别存款准备金工具来对商业银行进行管理，通过存款准备金鼓励商业银行提高自身的资本质量和充足比率，借此来缓解系统性风险，通过差别管理，对于不同规模的商业银行进行分类管理，特别是针对资本质量一般、充足率不高的机构，通过指标监管限制这类机构进一步的信贷扩张，加强宏观审慎政策的力度。另外，通过差别存款准备金率来调节市场中的流动性，当经济处于下行阶段，增速和储备率都有所下降时，存款准备金工具是能够直接缓解利率工具对于银行信贷的冲击的。苏明政等（2017）使用我国 119 家商业银行的相关信贷数据和存款准备率进行实证检验，分析金融不稳定的状况，其验证的结果表明存款准备金率是宏观审慎政策工具中效果显著的工具。所以中央银行通过持续监测经济金融基本面的情况，如商业银行的信贷增长的速率、资产的各项指标等，来调整资本充足率、拨备要求、贷款价值比等宏观审慎政策工具，用于维护金融体系的整体稳定。中央银行通过货币政策和宏观审慎监管可以提升商业银行应对信贷冲击的影响。



上述学者的研究表明，宏观审慎政策工具的实施，对于不同类型的商业银行的影响是不一样的，因为不同类型的商业银行规模不同、与其他金融机构之间的关联程度不同、在金融系统中的重要程度不同，因而对于政策的合规实践情况也会有所差异。其内在的机制主要是，宏观审慎政策工具在实现政策效果时，主要是通过商业银行的渠道发挥作用的，特别是信贷渠道，是银行经营中的最主要的资产业务渠道，所以为了实现逆周期的调节作用，在紧缩性的货币政策导致银行的信贷供给紧张、信贷收缩的情况下，宏观审慎政策倾向于放松银行资产方面的限制，缓解信贷紧张的情形；而在货币扩张、信贷充足的情况下，通过指标限制让银行控制资产质量，在周期内平滑货币政策对信贷的冲击。

2016 年，中国人民银行开始实施宏观审慎评估（MPA），其中的宏观审慎资本充足率主要涵盖了广义信贷、预期 GDP、CPI 增速，逆周期资本缓冲，系统重要性金融机构的资本附加等因素。从上述的分析能够看出，不同的商业银行在合规方面是有不同的影响的，所以宏观审慎评估针对国内的系统重要性银行，制定了专门的评价机制，并且有针对性地提高监管附加的要求，一方面是保证机构的稳定并以此避免道德风险；另一方面，也是对金融系统的整体稳健加以保障。

### 7.2.3 货币政策与宏观审慎政策在信贷方面的协调

虽然在进行理论和机制的分析中发现，货币政策会引发信贷驱动的资产价格泡沫，也会导致信贷扩张并引起商业银行更高的风险承担偏好，但是在货币政策与宏观审慎政策协调配合应对信贷风险方面，也会取得良好的效果。

在传统的货币政策占主导的宏观经济政策框架中，普遍的观点认为，货币政策与金融稳定政策是完全相互独立的政策，货币政策通常是不需要考虑金融稳定的，除非是在金融稳定政策的实施对货币政策目标产生外溢性的影响的情况下。但是自从金融监管改革以来，国际社会、国际组织、各国经济学家等的一个认知是，货币政策应该考虑到金融稳定的问题。随着全球经济、金融的快速发展，金融产业的整体格局发生了很多结构性的变化，金融创新业务、创新产品也更加复杂，所以对于金融系统的监管要求更加审慎，因此在宏观管理的政策框架构建方面，需要一个更前瞻、对风险更敏感的审慎管理政策与货币政策、财政政策进行配合。很多文献证实，在整个经济体受到外部负面影响时，宏观审慎政策对于货币政策是有积极的辅助作用的，对于稳定金融、经济能起到相辅相成的作用。

我国的众多学者对此也有过理论分析和实证检验。魏巍等（2016）通过实证研究表明，如果商业银行资本质量良好，拥有稳健的合规结构，那么货币政策与宏观审慎政策的协调机制，能够有利于在经济下行时期，缓解紧缩的货币政策对于银行信贷供给的冲击。李天宇等（2016）的实证也同样证明，两项政策在经济繁荣时期，虽然可能政策立场不一致，但是都能够有效地抑制商业银行的高杠杆经营行为，缓解银行系统的信贷风险的积聚和蔓延，但是不同的政策在达到效果时，各自有不同的传导渠道和路径。

事实上，在不同的作用渠道上，货币政策对于信贷波动引发的风险机制，也并不一定完全是负面的，而且宏观审慎政策与货币政策并不是天然割裂的，它们之间是相互关联的。徐长生和艾希（2018）使用国际货币基金组织构建的宏观审慎指数对我国的金融监管和机构行为进行分析，结果表明这两项政策对商业银行的信贷增长都有调控效果。但是在具体使用这两项政策时，需要根据金融市场和经济环境的具体情况具体搭配，处理好可能存在的“政策冲突”的问题，避免冲突导致政策目标的实现受到影响，进而衍生出其他的风险隐患；同样也需要管理好“政策叠加”的情况，因为叠加可能导致系统出现非预期的结果。所以政策在搭配时，需要充分考虑各种工具的效果，各种组合的预期，既要避免单一政策承担多重目标难以兼顾的困境，也要避免多重政策工具共享渠道导致的政策效果漏损等。只有通过科学、合理的组合，才能有效降低信贷风险的承担，并且防范系统性风险。

### 7.2.4 本章的基本假设

(1) 货币政策与银行信贷

综合上述的相关理论分析，通过使用包括公开市场操作、利率、存款准备金等货币政策工具，会导致银行的资本水平和准备金数量的变化。从紧缩的政策立场角度来看，当央行采取提高法定准备金率等手段时，商业银行为了符合管理要求，会减少贷款的发放总量，从而导致商业银行的准备金下降。从银行吸收存款的角度来看，由于储蓄是商业银行最重要的获取资金的渠道和方式，所以货币政策一旦改变了政策立场，就会导致银行存款利率也相应变化，从而家庭的存款意愿会受到影响。如果银行不能获得更多的资金，也会影响其可以提供的信贷总量。基于上述分析，提出以下研究假设。

假设1：宽松货币政策工具的使用，将有利于增加银行信贷供给量。

(2) 宏观审慎政策与银行信贷

从理论的具体分析可以看出，宏观审慎政策是能够直接作用于银行的信贷供给量和供给速度的。首先，部分宏观审慎政策工具的引入，有利于改善银行风险控制中的失灵和失序，有助于从银行自身管理的角度，加强银行的内部风控，主动降低贷款的违约损失，提前做好相应的准备，主动在整个经济周期中去分配信贷的配额。其次，逆周期的资本工具要求能够在经济繁荣阶段，起到抑制银行系统信贷增长速度的作用，防止这一阶段银行过度的信贷扩张，而在经济不景气的阶段调整资本的相关要求，避免对经济体的惜贷冲击，通过这种缓解信贷顺周期的政策工具，缓解银行系统的信贷失衡以及由此引发的金融危机，这就会与货币政策的信贷渠道产生作用。根据上述分析，提出如下研究假设：

假设2：宏观审慎政策工具的使用，一定程度上能够缓解货币政策对银行信贷的冲击效应。

## 7.3 实证研究设计

### 7.3.1 模型构建

考虑到商业银行顺周期的特性，使用传统的静态面板模型无法体现商业银行信贷的滞后阶数，因此本章在探究货币政策和宏观审慎政策对商业银行信贷的影响时，采用动态面板模型，纳入了因变量的滞后项，一方面增加了估计结果的普遍性，另一方面也体现了商业银行信贷的滞后影响。借鉴孟维福等（2022）的研究，本章选用了系统 GMM 方法进行估计。

（1）货币政策对银行信贷的影响检验

$$Loan_{i,t} = \alpha_0 + \alpha_1 Loan_{i,t-1} + \beta_1 MP_t + \varphi_i Control_{i,t} + \theta_t + \varepsilon_{it} \tag{7.1}$$

式（7.1）中，$i$ 表示银行个体；$t$ 表示时间；Loan 是信贷增速；MP 为货币政策工具，包括货币供应量增速 M2 和利率 Shibor；Control 为控制变量，包括银行层面的银行规模、资本充足率、流动性比率、ROA，以及宏观层面的 GDP 增速（GDP）。$\beta_1$反映货币政策工具对银行信贷增速的影响。若$\beta_1$大于 0，则说明宽松的货币政策将会使银行信贷增速提高；反之，若$\beta_1$小于 0，表示宽松的货币政策将会抑制银行信贷增速增加。

（2）货币政策与宏观审慎政策对银行信贷的协同作用检验

$$Loan_{i,t} = \alpha_0 + \alpha_1 Loan_{i,t-1} + \beta_1 MP_t + \beta_2 MPA_t + \beta_3 MP_t \times MPA_t + \varphi_i Control_{i,t} + \theta_t + \varepsilon_{it} \tag{7.2}$$

式（7.2）中，MPA 代理衡量宏观审慎政策，$\beta_3$衡量货币政策工具与宏观审慎政策监管同时实施对银行信贷增速的影响。如果$\beta_3$大于 0，表明宏观审慎监管加强和宽松货币政策实施对银行信贷供给增加的效果存在一定程度的增强，此时宏观审慎政策的实施，将会增强宽松货币政策对银行信贷增速的影响；反之，$\beta_2$小于 0，则说明宏观审慎监管加强和宽松货币政策实施对银行信贷供给增加的影响存在一定程度的抵消，此时宏观审慎政策的实施，将会减弱宽松货币政策对银行信贷增速的影响。

### 7.3.2　变量定义与描述

（1）被解释变量

银行信贷增速（Loan）。信贷渠道是货币政策传导的渠道之一，也是实体经济获得资金融通的重要来源，本章参考 Kashyap 和 Stein（2000）、张朝洋（2020）的研究，通过对银行贷款取对差分计算得到银行信贷增速变量。

（2）核心解释变量

货币政策变量。通常来说，货币政策的操作工具可以分为两种类型，即数量型货币政策工具，以及价格型货币政策工具。具体到本章的分析，借鉴熊启跃和黄宪（2015）的研究，选取货币供应量（M2）的增长速度，当成是数量型的货币政策手段的代理。另外，关于价格型货币政策工具的代理变量，借鉴宋科和李振（2019）的研究，使用银行间同业拆借 90 天利率的年度算术平均值作为价格型货币政策工具货币政策利率（Shibor）的代理变量，借鉴邓向荣和张嘉明（2018）的研究，选择 1 年期存款基准利率（DEP）和法定存款准备金率（Reserve）作为价格型货币政策工具的代理变量。

宏观审慎变量。参考 Cerutti 等（2015）的做法，基于国际货币基金组织（IMF）宏观审慎政策数据库（iMaPP）提供的 17 种政策工具构建中国宏观审慎政策指数 MPA。具体包括逆周期资本缓冲（CCB），资本节约缓冲器（Conservation），银行资本要求（Capital），银行杠杆率限制（LVR），贷款损失准备金要求（LLP），银行对各部门信贷增长和数量限制与惩罚（LCG），贷款限制（LoanR），外币贷款限额（LFC），贷款与价值比率（LTV），偿债收入比限制（DSTI），适用于特定交易、资产或负债的税费（Tax），流动性要求（Liquidity），存贷款比率限制（LTD），外汇敞口头寸或货币错配限制（LFX），宏观审慎目的的准备金要求（RR），对系统重要性金融机构的资本和流动性附加（SIFI），其他（Other）。参考樊明太和叶思晖（2020）的构建方法，将一次紧缩型宏观审慎政策工具的实施表示为+1，一次扩张型政策工具的实施表示为-1，没使用的记为0；再将各个工具指标的月度观测值加总，获得宏观审慎政策综合指标的年度观测值，记为MPA。MPA越大，说明该年度宏观审慎政策越严格。

（3）控制变量

参考已有研究并结合中国实际，本章对可能影响银行信贷供给的银行特征变量加以控制。通过参考现有的文献，本章重点选择银行的资本充足率（CAR）、资产收益率（ROA）、成本收入比（CI）、权益资产比（ER），以及商业银行的资产规模对数（LNTA）作为银行个体特征的代理变量；宏观层面选取GDP增长率。变量的描述性统计结果如表7.1所示。货币政策变量方面，M2增速的标准差较大，但同业拆借利率、贷款基准利率，特别是存款准备金率的标准差较小，这显示了价格型的货币政策的特征，总体而言波动不大，是倾向于稳健的。宏观审慎指数的均值为正值且较大，说明我国宏观审慎监管的力度在不断加强。

**表7.1　　描述性统计**

| 变量 | N | Mean | SD | Min | Max |
|---|---|---|---|---|---|
| Loan | 1564 | 0.180 | 0.150 | -0.670 | 2.320 |
| M2 | 2816 | 14.52 | 4.660 | 8.280 | 26.50 |
| Shibor | 2816 | 2.920 | 0.780 | 1.280 | 4.190 |
| DEP | 2816 | 2.400 | 0.760 | 1.500 | 3.800 |
| Reserve | 2816 | 1.690 | 0.110 | 1.620 | 1.890 |
| MPA | 2816 | 4.130 | 4.150 | -2 | 13 |
| LNTA | 1764 | 12.12 | 1.630 | 7.220 | 17.32 |
| ROA | 1762 | 0.910 | 0.420 | -1.380 | 2.840 |
| CAR | 1612 | 13.47 | 4.650 | 0.120 | 97.50 |
| ER | 1760 | 7.530 | 4.090 | -13.71 | 76.59 |
| CI | 1760 | 39.96 | 11.78 | 15.63 | 172.3 |
| GDP | 2816 | 8.530 | 2.800 | 2.200 | 14.23 |

### 7.3.3　样本与数据来源

根据研究的需要，本章具体使用到176家商业银行的年度数据，具体的数据长度为2005—2020年，因为是需要具体验证商业银行的信贷渠道，故而样本中涵盖了我们国家各种类型的商业银行，覆盖的范围广泛，能够有效代表信贷这一重要的渠道。另外，在具体的数据处理的过程中，为能够进行有效验证，剔除了部分数据有欠缺的银行①。使用到的数据主要来自BVD全球金融数据库和Wind。

## 7.4　实证结果分析

### 7.4.1　银行信贷渠道的存在性

表7.2汇报了货币政策工具对银行信贷增速影响的回归结果。

可以发现，首先，无论是表7.2中列（1）回归结果还是列（2）回归结果，银行信贷增速的一阶滞后项估计系数均为正，且在1%的水平上显著。这一方面说明银行信贷增速调整过程中可能存在调整成本，银行信贷供给呈现持续性特征；另一方面也说明银行的信贷增速是动态变化的，亦能表明本章使用动态面板模型的合理性。

其次，列（1）回归结果显示，货币政策工具，当货币供应量M2增加时，银行的信贷量上升。列（2）回归结果中货币政策工具Shibor的估计系数为-0.0186，且在1%的显著性水平上显著，表明利率上升将会使银行的信贷增速降低。列（3）回归结果中，货币政策工具DEP的估计系数为-0.0031，且在1%的显著性水平上显著，表明贷款基准利率上升将

① 剔除了数据不齐全和变量窗口小于5年的商业银行。

会降低银行信贷增速。列（4）回归结果中货币政策工具 Reserve 的估计系数为 -0.0528，且在1%的水平上显著，表明法定存款准备金利率上升将会抑制银行信贷规模的增长。这是因为，商业银行作为金融中介既承担着为市场融资的角色，也承担着疏通货币政策传导渠道的责任。当央行实施货币政策趋于宽松时，货币供给通过商业银行流入实体经济，因此，一方面货币政策工具是通过公开市场操作实施的，它可以改变银行的准备金数量。紧缩的货币政策要求商业银行必须增加在中央银行的法定储备金水平，这限制了银行贷款的发放，从而削弱了银行准备金的可用性。另一方面，吸收存款是商业银行重要的业务之一，也是其资金的来源渠道之一，而货币政策的调整，特别是利率方面的调整会导致储蓄率、存款利率等都跟着发生变化，商业银行如果不能有稳定储蓄来源，也会导致其贷款资金的规模减小。因此，宽松的货币政策将使银行信贷增速显著提高；反之，货币政策收紧将会对银行信贷上升起到一定的抑制作用。

**表 7.2　　货币政策工具对银行信贷的影响**

| 货币政策工具 | Loan | | | |
|---|---|---|---|---|
| | M2<br>(1) | 同业拆借利率<br>(2) | 贷款基准利率<br>(3) | 存款准备金率<br>(4) |
| L. Loan | 0.1251***<br>(0.0013) | 0.1479***<br>(0.0011) | 0.1508***<br>(0.0009) | 0.1478***<br>(0.0007) |
| M2 | 0.0073***<br>(0.0000) | | | |
| Shibor | | -0.0186***<br>(0.0001) | | |
| DEP | | | -0.0031***<br>(0.0001) | |
| Reserve | | | | -0.0528***<br>(0.0014) |
| LNTA | -0.0142***<br>(0.0002) | -0.0115***<br>(0.0002) | -0.0098***<br>(0.0003) | -0.0097***<br>(0.0003) |

续表

| 货币政策工具 | Loan | | | |
|---|---|---|---|---|
| | M2<br>(1) | 同业拆借利率<br>(2) | 贷款基准利率<br>(3) | 存款准备金率<br>(4) |
| ROA | -0.0703***<br>(0.0005) | -0.0300***<br>(0.0003) | -0.0628***<br>(0.0006) | -0.0723***<br>(0.0004) |
| CAR | 0.0041***<br>(0.0000) | -0.0018***<br>(0.0000) | 0.0018***<br>(0.0000) | 0.0025***<br>(0.0001) |
| ER | -0.0140***<br>(0.0001) | -0.0163***<br>(0.0001) | -0.0247***<br>(0.0002) | -0.0253***<br>(0.0001) |
| CI | -0.0034***<br>(0.0000) | -0.0007***<br>(0.0000) | 0.0001***<br>(0.0000) | 0.0000***<br>(0.0000) |
| GDP | 0.0012***<br>(0.0000) | 0.0014***<br>(0.0000) | -0.0001<br>(0.0000) | 0.0005***<br>(0.0000) |
| 常数项 | 0.4759***<br>(0.0028) | 0.4652***<br>(0.0040) | 0.4844***<br>(0.0038) | 0.5667***<br>(0.0047) |
| 时间 | 控制① | 控制 | 控制 | 控制 |
| $N$ | 1294 | 1294 | 1294 | 1294 |
| AR2p | 0.9984 | 0.5300 | 0.4857 | 0.5078 |
| Hansenp | 0.3955 | 0.4852 | 0.4570 | 0.4306 |

注：“()”内是标准误；*、** 和 *** 分别代表在10%、5%和1%的水平上显著。下同。

## 7.4.2　货币政策与宏观审慎政策对银行信贷增速的协同作用

上文研究了不同类型货币政策工具对商业银行信贷的增速的影响。为进一步探讨货币政策与宏观审慎的作用是共享是还是互补，本章构建了货币政策与宏观审慎政策交互项。以此来检验货币政策与宏观审慎政策在信贷渠道上的相互作用。表7.3具体显示了两项政策的协作对于商业银行的信贷供给增长速度作用的情况。

① “控制”代表加入了对应的变量。

首先，通过宏观审慎政策的实证结果分析，在不同的估计方程中，宏观审慎政策的估计系数都为负且显著，这表明宏观审慎政策工具的实施约束了商业银行信贷业务的扩张性，降低了银行信贷供给规模的增速。当然，这主要是由于宏观审慎政策施行的逆周期的管理方式，就是为了防止商业银行在经济上行阶段受到政策和环境的激励，会主动向经济主体提供更多的流动性的情况。在经济相对繁荣阶段，商业银行内部积累了充足的可贷资金，银行为了追求更高的收益，往往就会向更多的资金需求方提供贷款，难免会降低贷款的门槛，导致风险增加，而在经济相对萧条的阶段，银行资金不充足时往往会惜贷，导致资金需求方资金链断裂，出现违约，所以宏观审慎政策通过逆周期工具调节这种状态，降低银行信贷的波动，缓解银行系统内的资金筹措的成本，也有利于货币政策在信贷渠道上的顺畅传导。鉴于商业银行具有典型的顺周期行为，随着宏观审慎政策的实施力度的加强，宏观审慎监管工具中的贷款价值比、补充资本要求也将对银行的信贷产生抑制作用，从而降低了银行信贷增速。

其次，从货币政策工具与宏观审慎政策 MPA 的交互项来看，估计方程（7.1）的交互项系数为负，说明当货币政策宽松时，宏观审慎政策的实施将会降低银行信贷量，也即宏观审慎政策的实施将会缓解宽松货币政策的扩张效应。这是因为，银行信贷具有顺周期性，当货币政策处于宽松周期时，银行体系流动性堆积，出于追求利润等动机，银行将会加大信贷投放，从而引起银行信贷增速增加，容易造成信贷泡沫的产生。为了防止信贷膨胀以及可能引起的金融风险，央行通过加强宏观审慎监管，如资本要求等，对银行提出了更高的监管要求，能够抑制银行无序的信贷投放，进而降低银行信贷增速增加。估计方程列（2）至估计方程列（4）的交互项估计系数为正，说明在货币紧缩周期内，宏观审慎政策放松对资本、杠杆和信贷的监管力度，抑制银行信贷过度紧缩，能够防止银行过度收缩信贷。总的来说，表 7.3 的实证结果显示，两项政策之间在银行信贷渠道上都能产生作用，而且政策工具的使用都会对银行系统的信贷供给总量和供给速度产生影响。如果货币政策是提高货币供给量的话，则会导致银行信贷增加，但是宏观审慎监管政策的实施能够约束信贷规模；如果是紧缩性的货币政策搭配宏观审慎政策，则会抑制银行的惜贷。

**表7.3　货币政策、宏观审慎政策在银行信贷增速方面的协同**

| 货币政策工具 | Loan | | | |
|---|---|---|---|---|
| | M2<br>(1) | 同业拆借利率<br>(2) | 贷款基准利率<br>(3) | 存款准备金率<br>(4) |
| L. loanpp | 0.1459***<br>(0.0016) | 0.3591***<br>(0.0079) | 0.2461***<br>(0.0026) | 0.2590***<br>(0.0023) |
| M2 | 0.0103***<br>(0.0000) | | | |
| Shibor | | -0.0854***<br>(0.0014) | | |
| DEP | | | 0.0216***<br>(0.0015) | |
| Reserve | | | | 0.1485***<br>(0.0153) |
| MPA | -0.0073***<br>(0.0000) | -0.0464***<br>(0.0011) | -0.0020***<br>(0.0004) | -0.0201***<br>(0.0010) |
| M2 * MPA | -0.0000***<br>(0.0000) | | | |
| Shibor * MPA | | 0.0142***<br>(0.0003) | | |
| DEP * MPA | | | 0.0008***<br>(0.0001) | |
| Reserve * MPA | | | | 0.0125***<br>(0.0006) |
| LNTA | -0.0125***<br>(0.0002) | -0.0180***<br>(0.0022) | -0.0093***<br>(0.0009) | -0.0080***<br>(0.0010) |
| ROA | -0.0720***<br>(0.0009) | -0.0459***<br>(0.0067) | -0.0741***<br>(0.0035) | -0.0276***<br>(0.0022) |
| CAR | 0.0042***<br>(0.0001) | 0.0102***<br>(0.0011) | 0.0137***<br>(0.0005) | 0.0121***<br>(0.0005) |

续表

| 货币政策工具 | Loan | | | |
|---|---|---|---|---|
| | M2<br>(1) | 同业拆借利率<br>(2) | 贷款基准利率<br>(3) | 存款准备金率<br>(4) |
| ER | -0.0133 ***<br>(0.0001) | -0.0135 ***<br>(0.0022) | -0.0134 ***<br>(0.0008) | -0.0134 ***<br>(0.0007) |
| CI | -0.0029 ***<br>(0.0000) | -0.0088 ***<br>(0.0002) | -0.0027 ***<br>(0.0001) | -0.0013 ***<br>(0.0001) |
| GDP | -0.0017 ***<br>(0.0000) | 0.0229 ***<br>(0.0008) | 0.0062 ***<br>(0.0003) | 0.0058 ***<br>(0.0002) |
| 常数项 | 0.4074 ***<br>(0.0027) | 0.7813 ***<br>(0.0393) | 0.2472 ***<br>(0.0143) | -0.0403<br>(0.0375) |
| 时间 | 控制 | 控制 | 控制 | 控制 |
| $N$ | 1294 | 1294 | 1294 | 1294 |
| AR2p | 0.8086 | 0.1582 | 0.4621 | 0.2622 |
| Hansenp | 0.4529 | 0.1224 | 0.2588 | 0.1988 |

### 7.4.3 稳健性检验

本章在模型设定时采用了系统 GMM 方法进行估计，引入被解释变量滞后项并得到了显著的实证估计结果。为了进一步验证基准回归结果的有效性，本章采用固定效应模型进行重新估计，回归结果如表 7.4 和表 7.5 所示。

表 7.4 给出了货币政策工具对银行信贷的稳健性检验结果，从中可以得到以下结论。其一，估计方程列（1）中货币政策工具 M2 的估计系数为正，说明宽松的货币政策将会促进银行信贷增加；其二，估计方程列（2）至估计方程列（4）的货币政策工具的估计系数都为负，这充分说明了如果货币政策的工具使用是提高政策利率、提高存款准备金率等紧缩性的方向，那么会直接导致银行的信贷增速下降。

表 7.4 货币政策对银行信贷的影响

| 货币政策工具 | 信贷 | | | |
|---|---|---|---|---|
| | M2<br>(1) | 同业拆借利率<br>(2) | 贷款基准利率<br>(3) | 存款准备金率<br>(4) |
| M2 | 0.0070***<br>(0.0013) | | | |
| Shibor | | -0.0143***<br>(0.0050) | | |
| DEP | | | -0.0131**<br>(0.0054) | |
| Reserve | | | | -0.1239**<br>(0.0618) |
| LNTA | -0.0062<br>(0.0111) | -0.0358***<br>(0.0094) | -0.0097***<br>(0.0036) | -0.0097***<br>(0.0036) |
| ROA | -0.0253**<br>(0.0107) | -0.0092<br>(0.0116) | -0.0173<br>(0.0109) | -0.0003<br>(0.0096) |
| CAR | 0.0056***<br>(0.0018) | 0.0055***<br>(0.0019) | 0.0065***<br>(0.0017) | 0.0062***<br>(0.0017) |
| ER | -0.0035<br>(0.0029) | -0.0056*<br>(0.0029) | -0.0071***<br>(0.0022) | -0.0072***<br>(0.0022) |
| CI | -0.0014***<br>(0.0005) | -0.0008<br>(0.0005) | -0.0006<br>(0.0004) | -0.0002<br>(0.0004) |
| GDP | 0.0038*<br>(0.0020) | 0.0034<br>(0.0021) | 0.0052***<br>(0.0016) | 0.0049***<br>(0.0017) |
| 常数项 | 0.1710<br>(0.1673) | 0.6512***<br>(0.1370) | 0.2383***<br>(0.0567) | 0.0402<br>(0.1179) |
| 银行固定效应 | 控制 | 控制 | 控制 | 控制 |
| 时间效应 | 控制 | 控制 | 控制 | 控制 |
| *N* | 1457 | 1457 | 1457 | 1457 |
| r2 | 0.0783 | 0.0618 | 0.0488 | 0.0473 |

表7.5的结果是两项政策对于商业银行的贷款提供方面影响的稳健性检验的情况，从中可以得到以下结论。其一，宏观审慎政策的估计系数为负，

说明随着宏观审慎监管的加强，银行信贷增速呈现下降趋势，也即宏观审慎政策的实施能够降低银行信贷供给增速。其二，估计方程列（1）中宏观审慎政策与货币政策工具 M2 的交互项估计系数为负，估计方程列（3）和估计方程列（4）中宏观审慎政策工具与货币政策工具中的利率、贷款基准利率、存款准备金率构造交互项后的估计系数为正，由此表明宏观审慎政策可以作为货币政策的补充，去缓解货币政策宽松导致的信贷增速的提升，这也再次验证了前面的假设以及结果的稳健程度。

**表 7.5　　货币政策和宏观审慎政策对银行信贷的影响**

| 货币政策工具 | Loan | | | |
|---|---|---|---|---|
| | M2<br>(1) | 同业拆借利率<br>(2) | 贷款基准利率<br>(3) | 存款准备金率<br>(4) |
| M2 | 0.0072 ***<br>(0.0011) | | | |
| Shibor | | -0.0428 ***<br>(0.0076) | | |
| DEP | | | 0.0061<br>(0.0074) | |
| Reserve | | | | 0.0188<br>(0.1055) |
| MPA | -0.0007<br>(0.0018) | -0.0196 ***<br>(0.0042) | -0.0044<br>(0.0032) | -0.0013<br>(0.0184) |
| M2 * MPA | -0.0000<br>(0.0000) | | | |
| Shibor * MPA | | 0.0062 ***<br>(0.0013) | | |
| DEP * MPA | | | 0.0015 *<br>(0.0009) | |
| Reserve * MPA | | | | 0.0009<br>(0.0112) |
| LNTA | -0.0070 **<br>(0.0036) | -0.0205 **<br>(0.0100) | -0.0093 ***<br>(0.0036) | -0.0432 ***<br>(0.0100) |
| ROA | -0.0194 **<br>(0.0096) | -0.0036<br>(0.0116) | -0.0160<br>(0.0109) | -0.0202 *<br>(0.0116) |

续表

| 货币政策工具 | Loan | | | |
|---|---|---|---|---|
| | M2<br>(1) | 同业拆借利率<br>(2) | 贷款基准利率<br>(3) | 存款准备金率<br>(4) |
| CAR | 0.0059***<br>(0.0017) | 0.0052***<br>(0.0018) | 0.0064***<br>(0.0017) | 0.0062***<br>(0.0019) |
| ER | -0.0049**<br>(0.0022) | -0.0041<br>(0.0029) | -0.0069***<br>(0.0022) | -0.0070**<br>(0.0029) |
| CI | -0.0011**<br>(0.0004) | -0.0008*<br>(0.0005) | -0.0006<br>(0.0004) | -0.0010*<br>(0.0005) |
| GDP | 0.0016<br>(0.0023) | 0.0098***<br>(0.0031) | 0.0068***<br>(0.0024) | 0.0013<br>(0.0028) |
| 常数项 | 0.1832***<br>(0.0567) | 0.4909***<br>(0.1431) | 0.2399***<br>(0.0567) | 0.6971***<br>(0.2618) |
| 银行个体效应 | 控制 | 控制 | 控制 | 控制 |
| 时间效应 | 控制 | 控制 | 控制 | 控制 |
| *N* | 1457 | 1457 | 1457 | 1457 |
| r2 | 0.0785 | 0.0796 | 0.0499 | 0.0559 |

## 7.5 研究结论及对策建议

本章基于我国176家商业银行2005—2020年的面板数据，实证检验了货币政策信贷渠道的存在性，两种政策各自以及共同对银行信贷供应的影响，以及它们在信贷渠道共享时的相互作用机制。实证结果表明，第一，数量型货币政策工具货币供应量增加将会引起信贷供给增加；价格型货币政策工具的使用，如政策利率上升、贷款基准利率上升以及法定存款准备金率上升，都将引起银行的信贷供给减少，也就是表明，货币政策的宽松工具在使用时，是会对银行的信贷供给的总量起到促进作用的。第二，随着宏观审慎政策工具的收紧，银行信贷供给增速呈现下降趋势。第三，在货币宽松背景下，宏观审慎政策的实施将会降低银行信贷规模，但是在货币政策收紧的背景下，宏观审慎工具的实施将会抑制银行信贷供给放缓，这也具体说明了宏观审慎政策与货币政策在银行的信贷渠道上是存在渠道共享的，实施政策工具时，都会直接影响银行的信贷供给。

根据实证检验的结果获得的结论，我们提出下列有意义的建议。第一，信贷传导是货币政策实现政策目标最重要的传导机制之一，但伴随着宏观调控的手段和工具的完善，多种政策都会使用这一渠道，因而对于货币政策来说，要更加完善利率走廊机制，引导市场利率以央行政策利率为基准进行上下波动。此外，根据市场需求进行金融工具的创新，使货币政策工具箱能更加充分地发挥价格型货币政策工具的潜力。第二，对于宏观审慎监管来说，其政策具有明显的逆周期作用，能够缓解银行经营中的顺周期行为，对于银行的信贷周期调整具有明显的效果，可以与货币政策形成配合，因此需要进一步完善宏观审慎政策的逆周期监管机制，特别是建立逆周期资本缓冲评估机制，对商业银行信贷进行差异化监管，防止因过度和无序信贷而产生信贷泡沫，维护经济增长和金融稳定。第三，在中央银行的推动下，加强两种政策之间的协调与配合。无论是货币政策还是宏观审慎政策都有各自的特点，实证的结果也表明了在银行信贷的传导渠道上，两种政策是存在着明显重叠的，即紧缩的货币政策与紧缩的宏观审慎政策都将抑制银行信贷供给增加，因此，在制定宏观调控政策时，不能仅考虑单一政策效果，需综合考虑结合宏观审慎政策与货币政策的共同点与异质性，探索货币政策与宏观审慎政策的协同，积极发挥双政策的优势，提高宏观调控效率。

# 第 8 章

# 货币政策与宏观审慎政策的渠道共享——流动性渠道

## 8.1 引　　言

在我国长期的经济发展过程中，商业银行作为重要的金融中介机构为国民经济的平稳运行提供了充足的流动性，在金融市场建设以及产业结构调整中发挥了重要作用。金融的稳定离不开货币政策工具对金融机构的流动性调控与监管，尤其是货币政策工具对商业银行的直接作用对经济社会的健康和稳定有着重要影响。货币政策的核心目标恰恰就是实现银行流动性的平稳、有效。近年来，商业银行流动性频频出现“负债荒”和“资产荒”，这是商业银行流动性管理过程中常常出现的一种现象，如 2013 年前后两次爆发“钱荒”；2017 年，银行间短期拆借利率创下自 2015 年以来新高，整个银行业再次陷入流动性不足的困境，这不仅使银行的盈利能力受损，也在一定程度上影响了整个金融市场的稳定。为了使金融市场和银行体系能够稳定运行，中国人民银行在 2007—2018 年的 11 年里多次通过出台相应货币政策进行干预，其中包括对存款准备金率进行的 52 次调整。虽然货币政策的实施对整个金融财政的稳定贡献了巨大的力量，但是，由于货币政策传导机制存在差异，折旧不可避免地产生一定风险，如当实施紧缩的货币政策时，商业银行的流动性水平大幅下降，导致银行流动由“剩”转“缺”，流动性风险及破产风险随之增加（蒋海等，2021）。从我国的具体政策实践方面看，自从东南亚危机以来，银行系统的整体流动性的水平与政策的作用关联不断加强，呈现出“先升后降，最后趋于平缓”的特点。1997—2004 年，中央银行多次调整基准利率对市场进行调整，政策立场宽松，以此来刺激实体经济的快速增长。这期间，一年期的存款利率从 5.67% 逐渐下调到 1.98%，3 年期贷款从 9.36% 下调到 5.49%，而银行业的总体流动性水平自 45.12% 上涨了 12.35%，达到 57.47%。2004—2008 年，为了抑制经济过度扩张，央行又多次上调存款和贷款基准利率，银行流动性水平也随之下降至46.2%。截至2021年第4季度，商业银行流动性比例为60.32%。因此，研究货币政策对银行流动性水平的影响，对有效管理和调节银行体系的流动性，防范银行流动性风险具有重要的意义。

商业银行的经营依赖于合理规模的流动性，以此来满足银行的客户取款、存款、贷款、经营以及短期清偿等，银行的日常经营很大程度上是吸收存款，然后将其中一定比例的存款再贷给资金的需求方，所以银行的运营是需要市场主体对其有充足的信心的，一旦流动性不足或者有短缺的倾向，就可能导致客户群体对于银行的经营信心发生变化，出现“挤兑”，而且这种恐慌情绪会在银行系统内传染，导致整个系统都出现流动性危机，会对整个金融系统和宏观经济产生负面冲击。过去一二十年，许多银行倒闭和金融危机都表明，资不抵债不是银行破产的主要原因，流动性危机才是导致银行破产的直接原因，而流动性危机又是系统性风险的主要诱因（Rajan，2001）。于是，2008年金融危机后，学者们逐渐意识到商业银行流动性监管的各种缺陷，传统的微观流动性监管只关注单个金融机构的流动性水平，难以防范系统性金融风险；对于整个商业银行体系而言，应当重视系统性的宏观审慎监管。

近年来，我国的各项金融改革逐渐完善，商业银行在日常经营中也更加注重对于短期流动性的管理，用以维系自身的正常经营。这在带动银行间同业拆借市场快速发展的同时，对于系统的流动性管理也提出了更高的要求。与此同时，为防范系统性风险，中国人民银行从资本充足率、资本结构以及流动性等方面对金融机构进行评估，完善了宏观审慎评估体系。在此基础上，党的十九大报告明确要求，要进一步完善“双支柱”监管框架，即货币政策和宏观审慎政策协调与配合。鉴于此，本章重点关注货币政策变动对银行流动性水平有何种影响，以及宏观审慎政策在货币政策影响商业银行流动性水平中所起的作用。对上述问题的分析需明晰宏观审慎政策与货币政策的相互关系。

## 8.2　理论分析和研究假设

2008年，由于雷曼兄弟的破产导致金融危机升级，对全球的金融稳定和经济发展都造成了严重的威胁。反思危机的教训，传统的货币政策框架被质疑应对危机不力。通常货币政策的目标主要是针对价格稳定以及经济增长的，并不能够对金融稳定负责，因此针对金融系统性失衡的问题，需要引入新的监管政策进行干预，也就是宏观审慎政策对金融部门的系统稳定进行监管。

### 8.2.1　对商业银行流动性加强管理的需求

金融市场在不断完善，金融结构也在不断变化，金融风险无处不在，因而需要金融监管事前、事中的管理，避免风险的蔓延和扩散。商业银行作为金融系统中最重要金融机构，对其经营的监管始终是金融监管的重点。随着金融体系的不断变化，金融关系和金融联系也在改变，对于商业银行的监管重点，也从单纯的对于货币的管理，逐渐转移到全面的宏观审慎监管。宏观审慎监管作为对于金融系统整体稳健性负责的监管举措，其政策工具箱中含有多种类针对市场及机构中出现不同问题时的政策工具。鉴于全球金融危机期间，大量商业银行因为流动性不足导致风险的教训，在巴塞尔资本协议Ⅲ中，特别强调了流动性监管作为宏观审慎监管的重要组成部分。通过对商业银行的流动性监管，改善商业银行的资产负债情况，可以缓解利率变动对于银行的冲击。

商业银行在经营的过程中，因为其特殊的资产负债结构会出现期限错配的情况，并容易引发流动性风险。商业银行是通过吸收存款来进行积累的，而后再发放贷款，存贷之间利率差就是银行的收益来源之一。但是银行吸收存款的期限一般都是短期的，长期的存款非常少，而银行的贷款大部分都是长期的，尤其是给房地产行业中的企业或者个人提供的贷款，期限都很长，因而在银行的资产负债表中就容易出现期限错配。当银行中的客户大量需要提取存款时，商业银行就面临着流动性风险。虽然银行可以通过出售资产的方式获得流动性，但是有可能不足以支付全部的债务，所以期限转换的风险将导致商业面临进一步挤兑甚至破产，这也是2008年全球金融危机中很多商业银行实际面临的问题。在宏观审慎监管框架没有正式出台之前，部分国家和地区在管理商业银行流动性风险方面，只有一些短期的监管要求或者指标，比如存款准备金要求等，但是并没有形成相对统一的监管标准和监管要求。

### 8.2.2 宏观审慎政策与银行的流动性

（1）需要改善流动性的问题

宏观审慎政策工具中有一类的工具是专门针对商业银行流动性的。加强流动性管理，主要是要求商业银行有在应对不同状况下能够及时筹措资金、加强资金来源多样化的方案。从商业银行的经营原则来说，其也是遵循着安全性、流动性、收益性的原则，根据其自身的流动性要求，主动去管理其资产和负债、优化资产负债表、完善借贷期限的，但是鉴于金融危机的教训，宏观审慎监管框架中就流动性的管理，专门提出了两个监管流动性的指标，从短期和长期分别加强对于流动性的管理。

第一，宏观审慎是从系统性、宏观性的角度考虑的监管要求和指标，而并不是简单针对个体的流动性问题进行监管。由于金融机构之间的相互关联、同业拆借等而存在着横截面维度的系统内的流动性风险，同时也存在着宏观经济环境的变化导致的流动性问题在时间维度上的不断累积，而且系统重要性金融机构因为其集中度、业务规模等更存在着较大的流动性风险，所以宏观审慎监管政策的理念是保证金融系统的流动性稳定。

第二，流动性风险是存在多个维度的，不是单一的渠道问题，这也是流动性风险难以全面把控之处。在整个金融市场中存在着银行体系内的流动性、金融市场内的流动性，以及宏观经济中的流动性问题，这些流动性问题其实是交织在一起的。经济管理、产业发展、金融制度等都是会对流动性以及流动性风险产生影响的机制，所以宏观的流动性富裕也不代表金融体系的流动性也是充足的，也不代表实体经济中的企业都能够获得资金支持，所以从宏观审慎监管的角度，其对于流动性的关注还是更加集中于银行体系内。

第三，从对流动性管理的研究分析来看，由于上述的流动性风险涉及的经济主体和行为相对较多，对于风险的刻画难以全面，对于风险的形成、传递的过程也缺乏深入的定性，对其开展进一步的实证分析存在一定的难度，所以宏观审慎的流动性监管要求还需要进一步的效果验证和完善。

通过上述的相关分析可以发现，宏观审慎政策在对商业银行系统的流动性进行管理时，应构建一个涉及更多角度、更多层级的监管要求或者指标体系。

（2）对流动性管理的宏观审慎监管要求

巴塞尔委员会在完善金融监管的进程中，提出了针对商业银行流动性的两个专门的监管指标，即流动性资金覆盖比率和净稳定资金比率，分别从短期和长期两个方面对商业银行的流动性做出监管要求。流动性资金覆盖比率是要求商业银行在面对极端压力的状况下，保障在短期（一个月）的时间内能持续拥有高质量的流动性，避免对银行的经营造成冲击。净稳定资金比率则是要求商业银行改善资产负债的期限结构，在资产的持有方面，更多地保障能够及时变现资产的持有，并且增加来源稳定的资金的比例，增强银行在长期中抵御外部冲击的实力，提高银行的风险承担的能力。

我国实施宏观审慎政策的理念比较早，在具体的监管改革实践方面是从2009年正式进行探索的，一开始是作为金融监管政策与微观审慎监管一起，共同对金融领域进行全面的监管，随着改革的深入，明确提出货币政策与宏观审慎政策“双支柱”的调控框架，对于宏观审慎框架的构建与完善也更加深入。在我国的商业银行监管实践中，在流动性管理方面，一直使用的是以存贷比为主要指标的流动性管理方法，但是这一指标在使用时也存在一定的不足，所以自 2015 年 9 月，原中国银监会发布了新的流动性管理办法，将“流动性覆盖率”作为了我们的监管指标。

自实施这一指标监管后，根据原银保监会公布的季度监管指标，流动性覆盖率也是始终处在 130% 以上的（见图 8.1），因此相关商业银行的流动性保障是合规的。

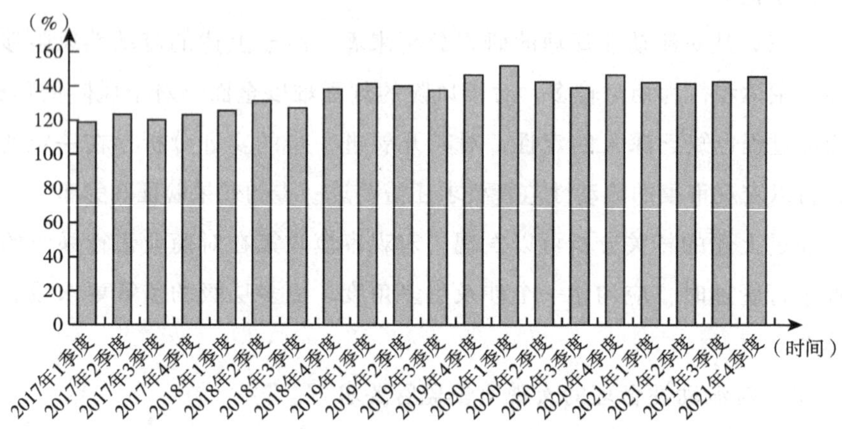


**图 8.1　我国商业银行的流动性覆盖率**

### 8.2.3　货币政策、宏观审慎政策及流动性调节

（1）商业银行流动性管理对货币政策信贷传导渠道的影响机制

宏观审慎政策更好地发挥作用，首先就是要梳理好货币政策与宏观审慎政策之间的关系。根据普遍的认知，货币政策是经济政策，目标是调节总量，实现价格稳定和产出增长；宏观审慎政策是产业管理政策，其最终目标是维护金融的稳定。信用货币体系的运行机制决定了货币政策的传导会先作用于中介系统，而后再作用于实体经济部门。中央银行在进行宏观经济调控时，主要是通过中央银行的资产负债表来影响基础货币的投放，再通过商业银行的信贷来影响整个市场和体系中的流动性状况，最终对实体经济产生影响；而宏观审慎政策通过对商业银行的经营行为的干预，在用于保障个体机构的稳健的同时，也阻断系统性风险在金融体系中的累积

和蔓延，最终也是对实体经济有积极的作用。所以两项政策在商业银行的渠道上是存在着共享传导渠道的，在研究政策实施时，也需要考虑对其他的政策目标的影响。

商业银行的流动性渠道是货币政策发挥作用的非常重要的机制，因为资金进入实体经济，中央银行是肯定要通过银行的信贷渠道才能实现流动性注入的。传统的理论认为，为了实现存款的安全和保障，中央银行对于商业银行吸收的存款提出准备金的监管要求，所以通过这一政策工具的调整，会导致银行的负债规模发生变化，也会影响到银行的流动性，这也是商业银行会调整自身的信贷供给的诱因。现代理论则认为，货币政策会通过信贷渠道影响到商业银行的外部融资成本，而外部融资成本取决于银行本身的流动性和市场对银行的态度。

银行自身流动性的充足程度，关系到货币政策通过商业银行的信贷传导渠道是否通畅。如果商业银行的流动性不足，与货币政策的宽松与否直接相关，那么其信贷机制就会受到约束。但是如果商业银行自身流动性充足，不完全依赖于宽松的货币政策，其有自己的外源融资渠道，那么其信贷供给来源丰富，信贷机制受到冲击的程度就会较低。

首先，银行的流动性与资产负债表状况。在商业银行存在外部冲击的情况下，流动性资产的充足程度直接影响银行的经营和资金余缺的调剂。所以当中央银行收紧市场流动性时，若商业银行本身持有高流动性资产，则能够保持稳定的信贷规模，其信贷的供给受到的冲击就比较小。商业银行的流动性对于货币政策的传导产生的影响，主要取决于商业银行本身的流动性转换的功能。如果商业银行资产负债表状况良好，能够根据外部环境的变化进行调整，能够将不同流动性程度的资产之间形成转化，那么银行的基本信贷就不会受到政策的冲击。通常银行出现流动性不足时，会选择将不同期限的融资进行置换、将不同流动性水平的资产进行置换、缩短贷款的期限等，但是这些转换都存在着不同程度的风险，也需要根据银行的资产负债表结构来进行，所以银行的结构转换能力，会影响到货币政策的传导渠道。

其次，外源融资和信息不对称问题。商业银行应监管要求以及披露要求，会定期公布自身的一些指标状况，通过这些公开的微观或者宏观的指标能够在一定程度上反映商业银行的经营状况和稳健程度，比如流动性相关指标能够直接反映商业银行资产负债表的稳健性，而资本充足率等指标能够反映银行的经营情况，这些指标就是在向社会释放信息，帮助市场了解银行的实际情况，这样银行在进行外源融资时，能减少与市场之间的信息磨合。市场约束力越强、透明度越高，对于身处其中的商业银行来说，越容易获得外部的资金支持。在遇到货币政策紧缩时，如果自身的流动性充足，则能避免信贷供给受到太多的冲击，受到的影响也比较小；对于期限错配比较明显、资产规模也比较小的商业银行来说，其流动性水平和信贷的规模就非常容易受到货币政策调整的影响。

（2）宏观审慎政策与货币政策共享流动性渠道

宏观审慎政策的主要目标是监管系统性风险，维护金融稳定；而货币政策的目标是避免过高的通货膨胀影响经济的增长，这两种政策虽然是不同的政策，有各自的政策目标和工具，但是在政策发挥作用时，两种政策的传导都会对商业银行的流动性产生调节和约束的作用，而且存款准备金率工具对于影响政策来说，都是可以使用的工具，直接影响商业银行的流动性状况，进而影响银行的信贷政策。

国内外学者对于两种政策之间的相互关系，以及对经济体系、金融体系的作用都有过一定的论述。通过不同的模型构建和实证方式，学者们得到的普遍性结论是，货币政策与宏观审慎政策是相互独立但是互相补充的政策，两项政策之间是不可替代的，各自在经济管理系统中都有重要的作用。作为货币政策当局来说，应当以价格稳定作为主要的目标，而且不同层次的货币供应量，对于稳定价格和刺激经济增长是有着积极作用的，这在各国学者的实证检验中都是得到认可的。通过宏观审慎政策工具的使用，能够有效改善金融失衡的状态，缓解系统性风险的累积等，对于金融稳定的维护是有正面意义的；而且其对货币政策能够起到积极的辅助效果，特别是宏观审慎政策的实施能够为货币政策提供更大的操作空间。所以货币政策与宏观审慎政策需要相互协调，在实现各自政策目标的同时，也需要考虑到政策的外溢情况，通过政策的配合，实现经济和金融系统整体的福利增进，实现金融稳定和经济增长，共同维护宏观经济的稳定。

通过上述分析，可以非常清晰地认识到，两种政策拥有各自需要维护的稳定目标，而且有各自的政策考量，侧重于不同的系统，但是宏观审慎政策与货币政策之间在政策传导时，都会主要通过商业银行，政策之间既互补又冲突。两种政策在实施时，需要考虑两种政策之间的协调效果，避免政策的冲突更为重要。就两种政策在流动性管理方面，有以下认识：

首先，从政策的实施角度来看，宏观审慎政策工具主要是通过净稳定融资比率、流动性覆盖率这两个指标直接干预商业银行的资产负债表，从而保障商业银行在极端状况下也能有缓冲的流动性，维护一定的运营时间，而货币政策则主要是通过官方利率、存款准备金率等来影响商业银行系统的流动性供给。但是两种政策之间，并不是总能形成协力，当货币政策的立场更为宽松时，主要是为了刺激经济增长，可能会向系统中注入流动性，但是这可能影响到金融稳定，这时宏观审慎政策可能会进行限制，导致两种政策在商业银行的渠道形成冲突，因此需要两种政策的政策当局进行协调，或者更高级别稳定委员会进行协调。政策当局可能需要根据市场、经济、金融的具体情况，在政策目标之间博弈之后，根据损失的程度和紧急的程度，来确定政策实施的先后以及力度，避免对基本面造成进一步的冲击。

其次，从政策的预期目标来看，货币政策是针对整个经济体发展而调节整体的货币供应量。宏观审慎政策是针对整个金融部分的宏观监管，其也对流动性有监管要求，而且流动性监管指标是常规监管要求，商业银行需要定期汇报指标的合规情况。但是货币政策在执行时，往往需要根据现实经济的状况，又有自己的频率和时机的选择。从以上角度来看，两项政策也是需要协调的，尤其是对于货币政策的工具选择和实施力度。

最后，从政策效果的观测来看，货币政策的最终政策效果可以通过 GDP 的增速、CPI 的变化来检验并分析政策的实施力度和效果，而且其作为传统的宏观经济调控政策之一，对政策效果的评估和追踪都有一套成熟的方法；而宏观审慎政策的效果评估，目前只能通过商业银行等金融机构的监管指标是否合规来看，而金融体系整体的抗击能力和韧性并没有量化性的指标可以观测和评估，所以在效果追踪方面存在一定的难度，这也是在流动性管理方面存在的比较困难的地方之一。

在控制系统性风险并消除潜在隐患方面，宏观审慎政策和货币政策是能够配合并相互作用实现效果的。国际货币基金组织的研究报告指出，信贷渠道是货币政策传导的重要路径。如果单独使用货币政策工具不仅期望达到经济管理的目标，还期望直接来管理和调节商业银行的信贷供给和规模，那么就需要利率工具进行大幅度的变动，这样又会对实体经济造成直接的冲击，会影响到价格稳定的实现，所以通过宏观审慎政策的配合显得尤为重要，而且宏观审慎对商业银行的流动性进行管理，在避免流动性风险的情况下，也会改变银行的资产负债结构，会影响到货币政策通过银行信贷的传导渠道。

两项政策之间需要协调与配合。如果流动性监管能够对商业银行的风险承担行为形成干预，那么就能在一定程度上缓解经济不景气阶段可能受到的流动性不足的影响，避免顺周期的波动，为货币政策的实施提供更加宽广的政策空间。

### 8.2.4 本章的研究假说

(1) 货币政策与银行流动性水平

为准确、有效地调节宏观经济的运行，各国政府往往会采取相应的货币政策调节银行的资产负债规模，以及相关表外业务的开展，从而达到调控银行流动性的目的。货币政策工具大体可以分为扩张型和紧缩型两类，不同货币政策工具的实施通常是通过影响商业银行的资产负债配置进而影响银行的流动性水平的。为使分析更加深入、细致，本章研究了紧缩性货币政策工具的实施如何影响银行的流动性水平。常用的货币政策工具包含如下几种：公开市场操作、存款基准利率以及法定存款准备金比率。不同货币政策工具对银行流动性的影响效果存在差异。其一，公开市场操作。中央银行在证券市场上买入证券时释放了商业银行的流动性水平，而当中央银行公开卖出证券时则降低商业银行的流动性水平。同理，债券正回购意味着中央银行首先以抵押债券的形式使银行的流动性水平紧缩，正回购到期后，流动性则得以释放，流动性水平得到提高。逆回购的作用原理与之相反。其二，再贴现率。通俗来讲，再贴现率即为银行流动性紧缩时，将短期票据向央行贴现以获取资金的成本。当再贴现率提高时，即政策当局实施紧缩的货币政策时，银行的资金使用成本上升，流动性收紧；反之，当再贴现率降低时，流动性水平得到提高。其三，法定存款准备金率。当法定存款准备金率提高时，即实施紧缩的货币政策时，商业银行必须将现有资金的一部分用于弥补法定存款准备金的缺口，银行的流动性水平下降；反之，银行则可以将超额的法定存款准备金用于日常经营，提高银行的流动性。综合以上分析，紧缩性的货币政策使得银行流动水平降低。据此，本章提出如下研究假设：

假设 1：紧缩（或扩张）的货币政策会降低（或提高）商业银行流动性。

（2）货币政策、宏观审慎与银行流动性

自 2008 年金融危机后，宏观审慎监管的概念得到各国监管部门普遍认同，但宏观审慎监管与货币政策的协调配合仍是国内外学者关注的重点（马骏和何晓贝，2019）。随着“新常态”、宏观经济增速下调、利率市场改革化等进程的不断推进，商业银行更青睐短期资金以维持日常的业务经营，带动了银行间同业拆借市场的快速发展，对银行系统的流动性管理需求也显得更为重要。在微观审慎管理机制覆盖不足的情况下，有必要从宏观审慎的角度提高商业银行的流动性监管力度，防范流动性风险。目前来看，基于宏观审慎监管的银行流动性风险评估与管理体系在管理银行流动性水平上成绩斐然。在传导机制上，紧缩的与扩张的宏观审慎监管没有明显差异，仅在作用方向上截然相反。

本章以紧缩的宏观审慎监管为例阐述宏观审慎政策影响银行流动性的传导机制，即资本类工具、流动性工具以及资产类工具三类。首先，紧缩的宏观审慎政策，如果降低贷款价值比（LTV）及贷款收入比（DTI），即贷款人在所拥有的抵押财产的价值或收入不变时能够获得的最大贷款额度降低，换句话说，资产类的紧缩性宏观审慎政策减少了商业银行的信贷供应，从而使银行的流动性上升。其次，紧缩的宏观审慎政策如果增加逆周期资本缓冲、动态的贷款损失准备和杠杆率，便能提高商业银行的资本比率要求，即最低资本留存与股本的比率，从而增加了银行的流动性。最后，基于流动性的严格宏观审慎监管要求，如更高的流动性覆盖率，即商业银行必须提高所持高质量流动性资产的比例，从而使银行系统的流动性水平上升。据此，本章提出如下研究假设。

假设 2：紧缩性（或扩张性）的宏观审慎政策起到提高（或降低）商业银行的流动性水平的作用。

## 8.3 实证研究设计

### 8.3.1 模型构建

由于固定效应模型无法改善小样本带来的估计偏误问题，而采用系统 GMM 估计方法能够克服这一困难，有效地改善模型中存在的内生性问题，而且当模型中加入核心解释变量的滞后项后，使估计结果可信度大大提升。鉴于此，本章选择系统 GMM 方法进行估计。

（1）货币政策对银行流动性的影响检验

$$LR_{i,t} = \alpha_0 + \alpha_1 LR_{i,t-1} + \beta_1 MP_t + \varphi_i X_{i,t} + \varepsilon_{it} \tag{8.1}$$

式（8.1）中，i 表示银行个体，t 表示时间，LR 是银行流动性。MP 为货币政策变量，包括货币供应量增速（M2），以及法定存款准备金率（Reserve）。控制变量选取银行规模、银行效率（成本收入比）、资本充足率比率、资产收益率及 GDP 增长率，模型中用 X 表示。$\varepsilon_{it}$ 为误差项。$\beta_1$ 衡量货币政策工具与银行流动性之间的关系。若 $\beta_1 > 0$，表示货币政策实施将会使银行流动性增加；反之，若 $\beta_1 < 0$，表示货币政策实施将使银行流动性减少。

（2）宏观审慎政策对银行流动性的影响检验

$$LR_{i,t} = \alpha_0 + \alpha_1 LR_{i,t-1} + \beta_1 MPA_t + \varphi_i X_{i,t} + \varepsilon_{it} \tag{8.2}$$

式（8.2）中，MPA 为宏观审慎政策。$\beta_1$ 衡量了紧缩型宏观审慎政策对银行流动性的影响。若 $\beta_1 > 0$，表示紧缩的宏观审慎政策提高了银行的流动性水平；反之，若 $\beta_1 < 0$，表示紧缩的宏观审慎政策降低了银行流动性水平。

（3）货币政策与宏观审慎政策对银行流动性的协同作用检验

$$LR_{i,t} = \alpha_0 + \alpha_1 LR_{i,t-1} + \beta_1 MP_t + \beta_2 MPA_t + \beta_3 MP_t \times MPA_t + \varphi_i X_{i,t} + \varepsilon_{it} \tag{8.3}$$

式（8.3）中，$\beta_3$ 衡量了货币政策工具与宏观审慎政策监管同时实施对银行信贷增速的影响，若 $\beta_3 > 0$，表明宏观审慎政策的实施，将会加剧货币政策对银行流动性的影响；反之，若 $\beta_3 < 0$，则说明宏观审慎政策与货币政策对银行流动性的影响存在一定程度的抵消，此时宏观审慎政策的实施，将会减弱货币政策对银行流动性的影响。

### 8.3.2　变量定义与描述

（1）被解释变量

即银行流动性水平。衡量银行流动性水平的主要变量是流动性资产比率、贷款与存款比率、流动性覆盖率、流动性匹配率、优质流动性资产充足率和净稳定资金比率。根据原银保监会的要求，2018 年年底之前，流动性覆盖率和优质流动性资产充足率必须达标，2019 年之前，流动性匹配率必须达标，因此这几项指标过去两年的数据，只有少数银行进行了公布。对于净稳定资金比率，资产规模超过 2000 亿元人民币的商业银行方才适用；而贷存比指标，则在2015年被取消，此后只作为辅助性监测指标对流动性进行监管。借鉴李志辉等（2016）、周晔和王亚梅（2022）的研究，选取资产负债表内除现金外的流动性资产与总资产的比值衡量银行流动性。

（2）核心解释变量

货币政策变量。货币政策的具体应用通常包括数量型货币政策工具和价格型货币政策工具。关于数量型货币政策工具，本章借鉴熊启跃和黄宪（2015）的研究，选取货币供应量增速（M2）作为数量型货币政策工具的代理变量。关于价格型货币政策工具的选取，借鉴邓向荣和张嘉明（2018）的研究，使用中央银行要求的存款准备金率（Reserve）作为价格型货币政策的代理变量。此外，为了验证本章结论的稳健性，借鉴宋科（2019）的研究，使用银行间同业拆借利率（IBOR90）作为货币政策的稳健性检验变量。

宏观审慎变量。参考Cerutti等（2015）的做法，基于国际货币基金组织（IMF）宏观审慎政策数据库（iMaPP）提供的17种政策工具构建中国宏观审慎政策指数MPA。具体包括逆周期资本缓冲（CCB），资本节约缓冲器（Conservation），银行资本要求（Capital），银行杠杆率限制（LVR），贷款损失准备金要求（LLP），银行对各部门信贷增长和数量限制与惩罚（LCG），贷款限制（LoanR），外币贷款限额（LFC），贷款与价值比率（LTV），偿债收入比限制（DSTI），适用于特定交易、资产或负债的税费（Tax），流动性要求（Liquidity），存贷款比率限制（LTD），外汇敞口头寸或货币错配限制（LFX），宏观审慎目的的准备金要求（RR），对系统重要性金融机构的资本和流动性附加（SIFI），其他（Other）。参考樊明太和叶思晖（2020）的构建方法，将一次紧缩型宏观审慎政策工具的实施表示为“+1”，一次扩张型政策工具的实施表示为“-1”，没使用的记为“0”；再将各个工具指标的月度观测值加总，获得宏观审慎政策综合指标的年度观测值，记为MPA。MPA越大，说明该年度宏观审慎政策越严格。

(3) 控制变量

参考已有研究并结合中国实际，本章对与银行信贷供给相关的特征变量进行控制。在银行个体特征方面，参考现有文献选取银行总资产的对数值（LNTA）、权益资产比（ER）、资产收益率（ROA）、成本收入比（CI）、资本充足率（CAR）；宏观层面选取 GDP 增长率。变量的描述性统计结果如表 8.1 所示。

**表 8.1　　描述性统计**

| 变量 | N | Mean | SD | Min | p50 | Max |
|---|---|---|---|---|---|---|
| LR | 2039 | 35.93 | 14.52 | 9.020 | 35.14 | 70.73 |
| LR2 | 1761 | 44.89 | 10.89 | 20.39 | 44.18 | 73.56 |
| M2 | 2816 | 14.52 | 4.659 | 8.275 | 14.11 | 26.50 |
| Shibor | 2816 | 2.924 | 0.782 | 1.280 | 3.040 | 4.190 |
| Reserve | 2816 | 1.685 | 0.113 | 1.620 | 1.620 | 1.890 |
| MPA | 2816 | -4.125 | 4.152 | -13 | -2.500 | 2 |
| TA | 1764 | 12.12 | 1.628 | 7.215 | 11.85 | 17.32 |
| ROA | 1762 | 0.910 | 0.417 | -1.379 | 0.901 | 2.836 |
| CAR | 1612 | 13.47 | 4.654 | 0.118 | 12.96 | 97.50 |
| ER | 1760 | 7.528 | 4.089 | -13.71 | 7.162 | 76.59 |
| CI | 1760 | 39.96 | 11.78 | 15.63 | 38.38 | 172.3 |
| GDP | 2816 | 8.527 | 2.797 | 2.200 | 7.815 | 14.23 |

## 8.3.3 样本与数据来源

本章的研究样本为 2005—2020 年我国 176 家商业银行的年度非平衡面板数据，较为全面地包含了各种类型的商业银行，因而样本银行对于本部分的分析是具有充分代表性的。在样本筛选过程中，本章剔除了数据不齐全和变量窗口小于 5 年的商业银行数据①。

① 数据均来源于 Wind 数据库与 BVD 下的全球金融机构数据库。

## 8.4 实证结果分析

### 8.4.1 货币政策和宏观审慎政策对银行流动性的影响

货币政策与宏观审慎政策对银行流动性影响的实证结果如表 8.2 所示。

首先，银行流动性 LR 滞后一阶的估计系数为正且显著，一方面说明银行流动性调整存在滞后效应，另一方面说明本章选用的动态面板模型合理。Hansen 检验结果表明模型不存在过度识别，序列相关检验则表明模型不存在二阶序列相关。

其次，表 8.2 中列（1）-（2）中，货币政策工具 M2 的估计系数为正，法定准备金比例系数为负，且均在 1% 水平上显著，说明紧缩的货币政策降低了银行流动性这一结论对任何货币政策工具都适用，研究假设 1 成立。具体来看，列（1）中 M2 的回归系数为 0.0901，表明货币供应量增速每上升 1 个百分点，银行流动性会上升 0.0901 个百分点。列（2）中法定存款准备金率 Reserve 的估计系数为 -5.2663，印证了法定存款准备金率每上升 1 个百分点，会带来银行流动性降低 5.2663 个百分点。同时从系数的比较中可以看出，两种货币政策对银行流动性的影响也存在一定差异，在降低银行流动性上，法定存款准备金率的作用效果更明显。综合列（1）和列（2）的回归结果可以看出，紧缩的货币政策对银行流动性具有十分明显的降低作用。可能的原因在于，当货币政策紧缩时会减少银行的可支配资金，在其他条件一定的情况下，银行的可支配资金减少意味着银行的流动性降低。

最后，表 8.2 中列（3）中，宏观审慎政策 MPA 的估计系数为 0.1594，且在 1% 的显著性水平上显著为正，即一单位紧缩性的宏观审慎政策导致银行流动性上升 0.1594 个百分点，说明紧缩的宏观审慎政策的实施会提高银行流动性水平，降低银行流动性风险。这是因为宏观审慎政策的实施会加大银行的流动性监管压力，在流动性监管压力作用下，银行将会改变资产配置，维持较高的流动性水平。

**表 8.2　货币政策与宏观审慎政策对银行流动性的影响**

| 变量 | LR<br>(1) | LR<br>(2) | LR<br>(3) |
|---|---|---|---|
| L. LR | 0.7653***<br>(0.0052) | 0.7748***<br>(0.0072) | 0.9062***<br>(0.0022) |
| M2 | 0.0901***<br>(0.0149) | | |
| reserve | | -5.2663***<br>(0.6283) | |
| MPA | | | 0.1594***<br>(0.0071) |
| TA | -0.3771***<br>(0.0693) | -0.7921***<br>(0.1376) | -0.1763***<br>(0.0230) |
| ROA | 3.0885***<br>(0.2320) | 0.4174*<br>(0.2356) | 3.6589***<br>(0.0990) |
| CAR | 0.3615***<br>(0.0724) | 0.3521***<br>(0.0523) | 0.5292***<br>(0.0252) |
| ER | -0.1538<br>(0.1032) | -0.7014***<br>(0.1075) | -0.3806***<br>(0.0355) |
| CI | -0.1131***<br>(0.0135) | 0.1198***<br>(0.0169) | -0.0338***<br>(0.0044) |
| GDP | 0.1712***<br>(0.0254) | -0.0227<br>(0.0254) | 0.2796***<br>(0.0167) |
| 常数项 | 7.7963***<br>(1.3907) | 21.0376***<br>(2.7192) | -2.9408***<br>(0.6247) |
| *N* | 1406 | 1243 | 1334 |
| AR2p | 0.5782 | 0.6671 | 0.4411 |
| Hansenp | 0.1636 | 0.6702 | 0.1888 |

注："()"内是标准误；*、** 和 *** 分别代表在10%、5%和1%的水平上显著。下同。

### 8.4.2 货币政策、宏观审慎政策与银行流动性

表 8.2 回归结果表明，货币政策以及宏观审慎政策对流动性都能产生影响，紧缩的货币政策与银行流动性水平反向相关，此时，宏观审慎政策的实施则能够提高银行流动性水平，因此本章进一步考虑宏观审慎政策与货币政策同时实施时对银行流动性的影响，以检验货币政策与宏观审慎是否存在协同或共享作用，检验结果如表 8.3 所示。表 8.3 列（1）结果显示 M2 × MPA 的系数为 -0.0000，且在 1% 的显著性水平上显著，这就说明宏观审慎政策、货币政策在共同作用时，能够明显地影响到银行的流动性，宽松的货币政策选择，搭配基于流动性的严格宏观审慎监管要求，例如，更高的流动性覆盖率，即商业银行必须提高所持高质量流动性资产的比例，从而使得在货币政策宽松时能抑制商业银行的流动性水平上升。列（2）的结果表明交互项 reserve × MPA 的系数为 0.3300，且在 1% 的显著性水平上显著，这表明，宏观审慎政策的实施，能够缓解紧缩货币政策对银行流动性的抑制作用。这是因为，流动性风险是银行业的主要风险，当货币政策宽松时，紧缩的宏观审慎政策能够抑制无视流动性敞口、一味追逐利润的倾向；相反，货币政策收紧时，宏观审慎的政策的实施将会促使商业银行为满足监管要求，增加流动性。

**表 8.3　货币政策与宏观审慎政策协同对银行流动性的影响**

| 变量 | LR<br>(1) | LR<br>(2) |
|---|---|---|
| L. LR | 0.8689 ***<br>(0.0034) | 0.9182 ***<br>(0.0036) |
| M2 | 0.0271 **<br>(0.0135) | |
| reserve | | 11.3728 ***<br>(0.8238) |
| MPA | 0.1919 ***<br>(0.0298) | -0.3475 ***<br>(0.1320) |

续表

| 变量 | LR<br>(1) | LR<br>(2) |
|---|---|---|
| M2 * MPA | -0.0000**<br>(0.0000) | |
| reserve * MPA | | 0.3300***<br>(0.0798) |
| TA | -0.3676***<br>(0.0344) | -0.1754***<br>(0.0557) |
| ROA | 3.2310***<br>(0.1933) | 3.8985***<br>(0.2179) |
| CAR | 0.4670***<br>(0.0552) | 1.0925***<br>(0.0616) |
| ER | -0.7715***<br>(0.0807) | -1.2272***<br>(0.0550) |
| CI | -0.0187<br>(0.0119) | -0.0537***<br>(0.0148) |
| GDP | 0.1686***<br>(0.0332) | 0.2444***<br>(0.0291) |
| 常数项 | 4.7094***<br>(0.9236) | -22.2082***<br>(2.1773) |
| *N* | 1334 | 1431 |
| AR2p | 0.5811 | 0.4495 |
| Hansenp | 0.2903 | 0.1497 |

### 8.4.3 稳健性检验

（1）更换银行流动性变量

借鉴周爱民和陈远（2013）的做法，本章以“流动性资产（包含可供出售和持有至到期的金融资产）÷总资产”来衡量银行流动性（LR2），并重新进行回归，回归结果如表 8.4 所示：由估计方程（1）至估计方程（3）可知，货币政策变量 M2、Shibor 与宏观审慎政策变量 MPA 的回归系数均在 1% 的水平上显著，与表 8.2 均无显著差异，支持前文结论。

表 8.4 更换银行流动性变量

| 变量 | LR2<br>(1) | LR2<br>(2) | LR2<br>(3) | LR2<br>(4) |
|---|---|---|---|---|
| L. LR2 | 0.7825 ***<br>(0.0115) | 0.7563 ***<br>(0.0114) | 0.7850 ***<br>(0.0130) | 0.7154 ***<br>(0.0137) |
| M2 | 0.1170 ***<br>(0.0189) | 0.1427 ***<br>(0.0257) | | |
| Reserve | | | -6.9526 ***<br>(2.1464) | -8.9048 ***<br>(1.5186) |
| MPA | | 0.2807 ***<br>(0.0325) | | -0.2720<br>(0.2258) |
| M2 × MPA | | -0.0000 ***<br>(0.0000) | | |
| Reserve × MPA | | | | 0.2669 *<br>(0.1420) |
| TA | -1.3636 ***<br>(0.1583) | -0.4894 **<br>(0.2301) | -1.2659 ***<br>(0.1833) | -0.3368<br>(0.2230) |
| ROA | 5.8487 ***<br>(0.3202) | 3.4786 ***<br>(0.3089) | 6.1276 ***<br>(0.3329) | 1.4526 ***<br>(0.3637) |
| CAR | 2.7047 ***<br>(0.0860) | 3.2695 ***<br>(0.1065) | 2.7188 ***<br>(0.0797) | 3.0890 ***<br>(0.0855) |
| ER | -3.4727 ***<br>(0.1204) | -3.9717 ***<br>(0.1618) | -3.6643 ***<br>(0.1423) | -4.6545 ***<br>(0.1514) |
| CI | -0.2066 ***<br>(0.0265) | -0.1076 ***<br>(0.0268) | -0.1470 ***<br>(0.0209) | -0.0526 **<br>(0.0250) |
| GDP | -0.1396 ***<br>(0.0261) | 0.2341 ***<br>(0.0297) | -0.1416 ***<br>(0.0195) | 0.2478 ***<br>(0.0280) |
| 常数项 | 18.6051 ***<br>(2.5894) | 1.1830<br>(4.5219) | 28.5766 ***<br>(5.4105) | 24.0588 ***<br>(6.1098) |
| *N* | 1143 | 1293 | 1143 | 1456 |
| AR2p | 0.5940 | 0.3427 | 0.4611 | 0.1752 |
| Hansenp | 0.1632 | 0.1659 | 0.1613 | 0.1759 |

（2）替换货币政策变量

本章选取同业拆借利率（Shibor）作为货币政策的代理变量重新进行检验，表 8.5 列（1）中 Shibor 的回归系数为 -0.3721，且在 1% 的显著性水平上为负，即紧缩的货币政策降低了银行的流动性；列（2）中货币政策变量与宏观审慎政策的交互项 Shibor × MPA 的系数在 1% 的水平上显著为正，表明货币政策紧缩时，通过实施宏观审慎政策是能够活跃银行系统的流动性的，避免整体的流动性水平受到抑制，进一步支持了研究假设 2 的成立。

**表 8.5　　替换货币政策变量**

| 变量 | LR<br>(1) | LR<br>(2) |
|---|---|---|
| L. LR | 0.9569 ***<br>(0.0064) | 0.8696 ***<br>(0.0036) |
| Shibor | -0.3721 ***<br>(0.0657) | -0.2859 **<br>(0.1163) |
| MPA | | -0.0747<br>(0.0628) |
| Shibor * MPA | | 0.0604 ***<br>(0.0189) |
| TA | -0.1244 **<br>(0.0626) | -0.3955 ***<br>(0.0375) |
| ROA | 2.0358 ***<br>(0.3106) | 4.1066 ***<br>(0.2298) |
| CAR | 0.1123 **<br>(0.0496) | 0.3948 ***<br>(0.0591) |
| ER | -0.5853 ***<br>(0.0649) | -0.6788 ***<br>(0.0788) |
| CI | 0.1112 ***<br>(0.0096) | -0.0127<br>(0.0097) |
| GDP | -0.1157 ***<br>(0.0157) | 0.1250 ***<br>(0.0348) |
| 常数项 | 0.8850<br>(1.2707) | 5.7880 ***<br>(1.0241) |
| N | 1243 | 1334 |
| AR2p | 0.8028 | 0.7301 |
| Hansenp | 0.9533 | 0.2865 |

（3）固定效应模型回归

考虑到固定效应模型中在面板数据中被广泛使用，为剔除不随时间或个体变化的因素，本章更换估计方法，进一步采用面板固定效应模型进行稳健性检验，以剔除与解释变量相关的因素对银行流动性的影响，除控制个体的固定效应外，本章还引入时间固定效应，即只是与时间相关而不随个体变化的因素，也即双向固定效应模型，回归结果如表 8.6 所示。由表 8.6 结果可知，紧缩的货币政策将会降低商业银行流动性水平，而紧缩的宏观审慎政策的实施将会增加银行流动性。与前文结论一致，进一步验证了结论的可靠性。

**表 8.6　固定效应模型回归**

| 变量 | LR<br>(1) | LR<br>(2) | LR<br>(3) |
|---|---|---|---|
| M2 | 0.1804**<br>(0.0869) | | |
| reserve | | -10.9179**<br>(4.6473) | |
| MPA | | | 0.1571**<br>(0.0786) |
| TA | 3.0701***<br>(0.7383) | 0.3690<br>(0.4760) | 0.8292*<br>(0.4631) |
| ROA | 2.6294***<br>(0.7314) | 1.5694**<br>(0.7361) | 2.0158***<br>(0.7042) |
| CAR | 0.0983<br>(0.1153) | 0.0935<br>(0.1138) | 0.0984<br>(0.1138) |
| ER | -0.0816<br>(0.1877) | -0.1176<br>(0.1762) | -0.0756<br>(0.1763) |
| CI | 0.1064***<br>(0.0354) | 0.0703**<br>(0.0331) | 0.0646*<br>(0.0334) |
| GDP | 1.0135***<br>(0.1439) | 0.8271***<br>(0.1327) | 0.9858***<br>(0.1726) |
| 常数项 | -19.4011*<br>(11.0489) | 38.8479***<br>(11.5751) | 14.4076**<br>(7.0117) |
| 个体效应 | 控制 | 控制 | 控制 |

续表

| 变量 | LR<br>(1) | LR<br>(2) | LR<br>(3) |
|---|---|---|---|
| 时间效应 | 控制 | 控制 | 控制 |
| $N$ | 1507 | 1507 | 1507 |
| r2 | 0.0799 | 0.0742 | 0.0763 |

## 8.5　结论与对策建议

为对商业银行流动性实施更好的监管，本章从政策层面出发，首先，在理论层面重点分析了货币政策以及宏观审慎政策影响商业银行流动性的理论机制；其次，在实证层面基于我国 176 家商业银行 2005—2020 年的面板数据，实证检验了货币政策对银行流动性的影响程度和方向，以及在“双支柱”协调框架的背景下，宏观审慎与货币政策配合对商业银行流动性水平的调控效果。研究发现，第一，宽松的数量型货币政策工具（如 M2）的上升将提高银行流动性水平，紧缩的价格型货币政策工具（如法定存款准备金率）的上升将会降低银行流动性水平。第二，宏观审慎监管影响企业的流动性水平，更具体地看，宏观审慎政策的实施将有助于提升银行流动性水平。第三，货币政策与宏观审慎政策存在替代效应，单独使用宽松的货币政策或者紧缩的宏观审慎政策都将提升银行流动性，但当同时使用时，宏观审慎政策将缓解货币政策对银行流动性的影响力度。

基于上述结论，本章提出如下针对性的建议：第一，商业银行应加强银行内部流动性水平的检测，积极调整资产负债结构，保持流动性水平在合理、均衡水平上。资产端应重视流动性资产的结构管理，提高银行流动性资产占比；负债端应更加注重对流动性负债的控制，进而改善流动性水平，亦能对流动性风险的控制更加迅速，不断提升银行经营的稳健性与安全性。第二，制订切实有效的流动性管理方案，引导商业银行流动性水平处在合理的水平，确保货币政策传导渠道的畅通。中央银行也应当关注到银行系统的整体流动性的状况，这也对最终的货币政策传导效果起到重要的作用。价格型和数量型货币政策工具对流动性水平可能具有差异影响，因此央行使用不同类型的货币政策工具时，根据不同的市场情况以及渠道的通畅程度来进行微调，对于可能受到的其他的政策的外溢进行前瞻性的判断。第三，加快建设宏观审慎政策和货币政策“双支柱”调控体系。从宏观审慎监管和货币政策“双支柱”的协调性分析来看，在对银行流动性的影响上，宏观审慎政策与货币政策的作用效果互相抵消，能够熨平政策实施带来的过度波动，维护金融体系的稳定。因此，我国应完善“双支柱”的监管框架，加强政策间的融合，提高政策实施效率。

# 第9章

# 宏观审慎与货币政策共同作用的实证分析

本章将通过一个宏观模型综合分析宏观审慎政策与货币政策的叠加对于经济系统中的各个变量的影响。

## 9.1 动态随机一般均衡模型的基本介绍

我们在使用模型框架模拟经济系统时，需要对政策以及政策针对的部门进行刻画。宏观审慎政策作为金融的宏观监管政策，主要是针对金融部门和金融系统的，所以在采用模型模拟时，对于金融中介的刻画就非常重要。

通过对当前主要的研究文献分析可知，对于金融摩擦的刻画方式，主要有两种方法。第一，通过抵押品价值的约束。这主要是指，资金需求的一方在向商业银行提出贷款请求时，通常会提供抵押物品，商业银行则会通过评估抵押品的市场价值来判断可以提供给需求方的信贷金额。但是这种机制会刺激周期波动的幅度更大，主要的原因在于，借款者的消费偏好会导致信贷的约束紧缩，当外部的负面冲击出现时，经济周期性变化会导致抵押品贬值，商业银行为了应对经济的收缩，信贷的规模也会下降，这令实体企业更难获得资金，加速了经济的衰退①。第二，通过金融加速机制②。这个机制也会扩大经济的周期性波动的幅度，其作用方式主要源于在信贷市场中借贷双方的信息不对称。企业想从银行获得贷款或者其他的外源融资，其实是存在风险溢价的，而且企业的经营杠杆越高，其风险溢价越高。在经济上升的阶段，企业会吸收信贷，但是在经济不好的阶段，企业会减少贷款，从而加速了实体经济衰落的速度。

---

① Kiyotaki N., J. Moore, "Credit Cycles" Journal of Political Economy, Vol. 105, No. 2, 1997, pp. 211 -248.

② Bernanke B. S., M. Gertler, Gilchrist S., "The Financial Accelerator in a Quantitative Business Cycle Framework," in Taylor J. B., M. Woodford., eds., Handbook of Macroeconomics, Vol. 1, Published by Elsevier Scienci B. V., 1999, pp. 1341 -1393.

事实上，不论金融摩擦是以具体哪一种方式进行刻画，其本质或者核心都是体现了在信息不对称的情况下，金融系统的整体运营出现明显的顺周期性特征，导致其放大了经济周期的波动特性，而且还会导致金融部门的内部出现系统性的风险累积。宏观审慎政策作为应对金融系统稳定的政策，其不仅是要关注金融摩擦对于经济周期的放大的作用，而且也会关注到金融系统的运营情况，所以对于银行部门的刻画和分析，还涉及资产负债表、风险状况等。

### 9.1.1 动态随机一般均衡模型的一般性概述

动态随机一般均衡（Dynamic Stochastic General Equilibrium，也有用 DGE 或 DSGE 表示），早先是 Kydland 等（1982）发展的模型。目前该模型主要是在宏观经济分析领域有一定的应用，如政策效应、经济周期等。

（1）DSGE 模型的一般结构

DSGE 模型通过厘清微观经济主体之间的相互关联，将经济体作为一个整体进行动态的一般均衡分析，多数的情况是将企业、家庭、机构等进行动态优化（张卫平，2012）。在动态随机一般均衡模型中，这些企业、家庭、商业机构、行政当局等是决策的制定者，而消费、储蓄、投资、劳动力供需等是决策中重点考虑的变量，模型通过模拟分析，研究经济体是如何发展变化的，特别是遇到外部冲击时，如技术变革、资本变化、政策的调节等。

在这样的整体系统中，各个主体也是有各自的基本偏好的，也就是，不同的主体的目标都是相对确定的。比如，对于家庭主体来说，是要达到效用最大化；对于经营主体来说，是要达到利润最大化或成本最小化。另外，不同的经济主体也有各自的生产能力，在一个经济体中，经营主体需要确定其基本的产量，其需要的生产资料等，而技术的应用会决定主体的生产成本、生产能力，以及与劳动力之间的关系。除了偏好和技术外，在模型的框架中，对于各个经济主体还有必要的约束条件，这就表明主体之间的相互关系也是相对确定的。在这些约束条件下，价格不断地进行调整直到市场出清。同时，框架中的政策，包括货币政策、监管政策等也都有各自的规则等。

（2）动态随机一般均衡模型的一般构建过程

DSGE 模型中含有多个经济部门，图 9.1 对模型的基本步骤进行了简单说明。

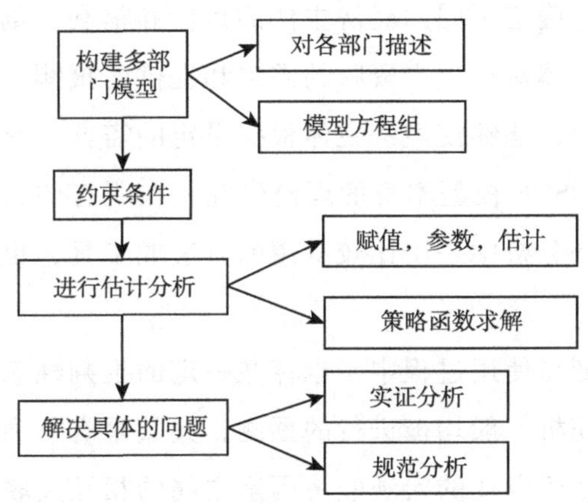


**图 9.1　动态随机一般均衡模型的分析步骤**

资料来源：作者根据相关资料整理。

在模型构建中，每个经济部门都会有本部门的设置方程，用于表达本部门的基本运行情况。其中，私人部门主要是由消费主体和生产主体构成的，对于消费主体的模拟是根据最优来进行的，一般是家庭主体选择效用最高的消费偏好；而生产部门的模拟，就是依据技术的支持，进行优化生产并获取最大的利润。作为公共部门的，主要是各个政策当局，根据模型政策的构建需要，可能有货币政策当局、监管政策当局等。其中，中央银行主要管理货币政策，在采取政策时，同样也会受到规则等的约束，预期能够实现福利最大化的政策效果。将模型构建完善之后，就可以根据需求进行模拟各种外部冲击，并解决需要考虑的问题。

（3）DSGE 模型在使用过程中的优点

动态随机一般均衡模型就是通过模拟各个经济部门的行为，通过主体的偏好，在技术和机制的约束下，各部门之间形成相互关联，并以此来进行模拟分析。当构建的经济系统受到外部冲击时，其重点关注的经济变量会受到什么样的影响、随着时间发展又有什么改变。

与其他的建模方式相比，DSGE 的构建方式是通过相对确定的微观基础，在理性预期的前提假设下，去优化各个主体的经济行为，在既有的规则和约束条件下，确定不同的经济主体的目标和福利。例如，不同家庭的消费差异，生产主体对于生产资料的需求和提供的报酬，通过这种方式模拟不同的经济部门，能够使经济主体根据设定的需要，对未来的经济行为进行预测。对于 DSGE 模型本身的理论研究，在既有的文献中取得一定的进展，是宏观经济分析中一个比较有用的方法或工具，也是被多数中央银行所使用的。

当然，该模型在使用过程中，也存在一定的批判性意见。有经济学者认为，基于动态随机一般均衡进行的预测，其效果有待商榷，因为模型在构建的过程中是基于以往的宏观经济因素之间的相互关联而形成的框架和体系，所以如果有新的部门、新的政策被引入时，可能会使部门之间、主体之间、因素之间的关联发生变化，因而基于过去的观察而建立的经济体系，预测的过程可能会产生新的问题。

### 9.1.2 宏观经济建模的情况

（1）金融危机之前的建模方式

在金融危机爆发之前，各个国家和地区在进行宏观经济、政策效果分析时，也曾经使用包括动态随机一般均衡模型在内的多种宏观经济模型，但是既往建模时，对于金融摩擦的考虑不够充分，缺少经济部门与金融部门之间的关联分析，因为以往的危机更多地出现在资产价格领域，建模时更加关注的家庭消费群体的财富效应，会重点考虑房地产的价格因素，因而对于银行信贷等的考虑不够充分。

各国采用的主要分析预测模型虽然对于金融部门、金融摩擦的设置不多，但也不是说各国的中央银行忽视金融部门对于实体经济的影响，以及对商业周期的冲击等，只不过对金融部门的建模存在较大的复杂性，而且有些数据的获取也存在一定的难度，所以中央银行更加偏重对货币政策进行分析，对于金融稳定，则考虑不足或者不列入本机构的重点考虑范畴。金融危机之后，各国的中央银行充分认识到金融冲击的影响，因而在进行宏观模型完善的过程中，更加注重对于金融媒介的刻画和分析，政策框架中也更加凸显了实体经济与金融经济之间的关系。

（2）金融危机后的宏观经济模型调整与发展

金融危机之后，各国在发展各自的宏观经济模型时，对于 DSGE 模型的使用频率也更高，对于该模型的改进和完善都起到积极的推动作用。更多的中央银行采用将金融摩擦纳入宏观预测的模型中，比如新西兰中央银行的模型中加入了家庭住房贷款、贷款抵押品的限制等，美联储的模型中也增加了外源性的风险溢价以及资本等金融冲击，通过一定阶段的过渡，最终成为主要的政策分析和预测的工具。

通过对多个国家的中央银行的经济、金融等的工作报告的分析，我们可以看到动态随机一般均衡模型的使用，而且模型中都明显增加了金融部门（以商业银行部门为主）、金融特征、金融摩擦、金融加速器等，模型也取得了一定的发展（见表 9.1）。

**表 9.1　中央银行含有金融摩擦的动态随机一般均衡模型**

| 中央银行 | 参考来源 | 金融摩擦设置 | 金融部门的设置 |
|---|---|---|---|
| 加拿大中央银行 | Beaton, Lalonde, and Snudden (2010) | 资金跨境流动，框架中涉及不止一个国家，而且每个国家都有异质的银行部门，银行系统中的金融加速机制是通过信贷实施的 | 国际资金流动通过跨国贷款引进资金在不同的国家之间自由流动，主要是通过跨境的资金借贷实现的，但是不同国家的银行之间不存在直接的资金往来 |

续表

| 中央银行 | 参考来源 | 金融摩擦设置 | 金融部门的设置 |
|---|---|---|---|
| 加拿大中央银行 | Dib（2010a，b） | 基于金融加速机制，含有不同类型的商业银行；商业银行提供贷款时，面临外部的指标约束 | 商业银行在市场中对于利率的干预能力较强，自主决定存款和贷款利率，可以进行同业拆借，有自己的预期回报率；银行吸收存款、发放贷款，银行的信贷有约束，一旦出现偏离的情况，就会面临外部的惩罚 |
| 英格兰银行 | Meh and Moran (2008) | 商业银行面临两个方面的约束，银行作为中介，一方面受到与资金提供者之间的约束，另一方面受到与资金使用者之间的约束 | 商业银行的资本累积主要是通过其资本渠道，依靠其获得资金的能力 |
| 西班牙银行 | Andres and Arce (2009) | 银行业处在不完全竞争的市场环境中，基本业务是吸收存款和发放贷款；在金融摩擦中重点引入房地产贷款，同时房屋也作为抵押品进行抵押 | 商业银行处在不完全竞争的市场环境中，其经营所得来自存贷利差收入，银行应对冲击的能力取决于其市场份额（市场竞争力） |
| 法国中央银行 | Dellas et al. (2010) | 模型中存在家庭部门和企业部门，家庭部门的资金分为存款和消费两个部门；企业部门需要申请银行贷款获得发展所需要的资金；金融系统中存在着跨期的贷款违约 | 商业银行处于垄断竞争的市场环境下，其资本的累积主要来自股利和利润两个方面。股利主要是银行通过股票和无风险债券来进行投资组合获得报酬；银行日常进行资本储备用以应对危机时的流动性 |
| 欧洲中央银行 | Angeloni and Faia (2009) | 商业银行的资本结构，其经营杠杆率的高低，导致其面临风险，而且这也增加了银行未来可能导致的流动性问题 | 银行在日常会进行资本储备，用于在受到冲击时保障充足的流动性，避免受到挤兑的风险 |
| | Christiano et al. (2010) | 基于金融加速机制，商业银行部门主要就是为实体经济提供流动性 | 商业银行拥有资本和储备，而且能够向市场提供资金，这些资金主要来自吸收的存款，而银行的盈利主要来自存贷款的利差收益 |

资料来源：Scott Roger 和 Jan Vlcek（2011）。

### 9.1.3　使用 DSGE 分析宏观审慎政策与货币政策关系的成果

在分析宏观审慎政策与货币政策相互关系的研究中，使用动态随机一般均衡模型的文献比较多，也通过不同的建模方式和模拟结果，获得了很多有意义的研究结果，此处选择了国内外的几篇文章，将其论证逻辑和主要结论进行综述。从模型的系统构建角度看，通过不断在框架中加入更多的金融摩擦和经济部门，来完善对于经济体的模拟。

Angelin 等①（2012）构建的模型中重点加入了商业银行主体，因为宏观审慎监管与货币政策的工具都会对这一主体产生作用，所以能够更好地去分析两种政策之间的相互协调，并明晰对经济整体的哪些具体的部分能够产生更多的合作收益。在该研究的主体设置中，对于各类主体作出了一定的区分。因为设置了银行部门，因而经济主体中区分了存款主体和贷款主体，通过不同的效用函数去进行预算约束。在 Gerali 等②（2010）设定的框架基础上，新增了商业银行部门，使用泰勒规则定义了货币政策部门，在宏观审慎监管方面，当局更加关注过度借贷及由此产生的波动，因而设置了两个与房地产借贷、银行信贷相关的政策指标，分别是贷款价值比和资本管理要求。在经济框架中，中央银行的主要预期是管理通胀、利率等指标维护价格稳定，宏观审慎政策主要是通过资本要求来保障系统稳定，模型中分别使用通货膨胀率和贷款产出比来代表稳定状况，进而对两项政策的相互关系、合作的情况进行分析。Angelini 等分别分析了房地产、技术、金融冲击对整体的影响。比较结果显示，如果外部冲击来自技术领域，那么政策叠加的效果不明显。事实上，货币政策就能取得稳定效果，

① Angelini, Paolo, Neri, Stefano and Panetta, Fabio, Monetary and Macroprudential Policies (March 15, 2012). Bank of Italy Temi di Discussione (Working Paper) No. 801.

② Gerali, A., S. Neri, L. Sessa and F. M. Signoretti (2010), "Credit and Banking in a DSGE Model of the Euro Area", Journal of Money, Credit and Banking, Supplement to Vol. 42, No. 6, pp. 107 - 141.

宏观审慎政策的常规监管对于技术冲击后的经济体整体效应增进不明显。相比较而言，在面临金融冲击、面临房地产冲击时，贷款价值比等宏观审慎工具作为针对性的稳定方式，对于金融部门的保障作用等还是非常积极的。这也表明宏观审慎政策与货币政策之间可能需要进一步相互协调。不同的政策在经济周期、金融周期、信贷周期中所使用的政策立场、政策长度都会有所差异，如果政策立场一致，往往能够取得更好的叠加效果，但是如果政策立场不同，就可能出现政策效应外溢，从而对其他的政策目标变量产生影响。所以政策协调时，对于外部的冲击来源需要甄别。

对于资产价格泡沫的管理，始终是理论研究中存在争议的议题之一。制定政策的当局在面对资产价格泡沫时，是刺破泡沫还是规避泡沫，也是一个艰难的抉择。特别是长久以来，各国的房地产市场发展迅速，都存在不同程度的资产价格膨胀问题。由于房屋价格高昂，各国的家庭房屋消费者，都需要通过贷款来实现对房屋的刚需，而且次贷危机也是肇始于美国的房利美和房地美的破产，因此很多的宏观分析在建模时也会重点考虑房地产市场和房屋贷款。Paolo Gelain、Kevin J. Lansing 和 Caterina Mendicinoz[①]（2012）在其 DSGE 模型中引入了房价和消费房屋的家庭的负债，而且采用移动平均的方式进行预测，这样只是代表经济主体的有限理性，而非完全理性，是有意识地放大资产价格的波动状况，以此来分析宏观审慎政策与货币政策的协调。Paolo Gelain 等主要剖析了各个政策主体对于市场进行的监管举措和施策目的。中央银行主要通过调整货币政策工具，具体使用利率对房屋价格的上涨和房贷的增长进行干预；宏观审慎当局实施从紧的贷款价值比管理，限制贷款收入比等。通过对这些政策工具的实施进行评估分析，他们认为在限制经济体中的过度风险方面，贷款收入比工具是相对有效的政策工具，而且使用货币政策工具去限制房地产市场过

① Paolo Gelain，Kevin J. Lansing and Caterina Mendicinoz，House Prices，Credit Growth，and Excess Volatility：Implications for Monetary and Macroprudential Policy，March 30，2012.

热，对部分经济变量也能起到积极的作用。

次贷危机的爆发和升级，冲击到世界主要经济体，各国金融市场间的资本流动一度受到影响，直至 2009 年的中后期，资本的跨境流动才逐渐开始更加频繁，特别是向新兴市场国家的流入恢复明显，但是这可能给新兴市场国家的政策制定当局造成一些考验，一方面大量的资金流入可能给金融稳定造成威胁并引发输入性通货膨胀；另一方面，为了缓解对经济体造成的冲击，这些国家本身也进行了一定时期的宽松政策，无论是金融上的，还是经济上的，其本身就可能导致系统性风险的累积，因而需要从宏观管理的角度进行约束和控制。传统的货币政策体系在其发展和完善的过程中始终是有利于抵御通胀和促进经济增长的，但是对于金融体系的作用程度、作用机制、作用效果等都没有确定性的结论，因此宏观审慎监管的采纳，是能够专门针对金融体系的稳定发展需求的，借以缓解系统性风险。D. Filiz①（2011）使用带有动态随机一般均衡的模型进行了均衡分析，其中嵌入了金融摩擦，以此来分析宏观审慎监管政策与货币政策的关联和作用。通过实证分析，他认为宏观审慎监管政策作为金融监管政策的一部分，也是有宏观经济意义的，因此能够作为货币政策的有效补充。通过两项政策的叠加使用——“货币政策主要维护经济整体，而宏观审慎主要维护金融部门”，这样就能够实现整体福利水平的增进，在面对金融外部冲击时，也比传统的金融监管更加有效。Denis BEAU、Laurent Clerc 和 Benoît Mojon②（2012）通过 DSGE 模型分析宏观审慎政策与货币政策的叠加效果以及两项政策之间的相互关系，考虑到美国次贷危机的教训，模型中还重点考虑了房地产的价格。Denis BEAU 等在分析时主要使用美国的数据和欧盟的数据，数据长度覆盖 1985—2010 年，通过实证的检验，得到三个方面的结论：第一，在通常情况下，宏观审慎监管政策是针对金融

① Unsal, D. Filiz, Capital Flows and Financial Stability: Monetary Policy and Macroprudential Responses (August 2011). IMF Working Papers, Vol. , pp. 1 - 27, 2011.

② Beau, Denis, Clerc, Laurent and Mojon, Benoit, Macro - Prudential Policy and the Conduct of Monetary Policy (July 1, 2012). Banque de France Working Paper No. 390.

稳定的，其对货币政策的目标实现，作用是相对有限的，对于价格的波动和管理效用不明显，但是宏观审慎政策能够在面对金融冲击的情境下，实现对价格波动的动态管理，比如负面冲击来自信贷领域或者来自资产价格领域。第二，当经济体受到金融冲击时，政策叠加的效果可能更有利于经济体。货币政策的使用更加针对价格稳定和经济增长，而宏观审慎政策的使用对于抑制信贷泡沫增长、维护金融稳定更有意义，两项政策的配合使用能够达到更好地维护经济增长的目的。第三，不同的政策在使用时，应该可以实现相互的协调。如果货币政策在具体实施时能够关注或考虑宏观审慎监管政策的实施效果，那么政策配合的效果可能会更好。总之，在危机后，很多国家进行的金融监管机构改革的举措和安排，特别是许多发达经济体采用的多机构协调模式，对于各类宏观金融、经济、监管政策的相互协调可能还是相对有积极作用的。

马勇和陈雨露①（2013）构建了一个含有多部门的动态随机一般均衡模型，模拟了一个含有脆弱性金融部门的封闭经济，通过数据拟合全面研究了我国宏观审慎政策规则与货币政策、信贷政策、产业政策等的相互关系和协调配合的问题。研究表明，宏观审慎监管规则在与其他政策搭配使用时，注意政策实施的力度，以及政策的立场，因为不同的政策有不同的工具、不同的施策力度，但是政策在传导时有重叠的渠道，所以当政策立场不一致时，就很可能出现政策之间的冲突，导致政策效果不能完全实现，或者出现政策外溢衍生出其他的风险，从而增加风险干预的成本和政策的施策难度。当然，如果政策立场一样，则有可能出现政策重叠的情况，这就会导致政策力度过大，市场中的不确定性因素增加，导致非理性预期的出现。通过对于不同的政策组合的冲突和重叠分析，得到政策规则的一些结论：一方面从规则制定的本身来说，宏观审慎政策是倾向于金融稳定单目标的政策，而且需要规则清晰、明确、简单，所以对于不同的政

① 马勇，陈雨露．宏观审慎政策的协调与搭配：基于中国的模拟分析［J］．金融研究，2013（8）：57－69.

策来说，还是应该各自盯住政策的预期目标，这样也更容易实现各自的政策目标。另一方面，从政策搭配协调的角度，不同的政策组合之间如果能够实现相互配合，则可以更好地促进经济的可持续增长，避免一个政策需要实现多个目标的负担和冲突。对于大多数的研究者来说，通过动态模拟整个经济系统中各个部门之间的互动，普遍认可货币政策与宏观审慎政策之间是能够互相补充、协调发挥作用的：科学、合理的宏观审慎政策能够为货币政策的实施提供基础和空间，而货币政策的实施还能够为金融监管提供环境并且降低监管成本，两者合力能够同时实现价格稳定和金融稳定。

## 9.2　动态随机一般均衡模拟

本书中也将使用动态随机一般均衡模型进行宏观审慎监管政策与货币政策的合作分析。

### 9.2.1　模型的基本情况

在本框架中含有传统的货币政策机制和金融加速器机制，而且通过商业银行部门的引入，将家庭信贷、商业信贷考虑到模型中，在不同的主体之间建立联系。对于商业银行来说，其因为自身的经营以及资本的积累而面临着一定的不确定性，但银行的资本作为一种具有缓冲功能的机制，能够吸收价值实现和预期回报间的差异所带来的损失或利润，进而促进商业银行机构的稳健运营，在一定程度上保护整个系统。

在框架构建的过程中，专门区分了不同的家庭，即将家庭分成了存款家庭、贷款家庭，其中贷款家庭也是房屋的需求者和购买者，所以在整个框架中，信贷的需求方除了企业外，还有部分家庭，而房屋作为有价值的资产也能够成为抵押物。在研究的过程中，货币政策主要关注价格稳定和产出水平，宏观审慎政策通过资本管理、贷款限制等对商业银行进行监管。

### 9.2.2 模型中的各个部门

(1) 家庭部门

在模型框架的构建中，我们根据时间偏好参数来进行区分，将家庭分为两种类型：一种是存款家庭，这种家庭相对更加有耐心，会将家庭中富余的收入存入商业银行，并获得利息报酬；另一种就是贷款家庭，这类家庭相比较而言缺乏耐心，会向商业银行要求借款用于购买房屋等耐用的商品，这种方式也是常用于含有信贷摩擦的模型框架[①]之中。每类家庭都会根据各自的预算约束，选择进行消费、存款、持有房地产、提供劳动，并且最终要实现家庭的效用最大限度满足。

①存款家庭。这一类型的家庭部门通常是所谓的“耐心家庭”，在模型中我们具体使用式（9.1）来刻画这类型家庭的效用。其中 $\beta^P$ 为该类家庭的折现因子；$C^P$ 代表消费；$L^P$ 代表其提供的劳动力情况；$h_t^P$ 为其房屋；$a^P$ 为存款家庭的消费惯性因子：

$$E_0 = \sum_{i=0}^{\infty} \beta^P \left[ \log(C_t^P - a^P C_{t-1}^P) + \varepsilon_t^P \log h_t^P - \frac{(L^P)^{1+\phi}}{1+\phi} \right] \tag{9.1}$$

存款类家庭的预算约束机制为：

$$C_t^P + p_t^P (h_t^P - h_{t-1}^P) DB_t = W_t^P L_t^P + R_t^D * DB_{t-1} \tag{9.2}$$

其中，$W_t^P$ 为劳动工资回报；$DB_t$ 代表家庭存放于银行的储蓄，这部分资产会被银行用于信贷去投放；$R_t^D$ 代表存款利率。通过这个公式求解此类代表性家庭的最优化问题，一阶条件求导后分别为：

① Iacoviello, M. (2005): “House Prices, Borrowing Constraints, and Monetary Policy in the Business Cycle,” American Economic Review, 95 (3), 739 - 764.

$$\lambda_t^p = \frac{1}{C_t^p - a^p C_{t-1}^p} \tag{9.3}$$

$$\lambda_t^p p_t^p = \frac{\varepsilon_t^p}{h_t^p} + \beta^p E_t(\lambda_{t+1}^p p_{t+1}^p) \tag{9.4}$$

$$\lambda_t^p = \beta^p E_t[\lambda_{t+1}^p(1 + R_t^D)] \tag{9.5}$$

②借款家庭。借款家庭是“无耐心的家庭”，其效用函数用式（9.6）来表示，其中，$\beta^i$ 为该类家庭的主观折现因子，$C^i$ 代表这类家庭的消费，$L^i$ 代表其提供的劳动力情况，$h_t^i$ 为其房屋：

$$E_0 = \sum_{i=0}^{\infty} \beta^i \left[ \log(C_t^i - a^i C_{t-1}^i) + \varepsilon_t^i \log h_t^i - \frac{(L^i)^{1+\phi}}{1+\phi} \right] \tag{9.6}$$

借款类家庭的预算约束机制为：

$$C_t^i + p_t^i(h_t^i - h_{t-1}^i) + (1 + R_{t-1}^i) B_{t-1}^i = W_t^i L_t^i + B_t^i \tag{9.7}$$

$$(1 + R_t^i) B_t^i \leqslant g^i E_t(p_{t+1}^i h_{t+1}^i) \tag{9.8}$$

其中，$C_t^i$ 表示借款家庭当期的消费；$h_t^i$ 代表其当期的房屋的存量；$L_t^i$ 代表该类家庭当期提供的劳动；$W_t^i$ 是劳动力获得的报酬；$p_t^i$ 是房地产的价格；$B_t^i$ 是其贷款余额；$R_t^i$ 是贷款利率；$a^i$ 为借款家庭的消费惯性因子；$g^i$ 为借款家庭的贷款价值比率。

其一阶优化条件分别为：

$$\lambda_t^i = \frac{1}{C_t^i - a^i C_{t-1}^i} \tag{9.9}$$

$$\lambda_t^i p_t^i = \frac{\varepsilon_t^i}{h_t^i} + \beta^i E_t(\lambda_{t+1}^i p_{t+1}^i + u_t^i g^i p_{t+1}^i) \tag{9.10}$$

$$\lambda_t^i = \beta^i E_t[\lambda_{t+1}^i(1 + R_t^i)] + u_t^i(1 + R_t^i) \tag{9.11}$$

（2）企业家部门

假设在经济体中存在着大量的企业家，企业家生产产品 $y_t^E$，使用到的技术水平为 A，目标是实现最大化效用的期望现值，其所面临的约束来自两个方面，一个是自身经营的预算约束，另一个是其向银行借款的贷款约束。

企业家的目标函数为：

$$E_0 = \sum_{i=0}^{\infty} \beta^E [\log(C_t^E - a^E C_{t-1}^E)] \tag{9.12}$$

其中，$\beta^E$ 表示企业家的主观折现因子；$C_t^E$ 表示企业家在当期的消费；$a^E$ 代表企业家的消费的惯性因子。

企业家的具体生产函数为：

$$Y_t^E = A_t^E [K_t^E]^\alpha [(L_t^p)^\omega (L_t^i)^{1-\omega}]^{1-\alpha} \tag{9.13}$$

其中，$A_t^E$ 为生产产品 $y_t^E$ 所使用的技术；$K_t^E$ 表示企业家当期的生产资本；$L_t^i$ 代表借款家庭当期提供的劳动力；$L_t^p$ 代表存款家庭当期提供的劳动力；ω 表示存款家庭提供的劳动力在整体中的比重；α 表示资本在生产中的比重。

企业家的约束机制来自两个方面：

$$C_t^E + W_t^p L_t^p + W_t^i L_t^i + (1 + R_{t-1}^E) B_{t-1}^E + K_t^E q_t^E = y_t^E + B_t^E + q_t^E (1 - \delta) K_{t-1}^E \tag{9.14}$$

$$(1 + R_t^E) B_t^E \leqslant g^E E_t [q_{t+1}^E (1 - \delta) K_t^E] \tag{9.15}$$

其中，$W_t^p$ 是提供给存款家庭劳动力的工资；$W_t^i$ 是提供给借款家庭劳动力的工资；$K_t^E$ 表示企业家当期的生产资本；$R_t^E$ 代表的是企业家在当期的贷款余额；$R_t^E$ 代表的是企业家获得贷款的贷款利率；$B_t^E$ 表示企业家的资本价格；$g^E$ 为企业家的贷款价值比率；δ 表示资本折旧率。

在生产的过程中，企业家需要向劳动力支付相应的工资报酬，而企业家的劳动力来自两部分，一部分来自借款家庭，另一部分来自存款家庭。

$$W_t^p = \omega (1 - \alpha) \frac{y_t^E}{L_t^p} \tag{9.16}$$

$$W_t^i = (1 - \omega)(1 - \alpha) \frac{y_t^E}{L_t^i} \tag{9.17}$$

其一阶优化条件分别为：

$$\lambda_t^E = \frac{1}{C_t^E - a^E C_{t-1}^E} \tag{9.18}$$

$$\lambda_t^E q_t^E = \beta^E E_t [\lambda_{t+1}^E q_{t+1}^E (1 - \delta)] + E_t [u_t^E g^E q_{t+1}^E (1 - \delta)] \tag{9.19}$$

$$\lambda_t^E = \beta^E E_t[\lambda_{t+1}^E(1+R_t^E)] + u_t^E(1+R_t^E) \tag{9.20}$$

(3) 资本品生产者

在模型框架中引入资本品生产部门，主要是考虑到在现实的经济环境中，企业家的生产不仅需要劳动力、技术、资本，还需要机器设备等，并为此进行资金的支付。此处的资本品是生产资本品的厂商使用投资品 $I_t$，结合折旧后资本品 $(1-\delta)K_t^E$，用以更新企业家的资本存量 $K_{t+1}^E$，其所对应的存量资本运动方程为：$K_{t+1}^E = \Phi\left(\frac{I_t}{K_t^E}\right)K_t + (1-\delta)K_t^E$，其中，$\phi_K$ 代表的是投资的调整成本，$\delta$ 代表资本折旧率。

资本品厂商的生产函数为 $\Phi\left(\frac{I_t}{K_t^E}\right)K_{t\,t}^E = I_t - \frac{\phi_K}{2}\left(\frac{I_t}{K_t^E} - \delta\right)^2 K_t^E$，其最大化利润的资本价格为：

$$Q_t = \frac{1}{1 - \phi_K\left(\frac{I_t}{K_t} - \delta\right)} \tag{9.21}$$

(4) 商业银行部门

假设商业银行在市场环境中，根据借款家庭的需求、生产企业的需求来设定贷款利率。商业银行用于发放贷款的资金主要来源于存款家庭的存款，以及银行的自有资本。银行的资本增加是通过之前留存获得的收益，所以商业银行当期的资本是等于上一期的资本存量与上一期的留存收益之和。商业银行是不同的政策在进行宏观管理时都会使用到的中介渠道，在这一渠道上，货币政策主要是通过政策利率的变化，对银行的存款利率和贷款利率都产生影响；而宏观审慎监管政策则会通过贷款利率对商业银行的信贷产生影响。

借鉴 Angelini 等的做法，商业银行吸收存款家庭的存款储蓄为 $DB_t$，以 $R_t^E$ 利率向企业家发放贷款 $B_t^E$，以 $R_t^i$ 利率向借款家庭发放贷款 $B_t^i$，所以商业银行的资产负债约束为：

$$R_t^E \times B_t^E + R_t^i \times B_t^i = DB_t + K_t^b \tag{9.22}$$

银行资本 $K_t^b$ 的累计方程为：

$$K_t^b = (1 - \delta_b)\frac{K_{t-1}^b}{\varepsilon_t^K} + \pi_{t-1}^b \tag{9.23}$$

商业银行在合规方面的目标是将资本保持在接近外生目标 $v$ 的状态，这个外生的目标 $v$ 是我们一般意义上理解的审慎监管当局对商业银行所进行的资本监管要求。借鉴 Gerali 等（2010）的分析，商业银行需要按照监管当局的要求满足相关的资本比率，但其在改变资本比率时会给银行增加合规成本，这部分的成本设置为：$\frac{\kappa_{KB}}{2}\left(\frac{K_t^b}{B_t^E} - v_t\right)^2 K_t^b$。

银行的总体利润设置为：

$$\pi_t^b = R_t^E B_t^E + R_t^i B_t^i - R_t^D DB_t - \frac{\kappa_{KB}}{2}\left(\frac{K_t^b}{B_t^E} - v_t\right)^2 K_t^b \tag{9.24}$$

$$R_t^E = R_t - \kappa_{KB}\left(\frac{K_t^b}{B_t^E} - v_t\right) + Ad_{tb} \tag{9.25}$$

$$R_t^D = R_t + Ad_{tb} \tag{9.26}$$

贷款利率与存款利率的差为：

$$R_t = R_t^D - \kappa_{KB}\left(\frac{K_t^b}{B_t^E} - v_t\right)\left(\frac{K_t^b}{B_t^E}\right)^2 \tag{9.27}$$

（5）货币政策当局

中央银行进行的货币政策设置，主要是在政策中重点设置了通货膨胀水平（代表价格稳定）、政策利率水平（代表政策立场）、产出水平（代表政策效果）。这三个水平值的稳定状态表达如下：

$$\frac{R_t}{R} = \left(\frac{R_{t-1}}{R}\right)^{\rho_r}\left[\left(\frac{\pi_t}{\pi}\right)^{\kappa_\pi}\left(\frac{y_t}{Y}\right)^{\kappa_Y}\right]^{1-\rho_r} \exp\ (\varepsilon_t^r) \tag{9.28}$$

其中，$\pi$ 和 $Y$ 分别是稳态的通货膨胀水平和产出水平；$\varepsilon_t^r$ 是外生货币政策冲击；$\rho_r$ 代表的是货币政策侧在操作中的政策连续性；$K_\pi$ 代表了名义利率对于通货膨胀缺口的弹性系数；$K_Y$ 代表了对产出水平缺口的弹性系数。

（6）宏观审慎政策当局

宏观审慎监管政策作为巴塞尔资本协议Ⅲ中的重点内容之一，对于商业银行的资本提出了更高的要求。正如金融稳定理事会的报告中所指出的，宏观审慎政策中的资本类工具等，都是从宏观的角度对金融部门的整体问题进行考虑的，而且对于特定行业的信贷也提出了限制。本部分重点使用动态的资本要求作为宏观审慎政策的工具，其规则方程为：

$$v_t = (1-\rho_v)v + (1-\rho_v)\left[\chi_v\left(\frac{B_t}{y_t} - \frac{B}{Y}\right)\right] + \rho_v v_{t-1} \tag{9.29}$$

其中，$v_t$ 表示具体的资本要求；$v$ 表示资本要求的稳态值；$\rho_v$为资本要求调整的惰性；$\chi_v$为敏感性参数。

整个市场出清表达式为：

$$Y_t = C_t + I_t \tag{9.30}$$

## 9.3　模型的参数校正及具体分析

本部分将参考我国的经济发展中的现实状况，并代入合理的参数值，对其进行相应的校准，以此来重点分析货币政策与宏观审慎政策在共同应对各类外部冲击的情况下，是不是能够达到各自的政策目标，实现预期的政策效果。

### 9.3.1　模型的参数

根据DSGE模型的特点，在进行参数校准时，一般来说主要有两种重要的方法：一个是估计的方法，另一个是参考文献的方法。根据部分的模型构建，对其中的相关参数使用参考文献赋值，根据国内学者的研究情况，参考许伟等①（2009）、刘斌②（2008）、鄢莉莉等（2012）③、马勇等（2013）④ 的研究，对本章中的参数进行参考赋值。

不同种类的家庭的贴现因子 $\beta$，根据一般的设置情况和我国学者的文献，一般是 $\beta_s$ 更高，因而存款家庭 $\beta_s$ 设置为 0.9943，贷款家庭 $\beta_b$ 设置为 0.975，劳动力的供给弹性选择为 1。针对家庭中最重要的消费品房地产，其在效用中的比重为 0.2。在对家庭部门的贷款监管方面，家庭房屋消费的贷款价值比为 70%。

对于生产部门来说，资本在企业生产过程中所占的比重为 0.4；劳动在生产中的具体权重设置为 0.8。资本的折旧率参考国内大部分的学者文献，都是选择将其设置为 0.025，资本调整的成本也根据经验赋值为 4。商业银行部门中，利率自相关的系数选择为 0.8. 资本监管要求的传递系数为 0.9。

对于中央银行部门来说，$K_\pi$ 代表名义利率对于通货膨胀缺口的弹性系数，$K_Y$ 代表对产出水平缺口的弹性系数，根据经验数据赋值分别为 2 和 0.1。

另外，本部分还对分析中选择的各类外部的冲击所生成的自回归系数进行参数赋值。参考鄢莉莉等的相关文献，该系数的校准值普遍是在 0.8 左右，所以模拟中的外生冲击系数也选择为 0.8。

根据模拟的分析和具体的参数校准，对分析的政策组合进行分析，重点考虑了技术冲击、金融冲击以及不同的政策冲击对于各经济体中的变量的作用和影响，由此来分析两项政策配合使用的情况。

---

① 许伟，陈斌开．银行信贷与中国经济波动：1993—2005［J］．经济学（季刊），2009（3）：23－25.

② 刘斌．我国 DSGE 模型的开发及在货币政策分析中的应用［J］．金融研究，2008（10）：1－21.

③ 鄢莉莉，王一鸣．金融发展、金融市场冲击与经济波动——基于动态随机一般均衡模型的分析［J］．金融研究，2012（12）：82－95.

④ 马勇，陈雨露．宏观审慎政策的协调与搭配：基于中国的模拟分析［J］．金融研究，2013（8）：57－69.

### 9.3.2 政策效应分析

这部分将根据上述模型的参数模拟情况，分析面对不同性质的外部冲击时，各个经济部门在货币政策与宏观审慎政策协调使用的情况下，会出现的情况。

（1）技术冲击

当市场受到技术进步的冲击时，会产生一系列的影响（见图9.2）。技术的进步能够提高生产企业的生产效率，在既有的资源禀赋条件下能够产出更多的产品，提高了整体的产出水平；技术的进步对于企业的收益也是有所增进的，而且由于企业的利润提高，支付给劳动力的报酬也是在增加的，因此就会增加家庭的整体收入，短期内也会增加家庭的消费水平；企业在其收益增加的情况下，会进一步进行扩大再生产，提高投资的水平，这也能进一步促进产出水平的提高。

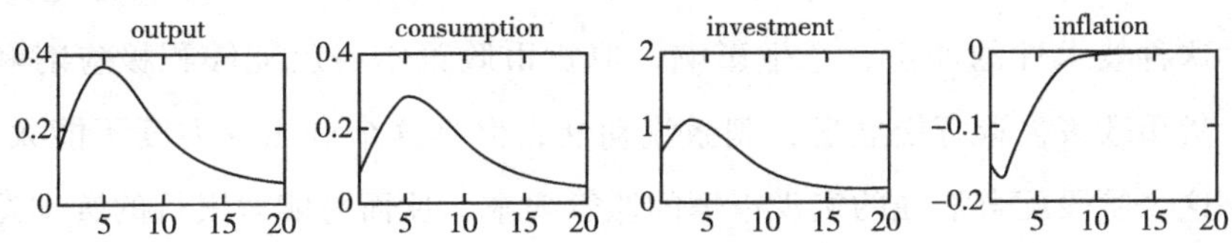


**图9.2 技术冲击下产出、消费、投资、通胀脉冲图**①

同时，由于技术冲击，产出的水平是高于之前的，降低了生产的成本，也会令产品的价格水平有所下降，整体的通胀水平短期内下降。对于中央银行来说，维护价格稳定是其重要的政策目标，因此对于物价的下跌，从货币政策的角度会实施宽松的政策倾向，中央银行可能会向市场注

① 图示中的符号表示为：Interest Pol，政策利率；Interest H，家庭贷款利率；Interest F，企业贷款利率；Inflation，通货膨胀；Loans H，家庭贷款规模；Loans F，企业贷款规模；Output，产出；Consumption，消费；Investment，投资；Deposit，银行存款规模；Interest Dep，银行存款利率；Bank capital，银行资本（充足率）。

入流动性，稳定信贷市场，维护整个实体经济，而流动性的部分也会慢慢进入家庭中，增加家庭的现金持有，从而存款利率下降，并逐渐传递到整个的金融和实体经济中。

技术冲击，对于银行系统的影响体现在信贷方面，对于企业部门来说，企业由于收益的增长，有利于自身的留存水平，对于信贷的需求也会有所改变，而对于家庭消费者来说，其收入水平的提高，也会对房屋等商品需求增加，相应的贷款需求也会增加（见图9.3）。

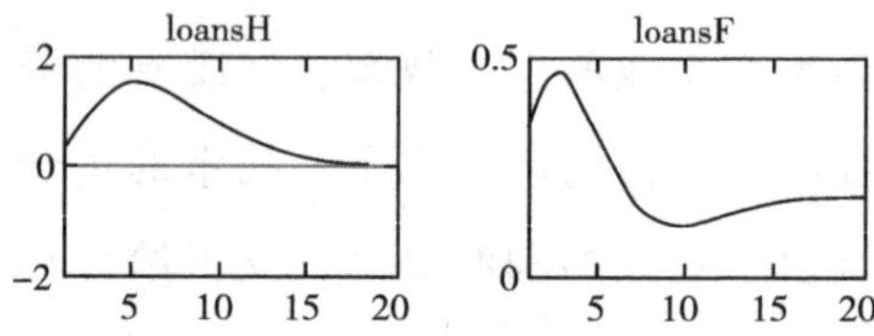


**图9.3　技术冲击下信贷脉冲图**

从商业银行的角度来说，由于技术冲击对于企业的影响，进而对家庭和实体经济产生一系列的影响，商业银行也会出现信贷供给与需求上的波动，虽然这种技术性的冲击，产生影响，但货币政策本身就能够积极应对和调整。货币政策采取宽松立场，刺激流动性，但是这个刺激的力度不能太大。如果这个阶段配合加强的宏观审慎的监管要求，反而可能对银行的资本造成影响。银行为了补充不足的信贷或者流动性，可能会出现高息揽储的情况，进而提高存款的利率，影响到银行的营收和资产负债结构（见图9.4）。

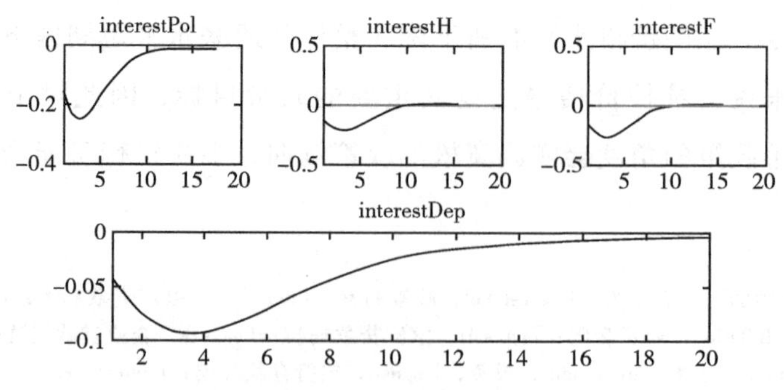


**图9.4　技术冲击下各类利率脉冲图**

货币政策采取宽松立场时，会导致商业银行承担更多的风险，所以宏观审慎政策的实施就能有助于约束银行的过度风险承担，逐渐改善银行的资本结构（见图9.5）。

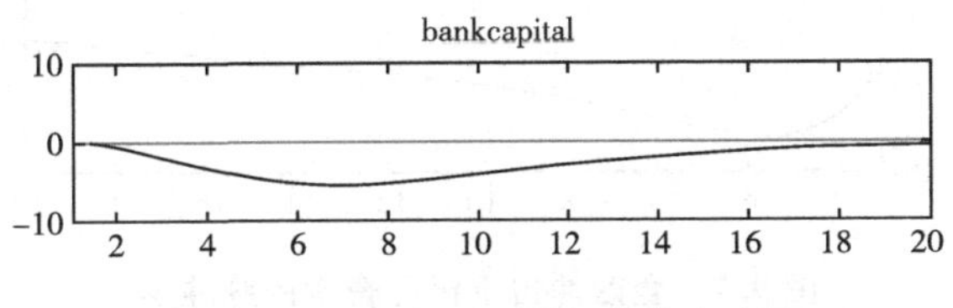


**图9.5 技术冲击下银行资本脉冲图**

在技术冲击的情况下，货币政策与宏观审慎政策的配合，在逐渐维护了价格稳定后，也对金融稳定有积极的作用。

（2）金融冲击

当外部的冲击直接针对金融部门时，商业银行的经营等会受到直接的影响，并由此导致对实体经济部门的影响，在这种情况下，单纯依靠一种政策难以实现金融稳定且价格稳定、产出稳定的效果，所以更需要政策的双重配合来对各个经济部门进行干预。

外部金融冲击会直接导致银行的流动性受到影响，所以商业银行会出现信贷收缩、去杠杆等经营行为。为了能够缓解流动性不足的情况，商业银行需要降低现金留存，或者增强流动性，或者通过更高的存款利率来刺激存款家庭能够更加积极地存款，从图9.6可以看出，短期内商业银行受冲击后通过提高存款利率来吸引存款的情况。

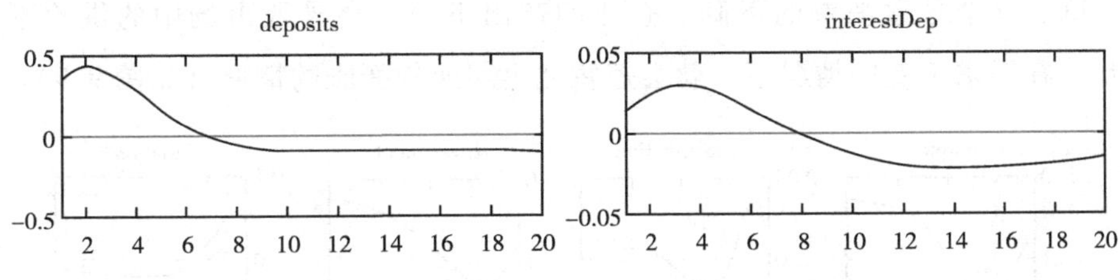


**图9.6 金融冲击下银行存款与存款利率的脉冲图**

但是这两种银行改善流动性的渠道对于商业银行来说，都是会有风险的，因为短期内对于商业银行的资本充足率会有影响，会出现下降的情况（见图 9.7）。

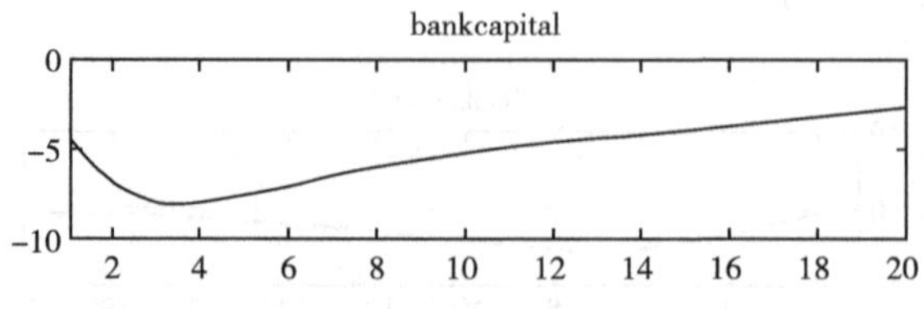


图 9.7　金融冲击下银行资本的脉冲图

而且如果银行高息吸收存款，那么贷款利率也会相应提高，从而增加企业或者家庭的信贷成本，直接导致家庭和企业的贷款意愿和需求下降（见图 9.8）。

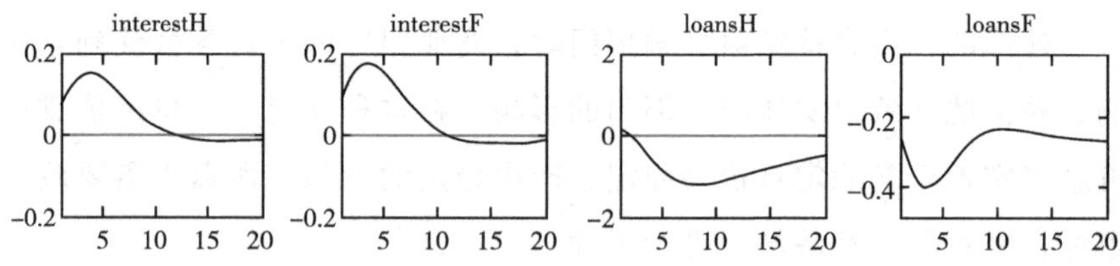


图 9.8　金融冲击下各类信贷、贷款利率的脉冲图

对于各类家庭来说，面对信贷收紧的局面，可能会减少贷款，短期内用于其他的消费。但是长期来看，因为企业也无法获得更多的贷款，不能进一步扩大或维持生产规模，会导致投资的短期下降，产出在短期内也会受到影响而有所下降，进而影响到支付给劳动力的报酬，导致家庭收入的下降，又会导致消费的下降。企业的产出下降，会导致市场中的供给不足，在需求不变的情况下，就会短暂地出现通货膨胀的情形（见图 9.9）。

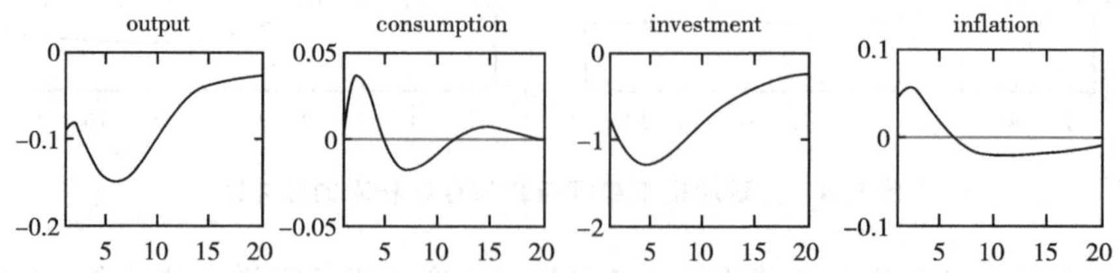


图 9.9　金融冲击下产出、消费、投资、通胀的脉冲图

从宏观管理的角度，面对金融冲击时，宏观审慎政策能够通过政策的缓冲或者之前的留存等，对于商业银行的资本进行调整，在经历短暂的不足之后，后期也会逐渐恢复，而且宏观审慎政策的配合，给货币政策的实施提供了一定的空间，因为面对金融失衡导致的产出下降，货币政策会在相对的宽松立场上实施政策。通过货币政策的实施，商业银行能够向市场提供更加便宜的信贷资金，就能够对于企业投资、社会总产出等起到积极的作用，而宏观审慎政策的实施，也能够逐渐改善商业银行的资本水平，有助于稳定银行系统。虽然宏观政策能够缓解经济的波动，但是会进一步导致通胀的发展，所以宏观审慎政策约束了商业银行的经营行为，不会令过度的信贷资金进入实体经济，对于稳定价格起到重要作用。

（3）货币政策冲击

加息等紧缩性货币政策工具造成市场主体的货币需求降低，通胀水平在短期迅速下降；由于政策利率水平的上升，传导至银行存、贷款利率，致使企业与个人的信贷成本上升，信贷需求下降，因此投资与消费水平也会在短期出现急剧下降，总需求水平受到抑制，最终对短期的产出水平造成显著的负面冲击（见图 9.10）。

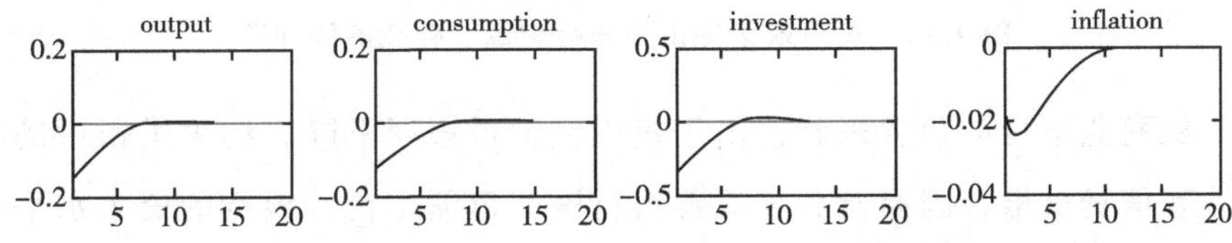


**图 9.10　货币政策冲击下产出、消费、投资、通胀的脉冲图**

中央银行短期内通过提高政策利率的方式实施紧缩性货币政策。在这一过程中，商业银行对企业与家庭的利率水平会随着政策利率的上升而迅速上调，造成家庭与企业融资成本上升；与此同时，银行在面临紧缩性货币政策时基于风险厌恶特征会在短期更倾向于提升贷款利率维持自身利润水平，从而对存款利率不敏感，以期降低资金成本，最终造成利差在短期内迅速扩大（见图 9.11）。

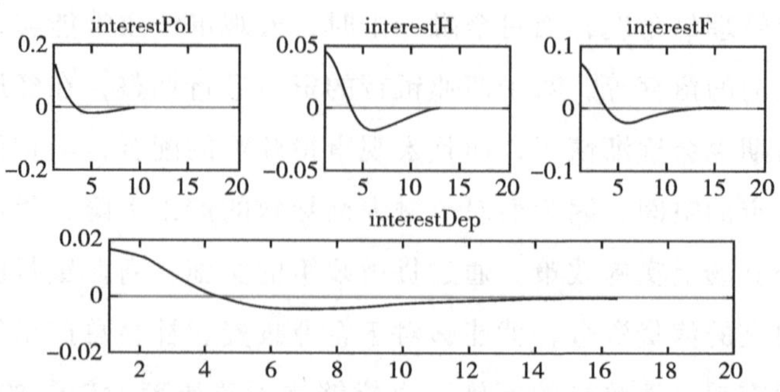


**图 9.11　货币政策冲击下政策利率、贷款利率、存款利率的脉冲图**

由于货币政策立场的逐渐调整，短期内贷款利率上升，会导致短期内家庭和企业的贷款都有所下降，长期虽然会有所回调，但是贷款的需求和贷款量都不稳定。而且政策利率的调整，还会导致商业银行的存贷利差在短期内扩大，这也会导致家庭更倾向于将富裕的可支配收入存进银行，从而银行存款逐渐增长（见图 9.12）。

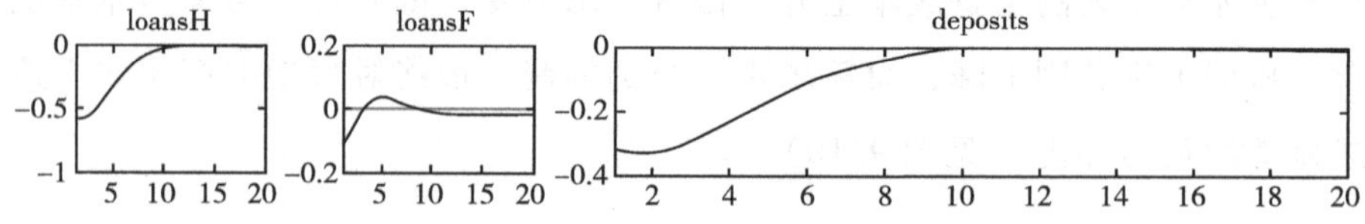


**图 9.12　货币政策冲击下银行贷款、存款的脉冲图**

从商业银行的角度来看，由于货币供给量短期下降，约束了银行的流动性和信贷供给，因而有利于改善银行资产负债结构，银行的资本水平也会出现上升，从宏观审慎监管的角度，会对银行的经营行为进行限制，商业银行从合规的角度，也会对自身的资本充足状况进行调整和匹配，短期内银行的资产充足水平提升明显（见图 9.13）。

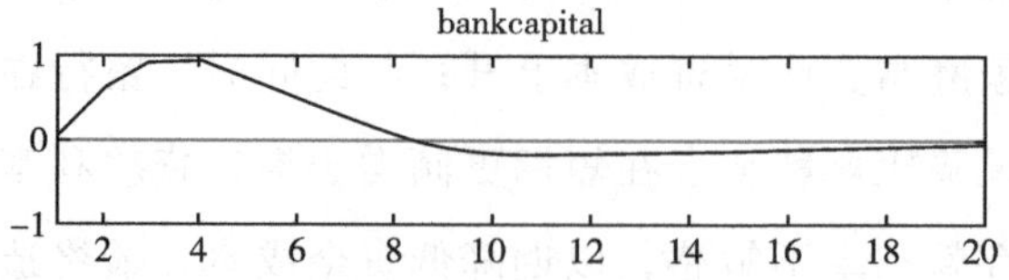


**图 9.13　货币政策冲击下银行资本的脉冲图**

当经济受到货币政策冲击时，整体上经济系统内的流动性水平是收紧的，短期内会对消费、投资、产出造成冲击。对于银行的经营来说，正如第 7 章和第 8 章的分析结论，确实两项政策会在银行的流动性、信贷渠道上有共享。随着货币政策立场的逐渐变化，长期来看，经济系统中的相关经济变量会再次逐渐改善。

（4）宏观审慎政策冲击

市场处于高速发展的阶段，特别是以房地产为代表的资产价格出现泡沫累积时，宏观审慎政策和货币政策都会对此进行必要的干预。宏观审慎政策工具在模型构建中主要体现在两个方面，一个是贷款价值比的约束，另一个是资本充足水平的要求。

从贷款价值比的角度，主要是调整贷款额度占抵押品价值的总体额度，是对于特定的部门以及商业银行的信贷发放产生直接影响的政策工具。如果对于特定的部门降低贷款价值比，对于家庭购房的需求来说，肯定是提高了家庭承担的付款比例，减少商业银行贷款的额度，这在一定程度上，主要影响的是投资性房屋的购买，表现为对于非刚性需求的购房进行收紧，所以对于抑制房地产的价格等都是有一定的作用的。商业银行在具体提供的信贷方向上，也可以更多地倾向于实体经济。对于企业部门来说，也是一样的，企业受到贷款价值比的限制，也不能获得更多的贷款了，所以其贷款的总量是下降的。从吸收存款的角度来说，企业的投资等受到一定的限制，不能扩大再生产，所以能够给到劳动力的报酬下降；而家庭收入减少的同时，在房屋存在刚需的情况下，为房屋需要提供更多的资金，所以银行能够吸收到的存款也会下降（见图 9. 14）。

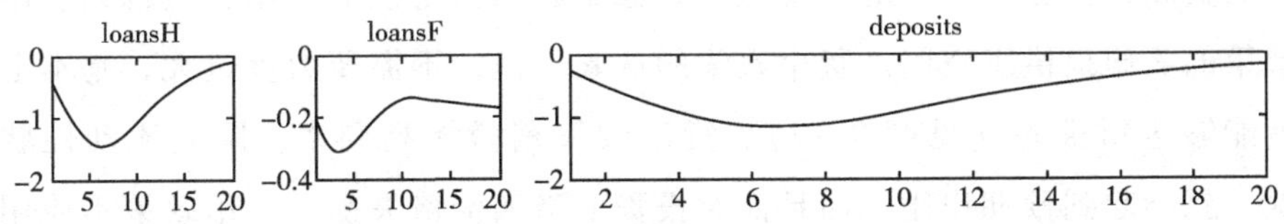


**图 9. 14　宏观审慎政策冲击下银行贷款、银行存款的脉冲图**

宏观审慎政策的另一个工具是资本充足水平的要求，这个指标要求是对银行的日常经营起到约束性作用的监管指标。在日常监管要求与贷款价值比共同的作用下，短期内对于银行的资本充足水平来说，是有明显增进的，对于金融的系统性稳定来说，这也是非常重要的（见图 9. 15）。

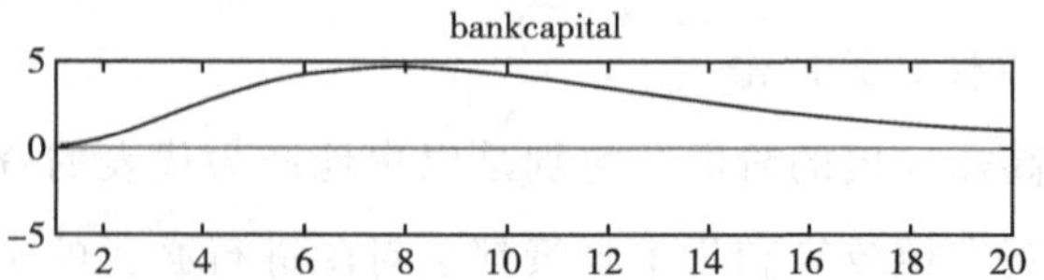


**图 9. 15　宏观审慎政策冲击下银行资本充足水平的脉冲图**

在宏观审慎政策对于金融部门和资产价格市场进行直接监管约束后，在短期对于家庭而言，不进行房屋购买，也能够在消费领域进行更多的消费，带动对于产出的需求，能够在一定程度上刺激产出，促进经济增长，所以从短期的效果来看，是产出、消费等短暂出现上升的情况，但由于企业的信贷总量下降，会直接导致投资下降；在供给不足的情况下，通货膨胀也有上升的趋势（见图 9. 16）。

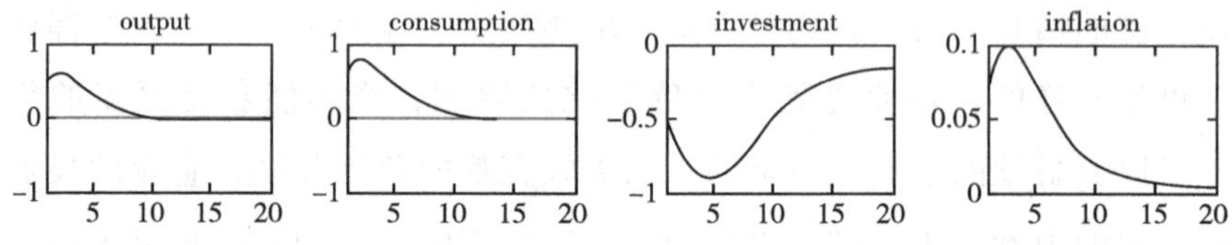


**图 9. 16　宏观审慎政策冲击下产出、消费、投资和通胀的脉冲图**

面对经济中的存在的资产价格泡沫问题，宏观审慎政策实施了有针对性的贷款价值比工具，对于促进金融稳定起到关键性的作用，这也为货币政策的实施提供了空间。货币政策的从紧干预，不需要力度过大，基本上就能够达到目的（见图 9. 17）。货币政策稍微提高利率，限制流动性状况，就能起到预期作用，而且面对投资下降和价格失衡，货币政策不使用力度过大的紧缩政策，也能恢复平衡，第 8 章中的结论得到验证。两项政策在商业银行流动性渠道上，存在一定的替代性。

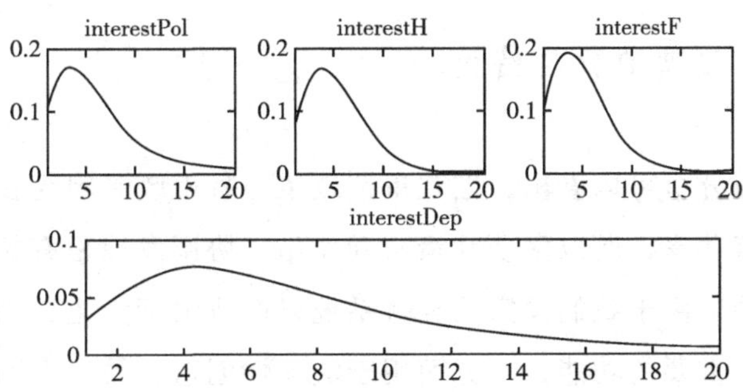


**图 9.17 宏观审慎政策冲击下政策利率、贷款利率和存款利率的脉冲图**

综合分析来看，在经济中的资产价格失衡时，宏观审慎政策和货币政策的协调配合，能够很好地实现各自的政策目标。贷款价值比不是一个总在调整的工具，会根据市场的具体情况，以及资产价格的发展情况来调整，所以对于银行系统的稳定实现来说，是能够实现长期均衡的，而且宏观审慎政策的部门性工具，对部分货币政策所指向的中介指标也能有一定的作用，这就为货币政策的实施提供了很大的空间。

（5）经济波动效应

通过上述不同冲击下的脉冲响应机制分析，可以看出宏观审慎政策是一个可以在经济体中作为稳定机制的内置政策。从宏观审慎政策的管理情况和效果来看，对于缓解经济中的波动也是有一定意义的。因为通过理论分析就可以发现，宏观审慎政策也是通过商业银行的渠道，作用于银行资本、银行流动性，进而作用于信贷供给和投放的。从上述的脉冲响应也能看出，两项政策的配合使用，对于产出、对于价格稳定、对于银行系统都是有意义的。因为在经济的运行过程中，并不是所有的时点，都能清晰地识别出冲击的来源，很多时候都是多种冲击交汇在一起的，所以单独使用某一种政策，可能会导致效果不佳，或者产生政策的外溢，而两项政策配合使用时，对于各个经济部门的管理则能有一定的效果。

### 9.3.3 模型的分析结论

通过模拟分析可以看出，宏观审慎政策与货币政策因为在商业银行的传导渠道上有共享，所以两项政策共同作用、协调发展是有益于经济发展和金融稳定的。由于我们国家的金融系统以商业银行为主，商业银行的信贷渠道承担着重要的功能，一方面用于流动性创造，另一方面用于信贷供给与调节，所以使用资本类的宏观审慎政策工具，以及针对部门的贷款价值比工具对于维护金融稳定都是有重要作用的，在这些政策工具的具体使用过程中，既可以实现预期的政策目标，同时对于稳定经济中的其他变量也有一定的意义和作用。

货币政策作为宏观经济管理政策框架中的重要政策之一，其还是需要集中于既定的预期目标，维护价格稳定、币值稳定并以此促进整体经济水平的稳定增长。在政策实施的过程中，因其会作用于商业银行，所以会导致银行系统的信贷供给、流动性都发生变化，进而导致市场中的资产价格发生变化，从而影响金融稳定。但是使用货币政策直接去监管或者管理虚拟经济，效果并不是特别明显，因而宏观审慎政策才是必然的选择，这样不仅能够有效改善金融失衡和金融系统性风险，而且宏观审慎政策工具直接作用于银行系统的信贷等渠道，对于货币政策的实施效果，也是有利的，所以两项政策的结合，有利于保持经济与金融的稳定，并促进整个经济部门的协调发展。

首先，宏观审慎政策是针对金融产业的监管政策，从监管理念上是属于着眼于宏观的，所以宏观审慎政策工具还是需要和货币政策相互配合使用形成“双支柱”的。通过前述的相关分析可以发现，两项政策之间的相互关联非常密切，相互配合施策能够实现各自的政策目标，而且在一定程度上，还能促进对方的政策目标实现。通过实证的模拟和分析可以发现，宏观审慎政策部分工具的使用，比如贷款价值比的使用，它在实现银行系统的整体稳定的同时，也能够促进经济政策目标的实现。这个工具对于两项政策来说，都是能实现政策目标的工具。政策当局提高存款准备金率，从货币政策的角度看，是从紧的货币政策立场，会对价格失衡形成干预，也会对经济的增长有所抑制。从宏观审慎政策的角度，也是加强对商业银行的资本约束。因为银行的贷款价值比率不仅直接决定了其流动性创造的情况，并影响银行的信贷供给，而且会改变银行的资产负债表结构，银行的存款会因此而上升，同时也会为此支付更高的存款利息，导致银行的运营成本上升。银行仅仅依靠吸收存款是不能实现经营合规要求的，只能主动降低杠杆经营，同时减少风险承担。所以在整个商业银行的风险、信贷、流动性渠道上，两项政策工具都会对这些渠道产生作用，只有货币政策和宏观审慎政策共同作用，才能发挥效力，实现各自政策目标的。

其次，宏观审慎政策的实施也会对货币政策的目标产生效应。从前述的理论和模拟分析可以看出，宏观审慎政策对于银行资本、流动性、杠杆率的要求都能够对商业银行的信贷扩张产生影响，这在具体监管安排中，其实是存在宏观的效果和功能的。因为对商业银行的资本充足水平提出要求，也是对于流动性的总量进行的调节，银行为了合规也会调整结构满足监管指标，对自身的信贷供给进行内部控制，约束信贷的扩张，避免顺周期的情况，而且银行通过合规调整，在满足各类的资本充足要求的前提下，也会控制过度风险承担的经营行为，增加低风险收益稳定的资产组合。所以从银行的经营状况可以看出，虽然商业银行对于向市场提供的贷款额度受到影响，但是由于信贷标准稳定，能够平滑在整个周期的信贷情况，银行系统也更加稳健；同时对于市场主体来说，为了能够获得资金也会改善经营状况，在流动性平稳提供的情况下，对于价格的稳定和经济的整体增长都是有积极作用的。

最后，贷款价值比工具需要其他政策工具的配合才能更好地形成整体效果。当经济处于下行周期时，货币政策一般都会通过宽松的政策倾向引导市场的流动性向实体经济的流动，刺激经济的发展，改善整体的市场环境。通过分析研究可以看出，提高家庭部门的贷款价值比能够刺激家庭部门的信贷，家庭的购房意愿和倾向会被激励，从而提高了家庭部门向商业银行贷款的规模，带动相关产业发展，为生产和消费提供动力。但是这种刺激性的宏观审慎政策其实对于商业银行的资本充足水平是不利的，可能引发资本与资产的比率失衡。如果监管当局再同时实施其他的日常类的监管工具，那么可能会给银行自身的流动性管理造成风险。因此宏观审慎政策工具的使用，特别是针对具体部门的工具，往往并不具有独立操作的空间，他还需要其他的政策，特别是货币政策的配合才能更好地发挥作用。货币政策在实施时，虽然会有商业银行的风险承担渠道，但是不同的货币政策工具在使用时，一定程度上也能够实现银行系统的稳健，因为整体经济面受到冲击时，作为经济体中重要部门的金融行业，肯定也会被冲击。这时候的货币政策虽然不一定能够完全帮助金融体系实现稳定，但是对此目标是有积极作用的，货币政策的实施一定程度上能影响宏观审慎政策的目标。

所以对于两项政策而言，宏观审慎政策重点针对金融系统，尤其是银行系统，关注其信贷、流动性和风险的整体状况，而货币政策还是以传统的政策目标为主，两者相辅相成。这样，两项政策在共同实施有效搭配的过程中，就能够形成协同效用，增强政策效果的实现，稳定金融系统，熨平信贷的波动和流动性的波动，稳定宏观经济。

# 第 10 章

# 完善我国“双支柱”调控框架的建议

## 10.1 宏观经济、金融政策体系的优化建议

### 10.1.1 优化货币政策的建议

(1) 货币政策部署的三项原则

各国货币政策都需要适应本国的市场环境，均存在特殊性问题。但整体来看，货币政策的制定需要遵循一定的原则，并在原则指导下适应本国的金融体系。首先，连续性。在高度货币化的今天，货币政策的制定对经济发展往往起决定性作用，但如果政策制定不当，也会严重阻碍经济发展。货币政策要保持连贯性，要考虑政策后果以及未来的政策空间，防止对经济发展的过度影响。其次，有效性。这是货币政策的最重要的原则，在具体实施时，具体可考虑每种货币政策工具的实施路径等，然后综合使用，能够对国家的经济发展起到推动作用。最后，可预测性。这一原则与连续性原则一脉相承，在“黑天鹅”与“灰犀牛”事件频发的现在，货币政策的制定一定要能够给予市场信心，避免创造新的不确定性。

(2) 货币政策在部署和实施的进程中需要关注资产价格

根据中央银行法，货币政策的目标是在保障币值稳定的基础上，促进经济的可持续增长。资产价格对货币政策的敏感度较大，如我国的房地产市场。货币当局应该通过合理的货币政策来调控货币供应量，从而影响房地产市场，实现经济发展的最终目标。具体来讲，货币政策应该逆资产价格周期制定，即当资产价格过热，房地产价格上涨迅猛时，应及时调控供货供应量，紧缩货币，抑制资产价格的过快上涨，防止经济过热后，导致的通货膨胀或金融危机等严峻问题；而当经济发展动力不足时，货币当局应该适度宽松货币政策，引导经济发展，为经济社会发展注入流动性。

①资产价格波动是货币政策制定中需要考虑的因素。在经济社会高度货币化的今天，资产价格的变化往往会对宏观经济运行产生重要的影响，

资产价格的大幅波动甚至会与货币政策目标产生矛盾。因此，在金融市场迅猛发展的现在，资产价格的波动可能直接导致金融失衡，进而导致实体经济受到影响。因为资产价格可能直接联系着实体经济和金融经济，所以货币政策也需要在部署时，对资产价格进行一定的考虑。具体来说，货币当局应重视如下几点：第一，防患于未然。对资产价格的异常波动，尤其是资产泡沫的形成要随时保持警惕，未雨绸缪。第二，逆周期操作，但同时关注市场信息。逆周期调节是货币政策的重要方向，但逆周期调节也要时刻关注市场反应，避免从一个极端走向另一个极端。最后，货币当局对资产价格的管理应尽量采取间接手段，防止直接行政干预对市场运行造成较大干扰。

②调节货币供给速率。住房对于大部分家庭都是重要资产，房地产市场也成为了重要的资产市场之一，大量的资金会流入市场中，在很多的文献中也都论述了房地产价格与货币供应量之间是正相关的关系。如果货币超发进入房地产市场，过多的货币流入就会进一步刺激房地产投机活动，而房地产投机活动则会进一步加剧房地产市场价格上涨。虽然房价在不断上涨，但此时的价格已经出现溢价，名义价格往往高于房产的真实价格，造成房地产泡沫。此时的货币当局应该及时观察市场发展，采取紧缩性的货币政策手段，给过热的房地产市场“降温”。但这一过程不能过于激进，因为房地产市场会影响地区 GDP 的增长，一旦政策过激，刺破房地产泡沫，则会给经济发展造成难以估量的打击。因此，货币当局要及时观察市场发展，采取稳慎的逆周期调节措施，根据市场反馈不断调整，避免对经济的过度干预。

(3) 货币政策需要中长期的视野

货币政策对宏观经济运行的影响是非常大的，因此货币政策的制定一定要有中长期视野，保持货币政策的连续性和有效性。其中，是否具备中长期视野的一个重要指标就是通货膨胀。如果短期内为了刺激经济超发货币，虽然会很快发挥作用，但中长期来看，超发货币会最终形成物价上涨，导致通货膨胀。所以中央银行可以把对通胀的控制作为其制定货币政策的重要参考依据。为了控制通胀，央行可以在条件允许的情况下，在中长期内保持利率的低水平，从而兼顾货币政策促进经济增长和促进就业的目标。

（4）明确货币当局自身责任与限制

货币政策需要保持独立性，因此一国的中央银行在执行政策时应当重点考虑的是经济情况，这就要求明确货币当局的责任和限制。特别是在遇到外部冲击的阶段，为了解决偿付问题，央行往往被迫接受发行货币的指令，这虽然在短期内能够缓解危机的发展，但实质上是将问题进一步拖延成更大的问题。中央银行制定货币政策要尽力保持独立性，推动利率的市场化。其实，央行保持独立性，明确责任和限制往往有利于其更好地发挥作用，根据市场反馈及时调节货币政策，从而免受其他因素的干扰，为经济平稳运行提供支撑。

（5）促进货币市场流动性

在权限范围内，中央银行应该竭尽全力保持货币市场的流动性。为此，对中央银行来说，对市场信息的搜集、筛选和反馈就显得尤为重要。中央银行有权使用任何有关货币市场的信息，包含涉及个人隐私的偿付问题。这也意味着中央银行会及时从其他渠道获取市场信息，即便其不具有直接的监管责任。另外，中央银行还有权强制商业银行披露客户私人信息，用于对市场的判断和分析。还有，央行要与金融监管当局及时合作，因为监管当局是维护金融市场稳定的，其会掌握大量金融机构及其客户的相关信息。央行要与监管机构形成信息共享机制，避免信息交流不通畅的问题，从而为央行促进货币市场流动性扫清障碍。

### 10.1.2　完善宏观审慎政策的建议

实证检验和现实发展实践都表明，作为重要的维护宏观经济、金融稳定的政策，宏观审慎政策的制定和执行对促进经济增长，改善居民生活，提高经济韧性具有重要作用。因此，政策当局要高度重视宏观审慎政策的制定和完善，使其更好地为国民经济发展提供政策支持和环境保障。

（1）完善宏观审慎架构，厘清政策目标的指向性

维护金融稳定、防范系统性金融危机的发生以及促进金融更好地为实体经济服务，是我国宏观审慎政策制定和执行的重要目标。由此可以看出，宏观审慎政策在我国发展过程中的重要作用。因此，我国在以后的宏观经济管理活动中要进一步完善宏观审慎政策框架，让其更适应中国发展的国情，进一步明确宏观审慎政策的制定者、执行者及其政策目标和工具等（见图 10.1）。

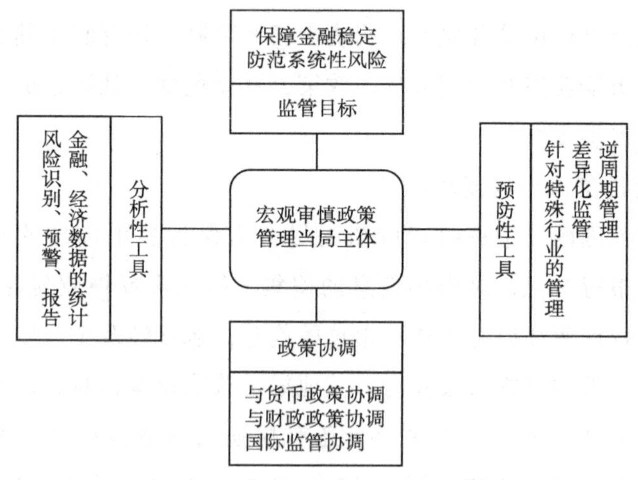


**图 10.1　宏观审慎政策的完善框架**

资料来源：作者整理。

①宏观审慎政策的根本目标和形式。站在较为宏观的视角，宏观审慎政策贯彻实施的方式是宏观审慎的制定部门，在我国是中国人民银行，与其他政策制定或执行部门相互合作，进而维护整个金融体系的正常运转。从这一方式来看，在合作过程中，有利于不同政策一起共享数据资源，从而准确溯源金融危机为何发生，为制定更为合理的宏观审慎政策提供基础。市场上繁荣与萧条循环往复的一个重要原因就是投资活动的开展，如果市场法制不健全，投资会变成投机，而投机活动会进一步扩大市场繁荣与萧条的阈值，给经济发展造成严重的威胁。改革开放后，由于市场法制

尚不完善，投机活动频发，造成金融市场的不稳定。政策当局为了维护整体金融稳定，不发生系统性的金融危机，保障经济安全，往往需要分析大量金融指标，既包括国际机构发布的通用指标，如国际货币基金组织发布的金融指标，又包括国内金融系统中的重要指标，如存款准备金率等。但需要注意的是，过去的分析方法只是使用数据指标和模型来分析金融实践的，是描述性的，缺乏对金融整体稳定性的预测和诊断。缺乏压力测试的金融实践描述不能更好地维护金融稳定，也不能解释好金融变量之间的相互作用。

②宏观审慎政策执行的中介目标。与货币政策类似，宏观审慎政策也需要中介目标来实现政策执行的连贯性。中央银行为了货币政策推行更为可操控，往往使用操作目标和中介目标的政策策略。宏观审慎政策同样也可以在宏观审慎政策工具与其最终目标之间设定若干变量作为中介目标。这样做的原因与货币政策设定中介目标和操作目标大体一致：第一，宏观审慎政策工具对最终目标的影响往往是有限的，因为金融市场瞬息万变，预测和评估具有较大难度，因此通过中介目标可以释放出良好的调控信号，引导市场调整。第二，金融市场的信息传递极为迅速，危机发生后的情绪传染性又会进一步加剧危机的严重程度。因此，通过设置中介指标，可以对金融市场的危险情况进行早期预警，帮助宏观审慎政策的制定者更好地观测市场情况，并对可能存在的危机进行提前防御和准备。

从以上描述中可以看出，宏观审慎政策设置中介目标具有重要作用，因此设置标准也显得尤为重要。特别地，中介指标的设计需是可量化的，如设计可管理的数量变量，可以清晰地传递资产价格信号。在指标选择方面，可以从历次金融危机中汲取经验教训，总结哪些指标会是金融危机发生的先行指标，然后挑选出更适合本国国情的金融指标。这些指标往往较多，所以在筛选过程中一定要与本国金融市场发展实践相结合。就我国情况而言，贷款量及其结构、坏账率、拨备覆盖率等，都是可供选择的中介变量。

③宏观审慎政策的权责管理。在宏观审慎的政策实践过程中，政策当局为了实现政策效果整体可控，往往将整个过程分为两个阶段。第一阶段，政策当局会对整体资产市场的稳定情况进行评估。资产市场对整个宏

观经济影响巨大，因此如果政策制定者发现资产市场出现不稳定状况或存在潜在威胁，那么其会通过微观手段，如紧缩性审慎工具来维持资产市场的稳定。这一阶段有一个明显的特点，就是宏观审慎政策制定者不会区别对待市场上的金融机构，所有微观金融机构主体都是其重要的监管和审查对象。

接着到了第二个阶段，这个阶段金融机构开始响应紧缩的宏观审慎监管，对自身的资产负债情况进行管理，而政策当局在这一过程中负责监督这一调整程度，防止调整过猛引发市场动荡。另外，如果金融机构未能很好地响应政策，政策当局需要识别出这金融机构，并加强监管和管控，这一阶段需要监管当局对金融机构的异质性进行很好的区分。

因此，整体上看，在执行政策的最后，宏观审慎政策是务必考虑不同金融机构异质性问题的，比如不同银行有不同的资产负债结构、不同的运营系统和经营方式。所以，每个金融机构暴露的金融风险程度都是不同的。自由裁量权是宏观审慎政策执行过程中必须要考量的问题，只有拥有了自由裁量权，政策当局才可以根据不同金融机构在整个市场上的重要性来推行异质性的、高效的管理。比如，政策当局对金融机构如何反馈政策非常看重，这一反馈效应是政策当局衡量其政策是否合理、有效的重要参考。商业银行在我国的金融市场体系中居于主导地位，我国商业银行体系较为复杂，大型银行涉及国计民生的方方面面，必然面临更多的金融监管要求，而且不同的大型银行的主导业务不同，其资产负债表以及经营方式也有不同，这就说明不仅是不同体量大小的金融机构存在异质性，即便是处于同一体量下的金融机构同样存在异质性。

自由裁量权的大小是政策当局必须考虑的问题。金融风险不同于其他风险，金融风险传递速度快，传递方式隐秘，仅靠一个主要的政策当局很难及时发现和预警风险，即便是其他管理当局合作，共享监管信息，大多数的金融风险往往也是在积聚到一定程度时才会被发现。另外，金融机构如何看待宏观审慎政策以及会做出何种反应尚不确定，这个时候自由裁量权的使用很可能适得其反。不受约束的自由裁量权可能导致政策朝令夕改和缺乏公平的治理环境，这将导致政策当局失去市场信任和公信力，也会导致宏观政策的失效。

④与其他宏观经济政策的协调。一方面，各国经济发展实践表明，宏观审慎政策的影响面广，在政策执行过程中必然会对其他经济政策产生较大影响，甚至可能会与其他经济政策产生冲突，导致宏观政策失衡，威胁整体宏观经济、金融稳定。另一方面，任何政策都有其局限性，宏观审慎政策无法覆盖到经济稳定的所有方面，而需要其他政策相互配合，相互协调，所以在这个过程中需要与货币政策当局、财政政策当局、汇率政策当局、银保监会、证监会等进行有效沟通和协作。

（2）加强宏观审慎政策与微观审慎政策的协调

宏观审慎更关注宏观经济运行的稳定性，更关注宏观指标。而宏观指标的变动根源在于微观主体的变动，因此，个体的微观审慎监管要与宏观审慎政策相互协调合作，并且在宏观审慎政策执行过程中，如何判断和识别宏观经济风险，也需要微观主体进行配合。而站在微观审慎政策实践来看，微观政策的推行如果与宏观政策相配合，不仅能够发挥更有效的监管效率，也会节约更多的监管成本。如何加强这两项政策的协调以强化监管效率、提高监管成本呢？本书认为，需要从以下三个方面发力（见图10.2）。

第一个方面，数据系统的建设。底层数据是金融监管政策制定的主要基础设施。只有具备了高质量的市场数据，才能制定出符合市场规律、能够防范金融风险的宏观和微观政策。因此，建设基础监管数据系统是宏观和微观审慎政策相互协调的重要发力点。政策当局首先应该集中力量，将宏观数据，如信贷额、信贷结构以及市场偏好等，与微观数据，如商业银行的坏账率、资本充足率以及资产负债结构等全面搜集并结合起来，建立全面的、准确性高，以及更新频率紧跟市场的综合大型数据系统，为宏观和微观审慎政策制定者提供强力数据支持。

第二个方面，需要从顶层设计上建立宏观和微观审慎政策的协调机制。如果说数据系统是宏观和微观审慎政策协调的基础设施，那么协调机制的建设就是两项政策相互协调的指导纲领。宏观和微观审慎政策的协调机制不仅包含基础的信息共享、约束激励等，还应该时刻观察不同政策的市场反应，针对现实情况，双方的政策相互补充、相互配合，选择更为恰当的政策工具。

第三个方面，反馈机制的建设。宏观和微观审慎政策的协调不仅要有事前的预测，事中的执行监督，更要有事后的总结反馈机制。事后的反馈和总结甚至比其他环节更为重要，因为市场的反馈是检验政策制定和协调效果的重要来源。如果市场没有给出预期的反馈，一方面说明政策的制定和协调并没有发挥出应有的效果，另一方面也可能存在反馈的传导机制出现梗阻现象，反馈渠道的疏通也是宏观和微观审慎政策相互协调的一个重要发力点。

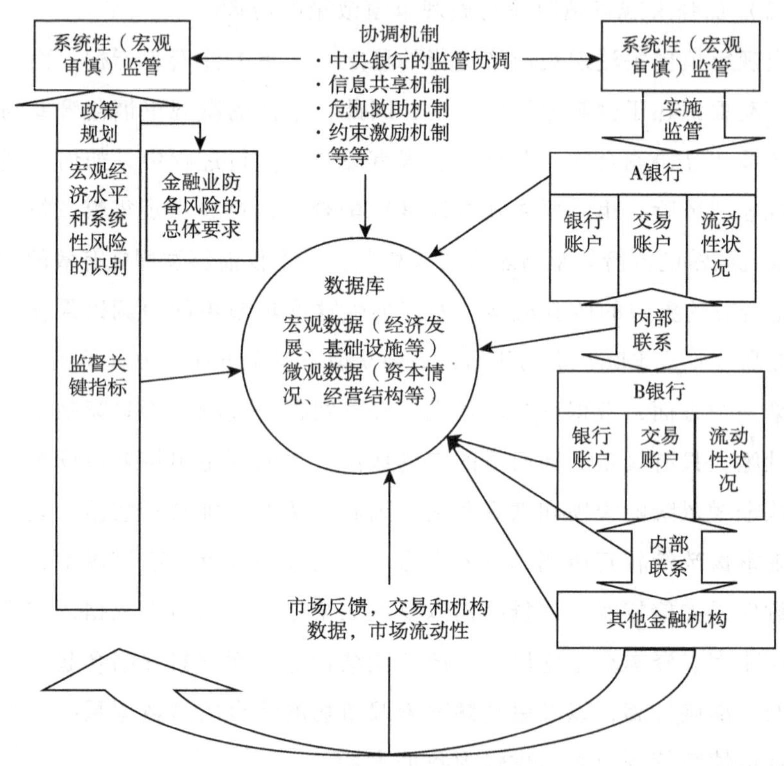


**图 10.2　宏观审慎与微观审慎的结合**

（3）赋予宏观审慎监管局动态管理的权力

金融市场变幻莫测，其动态变化性是其本质特征，这对宏观审慎政策完善提出了巨大挑战。金融科技与时俱进极大地拓展了传统金融行业业态，提高了普通大众获得金融服务的可能性，同时也给金融行业带来了大量的盈利机会。从现实发展实践来看，金融创新的速度远远超过金融监管的速度。如果金融创新速度过快，而金融监管政策的制定和执行时间成本不变，则新的金融产品和业务很容易产生新的风险。因此，要赋予宏观金融监管制定和执行者自由裁量权，给予其动态管理权限。

宏观审慎政策涉及包含金融行业内的所有系统和所有市场机构，市场变化较快，需要在顶层设计上赋予我国宏观审慎政策制定当局相对开放的监管权力，让宏观审慎当局有实时的规则制定和调整的权力，节省时间成本。另外，如果一项宏观政策可以根据市场变化来适时调整，如根据可能出现的系统性风险的来源、方式等进行调整，那么这项政策可能会因为合适调整而发挥出更好的效果。这种有条件的调整需要法律赋予政策当局自由裁量权和动态管理的权限。但同时需要注意的是，自由裁量权不是放任不管，也需要法律规定负面清单，做到法无禁止即可为，确定权力边界，提高政策效率。

## 10.2 加强货币政策与宏观审慎政策相协调的建议

改革开放40多年来，我国生产力得到了极大解放，生产效率迅速攀升，制度创新起到了重要作用。但随着改革的深入，制度变革的边际效果呈现递减趋势，改革走入深水区，宏观经济的不确定性增加，越在这个时候越是考验宏观经济政策的有效性。宏观审慎政策和货币政策作为基础宏观经济政策，在稳定国内金融市场，维护国家经济安全方面发挥了重要作用。

### 10.2.1 适合我国国情的宏观金融稳定政策体系

市场环境瞬息万变，尤其随着金融科技的发展，金融领域的创新层出不穷，很多新的金融业态如雨后春笋般涌现出来。宏观审慎政策虽然可以有效维护宏观经济金融的稳定，但任何一项政策都存在缺陷，单一政策不可能完全覆盖变幻莫测的金融市场。除了宏观审慎政策外，货币政策也是我国宏观经济管理的重要手段和工具，逆周期调节的货币政策可以有效维护金融稳定，防范系统性金融危机的发生。因此，一个高效的、有质量的宏观政策体系应该包含宏观经济的多个层面，是一个由多种政策组合而成的政策包。而这个政策包不仅要有顶层的宏观经济政策框架，还要有具体的政策工具和实施路线图、说明书。宏观审慎政策、财政政策以及货币政策等，都是这个政策包里的重要组成部分，这些部门应相互配合、通力合作，共同维护宏观经济稳定和金融稳定。在这一过程中，信息的沟通交流显得尤为重要，只有建立起高效的信息沟通机制才会有不同部门和政策之间的高效合作，宏（微）观审慎政策、货币政策以及财政政策之间才会优势互补，形成合力，避免政策之间的矛盾和双重成本问题。图 10.3 说明了这一政策包的大体框架。

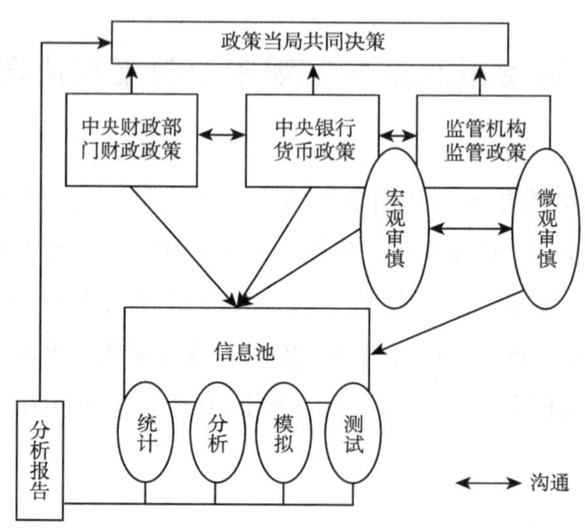


**图 10.3　宏观经济决策框架**

资料来源：作者自己整理。

由上述宏观经济决策框架可以看出，该政策框架的政策当局包括财政部、中央银行以及监管机构，分别负责制定财政政策和货币政策，以及负责具体政策的执行和监管，三者共同对宏观经济稳定负责。具体来看，宏观审慎政策的推行会明显影响商业银行贷款发行量和贷款发行结构，而货币政策的实施同样也会影响商业银行的存贷款，如法定存款准备金率和 SLF、MLF 等，会直接影响货币发行量和商业银行的贷款量。财政政策是政府对宏观经济的直接干预，也会影响到货币发行和贷款规模。因此，在政策当局对宏观经济进行调控的过程中，首先要厘清风险的本质和来源，制定出协调、高效的宏观干预政策，而不能仅仅侧重一方政策的出台。如果没有考虑到政策系统，单方面政策的出台往往造成政策反复，成本高企以及政策冲突等问题，导致宏观政策低效，甚至对宏观经济稳定造成相反的效果。央行在推行货币政策时，要综合考虑资产价格和宏观风险，而宏观审慎政策在制定之前也要与货币当局和政策执行机构进行沟通，要防止因宏观审慎政策的制定而导致经济萧条。财政部门在实施财政政策时，要注意防范对经济的过度干预，要与货币政策和宏观审慎政策形成合力，关注整体经济形势。

三类政策当局要在搜集市场信息的同时，建立信息共享传递机制，建立共享数据库，对各自优势信息进行整合，引入新一代互联网技术，如区块链、大数据等，对信息质量进行甄别，综合分析有价值的信息，再由所有政策当局通盘考虑，共同商议有利于宏观稳定、经济发展的政策优势，共同维护国家的金融稳定和经济的持续和健康发展。

### 10.2.2　宏观审慎与货币政策相协调的现状分析

(1) 宏观审慎性质的货币政策工具

中国人民银行使用的政策工具主要分为两类，一类是货币政策工具，另一类是信贷政策工具（见表 10.1）。货币政策工具主要有利率政策、法定和超额存贷款准备金率政策以及再贴现、再贷款、SLF、MLF 等。而信贷政策工具主要有贷款计划和窗口指导等，这些工具又被称为数量型或者价格型工具。数量型工具是指调控货币发行数量的政策工具，如存贷款准备金率等，而价格型工具是指调控包括资产在内的商品价格的方式，如调节利率等。虽然价格型调控更为市场化，但我国经济发展容易面临流动性过剩或紧缩的困境，所以我国以数量型价格政策为主。而西方发达国家则侧重于使用价格型货币政策工具，如利率政策等，其很少对存款准备金率进行调整，因为他们认为这一政策的效果过于猛烈，会对市场运行造成猛烈的冲击，给市场一个强引导。因此，西方国家不到特殊情况不会轻易采取这种措施。中国虽然以数量型货币政策为主，但同时也会频繁使用价格型的货币政策。例如，我国中央银行会频繁使用公开市场操作等调节市场流动性。我国的货币政策较为丰富，中国人民银行也会通过再贴现、再贷款、存款准备金以及公开市场操作等多种工具来调控流动性。

**表 10.1　　中国人民银行使用的货币政策工具**

| 货币政策工具 | |
|---|---|
| 公开市场操作 | 货币政策工具中最主要的数量型工具，不仅是在市场中进行本外币资产的买卖，还包括回购，发行央票，另外还有新型工具 SLO |
| 中央银行贷款 | 主要是央行对于部分金融机构进行的再贷款、再贴现，除了这两类常规工具外，还有 SLF 和 MLF |
| 利率 | 货币政策工具中最重要的价格型工具之一，主要是人民银行的基准利率 |
| 存款准备金率 | 对于商业银行的信贷供给影响最为直接的工具，具有自由裁量权 |
| 信贷政策工具 | |
| 中央银行贷款计划 | 同样是具有自由裁量权，在条件具备的情况下，根据特定的要求，人民银行会有针对性地对某个行业或者地区给予资金的支持 |
| 窗口指导 | 基间接工具，是一种沟通的机制，通过跟商业银行的具体沟通反馈来干预银行的信贷规模和标准 |

①中央银行贷款。与美联储的窗口贴现类似，中国人民银行可以通过中央银行贷款来影响基础货币的规模和结构。这一政策工具也被称为中国人民银行的借款便利工具。在 20 世纪 90 年代，商业银行的贷款余额主要来自中央银行，这一比例在 21 世纪初超过半数，但随着我国市场化进程

的加快，金融基础设施逐渐完善，金融体制市场化程度逐渐加深，因此，中国人民银行逐渐减少了对市场的直接干预，减少中央银行贷款，转而采取更为间接的政策工具。在央行的引导下，商业银行采取更为市场化的方式来获取贷款余额。但与此同时，央行并没有完全放弃央行贷款这一货币政策工具，只是这一工具实施的目的发生了根本性转变。央行贷款基于特定资格给予发放，这一做法可以引导商业银行的贷款结构，引导信贷方向，为我国产业结构升级以及经济结构改善提供重要的资金保障。随后，我国进一步细化了央行贷款的政策工具，更加积极且稳健地引导信贷方向。具体来看，除中央银行流动性贷款主要负责流动性管理外，其余工具的主要目标均为信贷指导。因此，整体来看，类似于信贷政策工具下的特殊中央银行贷款计划，中央银行贷款这一政策工具已经被赋予了调节信贷结构的任务。而且央行不断创新金融手段，分阶段引入两种贷款便利。前者是指常备借贷便利（SLF），期限较短。后者是指中期借贷便利，期限相对较长且能够满足金融机构的大额流动性诉求（MLF）。而央行贷款主要提供给系统性重要金融机构，且需要包括抵押物在内的多种条件。系统性重要金融机构中，国有大型商业银行占重要地位。在上述政策安排下，央行贷款可以采取多种政策工具来调节信贷结构，缓解金融结构期限错配等导致的流动性不足等问题，从而起到维护宏观经济金融稳定的目的。最重要的是，央行通过这一政策可以将资金信贷引导向实体部门，尤其是向存在融资约束的中小企业提供资金以及创新业务等，有利于促进我国产业结构升级转型，让资金从过热行业转向关键行业，降低市场投机行为，促进金融与实体经济共生共荣，同时为我国利率市场化改革提供一定的助力。

②利率管理。中国人民银行的利率管理有多种形式，这是因为有多个领域的基础利率，比如存贷款利率、法定和超额存款准金率等。超额存款准备金率可以为货币市场利率提供一个参考值。其中，最为重要的是中央银行贷款利率，因为这一利率最能代表中央银行的货币政策意图。随着我国金融改革的深入，利率市场化的改革也是不断深入。中国人民银行进行了贷款市场报价利率（LPR）形成机制改革，推动并轨，引导金融更好地

为实体经济服务。从我国的利率市场化进程可以看出，改革的起步阶段是以启动银行间的债券市场为重要标志的，自 1996 年开始，有序支持在银行债券市场中使用现金交易，并且开放了债券回购的利率机制，逐步确立了 SHIBOR 的基准利率地位，逐渐放开了存款利率下限和贷款利率上限，通过这些改革建立起了我国金融市场利率体系的初步框架。近年来，我国进一步推动利率市场化改革，央行逐步取消了商业银行的存款利率上限和贷款利率下限，形成了更为完善的利率市场化决定机制，并逐步推行了一系列重大举措：首先，解决利率“双轨制”问题。“双轨制”是我国经济转型过程中一种过渡性举措，有利于稳定市场预期，避免因市场化过快而对经济发展造成打击。2015 年，我国利率市场化改革进入最后阶段，最终形成了以市场基础利率为中介，将央行政策利率作为基础，并将市场供求作为决定存贷款利率的利率形成体系和制度。其次，抓紧培育能够代替央行政策利率的市场基准利率体系。刚开始，我国将 CHIBOR 和 SHIBOR 等作为市场基准利率的考虑对象。但 CHIBOR 交易主体水平参差不齐，风险较大，很明显不能满足基准利率风险低、波动小的要求。于是，央行又重点考虑了 SHIBOR，SHIBOR 的参与方是我国综合实力较强的商业银行，这些参与主体专业能力强，抗风险实力雄厚，被寄予成为中国基准利率改革先锋的厚望。但经过一段时间运行后，SHIBOR 使用范围有限，规模较小以及报价机制缺陷等问题相继暴露，逐渐弱化了 SHIBOR 的市场基准利率地位。2016 年，DR 成为货币当局考虑成为新的市场基准利率的标的。DR 即存款类金融机构质押式回购利率，其优点主要有交易报价真实可靠、稳定性强、风险低等，与政策利率具有较高的相关系数，也便于政策层引导和调控，因此未来可能成为我国的基准利率参考。再次，贷款市场报价利率（LPR）形成机制改革。与我国 MLF 利率进行挂钩的 LPR，将我国利率市场化程度进一步提高，它使信贷市场与货币市场的基准利率之间的传导更为顺畅、灵活。受疫情和国内经济发展阶段影响，我国 MLF 利率仍将继续探底，而与之高度关联的 LPR 也会随之下调，而伴随 LPR 的下调，将带动信贷市场的宽松，商业银行将会向社会释放更多的流动性，为实体经济发展提供有效的资金支持，缓解实体经济发展融资约束问题。同时，LPR 的下降也会带动楼市的繁荣，带动居民房地产消费，而房地产会带动相关制造业的发展，为经济发展提供新一轮动力。最后，构建利率走廊。利率走廊是我国央行通过设立利率操作区间，来稳定市场拆解利率的宏观调控方法。当前，DR 是我国市场的基准利率的重要参考，围绕这一基准利率上下浮动的制动，就是利率走廊。这一利率走廊的上限是常备借贷便利利率，而理论上看，其下限应该是超额存款准备金率。现有研究表明，我国 DR 与政策利率之间具有较强的协整关系。因此，两者都可以作为利率走廊中的基准利率。利率走廊制度自实施以来，我国已经对其上下限进行过调整，但其阈值仍然较大，尚存在改进的空间。

③存款准备金率调整。我国最开始建立存款准备金制度的目的是为经济发展和国家重大发展项目解决融资难题，这一制度当时是作为一项行政手段使用的。但是随着我国逐步建立起社会主义市场经济体制，市场经济存在盲从、跟风、投机的固有缺陷，宏观经济调控越发重要，因此，存款准备金率调整逐渐进化成为我国政策当局调控宏观经济的重要手段。我国在 20 世纪末推行经济改革过程中，出现通胀和通缩交替进行的问题，这时候通过不断调整存款准备金率以维护宏观金融稳定，恢复生产生活。进入 21 世纪，存款准备金率的调整已经逐渐成为我国货币政策工具箱中的重要组成部分。中国人民银行通过变动存款准备金率以实现逆周期调节，在经济过热时候调高准备金率，减少银行贷款余额；而在经济发展出现问题、动力不足的环境下，又会降低准备金率释放流动性，促进经济增长。尤其 2018 年以后，我国存款准金率政策调整向精细化方向改革，先后推行定向降准等精准调控手段。存款准备金率的调整对金融市场的冲击较大，以往全面降准的做法更类似于“大水漫灌”，而由于制度的不健全，“大水漫灌”的做法往往使那些真正面临融资约束的中小企业始终面临融资难、融资贵的问题。而精准的定向降准不仅不会对全社会的预期产生重大冲击，还对信贷的流向和结构进行了精准调控，“滴灌式”和“喷灌式”的货币政策逐渐得到市场认可，我国存款准备金率的政策在政策实践

过程中也得到进一步完善和丰富。

存款准备金呈现出机构差别特征。这一特征表现在多个方面，机构大小、区域经济发展水平差异、法人属性差异等都有不同，如大型与中小型金融机构的准备金率贯彻情况不同，城市、县域金融机构执行情况不同，国有大型商业银行和城商行、农商行执行货币信贷政策也不相同。造成不同的原因包括：一是基础的准备金率不同。国家对不同金融机构和领域的优惠政策的存在，如国家为了鼓励商业银行进行“三农”事业的贷款资助等，对投向“三农”领域的信贷实行优惠政策，而具体落实这些政策的某一金融机构就会执行不同的存款准备金率。二是各类型存款缴存率由差别变为统一。1985 年以后，我国法定存款准备金率在各类主体之间实现统一，而在这之前，我国实际推行的是差别化缴存比例，这一差别化的主要依据是存款的类型，如企业为 20%，城镇居民为 40%，而农村户口居民则为 25%。三是考核期大幅缩短。1998 年之前，我国存款准备金实行的是同期性的准备金账户制，并存于当地的人民银行。而持有期是按旬和按月计算的，其中城商行和非银机构是按月考核，其余金融机构按照旬考核。从 1998 年开始，中国人民银行着手开始对法定准备金这一政策工具进行改革，先是对考核期进行统一，将所有金融机构的法定存款准备金考核期统一为按旬考核。然后将备付金和准备金存款账户合并，使用准备金存款账户。四是对存款准备金的考核方法也进行改革。2015 年 9 月之前，我国人民银行采用的是时点法，即按照考核周期检查法定存款准备金率是否达标。但这一方法存在一定缺陷，比如当金融机构的考核基数受到其他原因突然增加时，会给金融机构更大的缴存压力，从而使得企业流动性短缺，甚至引发企业破产，造成失业和社会动荡问题。因此，我国央行综合考虑现实情况，从 2015 年 9 月开始，将考核方法变为平均法。即由原来的按照考核期时点考核变成按照考核期内的算术平均数进行考核，这一改革举措既保证了存款准备金的充足，防止挤兑风险的发生，又防范了企业可能面临的突然缴存压力，减小其遇到流动性危机的概率。另外，人民银行还在此基础上于 2016 年 6 月进一步完善考核方法，实施日终透支上限的管理举措，给予缴存主体一定的弹性，为缓解缴存主体的流动性危机提供了制度化的方案，有效提高了金融机构的管理灵活性、适应性，得到了市场缴存主体的好评。五是缴存范围变化。缴存范围主要指缴存标的的范围，即存款种类。一般来说，我国法定存款准备金缴存的范围是一般性存款，但需要注意的是，一般性存款的口径在不同时期存在着不同。整体来讲，我国一般性存款的范围是在不断扩大的，比如 1998 年，央行将机关团体存款、财政预算外存款等统一纳入一般性存款范围，又于 2015 年将同业存款也纳入一般性存款。六是区别法定与超额存款准备金率。2003 年之前，我国实行的是统一的法定和超额存款准备金率。但从 2013 年开始，央行进行了改革，将分层付息管理模式引入了法定和超额存款准金率的管理中。具体就是将超额准备金额下调，并始终保持超额准备金率低于法定存款准备金率。

通过以上梳理可以大体总结出我国存款准备金制度的变化、现状和特点：第一，不同于西方国家，数量型的存款准备金率是我国宏观调控的重要手段。第二，存款准备金考核周期和考核方式均进行过改革和完善，其目的是缓解缴存主体的流动性压力，维护其正常的运营。第三，存款准备金的缴存范围不断扩大，并且法定和超额存款准备金率按照不同利率计息。

（2）我国对“双支柱”政策框架的实践探索

宏观经济政策是否有效，需要市场来检验。2008 年国际金融危机的爆发对我国宏观政策进行了一次检验。中国人民银行综合运用多种手段，审时度势，积极应对危机，并取得了不错的成效。在这一过程中，中国人民银行逐渐意识到价格型货币政策的重要作用，进一步完善了货币政策框架，并将货币政策的重心由数量型工具向价格型工具转变；同时也进一步意识到宏观审慎在金融稳定中的重要作用，进行了大量的金融创新，相关理论研究也层出不穷，“双支柱”的政策框架初步搭建。

①MPA 与货币政策配合促进货币信贷合理增长。2008 年国际金融危机爆发后，我国政策当局制定了一揽子宏观举措，我国经济也迅速恢复，各项经济指标出现明显反弹。2009 年 6 月末，我国人民币贷款余额同比增

速超过30%。从数量上看，2009年年末的人民币贷款余额比年初多了9.6万亿元人民币，创下新高。宽裕的流动性在帮助我国从危机中恢复的同时，也可能为下一次危机埋下种子。我国中央银行综合考虑宏观指标，高度关注和警惕流动性过剩的问题，在经济过热之前及时提出了要重点关注信贷的平稳发展并主动预防可能发生的金融危机，及时总结了由这轮次贷危机引发的国际金融危机带来的经验启示和教训，在深刻总结国内做法的基础上提出了要对宏观经济进行宏观审慎调控的政策框架，并在该框架中引入逆周期调节工具。但超前的政策导致市场主体的不理解。反对者认为，前期的刺激政策虽然刚刚要取得成效，但是一系列偏紧的政策很可能会打击实体经济的积极性，造成对实体企业的二次伤害。随着刺激政策的逐渐落地，经济有明显过热的倾向，我国货币政策也逐渐由宽松转向稳健。为进一步精确流动性释放的程度，匹配市场经济发展的需要，2011年，我国央行引入了差别准备金动态调整机制，这一动态机制的含义是衡量出金融机构的信贷增速合理区间。这一衡量办法是指金融机构要根据经济发展的现实需要，并在保障自身不发生风险的前提下来提供信贷，确定信贷的增速。该机制的推行效果较好，为加强宏观审慎管理、保持经济健康较快发展发挥了重要作用。随后，人民银行继续完善这一动态调节机制，并将其升级为MPA。另外，MPA的监管范围逐渐扩大，2017年，人民银行将表外理财也纳入这一监管框架内，用来防止表外风险的蔓延，影响金融系统的整体稳定。

②资本流动宏观审慎管理有助于提高货币政策的自主性。“热钱”被认为是影响全球经济发展的重要不稳定性因素之一，这种短期跨境资本的大规模流进、流出，投机性极强，很容易对一国实体经济造成毁灭性打击，引发社会动荡。发展中国家由于金融市场基础设施建设尚不完善，往往会综合使用货币政策或使用外汇储备来抵御短期跨境资本的冲击。但需要注意的是，无论如何调节，发展中国家都会面临一定的困境。“热钱”的冲击首先会影响一国货币的币值稳定，此时受到冲击国家货币当局往往会动用货币政策来稳定货币，但这种调节会给实体经济带来冲击；如果不

使用货币政策而直接动用外汇储备来弥补外汇流出，则可能加大本国货币的贬值压力，削弱货币政策的独立性。在金融开放的大背景下，我国既坚定地支持开放发展，又积极做好准备，完善机制，防范金融开放带来金融风险。最重要的政策之一就是采取宏观审慎政策对“热钱”进行管控，提高货币当局制定货币政策的自主性。

我国正式推行宏观审慎政策体系的完善始于 2016 年，这一年我国央行发布了《关于在全国范围内实施全口径跨境融资宏观审慎管理的通知》，并以该通知为基础，颁布了一系列调控政策，构建起了我国全口径的跨境投资宏观审慎管理制度基本框架。其特点是将人民币与外币、短债和长债都进行了统一管理，注重调控政策的逆周期性。我国的宏观审慎政策是全口径的，这一口径管理模式具有明显的优势，不仅可以进一步增加境内企业的融资渠道，还可以有效提高地区的监管能力。具体来看，首先，这一全口径的宏观审慎管理框架对本外币进行了统一管理，这种管理方法有利于政策当局掌握宏观经济形势，对实体企业的政策流动性情况和偿债压力进行大体判断，并结合国际收支情况来控制国内的宏（微）观杠杆率，防止发生泡沫破裂，引发明斯基时刻。其次，这一全口径的管理框架还体现在宏（微）观政策结合上。我国大部分企业在面临融资约束时，可以选择跨境融资，这一融资形式非常灵活、方便，无须事前审批，很好地增加了企业的融资渠道，有利于缓解企业的融资约束问题。但同时对这种融资额度采取限制措施，融资额度主要与企业自身体量挂钩，形成了拓宽渠道与合理约束的统一。最后，数量型工具体系逐渐体系化。这一数量型管理体系主要包括宏观审慎调节系数、各类折算因子和汇率风险因子等，这些工具从整体上对短期跨境资本流动规模进行管控，有效防范规模巨大的国际游资对国内经济造成的冲击。但需要注意的是，这一政策并不是完美的，在政策执行过程中也出现了一些问题。比如，多个监管主体的冲突。央行、国家金融监督管理总局、国务院等多个管理主体的目标、工具并不完全一样，政出多门很容易造成政策的冲突，浪费成本。还有就是货币调控依然以数量型手段为主，依旧缺乏更遵从市场规律的价格型手段，而往往是价格型手段更能抑制投机、平稳市场预期。

基于此，本书就这一政策的完善提出如下建议：第一，政策框架中的政策工具很重要，要进一步加强宏观审慎政策工具建设，完善管理框架。海外市场发展经验表明，宏观审慎政策在防范短期跨境资本流动冲击方面十分有效。这一政策可以对“热钱”流入的规模进行实时监控，可以有效甄别出债务资本的流入，有利于对流入的资本结构进行有效剖析，从而达到稳定币值，恢复经济生产的目的。第二，宏观审慎政策更多的是从宏观层面出发，因此需要与其他政策搭配使用，防范国际游资逃跑宏观监管。从海外发展经验来看，如果一国仅仅使用宏观审慎监管政策，那么国际游资会采取其他方法或渠道，逃避监管，同样也会对一国经济造成冲击。因此，宏观审慎单一政策并不能发挥高效的作用，必须与其他政策搭配使用，宏（微）观政策相互搭配、相互协调才可以发挥各自效用的最大化。第三，坚持金融开放，不能因噎废食。金融开放是国际发展的大趋势，不管在理论上还是在实践上都已经证明了金融领域的开放对一国经济发展的重大作用。但金融开放同样也需要把控节奏，不合时宜的金融开放不仅不会促进经济增长，反而会给经济发展带来冲击。宏观审慎政策就是对金融开放政策结果进行的一种审慎监管，因此我国的金融开放要进一步推进，更要重视发挥宏观审慎政策的作用。第四，进一步完善货币政策和汇率政策，与宏观审慎政策形成合力。宏观审慎政策的推行涉及跨境资本流动，而跨境资本流动又与货币政策、汇率政策密切相关。货币币值是否稳定直接影响跨境资本流动的规模和方向，因此宏观审慎政策需要搭配资本管制工具和汇率政策，三者要相互协同，统筹兼顾，实现政策最有效率，稳定国内金融市场，引导资本向善。

### 10.2.3 宏观审慎政策与货币政策相协调应关注的问题

(1) 金融资本脱实向虚的问题

①金融资本“脱实向虚”弱化了货币政策的有效性。金融与实体经济

本应该是共生共荣的关系，脱离了实体经济的金融则变成了无源之水、无本之木。为实体经济服务应该是金融发展的题中之义。但近年来，我国金融业脱实向虚问题严重，大量资金在金融业内部空转，导致我国宏（微）观杠杆率高企，成为悬在国民经济发展头上的一把“双刃剑”。2021 年，金融业增加值 91206 亿元，增长率近 5%。理论研究表明，金融发展是促进经济增长的助推器。但是事实上，金融的作用一定是要为实体注入动力，辅助实体经济发展的，虚拟经济的发展一定要与实体经济的规模相匹配。从我国现实发展情况看，近年来，金融“脱实向虚”问题严重，金融发展与实体经济并不协调，金融资本向投机领域不断涌入，而实体经济时常面临融资难问题。为何金融会出现脱离实体经济的情况呢？学术界和业界对这一问题存在着不同的看法。理论界认为，中国的金融“脱实向虚”问题与货币政策有一定的关系。

近年来，我们利率市场化的进程不断加速，在市场化定价方面取得了长足的进展，但是在此之前，货币政策工具的传导，尤其是利率渠道的传导，对于银行信贷的影响是非常直接和显著的。比如，降低基准利率的货币政策，会通过降低存贷款利率使得债券利率下行，信贷增加。同样，货币政策工具还会通过降低存款准备金率提供给银行更多的信贷余额，增加信贷投放。但利率市场化，存贷款利率受市场影响较大，银行选择资产配置的空间更大，高收益的资产更受金融机构的偏爱，而过多的金融资本涌入高收益资产会导致金融泡沫的发生，以及投机现象频繁发生，而这些领域往往是一些虚拟经济领域。金融资本过多进入这些领域，挤占了实体经济的融资空间，导致虚拟经济泡沫化，威胁经济健康发展，同时，实体经济面临融资难问题，同样阻碍国民经济的持续进步。

②多重因素导致金融资本“脱实向虚”。金融资本的“脱实向虚”不是金融业或实体经济部门一方因素所致，这一问题产生的原因是较为系统和综合的。以我国房地产市场为例，房地产市场能够影响经济增长的程度大概为 10%，综合来看影响中国 GDP 的 20% 左右。本来房地产市场能够带动建筑材料等实体行业的共同发展，但随着房价的虚高，房地产的金融

属性凸显出来，因为房地产的投资回报率远高于其他行业，房价不断上涨导致金融资本不断涌入这一领域，这一领域的现价远远超过其实际价值。房地产过度吸收金融资本变相挤占了其他实体经济领域的资本金，导致其他实体经济利润空间被压缩，企业面临的流动性约束较大。这个时候，金融与实体经济便会形成一种恶性循环，导致金融对实体经济投资的兴趣减弱，而发展实体经济的企业常年看不到利润，纷纷转行向高利润的行业，导致这些行业的金融属性进一步增强。另外，我国金融市场与金融体系尚不完善，企业融资渠道相对单一，以商业银行为主导的间接金融体系，导致金融资源过度垄断，而受限于对收益性和安全性的要求，大型商业银行往往投资于那些利润高，短期内较为稳定的行业，但这类行业并不多，这就导致这类行业的金融属性进一步增长，所以实体经济中的中小企业、高新企业的融资困境不但得不到解决，反而显得更加困难。大量流动性缺失的中小企业不得不选择退出，转而进入那些金融属性较高的行业，这样就进一步导致了实体经济的萎缩和金融资本在金融属性较强的领域空转。而从实体企业端来看，我国经济改革逐渐步入深水区，资源、劳动力等生产要素价格出现上涨，企业的生产成本攀升，让企业更容易面临流动性约束。此外，我国企业已经到了创新型发展阶段，过去那种高负债、高周转的形式难以为继，而创新活动是一项周期长、风险高并且极容易面临融资约束的活动，这就导致实体企业的发展举步维艰。我国的实体企业，尤其是规模较小的中小企业往往不会得到银行的贷款，长此以往必然会导致实体经济发展的萎缩，威胁国民经济稳定的根基。

③引导金融回归本源，服务实体经济。要积极推动改善金融资本“脱实向虚”的问题，引导金融主动为实体经济服务。本书从两个角度给出一定的建议。第一，从实体企业角度看：首先，要加快“放管服”改革，营造良好的营商环境。一个良好的营商环境关键指标就是要降低企业的注册门槛，压缩企业的其他经营成本。比如进一步减税降费，打击投机性企业，鼓励技术创新等。其次，要加强对实体企业金融化的管控，防范实体企业的过度金融化倾向，加强对产融结合的管理。第二，从金融行业角

度，要想加强金融资本与实体经济的适配性，本书提出如下建议：首先，要优化金融行业的资产结构。要对不同企业类型的融资需求和融资渠道进行甄别，找出那些需要资金而由于自身体量小、缺少抵押物导致不能融到资的企业，重视企业融资的异质性问题。只有找到了不同企业的不同融资需求，才可以提供差异化的金融服务。比如，完善中小企业的股权融资系统，发展创新的债务融资工具，为中小企业的融资提供更多的机会和可能性，降低其融资成本，提高融资的可获得性。其次，引导金融体系的创新。充分发挥自贸试验区先行先试的政策优势，把金融创新政策拿到自贸试验区试点，成熟一项推广一项。如对银行同业业务，要设立指导性的同业存款备覆率指标，对风险资产的权重进行重新考量，约束过度扩张的同业业务，减少金融机构的无序套利行为。最后，要对金融属性较强行业进行管控。金融属性较强的行业是投机活动的“温床”，但这些领域并不是天生就有金融属性的。比如，房地产领域本来是实体经济发展的重要部门，能够带动许多实体经济部门的发展。但由于炒房现象的发生，房地产金融属性越来越强，这就需要监管部门加强对这一领域的监控，尤其是在经济增速放缓、货币政策紧缩时，要防止房地产泡沫破裂导致的经济危机发生，防范系统性金融风险的发生。另外，要对金融新业态进行监管，如互联网金融等虚拟经济领域，这一领域天然带有金融属性，是导致金融脱离实体经济的重要根源。对这一领域的监管要采取疏堵结合的策略。这些部门是“双刃剑”，一方面可以扩展金融业态，提高居民获取金融服务的可得性；另一方面，也会聚集金融风险，造成居民财产损失，引发社会动荡。

（2）信贷集中与信贷供求矛盾

①信贷集中现象造成了经济体系信贷支持的结构性失衡。信贷集中的原因主要是商业银行考核业绩的压力。商业银行考核的业绩多种多样，而部分高管为了快速完成考核，往往采取选择重点营销大客户的策略，这就造成了那些经营状况和盈利能力本身就较好的大客户会受到几家银行的追捧，而能够获得信贷的也多集中在这几家大客户中。比如，我国的大型国

有商业银行，通常都会设立面向高净值和优质客户的营销团队，甚至每年会主动拨出经费用于维护这些大客户，为这些客户提供高质量、高效率的金融服务。很多银行都成立了客户部，在机构设置上凸显了对这些客户的重视。另外，我国货币当局也会引导信贷的投向，比如国际金融危机爆发后，中国推行了一系列经济刺激计划，引导资金流向制造业、交通等基础设施行业，以实现刺激经济复苏的目的。而在政策干预下，银行信贷往往一拥而上，又造成了新的信贷集中的现象，这种现象会造成部分行业授信过度，导致这些行业不加考虑地盲目扩张，造成资源的浪费。随着行业的膨胀，也不断积聚着行业风险，一旦行业供给远远超过市场的需求，行业风险就会迅速传播，在这种情况下，银行为了降低坏账率也可能抽贷，进一步加剧风险的爆发和传播，最终导致资金链断裂，产业循环难以为继，给实体经济造成损失。市场上除了高净值的大客户外，其实最需要融资的是中小企业，尤其是创新性较强的中小企业。信贷集中往往忽视了对中小企业的信贷支持，市场上的信贷需求是多样的，而商业银行的信贷相对集中，这就造成了供需之间的结构性失衡。当前我国经济发展到了产业结构升级转型、自主创新能力上新台阶的关键阶段，而产业结构转型和企业创新都是极容易面临融资约束的社会活动，需要大量的资金扶持。在我国这种间接融资体系主导的金融环境下，信贷集中显然不能够满足我国多样化的市场融资需求。因此，商业银行一定要分散信贷主体，降低信贷集中度，甄别不同企业的不同融资需求，创新债务融资方式，为创新活动提供必要的资金保障。

②流动性需求刚性与配置失衡的矛盾进一步加剧了金融风险。当下，去产能、去库存、去杠杆、降成本、补短板，在一定程度上将过去积攒的危机暴露了出来，出现经济结构调整的阵痛。这个阵痛过程可能会进一步加剧信贷集中的风险。比如，我国的重污染行业，如水泥、钢铁等，因国际双碳政策的影响受到较大的冲击，债务违约现象频现，成为银行不良贷款的重要来源。过去的信贷集中，加之新形势下对行业约束形成的双重打击，导致这一类行业不良贷款率迅速攀升，进一步加剧了金融风险的暴

露。随着供给侧结构性改革的深入推进，这些风险会沿着这些过剩产能的产业向上下游企业传染，从中小型企业向大型企业传染。贷款的集中度过高和其他行业和企业的流动性刚需之间的矛盾会在这一风险传染过程中进一步加重，造成银行不良贷款率的迅速攀升，对我国经济发展造成严重冲击。

③应通过构建一整套有效的管理体系加强信贷集中风险管理。西方国家的金融创新发展多年，在对金融风险的管理方面也基本形成了一些经验，如进行风险对冲，或采用再保险进一步分散风险，以及定期进行压力测试等。中国在构建信贷集中管理风险框架和制定相关政策过程中可以积极借鉴相关经验。首先，对头部客户进行特殊风险管理和监控。可采取的措施有，对大客户的负债和担保情况进行检查，对过度负债以及超过自身体量范围进行担保的企业进行监管。其次，对信贷集中度划分进行细化，将定性指标量化出来。比如，在贷款发起阶段，就要对筹集资金主体的各种基本信息进行核对，划分所属行业，厘清关联方以及其他债务问题等，并将一揽子指标继续进行量化处理，纳入信贷风险管理信息系统，采用一定的量化分析模型，并结合定性判断，对贷款者风险进行识别。再次，借鉴西方风险管理经验，对风险现状进行压力测试，采用量化模型，模拟在经济发生重大冲击时，现有金融体系的韧性和强度，找到现有体系的薄弱点和可能发生的风险点，及时总结相关信息进行完善。最后，构建信贷集中限额体系。对固定大客户实行限额管理，管理额度可以根据企业的风险等级判定，比如以经济资本为核心构建信贷集中限额系统，与企业风险程度进行挂钩。

（3）金融监管框架及主要存在的问题

①央地金融监管协调问题日益突出，地方金融监管部门越权严重。全国金融工作会议是我国金融领域重要的全国性大会，在第五次会议中进一步厘定了地方政府的风险处置责任，要落实属地责任制度。这就意味着地方的金融风险由地方政府负首要责任。各个地方政府积极响应国家号召，进行金融管理部门的挂牌行动，并进一步采取措施，出台一揽子加强地方

金融监管的政策。但由于路径依赖和专业水平的限制，地方政策的金融监管方式往往较为粗暴，习惯于获取更多的管理权限和政治资本来进行对地方金融行业的管控。比如，个别地区将地方金融监管部门的权限最大化，有制定监管规则、制定市场准入门槛等权限，而且将这些监管部门放在地方金融系统之首。这样的做法虽然可以有效防止金融风险，但也大大挫伤了市场发展的积极性，不符合新金融监管框架的原则，也不利于搞活地方经济，金融功能被缩小。根据以往的政策原则，中央要求地方的金融监管要对地方的金融风险负责任，实质上就是期望地方能够在充分了解当地金融结构和金融发展的基础上，找到统一监管框架中没有关注到的空白点以及中央监管不到的地方，通过地方金融监管的补充来避免监管空白可能引发的潜在风险。

从这个角度来看，地方金融监管部门重点要监测的金融机构主要是那些没有纳入正规金融系统的主体，比如地方融资平台、非银金融机构等中央难以管控到的金融市场主体，发挥的是“补短板”的作用。如果说中央金融监管决定了监管效率和监管质量的上限，那么地方金融监管就是整个监管体系的兜底下限。因此，无论是中央的监管还是地方的监管，在整体的金融稳定监管框架下都是非常重要的。不同层级的金融监管需要互为辅助、互相配合，在中央金融监管的统一部署和领导下，加强属地的金融管理职责，完善金融监管细节，需要统一安排的部分主动向上反馈。地方金融监管部门一定要清晰自身定位，积极配合中央管理，防止地方越权影响中国整体的金融监管效果和监管质量。

②金融监管协调政策是支撑地方政府高效风险处置的关键。新的金融监管框架虽然厘清了地方政府的属地风险责任，但对具体应该如何进行属地风险管理并没有说。换句话说，当前的文件只有顶层的监管设计，但缺乏底层的政策实践。在地方政府处置属地风险的过程中，最关键的就是构建金融监管协调政策。这是因为金融风险具有隐蔽性强、传导快等特点，特别是近年来的金融创新不断加快，金融风险不断外部化。具体来看：首先，地方政府进行风险处置的前提是预警风险，这就需要建立一套地方金

融风险预警系统。这类系统的建立最关键的就是要有丰富高质量的金融数据收集和处理渠道，并有信息的共享机制。信息共享在地方政府角度看是需要政府审批权限的。因为一些敏感信息可能涉及政府机密，因此要想实现信息的共享就要建立一套金融监管协调机制，建立起高效的信息收集、清理和共享机制，为地方政府预警风险或进行风险处置提供基础设施。其次，金融风险具有传染性强的特点。因此，某类企业的风险不仅会向其他行业蔓延，甚至会传染到其他属地，因此属地风险的管理要与其他地方政府建立金融监管协调机制，摒弃一亩三分地的陈旧思维，要多部门、多地政府联合采取行动。最后，当前金融创新频出，而金融监管又远远落后于金融创新实践，尤其是近年兴起的互联网金融，虽然他拓宽了传统金融的服务边界，让更多人群获得金融服务，但其也脱离了传统金融监管的范畴，很容易引发非法集资等现象的发生，最后演变成庞氏骗局，使风险外溢。处置这种金融风险最关键的就是建立金融监管的协调机制，要多领域、多行业配合，将外溢的风险内部化，补齐中央金融监管的"短板"。

（4）宏观调控框架及完善建议

①我国宏观调控框架的历史演变与实践总结。1993 年，在党的十四届三中全会上，我国制定了宏观调控体系的基本框架。这一框架综合考虑了财政和货币政策，用刚性投资来牵引财政支出，进而牵动流动性政策。现有的宏观调控框架，实际上是把货币政策由外生调控工具转变成内生的被动式的逆周期调节工具。整体来看，过去 40 多年我国的宏观调控框架可以分为以下阶段。

第一阶段是扩张式的宏观调控（20 世纪 80 年代至 2002 年）。这一阶段我国开始贯彻改革开放政策，社会发展的重心进一步转到经济建设上来，经济发展百废待兴，整个宏观调控以放开管理权限为主，并通过政府投资进一步扩大总需求；不过，这一阶段也出现了通胀和通缩交替出现的问题，宏观经济一放就乱，一管就死的问题初步显现。第二阶段是结构型调整阶段（2003—2007 年）。经过前期扩张政策的推进，这一阶段为防止经济过热，我国采取了"有保有压、阶段递进"的方式。这一阶段我国宏观调控更注重国民经济发展的平衡性，对过热领域进行降温，而针对薄弱环节，国家积极引导资金进入这一领域，为行业发展提供助力。第三阶段是大规模经济刺激的宏观调控举措（2008—2012 年）。受国际金融危机影响，为保持经济持续较快增长，我国采取了一系列经济刺激政策，双管齐下，推行扩张性的货币政策和积极的财政政策，让我国经济迅速从危机中摆脱出来，同时也有效防范了通货膨胀问题。但这一阶段也导致我国宏观杠杆率的攀升，埋下了危机的种子。第四阶段是我国宏观调控转入了精准调控（2013 年以来）。在这一阶段，区间、相机以及定向调控等手段不断出台，调控手段更加精准和高效，在促进我国宏观经济的平稳运行、稳定市场预期方面发挥了重要作用。比如，“十三五”期间，我国面临较大的经济下行压力，党的十九大报告高屋建瓴地指出了我国社会主要矛盾的变化，因此，经济高质量发展成为宏观经济调控的重要方向和目标。2018 年，我们的对外经济往来面临很多的困境，我国宏观当局审时度势，除了不断降准释放流动性外，还首次采取了定向政策的举措，推行定向中期借贷便利操作，不断减税降费，分门别类降低各类企业的生产成本，缓解企业的流动性约束，抵抗美国的经济贸易制裁。2020 年，新冠疫情暴发，我国宏观政策同时发力，推行较为积极的货币政策，在保持一定货币政策空间的前提下，降低利率和存款准备金率。精准援助受疫情冲击较大的行业，努力为国民经济的迅速恢复而努力。

②新时代我国宏观调控政策展望。当前国际形势风云变幻，中美关系不确定性加强，俄乌局势尚不明朗。站在步入两个一百年的全新历史方位下，如何进一步完善宏观调控框架是我国重要的时代课题。该项政策的完善事关我国经济高质量发展全局，事关国民经济的稳定、健康。基于此，本书从以下角度对完善我国宏观调控政策进行展望。

第一，宏观调控政策要遵循前瞻性原则。我国一直强调宏观审慎政策是逆周期的，本质上看，逆周期调节就是要求宏观调控政策具有前瞻性。这是因为，在经济运行过程中，市场往往受从众心理和“羊群效应”的影响，导致经济发展产生周期。而投机行为和市场恐慌等因素会使经济周期的波峰和波谷无限放大，最终产生严重的经济危机。宏观调控政策就是要提前判断经济发展的阶段，是过热还是紧缩，进而采取逆周期的调节手段，在经济过热时采取紧缩性的宏观政策，而在经济萎靡、市场动荡时要采取扩张性宏观政策。供给侧结构性改革的推行就是我国宏观调控遵循前瞻性原则的重要实践。随着经济改革进入深水区，我国及时将宏观调控着力方向从以需求侧为主转变为供给侧和需求侧共同发力，供给侧结构性改革是我国在新的国际形势下，提高自主创新能力，提高产业链韧性以及夺取国际竞争主动权的关键决策。这种前瞻性的政策判断有利于我国及时转变不可持续的经济发展模式，转变经济增长方式，推动产业结构的合理化，为我国在大国博弈中率先取得主动地位，争创国际一流的自主创新能力提供政策引导。

第二，宏观调控政策核心目标是可持续发展。在可持续发展和高质量发展战略的双重驱动下，中国经济发展方式与经济增长结构发生根本性转变，助力“双碳”目标的低碳经济模式逐渐成为新的发展目标。与此同时，更加注重环境保护与社会责任的 ESG 投资理念受到了社会各界的广泛关注。中证指数公司数据显示，截至 2020 年年末，全球 ESG 投资规模已经超过 40 万亿美元，较 2014 年年末大幅增长 122%，占全球整个资产管理规模 30%。从国内实践来看，截至 2021 年 9 月，ESG 公募基金数量井喷式增长，新发 ESG 产品 48 只，新发产品数接近此前五年的总和；ESG 公募基金资产管理总规模跃升至近 2500 亿元，接近上年同期的两倍。另外，中国金融机构积极参加国际可持续投资组织，参与 ESG 投资的热情进一步提高，截至 2021 年年末，我国共有 20 家内地机构签署 UNEP FI，共有 84 家加入 UN PRI。我国宏观调控政策也应紧跟国际发展形势，更加关注可持续发展和 ESG 投资，注重发挥资本向善的力量。另外，我国可以积极构建可持续发展指标，由国家统计局牵头，组织相关部门编制经济高质量和可持续发展指数，让宏观政策更加关注社会公平和共同富裕，防范贫富差距过大引发政府公信力降低和社会公共危机，促进我国区域经济的均衡性、包容性发展。

第三，宏观调控政策应重点关注金融的作用，构建区域性金融支持体系，突破中西部地区新兴产业的融资困境。我国是以银行为主体的间接金融体系，而全国性大型金融机构则缺乏一定灵活性，在信息交易成本等方面存在一定劣势，在支持新兴产业方面也存在局限性，而地方性金融机构以其灵活的经营思路和独特发展优势在整个金融体系当中的地位越来越凸显，因而如果地方性中小金融机构能够快速成长起来并高质量、高效率地服务于地方经济也是很有意义的。一方面，地方性金融金融机构能够更加深入地进行本地布局，对于地方的企业了解也更加深入，从而能够在信息相对透明的机制下进行交易，而且能够有针对性地向带动地方经济发展的重点产业和行业进行资金支持。另一方面，由于地方性金融机构本身是立足于本地的，有利于实现金融资源的合理配置和必要流动，因而其具体的发展方向也更适合于对新兴行业和产业的支持。所以从均衡金融资源的角度，我们也应该逐渐构建起区域性的金融支持体系，在金融监管方面，也应该针对不同的地区和不同的情况进行多层次的差别监管，为中西部地区的经济发展提供资金支持。在这一过程中，政府部门也应当引导机构立足本地发展，完善金融产品设计，在支持当地新兴产业发展的同时，也注重区域金融稳定的保障，在要求机构加强自身管理和风险控制的同时，当地的监管部门和人民银行分支机构也需要给予指导和监管，避免区域性金融风险的衍生，注重金融稳定的维护。

第四，法制规则和制度化机制是宏观调控政策制定和完善的基础。从过去宏观调控政策实践来看，我国宏观政策存在机会主义倾向、短期化明显等缺点。实际上，宏观调控政策是维护一国经济稳定，促进国民经济健康发展的一项基础性制度。因此，政策的连续性、长期性、权威性和稳定性、独立性方面都应相对健全。但由于我国市场经济发展并不完善，宏观调控政策也缺少实践经验，我国宏观调控政策的法制约束、直接的行政干预都较多，而市场在这种环境下长期处于压抑状态，市场监管一旦有所放松，长期压抑的市场主体便会一拥而上，又会导致行业乱象，野蛮生长，最终造成宏观经济陷入一放就乱、一管就死的恶性循环中，因此，在新的市场环境下，我国要充分认识到法制规则和制度化机制是宏观调控政策制定和完善的基础，将宏观调控纳入法制框架，提高宏观调控政策的权威性、法制性和独立性。在法律的保障下，推广负面清单制度，尽量避免过多干预而给市场造成干扰，让宏观调控政策充分调动市场主体的积极性和创造性，为经济发展提供原始动力。

### 10.2.4　我国货币政策与宏观审慎政策调控框架的完善

（1）政策协调的国际经验总结

根据第5章的具体分析可以看出，在国际上，因各国的国情和金融市场状况不同，以及经历危机后对国内监管的反思不同，不同国家和地区选择了不同的宏观审慎当局的构建方式。由于宏观审慎监管在政策传导的过程中会与货币政策产生重叠，因而在部分国家和地区也出现了两种政策的相互融合、配合使用的情况，金融监管政策框架从“单一目标、单一工具”转向了“双支柱”。从世界范围来看，已有主权国家正式提出了“双支柱”概念，并构建起自己国家的监管框架。还有一些国家虽然没有提出“双支柱”概念，但其监管实践仍是按照“宏观审慎+货币政策”来进行的，实质上已经具备了“双支柱”框架的内涵。

比如，英国伦敦政治经济学院和欧洲政策研究所专家提出，用货币政策实现价格稳定，即通过采用利率政策、存款准备金政策等控制货币数量以维持物价；用宏观审慎政策来维护宏观金融稳定。这一政策框架与后来国际通行的“双支柱”调控框架基本一致。两者的主要不同点在于阐述角度不同，前者从目标角度阐述，而“双支柱”框架往往更强调手段。美国则将货币政策与宏观金融稳定作为中央银行监管框架的基础，维护宏观金融稳定的手段除了传统的货币政策外，还包括美联储在支付体系、最后贷款人等方面的责任。2008年国际金融危机爆发后，宏观审慎政策被提到前所未有的高度，逐渐成为各国金融监管框架的基石，并与货币政策相互融合，逐渐成为主流金融监管框架，其中有的国家和地区形成了较为成熟的配合方案，特别是欧元区的政策搭配与英国的政策搭配，形成了不同层级的“宏观经济调控+宏观金融监管”的模式。

①英格兰银行加强货币政策和宏观审慎政策的协调。英国的安排与我国的部署有相似之处，都是将货币政策、宏观审慎监管政策集中于央行。英国央行为了更好地制定与执行宏观审慎监管政策，在已有的货币政策委员会的基础上增设了金融政策委员会，专职负责制定宏观审慎政策，而货币政策委员会专职负责货币政策。这样一来，在英格兰央行的统一领导下，货币政策委员会和金融稳定委员会相互配合，共同构成英国“双支柱”框架的政策制定者，两者形成了一系列协调配合的机制，具体有：第一，两个委员会之间的工作人员互相调用并交叉任职。英格兰央行行长同时担任货币政策委员会和金融稳定委员会的主席，而副行长均需出席两个委员会的重要会议，副行长一共3位，分别分管货币政策、金融稳定及市场和银行业。这是为了保证两大委员会之间能够进一步了解政策本质，使贯彻执行更加流畅。另外，微观审慎政策制定主体也会与上述两大委员会交叉任职，同步监管信息。第二，两个委员会之间建立起良好的协同沟通渠道，为加强政策配合奠定了基础。目前，货币政策委员会和金融稳定委员会之间可以共享各种监管信息和会议简报，并可以参加对方的日常会议和重要决策会议。这种机制得到了英格兰银行的认可，并要求两大委员会在制定决策之前要互相沟通，考虑对方的政策配套情况。第三，两大委员会加强了对政策相互作用的研判，不断提高政策的透明度。比如，货币政策委员会在推行利率政策时，往往会实行前瞻性引导，明确在什么情况下会加息或减息，给金融稳定委员会一定的研判时间，并积极做好配套准备。另外，货币政策委员会和金融稳定委员会在制定报告中，需开辟专栏专门讨论双方政策可能产生的影响及各自应对措施。两者在分析各自政策可能产生的影响时，都会将对方委员会的分析作为基础参考，这样一来，两个委员会对政策相互作用的研判会越来越准确，政策透明度也越来越高。



②欧元区的“双支柱”实践。欧元区情况较为特殊，因为不同主权国

家拥有同一种货币，对货币政策执行需要协调程度更强。从政策实践看，欧元区的宏观审慎政策由欧洲央行与各成员国共同制定，但欧央行的权力更大。其货币政策、宏微观审慎监管政策的执行均由欧央行牵头制定，其主要决策部门称为“欧洲央行理事会”。欧央行建立了不同部门和国家之间的信息共享机制，以便各国在统一的框架下实现不同政策的理解和配合。另外，欧盟还设立了一个专门负责监测、评估系统性风险的委员会——欧洲系统性风险委员会，这个委员会还负责对系统性风险提出预警和治理建议。

③其他国家。非洲的南非在“双支柱”框架的实践上也采用两个政策主体的人员交叉任职的方式，以加深彼此的政策理解并顺畅政策执行。南非央行分别设立了货币政策委员会负责制定货币政策和金融稳定委员会负责制定宏观审慎政策。两个委员会均在央行的统一领导下工作。俄罗斯为了维护宏观金融稳定，在传统的货币政策部门之外成立了高级别的内部金融稳定委员会，并直接受央行行长领导，负责制定俄罗斯宏观审慎政策以维护宏观金融稳定。阿根廷的金融稳定框架参与主体较多，货币政策由央行负责，而宏观审慎政策的制定和执行由阿根廷央行、财政部、证券管理部门以及其他金融监管部门共同负责，但需要注意的是，阿根廷法律仅赋予了阿根廷央行的宏观审慎职权，所以阿根廷实际负责宏观审慎的部门依旧是央行。

(2) 中国的“双支柱”实践经验

正如第 5 章中的具体分析，我国也是世界范围内较早践行“双支柱”监管框架的国家，尤其是在宏观审慎政策框架的制定方面，已经成为全球监管实践的引领者，为世界其他国家的安排提供了有经验的路径。在早期的实践中，中央银行就进行过对于信贷领域、房地产领域的窗口指导，由此显现了我们宏观审慎监管的雏形，而我国货币政策工具的多样性和综合性，也令我们很早就出现了“双支柱”的搭配，这更容易让外界理解政策制定的目的。国际金融危机爆发后，宏观审慎政策的重要性被凸显，在中央的统一领导下我国人民银行对宏观审慎政策进行了深入、全面的研究，及时总结这次危机爆发的原因、影响和应对举措的有效性，积极研讨G20、FSB等机构对于金融海啸的复盘和总结。我们在既往宏观金融监管实践的基础上，于2011年引入了差别准备金动态调整机制。这一政策本质为货币政策的创新应用，但其着眼于宏观准备金，因此将宏观审慎政策理念贯穿其中，有效促进了宏观审慎与货币政策工具的融合。随着研究的深入和监管实践的发展，中国人民银行进一步完善了宏观审慎框架，于2016年开始建立起MPA，即宏观审慎评估体系，这一体系是由差别准备金动态调整机制升级而来，监管指标进一步丰富，包括资产负债、流动性以及资产质量和跨境融资风险在内的一共7个维度的指标，共同构成了对金融机构全面考察的监管指标系统。紧接着，中国人民银行进一步完善宏观审慎政策框架，不断丰富宏观监管指标，2016年开始对跨境资金进行宏观审慎监管，并积极推动其纳入宏观审慎评估体系，调节跨境流动性并维护币值稳定，防范金融失衡的风险，防范安全隐患。2019年2月，宏观审慎管理局正式成立，对我国宏观审慎政策的制定和执行负责。具体职责有：建立宏观审慎监管框架，对系统性重要金融机构风险进行评估、预警和管控，同时对金融控股公司同样进行监管。2020年，六部委联合印发《统筹监管金融基础设施工作方案》，其中的重点内容就是加大宏观审慎监管的力度和范围。在不断出台政策和相关实践的推动下，我国宏观审慎管理框架不断完善。但仍需注意的是，我国宏观审慎管理框架依旧有待改进，我国宏观审慎管理政策依然有着明显的数量型监管特征，虽然这与简单的数量控制有着本质区别，但依旧与更为市场化的价格型监管存在一定的距离。

另外，宏观审慎管理框架虽然可以维护整体的金融稳定，尤其是能够维护银行系统的稳定，但其监管政策也可能产生溢出效应。为规避监管的要求，部分原有的金融业务可能会被排除出系统之外，这样的结果就会导致影子银行的生成，也会导致监管数据和信息的缺失，不能够对金融市场的整体情况进行把握，导致监管逃避的情形发生，从而产生新的金融隐患。政策当局同样也注意到了这些问题。2010年，中央银行、发改委等开始收紧了对地方的融资平台的信贷政策，但是因为房地产行业本身的资金需求量比较高，所以大量规避监管的通道业务以理财产品的方式出现，并最终促进资金流入房地产行业。于是监管层为了遏制多层嵌套带来的金融危机，开始出台政策限制通道业务，但商业银行开始转向委外投资，同业业务在这一时期迅速增长，商业银行开始通过发行同业存单募集资金，并通过一些方法将这些资金投向标准化的产品。随着业务的开展，资金成本开始攀升，一些非银金融机构开始采取一系列方法提高收益，如加杠杆、加久期等，这就导致风险的逐步集聚。上述变化其实演示了金融监管、金融创新、逃避监管的全流程，管理与创新始终处在一个动态博弈的过程中。这说明，宏观审慎政策并不是万能的，任何政策都需要其他政策部门的配合，而且监管政策应该疏堵结合。如果没有其他政策的配合，没有适时引导金融需要以一种更合理的方式释放，那么任何监管政策都不可能取得成果。因此，我们要积极完善以宏观审慎政策和货币政策融合为基础的“双支柱”监管框架，全面分析金融风险产生的复杂原因和复杂影响，对于金融需求给予必要的疏导让其得到有效且充分的释放。在具体的金融服务方面，还需进一步强化金融的供给侧结构性改革，大力提升金融服务实体经济、服务金融消费者的能力和水平，提高金融服务覆盖的深度和广度，落实金融服务实体经济增长的本质，精准服务于产业发展的趋势，保护金融消费者的合法权益。虽然“双支柱”政策当局不是市场主体，但其政策具有明显公共产品属性。因此，政策制定者一定要着眼于经济的高质量发展，不能头痛医头，脚痛医脚，要牢记初心，积极引导金融回归服务实体经济本源，对系统性金融风险进行及时规避，紧密结合实体经济的需要，引导合理金融需求的有效释放，坚决打击金融犯罪行为，进一步创新“双支柱”监管框架，为实体经济的高质量转型发展提供高质量的金融服务。

### 10.2.5　宏观审慎与货币政策协调的几点建议

（1）积极构建多层次金融市场化利率体系，将建立价格型货币政策调控中介指标体系放在突出位置，进一步畅通利率、资产价格渠道传导机制发展金融经济的本质是为实体经济的发展和生产力的提升服务，虚拟经济的发展必须与实体经济的发展相匹配，所以对于金融领域的资产价格泡沫的防范，最重要的方式就是努力做实并发展壮大实体经济。民营经济是国民经济的重要组成部分，具有经营灵活、贡献大的突出特点。但与国有企业相比，民营企业获得的金融服务较少，更容易面临融资难题。金融要以此为问题抓手，不断进行金融领域的创新，且创新始终要围绕为实体企业，尤其是民营企业服务这一主题，不断提高金融的普惠性，为各类经济主体提供金融服务，助力国家产业结构调整和经济转型。虽然当下出现了一些逆全球化的潮流，但经济、金融的全球化发展依然是不可阻挡的时代潮流。各国的利率与汇率政策之间的关系越来越紧密，市场化的调控方式将成为改革的主要方向。从发达国家的发展实践看，其货币政策的使用早已从数量型调控，如控制流动性总体规模，转向了更为市场化的价格型调控，如美国的联邦基准利率和隔夜拆借利率等。中国作为全球化的积极参与者，已经成为世界经济和金融重要的组成部分。我国的宏观经济政策不仅会对自身的发展产生影响，我国的货币政策、汇率政策等也会对世界经济产生影响。因此，我国政策当局要积极融入世界金融格局，积极构建多层次金融市场化利率体系，将建立价格型货币政策调控中介指标体系放在突出位置，进一步畅通利率、资产价格渠道传导机制。

（2）进一步改革货币政策，提高货币政策精准性，让货币政策由“大水漫灌”向“滴灌、喷灌”转型，畅通货币政策的信贷传导渠道

在推进金融各项改革的进程中，中国人民银行在加强对金融风险的关注同时，积极创新货币政策，采取新的货币政策为实体经济中的重点领域和薄弱环节提供金融服务，提高金融服务的普惠性。具体做法有：突出货币政策的执行异质性，对县域中小银行实行不同的存款准备金率政策，为地方银行提供更多的贷款余额，拓展货币政策工具 SLF、MLF 等的抵押范围，扩大逆回购市场的交易对象。另外，还设立了定向优惠利率的 TMLF，提高货币政策的精准性。放宽商业银行增资扩股的条件，降低其发行股票和可转债的门槛，为商业银行积极引入股权投资。在投资端，激励商业银

行进行多样化的稳健投资，完善货币政策工具箱建设，对不同市场能够形成针对性的管理，这样也有利于各类企业都能获得金融服务。这些举措大大活跃了市场交易量，而且有效缓解了小微企业的融资约束难题，减少了影子银行给金融系统带来的威胁。过去宽货币式的政策得到改善，货币政策的精准性逐步提高，能够真正为需要贷款的中小微企业提供流动性，宽信用的货币政策也得到发展。货币政策向更加市场化的“价格型”调控转型，会有效倒逼银行业提高自身的利率风险管理和资产负债管理能力。比如，中小银行会按照市场化的定价机制全面测量自身的经营成本，提升LPR的议价能力。另外，为了在市场化竞争中获得优势，中小银行可以凭借自身优势大力发展理财性较高的中间业务。中间业务对银行的科技能力要求较高，需要有一定的科技能力，并且具备全流程的数字化的客户信用评级和风险管理能力，进而形成全流程的风险管理控制机制。在金融供给侧的调整中，中小银行既能够为不同类型的实体企业提供适应性的服务，同时也可以提高内部控制和风险管理能力。银行体系的不断完善将为货币政策更加顺畅地传导奠定坚实的基础。

（3）将经济、金融风险管控的效率和质量始终摆在首要位置，构建高效的“双支柱”调控政策协调机制，持续推进金融管理的现代化

首先，引导金融服务于实体部门的健康发展，完善虚拟经济部门与实体经济部门互动进程中的风险控制。金融部门是一个有机的整体，不同的机构之间因为业务往来存在着复杂的联系，所以当任何一个机构发生风险时，都是极其容易传染到整个系统的。我国“双支柱”的风险管理框架已基本确定，提高系统性金融风险管控的效率和质量迫在眉睫。从宏观角度来看，实体经济发展脱离主营业务，从事高投机性的活动，会导致高杠杆逃废债，这是引发系统性金融风险的主要原因。在这个过程中，金融起到了推波助澜的作用。国家政策部门应重点关注实体企业的债务问题，如债务规模、结构和压力等，计算一个既有利于保证企业流动性促进其生产经营，又不发生风险的杠杆率区间。此外，政府以及居民个人的债务杠杆指标同样值得关注。金融的本质就是杠杆与风险的动态平衡，因此，需要实

时动态测算不良贷款和破产距离等指标，提高管控效率。在宏观审慎政策层面上，政策当局在进行监管部署时，不仅要关注到金融机构的具体经营状况，也需要以实体部门信贷率的偏离度的波动作为依据，进行必要的监管和调节，动态要求管理资本的质量和规模等，构建高质量的“双支柱”协调机制，持续推进治理体系和能力的现代化。宏观指标的设定还需要具有预见性、全面性以及有效性等特点。我国央行可以积极发展金融科技，将实体经济的监管指标与金融体系的监管指标共享到同一个大数据平台，采用新一代互联网技术，如大数据、区块链等，将该数据平台打造成一个集风险检测与预警的多功能数据库，可以动态关注金融与实体经济的变化，给宏观政策制定部门提供高质量的金融数据，让监管政策的针对性更强，效率更高。在发生风险时，监管部门可以迅速反应，发出预警信号，迅速采取措施，防止风险的传染，避免造成更大的危害、威胁企业和个人的财产安全。

其次，完善金融的现代治理体系和治理能力。从我国的金融资源供给的角度看，供给的力度和能力都是全面且充足的，但是存在着结构性不匹配的状况。针对这个问题，在进行“双支柱”的调控框架完善阶段，除了要对金融机构和市场进行监管外，金融基础设施以及跨部门的金融业务等都要纳入具体的管理中，并对新兴的金融业态进行差异化处理，对数字金融、传统金融等在统一的“双支柱”框架下，采取不同的管理方式，确保每一种金融业态都能为实体经济的高质量转型发展提供动能。这也从侧面说明了促进金融治理体系现代化的重要意义。现代化的智力值既需要注重提高科学技术的含量，同时也要关注数据和信息体系的建设，提高劳动的生产效率。

最后，建立“双支柱”调控政策的相机抉择协调机制。宏观审慎政策与货币政策虽然是两类宏观政策，但这两类政策推行时往往互相交融，互相影响。因此，“双支柱”监管框架就是将这两类宏观调控政策纳入一个框架内，在制定宏观政策时让两者相互补充，发挥合力。比如，在实施宏观审慎政策之后，市场会收到政策信号，对未来货币发行和市场经济发展都会形成预期，因此，在宏观审慎政策发布后，货币政策的制定和执行就变得更加有难度。两大政策如果没有相机的协调机制，会造成政策的反复和冲突，这样，一方面增加了监管成本，另一方面也扰乱了市场预期。建立“双支柱”调控体系的相机抉择机制就是要解决这方面问题，让政策的执行成本更低，但监管效率却大大提高。

综上所述，在新的时代背景下，一个高效、全面的“双支柱”宏观金融稳定体系是提高一国宏观调控能力的关键手段。中国在这方面进行了很多实践，并积累了一定的经验。在以后的改革中，我国要构建多层次金融市场化利率体系，将建立价格型货币政策调控中介指标体系放在突出位置，进一步畅通利率、资产价格渠道的传导机制。进一步改革货币政策，提高货币政策精准性，让货币政策由“大水漫灌”向“滴灌、喷灌”转型，实现“宽货币”向“宽信用”的有效政策传导，从根本上构建一个理念先进、制度完善以及运行高效的框架体系和调控机制，为我国宏观经济的高质量转型发展保驾护航。

## 10.3　其他相关政策建议

宏观经济发展和金融稳定涉及各个经济部门，要加强宏观经济管理的改革，完善宏观经济体系的调控等也都涉及经济体中的各层各面，因此在对货币政策、宏观审慎政策进行完善和协调的同时，其他的宏观政策、产业政策等也需要不断完善。

### 10.3.1　金融应通过利率、汇率、国际资本流动等政策工具发挥对产业结构调整的作用

通过贸易进出口、固定资产投资等途径，在利率、汇率引导下的国际资本流动对产业结构发挥显著影响。在利率市场化机制下，资本供需双方能够以合理的市场价格推进资本流动质量从优，进而能够通过遏制非规范

金融的交易规模而达到降低其不良影响的预期目标。利率市场化能够使各利益方在资本市场上形成完全竞争状态，从而增强了在利率水平上升时资金使用者对资本的利用效率，使资源利用和配置趋于合理化，加快产业结构优化升级速度。对于不同类型的企业来说，利率变动的影响不尽相同，此时利率形成机制的完善与优化就显得十分必要，如此才能使利率充分发挥出其促进资源配置的功能。

同样，汇率变动影响对不同企业也存在差异化形态。人民币升值或贬值，对进口型、出口型企业会产生相反的影响，对劳动、知识、资本密集型等的不同类型企业也会产生不同效果。汇率推进产业结构调整的机制在于，汇率市场化下汇率水平能够更加符合经济发展形势，在激烈的国际竞争中实现企业的优胜劣汰和产业结构的调整。然而，企业在国际交往中往往伴随着较大的国际贸易风险，在不利条件下受到的国际资本冲击强度更大，因此汇率市场化的实施要着重依据本国实际情况对汇率市场化程度进行适当控制和调整，可在汇率市场化所反映的价格受到外来资本冲击强度较大时加强外汇市场管控，而在汇率市场化所反映的价格符合经济发展需求时适当放松。在国际资本流动过程中，要通过内外部有效交流和通力合作实现产业结构优化升级，但在存在国际因素影响的条件下，对国际资本流动的适当监管也不能放松。

### 10.3.2 引导形成和完善金融业竞争机制，促进产业结构升级

通过金融结构优化、金融深化等多种渠道，金融开放深刻影响着产业结构升级效果。目前，我国金融开放正处在有序推进中，为充分发挥出其在推进提高产业结构升级效率中的作用，从多层面着力完善金融业竞争机制势在必行，如此才能促使其资金配置功能的效率更上一个台阶，最终增强金融机构的整体竞争实力。提升我国金融机构的竞争水平，应在金融体系建设方面下足功夫，逐步消除体制性障碍，增强金融机构的竞争意识，

为未来金融市场的完全开放铺基垫路。首先，要引导金融机构形成强化改革和加强创新思路，完善好机构的内控和各类管理制度。在金融企业制度方面，可鼓励和引导民间资本入驻金融业，以强有力的姿态逐步打破国有金融机构的垄断状态。要加强市场机制的调节作用，引导形成更为良好的金融业竞争业态。其次，应逐步加快大型国有银行改革步伐。目前，在我国以银行业为主导的金融体系下，银行业的金融改革发展仍是重中之重，应加快鼓励基于金融层面的创新发展，在有序发展的良好形势下提升银行业的整体竞争实力；同时，还要以市场化利率改革推进银行业盈利模式转变，以更好的面貌顺应国际发展趋势。最后，我国应减少相关歧视政策，逐步调整放宽对外来金融机构的准入门槛，增强银行业内外的交流与借鉴，以合力共同推进金融技术完善和管理经验优化。

### 10.3.3　加强区域金融的均衡发展，改善新兴产业融资难的困境

从我们国家目前的融资渠道的选择来看，我国是以银行为主体的间接金融体系，因而全国性大型金融机构则缺乏一定灵活性，在信息交易成本等方面存在一定劣势，在支持新兴产业方面也存在局限性。同时，地方性金融机构以其灵活的经营思路和独特发展优势在整个金融体系中的地位越来越凸显，因此，发展地方性中小金融机构具有重要的均衡金融资源的意义：一方面，它们的区域布局更有优势，与当地企业紧密相连，从而能够有效降低信息与交易成本，其在一定程度上对缺乏资金的新兴产业支持也更具针对性。另一方面，出于地方性金融机构的地方性特性，其布置规划更能立足于当地发展需要，发展理念也更贴近于支持地方性中小企业。我国应逐步构建起区域性的金融支持体系，以助力中西部地区新兴产业发展突破“瓶颈”。政府应逐步引导区域性金融机构立足于地方，充分发挥出其所处当地市场的优势。要颁布相应支持性政策，对区域性金融机构进行扩充资本，鼓励地方金融机构开展金融创新活动，完善金融产品设计，提

高经营管理水平，引进优质战略投资者，增强对本地龙头企业、支柱产业发展的支持力度，创新性地突破新兴产业的融资障碍，推进当地产业结构优化调整。当然，在建设和发展的过程中，也需要关注地方性中小金融机构的风险管理，避免出现影响金融稳定的情况。

### 10.3.4　注重提升经济发展质量，走协调发展之路

经济发展是国家发展的重中之重，而产业结构的优化升级是释放经济发展潜力的重要前提。我国经济发展的不平衡不充分现象依旧明显，这就要求我们不仅要重视经济发展速度，更要将经济发展质量放到更加突出的位置，走高质量协同发展之路。首先，要进一步深化城镇化改革。一是完善户籍制度改革，加快打破我国城乡间原有的二元制度壁垒，推进医疗、住房等社会保障体制建设，促进进城农民工待遇水平均等化，为其营造良好的进城环境，实现城镇化及改革开放成果由人民共享。二是在推进新型城镇化建设中，坚持“以人为本，产城融合”的理念指导，建造宜居、宜业的新型城镇，同时要警惕过度城镇化可能带来的各种弊病。其次，要贯彻落实乡村振兴战略，加强农村基础设施建设，在中小城市发展和乡村振兴的建设中，重点关注优势产业的可持续发展，以产业带动城镇的建设，合理引导资金进入重点产业，避免形成资金的空转等不利于金融稳定的情况。

### 10.3.5　积极借鉴国际经验，坚持循序渐进式金融开放，保持开放顺序的合理性

不同的金融开放方式往往伴随着不同的经济结果，从实际情况来看，激进式的金融开放伴随着更大强度的金融风险水平，在此情况下坚持循序渐进式开放可能是更恰当的选择。新西兰和澳大利亚的金融开放实践为我国提供了很多可以学习借鉴的经验。1984 年以前，两国对汇率、利率以及物价等都实行了严格的管制，尤其对金融领域的管制严重阻碍了银行信

贷对实体经济的支持作用，严重阻碍了两国的经济发展。基于此，澳大利亚和新西兰分别于 1984 年和 1985 年推行了金融开放政策。其主要举措可以总结为以下几个方面：第一，取消国内对金融机构设立的限制，允许自由竞争，并允许外资银行进入本国。第二，取消外汇管制，推行汇率定价市场化。第三，有条件实行利率市场化，其中住房和农业贷款利率由政府管制，实行优惠利率。第四，允许国库券自由买卖，利率由市场决定。但值得注意的是，在推行这些金融开放政策之前，澳大利亚和新西兰两国都做了大量的准备工作。比如，完善金融法规以适应金融开放政策的需要；进行银行业改革，整合国内银行业资源，配备先进的科技手段，提高自身银行业的竞争能力。另外，两国在金融开放政策推行前都进行了政策模拟，并制定了一整套应急措施以防止金融开放对本国经济金融造成的冲击。两国金融开放政策实际推行后，由于做好了充分的准备工作，并没有对国民经济造成重大冲击，利率和汇率很快恢复平稳，经过几年后，不断落地的金融开放政策为两国经济发展注入了新的活力。

上述案例为我国推进金融开放政策提供了重要的经验教训。一般在经济动荡情形下，政府当局往往会推出较为激进式的开放决策，但毫无疑问渐进式开放才是维持宏观经济稳定的可行模式。首先，在推行金融开放政策前要练好内功，为金融开放做好准备。我国应保持财政政策的稳定性，降低大规模的财政赤字和利率剧烈波动程度。其次，要保持货币政策的灵活性，在资本账户开放持续推进下，货币政策的独立性无疑会受到一定影响，此时部分直接型金融工具使用率下降，而间接型金融工具的使用则成为趋势所向。随着资本账户的进一步开放，本国利率受影响趋势加重，为了充分发挥出利率调节资本流动、调整产业结构的作用，利率市场化改革也需持续化加深。在利率市场化作用的有效发挥和适当调节下，我国应对大规模资本流动的影响才能更加从容不迫，在减轻国内金融市场波动性方面才能取得显著成效。此外，目前有管理的浮动汇率制度的灵活性仍有待提升，在汇率改革方面我国仍需进一步增强汇率制度的弹性和韧性，从而为资本账户实现高质量开放奠定制度层面的基础。

### 10.3.6 将创新摆在经济发展战略中的突出位置

技术进步在宏观经济发展过程中具有重要战略地位。面对发达国家对“卡脖子”技术的限制，未来我国发展要将创新摆在经济发展战略中的突出位置。从技术“陪跑”阶段逐渐向技术“赶超”和“领跑”阶段过渡，让技术创新成为促进产业结构优化升级的核心动力。谈及转变经济增长方式以及调整产业结构，从微观主体层面上来讲就是要提高企业的自主创新能力，培育一批具有所有权归属的优势产业。当前，技术创新在提升产业结构合理化、高度化，推进经济发展中发挥的作用愈加突出，而我国在技术层面对国外的依赖性状况虽然有所改善，但这种依赖性仍有待于进一步降低，要增强我国企业发展的独立性与自主权。因此，现阶段将技术进步方向逐步转移到自主创新上已势在必行。要增强我国企业的国际竞争优势，就必须要在引进国外先进技术资源的基础上，培育拥有我国自主知识产权的高新技术产业，逐步突破国外发达国家的技术封锁与垄断障碍，如此才能将发展主动权牢牢掌握在自己手中。要实现这一目标，要在强调自主创新的同时，注重先进技术引进和对外商直接投资的吸收利用，具体可以通过以下方式来实现：其一，创新要在企业技术创新能力提升方面下足功夫，只有强化对核心技术自主知识产权的保护，才能有效激发出企业创新能效。其二，在创新活动开展过程中，要注重跨国公司项目引进，加强和跨国公司的技术交流与协作，通过先进技术与管理经验的有效结合，以期为我国企业提供学习与模仿的平台，并在有效吸收经验的基础之上适当利用外资企业技术的外溢效应，为我国企业发展在竞争中赢得更多优势。其三，当今世界，各项经济政策不确定性越来越多，很难凭借某一方力量就能够力挽狂澜，因此建立起具有包容性的创新与协作机制就显得十分必要。我国要从实际国情出发，增强与其他国家或地区的联动效应，增强对国外技术资源的吸收能力，以包容性的创新方式促改革、谋发展，从更深处完善我国产业结构调整，促进经济增长方式的转变。

# 参考文献

## 一、中文参考文献

[1] 巴曙松，朱元倩等．巴塞尔资本协议3研究［M］．北京：中国金融出版社，2011．

[2] 巴曙松，邢毓静，朱元倩．金融危机中的巴塞尔新资本协议：挑战与改进［M］．北京：中国金融出版社，2010．

[3] 巴曙松，王璟怡，杜婧．从微观审慎到宏观审慎：危机下的银行监管启示［J］．国际金融研究，2010（5）：83－89．

[4] 巴曙松，何雅婷，曾智．货币政策、银行竞争力与流动性创造［J］．经济与管理研究，2016，37（12）：45－56．

[5] 巴曙松，王璟怡，王茜．流动性风险监管：巴塞尔协议Ⅲ下的新挑战［J］．中国金融，2011．

[6] 巴曙松，王璟怡，王茜．国际银行业流动性监管现状及评述［J］．资本市场，2010．

[7] 白钦先．金融危机的原因是金融监管不够［J/OL］．“金融危机下中国金融改革与创新”高级研讨会会议纪要，2009年9月12日，和讯网．

[8] 包全永．银行业系统性风险的传染模型研究［J］．金融研究，2005（8）：72－84．

[9] 卜林，郝毅，李政．财政扩张背景下我国货币政策与宏观审慎政策协同研究［J］．南开经济研究，2016（5）：55－73．

[10] 陈守东，孙彦林，刘洋．中国金融状况周期波动特征及趋势周期分解 [J]. 科技促进发展，2015 (5)：607 -612.

[11] 陈颖，纪晓峰．流动性风险管理新工具的背景与影响：基于危机视角的考察 [J]. 国际金融研究，2013.

[12] 陈昆亭，龚六堂，邹恒甫．什么造成了经济增长的波动，供给还是需求？——中国经济的 RBC 分析 [J]. 世界经济，2004 (1)：3 -11.

[13] 陈柳钦．美国金融监管体系改革新框架 [J]. 美国问题研究，2010 (1)：52 -72.

[14] 陈雨露．后危机时期货币金融稳定的新框架 [J]. 中国金融，2009 (16)：19 -21.

[15] 陈志毅．金融宏观审慎监管：趋势、挑战与中国适用前瞻 [J]. 上海金融，2012 (3)：74 -80.

[16] 楚尔鸣，许先普．中国最优货币政策规则选择——基于新凯恩斯主义 DSGE 模型分析 [J]. 湘潭大学学报（哲学社会科学版），2012 (7)：59 -73.

[17] 丁德圣．从发展金融学角度看当前我国宏观审慎监管框架的研究 [J]. 金融与经济，2012 (10)：18 -19.

[18] 邓向荣，张嘉明．货币政策、银行风险承担与银行流动性创造 [J]. 世界经济，2018，41 (4)：28 -52.

[19] 杜清源，龚六堂．带“金融加速器”的 RBC 模型 [J]. 金融研究，2005 (4)：16 -30.

[20] 范小云．繁荣的背后——金融系统性风险的本质、测量与控制 [M]. 北京：中国金融出版社，2006.

[21] 范小云，王道平．巴塞尔Ⅲ在监管理论与框架上的改进：微观与宏观审慎有机结合 [J]. 国际金融研究，2012 (1)：63 -71.

[22] 樊明太，叶思晖．宏观审慎政策使用及其有效性研究——来自全球 62 个国家的证据 [J]. 国际金融研究，2020 (12)：33 -42.

[23] 付刚．宏观审慎管理与系统性金融风险防范思考［J］．金融发展研究，2010（10）：60－63.

[24] 方意．宏观审慎政策有效性研究［J］．世界经济，2016（8）：25.

[25] 方意．货币政策与房地产价格冲击下的银行风险承担分析［J］．世界经济，2015，38（7）：73－98.

[26] 高铁梅．计量经济分析方法与建模——EViews应用及实例（第二版）［M］．北京：清华大学出版社，2009.

[27] 何彦清，吴信如．负向技术冲击、汇率干预与货币政策调控——基于DSGE模型分析［J］．金融研究，2016（10）：74－85.

[28] 黄锐，蒋海，黄剑．动态拨备，金融风险与经济周期——基于DSGE模型的分析［J］．财政与金融，2014（2）：29－40.

[29] 黄金老．金融自由化与金融脆弱性［M］．北京：中国城市出版社，2001.

[30] 黄亭亭．宏观审慎管理操作框架研究［M］．北京：中国金融出版社，2011.

[31] 霍华德·戴维斯，大卫·格林．全球金融监管［M］．中国银监会国际部译．北京：中国金融出版社，2009.

[32] 贺聪．宏观审慎管理与货币政策：一个文献回顾［J］．浙江金融，2012（2）：11－18.

[33] 胡志鹏．中国货币政策的价格型调控条件是否成熟？——基于动态随机一般均衡模型的理论与实证分析［J］．经济研究，2012（6）：60－72.

[34] 黄飞鸣．金融体系的顺周期性问题解读［J］．经济评论，2010（2）：36－42.

[35] 黄之豪，孔刘柳．货币政策对银行风险承担的影响——基于中国51家商业银行的实证分析［J］．金融论坛，2018，23（10）：41－53.

[36] 胡腾宇．宏观审慎监管问题研究：国际经验与我国实践［D］.

广州：暨南大学，2012.

[37] 蒋海，张小林，唐绅峰，陈创练．货币政策、流动性与银行风险承担 [J]．经济研究，2021，56 (8)：56 – 73.

[38] 贾康．当前财政政策与货币政策的协调配合 [J]．中国金融，2011 (6)：69 – 70.

[39] 金鹏辉，张翔，高峰．银行过度风险承担及货币政策与逆周期资本调节的配合 [J]．经济研究，2014，49 (6)：73 – 85.

[40] 江曙霞，陈玉婵．货币政策、银行资本与风险承担 [J]．金融研究，2012 (4)：1 – 16.

[41] 江群，曾令华．我国货币政策信贷传导渠道：理论模型及实证分析 [J]．财经论丛，2008 (3)：40 – 46.

[42] 李志辉，黄璐，李丛文．资产证券化对银行流动性、贷款供给和稳定性的影响 [J]．金融经济学研究，2016，31 (3)：3 – 15.

[43] 李成，马文涛，王彬．通货膨胀预期与宏观经济稳定：1995—2008——基于动态随机一般均衡模型的分析 [J]．南开经济研究，2009 (6)：30 – 53.

[44] 李天宇，张屹山，张鹤．扩展型货币政策与宏观审慎监管的金融稳定作用分析 [J]．经济评论，2016 (3)：3 – 16.

[45] 李成，李玉良，王婷．宏观审慎监管视角的金融监管目标实现程度的实证分析 [J]．国际金融研究，2013 (1)：38 – 51.

[46] 李文泓．关于宏观审慎监管框架下逆周期政策的探讨 [J]．金融研究，2009 (7)：7 – 24.

[47] 李文乐，王彬，王继晖．人民币汇率波动与货币政策调控——基于新凯恩斯垄断竞争模型框架的理论分析与实证 [J]．当代经济科学，2011 (7)：54 – 65.

[48] 李妍．宏观审慎监管与金融稳定 [J]．金融研究，2009 (8)：52 – 60.

[49] 李扬．全球金融体系改革及亚洲的选择：我们需要更深入的思

考［J］. 国际金融研究，2010（10）：4－10.

［50］骆永民，伍文中. 房产税改革与房价变动的宏观经济效应——基于DSGE模型的数值模拟分析［J］. 金融研究，2012（5）：1－14.

［51］罗煜，张祎，朱文宇. 基于银行流动性管理视角的宏观审慎与货币政策协调研究［J］. 金融研究，2020（10）：19－37.

［52］梁琪，李政，卜林. 中国宏观审慎政策工具有效性研究［J］. 经济科学，2015（1）：5－17.

［53］吕进中，张燕，张鹏辉，等. 宏观审慎政策工具的有效性研究——基于动态随机一般均衡模型的分析［J］. 金融监管研究，2018（10）：15.

［54］廖岷，杨元元. 全球商业银行流动性风险管理与监管的发展状况及其启示［J］. 金融研究，2008（10）：12.

［55］廖岷. 从美国和全球金融危机比较中美金融监管［J］. 国际经济评论，2008（12）：11－16.

［56］刘志洋. 动态准备金制度与会计准则的协调性探讨［J］. 金融理论与改革，2013（5）：34－37.

［57］刘斌. 我国DSGE模型的开发及在货币政策分析中的应用［J］. 金融研究，2008（10）：1－21.

［58］刘斌. 动态随机一般均衡模型及其应用（第三版）［M］. 北京：中国金融出版社，2016：1－411.

［59］刘生福，李成. 货币政策调控，银行风险承担与宏观审慎管理——基于动态面板系统GMM模型的实证分析［J］. 南开经济研究，2014（5）：16.

［60］刘澜飚，张靖佳，曹元涛. 近期宏观经济政策研究述评［J］. 经济学动态，2010（6）：69－75.

［61］梁璐璐，赵胜民，田昕明，罗金峰. 宏观审慎政策及货币政策效果探讨：基于DSGE框架的分析［J］. 财政研究，2014（3）：94－103.

［62］李霜. 动态随机一般均衡下中国经济波动问题研究［D］. 武

汉：华中科技大学，2011.

[63] 李扬，胡滨．金融危机背景下的全球金融监管改革［M］．北京：社会科学文献出版社，2010.

[64] 李文泓．宏观审慎监管框架下的逆周期政策研究［M］．北京：中国金融出版社，2011.

[65] 李松华．基于DSGE模型的中国货币政策传导机制研究［D］．武汉：华中科技大学，2010.

[66] 刘泽云．巴塞尔协议Ⅲ、宏观审慎监管与政府财政角色安排［D］．北京：财政部财政科学研究所，2011.

[67] 刘泽云．巴塞尔协议、宏观审慎监管与政府财政角色安排［D］．北京：财政部财政科学研究所，2011.

[68] 刘东民．金融危机背景下的金融监管理论：文献综述［J/OL］．中国社会科学院世界经济与政治研究所国际金融研究中心，工作文件，2009.

[69] 罗玉冰．宏观审慎管理理论及其中国化问题研究［D］．重庆：西南财经大学，2012.

[70] 马骏，何晓贝．货币政策与宏观审慎政策的协调［J］．金融研究，2019（12）：58－69.

[71] 马勇，何顺．货币周期与资产定价：基于中国的实证研究［J］．金融评论，2019，11（2）：25.

[72] 马勇，陈雨露．宏观审慎政策的协调与搭配：基于中国的模拟分析［J］．金融研究，2013（8）：57－69.

[73] 马勇．植入金融因素的DSGE模型与宏观审慎货币政策规则［J］．世界经济，2013（7）：68－92.

[74] 马君潞，范小云，曹元涛．中国银行间市场双边传染的风险估测及其系统性特征分析［J］．经济研究，2007（1）：68－78.

[75] 孟维福，刘浩杰，王璟怡．货币宽松、银行竞争与风险承担——理论模型与实证分析［J］．经济问题，2022（2）：42－51.

[76] 苗永旺，王亮亮．金融系统性风险与宏观审慎监管研究［J］．国际金融研究，2010（8）：59－68.

[77] 麦强盛．基于宏观审慎监管的银行业系统性风险研究［D］．广州：暨南大学，2011.

[78] 彭刚，苗永旺．宏观审慎监管框架构建的国际借鉴与中国的选择［J］．经济理论与经济管理，2010（11）：15－23.

[79] 祁敬宇，刘莹．“双支柱”调控对商业银行风险承担的影响［J］．国际金融研究，2021（9）：10.

[80] 盛雯雯，栗亮．货币政策与宏观审慎政策协调配合的研究评述［J］．国际金融研究，2019（4）：11.

[81] 宋科，李振．宏观审慎政策、杠杆率与银行风险承担［J］．金融监管研究，2019（10）：1－19.

[82] 沈沛龙，王晓婷．宏观审慎政策与银行风险承担研究［J］．财经理论与实践，2015，36（3）：9－15.

[83] 苏明政，徐佳信，张庆君．金融失衡视角下宏观审慎政策工具有效性研究——基于119家商业银行的实证分析［J］．会计与经济研究，2017，31（1）：102－116.

[84] 史建平，高宇．宏观审慎监管理论研究综述［J］．国际金融研究，2011（8）：66－74.

[85] 史树林．金融危机后的金融监管问题研究［D］．大连：东北财经大学，2011.

[86] 唐琳，王云清，胡海鸥．开放经济下中国汇率政策的选择——基于 Bayesian DSGE 模型的分析［J］．数量经济技术经济研究，2016（2）：113－129.

[87] 王爱俭．20世纪国际金融理论研究——进展与评述［M］．北京：中国金融出版社，2005.

[88] 王爱俭．金融稳定下中国货币政策运行研究［M］．北京：中国金融出版社，2012.

[89] 王爱俭，郭庆平．汇率政策与利率政策协调机制研究［M］．北京：中国金融出版社，2007.

[90] 王爱俭．滨海新区金融创新与人民币国际化研究——兼论汇率政策利率政策的协调［M］．北京：科学出版社，2009.

[91] 王爱俭，王璟怡．宏观审慎政策效应及其与货币政策的关系研究［J］．经验研究，2014（4）：17－31.

[92] 王爱俭，王璟怡，武鑫．国际资本流动对当前我国货币政策效果的影响［J］．现代财经，2013（2）：9－17.

[93] 王爱俭，牛凯龙．次贷危机与日本金融监管改革：实践与启示［J］．国际金融研究，2010（1）：68－73.

[94] 王晋斌，李博．中国货币政策对商业银行风险承担行为的影响研究［J］．世界经济，2017，40（1）：25－43.

[95] 王刚，李丹丹．浅析宏观审慎监管与宏观经济政策的基本关系［J］．浙江金融，2011（5）：17－19.

[96] 王擎，田娇．银行资本监管与系统性金融风险传递——基于DSGE 模型的分析［J］．中国社会科学，2016（3）：99－112.

[97] 王飞．当前国际上商业银行流动性风险的变化与监管趋势［J］．南方金融，2011.

[98] 王硕，赵德起，刘承洋．宏观审慎政策如何影响银行顺周期行为？——基于中国银行业的准自然实验［J］．商业研究，2021（5）：75－83.

[99] 王广谦．20 世纪西方货币金融理论研究：进展与述评［M］．北京：经济科学出版社，2010.

[100] 王征．突破我国当前宏观经济困境的政策选择——兼论我国地方债的宏观审慎监管［J］．中央财经大学学报，2013（3）：51－55.

[101] 王宪勇．DSGE 框架下的中国经济波动研究［D］．辽宁：东北财经大学，2009.

[102] 王璟怡．宏观审慎与货币政策协调的研究动态综述［J］．上海

金融，2012（11）：58－64.

［103］魏巍贤，高中元，彭翔宇．能源冲击与中国经济波动——基于动态随机一般均衡模型的分析［J］．金融研究，2012（1）：51－64.

［104］魏巍，黄宇元，马超．货币政策与银行监管政策协调：国际趋势及启示［J］．南方金融，2016（10）：45－52.

［105］文洪武．金融宏观与微观审慎监管协调机制研究［D］．天津：天津财经大学，2012.

［106］谢平，邹传伟．金融危机后有关金融监管改革的理论综述［J］．金融研究，2010（2）：1－17.

［107］徐明东，刘晓星．金融系统稳定性评估：基于宏观压力测试方法的国际比较［J］．国际金融研究，2008（2）：39－46.

［108］徐长生，艾希．货币政策与宏观审慎政策的协调搭配——基于中国商业银行微观数据的实证研究［J］．江西社会科学，2018，38（6）：39－47＋255.

［109］许伟，陈斌开．银行信贷与中国经济波动：1993—2005［J］．经济学季刊，2009（3）：969－994.

［110］熊启跃，黄宪．资本监管下货币政策信贷渠道的“扭曲”效应研究——基于中国的实证［J］．国际金融研究，2015（1）：48－61.

［111］徐芳，张伟．巴塞尔协议Ⅲ新资本和流动性政策效果传导路径探析［J］．金融会计，2013.

［112］熊劼．银行业顺周期、信用紧缩与货币政策有效性——基于资本约束的视角［J］．金融理论与实践，2017（10）：15－21.

［113］余永定．亚洲金融危机的经验教训与中国宏观经济管理［J］．国际经济评论，2007（3）：5－9.

［114］鄢莉莉，王一鸣．金融发展、金融市场冲击与经济波动——基于动态随机一般均衡模型的分析［J］．金融研究，2012（12）：82－95.

［115］闫先东，张鹏辉．货币政策与宏观审慎政策的协调配合［J］．金融论坛，2017（4）：30－41.

[116] 杨昊龙，方意，李宪铎，宋鹏辉．“金砖国家”宏观审慎政策有效性研究［J］．宏观经济研究，2017（1）：163－175.

[117] 尹雷，杨源源．中国货币政策调控与政策工具的最优选择——基于 DSGE 模型的分析［J］．当代经济科学，2017，39（4）：19－28.

[118] 袁闯．中国证券行业宏观审慎监管研究［D］．长沙：湖南大学，2012.

[119] 叶永刚，张培．中国金融监管指标体系构建研究［J］．金融研究，2009（4）：159－171.

[120] 尹继志．中央银行在宏观审慎监管体系中的地位与权限［J］．财经科学，2011（1）：1－10.

[121] 尹继志，刘秀兰．关于构建宏观审慎监管体系的探讨［J］．上海金融，2011（2）：59－65.

[122] 姚余栋，李宏瑾．中国货币政策传导信贷渠道的经验研究：总量融资结构的新证据［J］．世界经济，2013，36（3）：3－32.

[123] 周晔，王亚梅．融资流动性、资金稳定性与商业银行风险承担［J］．暨南学报（哲学社会科学版），2022，44（1）：115－132.

[124] 周爱民，陈远．中国商业银行资本结构与其流动性创造关系的实证研究［J］．金融经济学研究，2013，28（3）：68－77.

[125] 张朝洋．货币政策与宏观审慎政策协调研究［D］．南昌：江西财经大学，2017.

[126] 张朝洋．货币政策冲击、银行信贷渠道与宏观审慎管理［J］．金融监管研究，2018（7）：55－70.

[127] 张卫平．货币政策理论——基于动态一般均衡方法［M］．北京：北京大学出版社，2012.

[128] 张承惠．重新审视金融市场和金融监管——美国金融危机引起的思考［J］．经济研究参考，2009（17）：3－4.

[129] 张健华，贾彦东．宏观审慎政策的理论与实践进展［J］．金融研究，2012（1）：20－35.

[130] 张亦春，胡晓．宏观审慎视角下的最优货币政策框架［J］．金融研究，2010（5）：30－40．

[131] 张宗益，吴恒宇，吴俊．商业银行价格竞争与风险行为关系——基于贷款利率市场化的经验研究［J］．金融研究，2012（7）：14．

[132] 中国银行国际金融研究所课题组．美国金融监管改革对全球金融市场的影响及中国的风险［J］．国际金融研究，2010（9）：79－86．

[133] 中国人民银行货币政策分析小组．中国货币政策执行报告（2017 年第三季度）［R］．中国人民银行网站，2017．

[134] 中国人民银行金融稳定小组．中国金融稳定报告（2011）［J/OL］．中国人民银行网站，http：//www. pbc. gov. cn/publish/jinrongwendingju/369/index. html．

[135] 周晖，王擎．货币政策与资产价格波动：理论模型与中国的经验分析［J］．经济研究，2009（10）：61－74．

[136] 周胜强，李向前，反芮彤．我国中央银行在宏观审慎监管框架中的核心作用［J］．财经问题研究，2012（12）：60－65．

[137] 周小川．建立更加完善的金融宏观审慎政策框架［J］．中国金融，2011（1）：10－13．

[138] 张黎黎．宏观审慎框架下的银行业逆周期监管策略研究［D］．辽宁：东北财经大学，2011．

[139] 曾智，姚舜达．我国货币政策风险承担渠道传导效率研究——基于流动性监管的实证分析［J］．财经论丛，2017（10）：49－59．

[140] 郑兰祥，王敏．我国宏观审慎监管有效性及其 GMM 方法检验［J］．南京审计大学学报，2019，16（1）：81－91．

## 二、英文参考文献

[1] Akerlof and Shiller, 2010. “Animal Spirits: How Human Psychol-

ogy Drives the Economy, and Why It Matters for Global Capitalism" [M]. Princeton University Press. Princiton New Jersey.

[2] Adrian, Tobias, and Hyun Song Shin, 2009. "Money, Liquidity, and Monetary Policy" [J]. American Economic Review, 99 (May)

[3] Agénor, P. - R., and Pereira da Silva, L., 2012. "Macroeconomic Stability, Financial Stability, and Monetary Policy Rules" [J]. International Journal of Central Banking.

[4] Adrian, Tobias, and Hyun Song Shin. 2008. "Financial Intermediaries, Financial Stability, and Monetary Policy" [A]. paper presented at "Maintaining Stability in a Changing Financial System," a symposium sponsored by the Federal Reserve Bank of Kansas City, August 21 - 23.

[5] Acharya, V, L Pedersen, T Philippon and M Richardson (2009). "Regulating Systemic Risk" [R]. NYU Stern School Working Paper.

[6] Adrian, Tobias, Moench, Emanuel and Shin, Hyun Song, Financial Intermediation, Asset Prices and Macroeconomic Dynamics [R]. (January 1, 2010). FRB of New York Staff Report No. 422.

[7] Agénor, P. - R., Koray, A., and Pereira da Silva, L., 2011. "Capital Regulation, Monetary Policy and Financial Stability" [R]. Working Paper No 237, Central Bank of Brazil, April.

[8] Agur, Itai and Demertzis, Maria. "Monetary Policy and Excessive Bank Risk Taking" [R]. (December 1, 2010). De Nederlandsche Bank Working Paper No. 271.

[9] Ahuja, Ashvin and Nabar, Malhar. "Safeguarding Banks and Containing Property Booms: Cross - Country Evidence on Macroprudential Policies and Lessons from Hong Kong Sar" [R]. (December 2011). IMF Working Papers, Vol., pp. 1 - 26, 2011.

[10] Aijar, S., C. W. Calomiris and T. Wieladek (2012). "Does macro - Pru leak? Evidence from a UK Policy Experiment" [R]. NBER Working

Paper No. 17822.

[11] Alberola, Enrique, Trucharte, Carlos and Vega, Juan Luis, Central Banks and Macroprudential Policy: Some Reflections from the Spanish Experience [R]. (August 23, 2011).

[12] Angelini, P., Neri, S. and Paneta, F., 2012. "Monetary and Macroprudential Polices. European Central Bank" [R]. Working Paper Series No. 1449.

[13] Angelini, Paolo, Neri, Stefano and Panetta, Fabio. "Monetary and Macroprudential Policies" [R]. (March 15, 2011). Bank of Italy Temi di Discussione (Working Paper) No. 801.

[14] Aydin, Burcu and Vvolkan, Engin. "Incorporating Financial Stability in Inflation Targeting Frameworks" [R]. September 2011. IMF Working Papers, Vol., pp. 1 - 45, 2011.

[15] Altunbas Y, Binici M, Gambacorta L. Macroprudential policy and bank risk [R]. BIS Working Papers, 2017, 81.

[16] Alessandri P, Bologna P, Galardo M. Financial crises, macroprudential policy and the reliability of credit - to - GDP gaps [J]. ESRB Working Paper Series, 2021.

[17] Blinder, A., 2010. "How Central Should the Central Bank Be?" [J]. Journal of Economic Literature 48 (1): 123 - 133.

[18] Bean, C., Paustian, M., Penalver, A. and T. Taylor (2010). "Monetary policy after the fall" [A]. paper presented at the Federal Reserve Bank of Kansas City Annual Conference, Jackson Hole, Wyoming, 28 August 2010.

[19] Bean, Charles, Matthias Paustian, Adrian Penalver, and Tim Taylor. 2010. "Monetary Policy after the Fall" [A]. paper presented at "Macroeconomic Challenges: The Decade Ahead," a symposium sponsored by the Federal Reserve Bank of Kansas City, August 26 - 28. www. kansascityfed. org/publicat/

sympos/2010/ bean – paper. pdf.

[20] Bernanke, B. , 2010. "Monetary Policy and the Housing Bubble" [A]. Remarks at the American Economic Association meetings, January, Atlanta, GA.

[21] Borio, C. , 2010. Implementing a Macroprudential Framework: Blending Boldness and Realism. [A]. Keynote Address for the BIS – HKMA research conference on "Financial Stability: Towards a Macroprudential Approach," Hong Kong SAR.

[22] Bank of England, 2009. "The Role of Macroprudential Policy" [R]. A Discussion Paper. London, UK.

[23] Bank of England, 2010. Financial Stability Report, http://www.bank of england. co. uk/publications/fsr/2010/ fsr27. htm.

[24] Barnea, Emanuel, Landskroner, Yoram and Sokoler, Meir. "The Interaction of Monetary Policy and Financial Stability: Lessons from the 2007 Crisis" [R]. (February 17, 2011).

[25] BCBS (Basel Committee on Banking Supervision), 2012. "Models and Tools for Macroprudential Analysis. Bank for International Settlements" [R]. Working Paper N. 21. Basel, Switzerland.

[26] BCBS (Basel Committee on Banking Supervision). 2010. "An Assessment of the Long – Term Impact of Stronger Capital and Liquidity Requirements" [R]. Bank for International Settlements. Basel, Switzerland. August.

[27] BCBS (Basel Committee on Banking Supervision), 2011. "Basel Ⅲ: A Global Regulatory Framework for More Resilient Banks and Banking Systems" [R]. Bank for International Settlements. Basel, Switzerland.

[28] Bergevin, Philippe and Laidler, David E. W. "Putting Money Back into Monetary Policy: A Monetary Anchor for Price and Financial Stability" [R]. (October 23, 2010). C. D. Howe Institute Commentary, No. 312, October 2010.

[29] Bernanke, B. and Gertler, M., 2000. "Monetary Policy and Asset Price Volatility" [R]. NBER Working Papers 7559, National Bureau of Economic Research.

[30] Blanchard, O. Della' Ariccia, G. and Mauro, P., 2010. "Rethinking Macroeconomic Policy" [R]. International Monetary Fund Staff Position Note, N. 10/03.

[31] Boivin, J., T. Lane, and C. Meh. 2010. "Should Monetary Policy Be Used to Counteract Financial Imbalances?" [R]. Bank of Canada Review, Summer.

[32] Borio, C. and Shim, I. (2007). "What can (macro -) prudential policy do to support monetary policy?" [R]. BIS Working Paper No. 242.

[33] Borio, Claudio E. V. and Shim, Ilhyock, "What Can (Macro -) Prudential Policy do to Support Monetary Policy?" [R]. (December 2007). BIS Working Paper No. 242.

[34] Borio, Claudio, and Mathias Drehmann, 2009. "Towards an Operational Framework for Financial Stability: 'Fuzzy' Measurement and its Consequences" [R]. BIS Working Paper No. 284 (June).

[35] Brunnermeier, M and Sannikov, Y., 2009. " A Macroeconomic Model with a Financial Sector. Mimeo" [R]. Princeton University.

[36] Brunnermeier, M, Gorton, G and A Krishnamurthy (2010). "Risk topography" [R]. Mimeo, Princeton University.

[37] Brunnermeier, Markus K., and Yuliy Sannikov. 2010. "A Macroeconomic Model with a Financial Sector," unpublished paper, May. www. princeton. edu/ ~ markus/research/papers/macro_finance. pdf.

[38] Bruno, V. et al (2017). "Comparative assessment of macroprudential policies", Journal of Financial Stability 28 (1): 183 -202.

[39] Baziki S B, Capacioglu T. Macroprudential Policies, Credit Guarantee Schemes and Commercial Loans: Lending Decisions of Banks [J]. Work-

ing Papers, 2021.

[40] Calomiris, C., 1993. "Financial Factors in the Great Depression" [J]. Journal of Economic Perspectives, vol. 7, pp. 61 – 85.

[41] Calvo, G. 1983. "Staggered Prices in a Utility – Maximizing Framework" [J]. Journal of Monetary Economics 12: 383 – 398.

[42] Christensen, I. and A. Dib. 2008. "The Financial Accelerator in an Estimated New Keynesian Model" [J]. Review of Economic Dynamics 11 (1): 155 – 178.

[43] Christiano, L., R. Motto, and M. Rostagno. 2003. "The Great Depression and the Friedman Schwartz Hypothesis" [J]. Journal of Money, Credit and Banking 35: 1119 – 1197.

[44] Curdia, V. and M. Woodford. 2010. "Credit Spreads and Monetary Policy" [J]. Journal of Money, Credit and Banking 42: 3 – 35.

[45] Calderon, C. and Serven, L., 2011. Macro – Prudential Policies over the Cycle in Latin America [A]. Latin American and Caribbean Economic Association and Latin American Meeting of the Econometric Society – 2012 Annual Meetings.

[46] Caruana, J (2010b). "Macroprudential policy: working towards a new consensus" [A]. Remarks at the high – level meeting on "The Emerging Framework for Financial Regulation and Monetary Policy" jointly organized by the BIS's Financial Stability Institute and the IMF Institute, Washington DC, 23 April.

[47] CIEPR – Committee on International Economic Policy and Reform, 2011. "Rethinking Central Banking" [A]. Brookings Institution, Washington. August.

[48] Committee on the Global Financial System, 2010. Macroprudential Instruments and Frameworks: a Stocktaking of Issues and Experiences [A]. Committee on the Global Financial System Paper N. 38. Bank for International Settlements. Basel, Switzerland.

[49] Calomiris, C (2009). "Banking crises and the rules of the game" [R]. NBER Working Paper no. 15403, October.

[50] Canuto, O., 2011a. "How Complementary Are Monetary Policy and Prudential Regulation?" [R]. Economic Premise n. 60, World Bank, June. www. worldbank. org/economicpremise.

[51] Canuto, O., Garcia - Kilroy, C. and Silva, A. C., 2012a. The New Financial Landscape: What It Means for Emerging Market Economies. [R]. Economic Premise n. 87, World Bank, August. www. worldbank. org/economicpremise.

[52] Canuto, O., Prasad, M., and Pinto, B., 2012b. "Orderly sovereign debt restructuring: missing in action!" [R]. Policy Research Working Paper WPS6054, May.

[53] Canuto, Otaviano and Cavallari, Matheus. "Monetary Policy and Macroprudential Regulation: Whither Emerging Markets" [R]. (January 1, 2013). World Bank Policy Research Working Paper No. 6310.

[54] Carney, M. 2011. "Countercycial capital buffers and Basel Ⅲ" [R]. In Regulatory Reforms and Remaining Challenges. Group of Thirty Occasional Paper No. 81: 714. February 2011.

[55] Caruana, J (2005). "Monetary policy, financial stability and asset prices" [R]. Occasional Papers, 0507, Bank of Spain.

[56] Catte, P, P Cova, P Pagano and I Visco (2010). "The role of macroeconomic policies in the global crisis" [R]. Bank of Italy Occasional Papers No. 69, July.

[57] Christensen, I., C. Meh, and K. Moran. 2011. "Bank Leverage Regulation and Macroeconomic Dynamics" [R]. Forthcoming Bank of Canada Working Paper.

[58] Cihak, M., 2007. "Introduction to Applied Stress Testing" [R]. International Monetary Fund Working Paper 07/59.

[59] Clement, P (2010). "The term 'macroprudential': origins and evolution" [R]. BIS Quarterly Review, March, 59 – 67.

[60] Covas, F and S Fujita (2009). "Time – varying capital requirements in a general equilibrium model of liquidity dependence" [R]. Working Papers 09 – 23, Federal Reserve Bank of Philadelphia.

[61] Curdia, Vasco, and Michael Woodford. 2009. "Credit Spreads and Monetary Policy" [R]. Staff Report 385: Federal Reserve Bank of New York, August.

[62] Caruana, J (2010a). "Basel Ⅲ: towards a safer financial system". Speech at the 3rd Santander International Banking Conference, Madrid, 15 September 2010.

[63] Cecchetti, S. (2015). "On the separation of monetaryand prudential policy: How much of the precrisis consensus remains?", Journal of International Moneyand Finance 66: 157 – 169.

[64] Cerutti, E. et al (2017). "The use and effectiveness of macroprudential policies: New evidence", Journal of Financial Stability 28 (1): 203 – 224.

[65] De la Torre, A. and Ize, A., 2009. "Regulatory reform: integrating paradigms" [R]. Policy Research Working Paper Series 4842, The World Bank.

[66] Dib, A., C. Mendocino, and Y. Zhang. 2008. "Price Level Targeting in a Small Open Economy with Financial Frictions: Welfare Analysis" [R]. Bank of Canada Working Paper no. 2008 – 40.

[67] Drehmann, M, Borio, C., Gambacorta, L., Jimenez, G. and Trucharte, C., 2010. "Countercyclical capital buffers: exploring options" [R]. BIS Working Paper No 317.

[68] Duca, M. and Peltonen, P., 2011. "Macro – Financial Vulnerabilities and Future Financial Stress: Assessing Systemic Risks and Predicting System-

ic Events" [R]. European Central Bank, Working Paper Series No. 1311.

[69] European Central Bank, 2010. Financial Stability Review/December [R]. Frankfurt am Main, Germany.

[70] Financial Services Authority, 2009. The Turner Review: a regulatory response to the global banking crisis [R]. London, United Kingdom.

[71] Fiorito, R. and G. Zanella. 2009. "Labour Supply Elasticities: Can Micro be Misleading for Macro?" [R]. University of Siena Working Paper.

[72] Frait, Jan, Gersl, Adam and Seidler, Jakub. "Credit Growth and Financial Stability in the Czech Republic" [R]. (August 1, 2011). World Bank Policy Research Working Paper Series, Vol. , pp. - , 2011. No. 5771

[73] FSB - BIS - IMF. 2011. "Macroprudential policy tools and frameworks: Update to G20 Finance Ministers and Central Bank Governors" [R]. February 2011.

[74] Faia, E. and T. Monacelli. 2007. "Optimal Interest Rate Rules, Asset Prices, and Credit Frictions" [J]. Journal of Economic Dynamics and Control 31: 3228 - 3254.

[75] Friedman, M. and Meiselman, D. , 1963. The Relative Stability of Monetary Velocity and the Investment Multiplier in the United States, 1897 - 1958 in Stabilization Policies, a Series of Research Studies Prepared for the Commission on Money and Credit. Englewood Cliffs, NJ: Prentice - Hall, pp. 165 - 268.

[76] Fabiani A, Pieros M L, JL Peydró, et al. Capital controls, domestic macroprudential policy and the bank lending channel of monetary policy [J]. Economics Working Papers, 2021.

[77] Gerali, A. , S. Neri, L. Sessa, and F. Signoretti. 2010. "Credit and Banking in a DSGE Model of the Euro Area" [J]. Journal of Money, Credit and Banking, Supplement to Vol. 42: 107 - 141.

[78] Goodhart, 2011. The Macro - Prudential Authority: Powers, Scope

and Accountability [J]. OECD Journal: Financial Market Trends. Volume 2011 - issue 2.

[79] Gabriel Jiménez & Steven Ongena & José - Luis Peydró & Jesús Saurina, 2012. "Macroprudential Policy, Countercyclical Bank Capital Buffers and Credit Supply: Evidence from the Spanish Dynamic Provisioning Experiments" [R]. Working Papers 628, Barcelona Graduate School of Economics.

[80] Galati and Moessner, 2011. "Macroprudential Policy - A Literature Review" [R]. Bank for International Settlements. Working Paper N. 337. Basel, Switzerland.

[81] Gelain, P., Lansing, K., and Mendicino, C., 2012. "House Prices, Credit Growth, and Excess Volatility: Implications for Monetary and Macroprudential Policy" [R]. Federal Reserve Bank of San Francisco Working Paper N. 2012 - 11.

[82] Gerding, Erik F., Credit Derivatives, Leverage, and Financial Regulation's Missing Macroeconomic Dimension [R]. (February 8, 2012). Berkeley Business Law Journal, Vol. 8, 2011.

[83] Gertler, M and P Karadi (2009). "A Model of Unconventional Monetary Policy" [R] Mimeo, NYU, April.

[84] Ghosh, A, M Goretti, B Joshi, U Ramakrishnan, A Thomas and J Zalduendo (2008). "Capital inflows and balance of payments pressures - tailoring policy responses in emerging market economies" [R]. IMF Policy Discussion Paper, PDP/08/2.

[85] Ghosh, S., Gonzalez del Mazo, I., and Ötker - Robe, I., 2012. "Chasing the Shadows: How Significant Is Shadow Banking in Emerging Markets?" [R]. Economic Premise n. 88, September.

[86] Gopinath, Shyamala. "Macroprudential Approach to Regulation - Scope and Issues" [R]. (June 6, 2011). ADBI Working Paper No. 286.

[87] George, E. (2015). "Monetary and macroprudential policy: Com-

plements, not substitutes", Bank for International Settlements, Asia - Pacific High - Level Meting, Manila, Philippines, Feb. 10.

[88] Grenwood - Nimmo, M. & A. Tarasow (2016). "Monetary shocks, macroprudential shocks and financial stability", Economic Modeling 56 (C): 11 - 24.

[89] Hellwig (1995). "Systemic aspects of risk management in banking and finance" [J]. Swiss Journal of Economics and Statistics, 131, pp. 723 - 737.

[90] Hahm, Joon - Ho, Frederic S. Mishkin, Hyun Song Shin, and Kwanho Shin, 2012. "Macroprudential Policies in Open Emerging Economies," NBER Working Paper Series 17780 (Cambridge, Massachusetts: National Bureau of Economic Research).

[91] Hannoun, H (2010). "Towards a global financial stability framework" . Speech at the 45th SEACEN Governors' Conference, Siem Reap province, Cambodia, 26 - 27 February 2010.

[92] Hoenig, T. (2017). "The long - run imperatives of monetary policy and macroprudential supervision", Cato Journal 37 (2): 195 - 205.

[93] Iacoviello, Matteo, and Stefano Neri, 2010. "Housing Market Spillovers: Evidence from an Estimated DSGE Model," American Economic Journal, Macroeconomics, Vol. 2, No 2, pp. 125 - 164.

[94] Igan, Deniz, and Heedon Kang, 2011. "Do Loan - to - Value and Debt - to - Income Limits Work? Evidence from Korea," IMF Working paper 11/297 (Washington: International Monetary Fund).

[95] Illing, Gerhard, 2007. "Financial Stability and Monetary Policy—A Framework," CESifo Working Paper, No. 1971.

[96] International Monetary Fund, 2009. "Lessons for Monetary Policy from Asset Price Fluctuations," World Economic Outlook, October, Chapter 3.

[97] Ioannidou, Vasso P. , Steven Ongena, and José - Luis Peydró,

2009. "Monetary Policy and Subprime Lending: a Tall Tale of Low Federal Funds Rates, Hazardous Loans and Reduced Loan Spreads," European Banking Centre Discussion Paper 2009 -045.

[98] IMF (2015). "Monetary policy and financial stability", Staff Discussion Note, Sept.

[99] Jiménez, G, and J Saurina (2006). "Credit Cycles, Credit Risk, and Prudential Regulation" [J]. International Journal of Central Banking 2 (2): 65 -98.

[100] Jácome, Luis Ignacio, Nier, Erlend W., Osinski, Jacek and Madrid, Pamela. "Towards Effective Macroprudential Policy Frameworks: An Assessment of Stylized Institutional Models" [R]. (October 2011). IMF Working Papers, Vol., pp. 1 -51, 2011.

[101] Jaumotte, Florence, Fabian Borhorst, Anna Ivanova, Yuko Kinoshita, Hanan Morsy, Esther Perez, Thierry Tressel, Irina Tytell, Jerome Vacher, and Sebastian Weber, 2012. "EMU as a Currency Union: What is Missing?" IMF Staff Discussion Note (Washington: International Monetary Fund).

[102] Jimborean, Ramona and Mésonnier, Jean - Stéphane. "Banks' Financial Conditions and the Transmission of Monetary Policy: A Favor Approach" [R]. (July 1, 2010). Banque de France Working Paper No. 291.

[103] Jdgr A, Grégory Levieuge b c. When could Macroprudential and Monetary Policies be in Conflict? [J]. Journal of Banking & Finance, 2022.

[104] King, M. and E. Santor. 2008. "Family Values: Ownership Structure, Performance and Capital Structure of Canadian Firms" [J]. Journal of Banking and Finance 32: 2423 -2432.

[105] Kannan, P., Rabanal, P. and A. Scott (2009). "Monetary and Macroprudential Policy Rules in a Model with House Price Booms" [R]. IMF Working Paper No. 09/251.

[106] Kolasa, Marcin and Lombardo, Giovanni. "Financial Frictions and Optimal Monetary Policy in an Open Economy" [R]. (May 2011). ECB Working Paper No. 1338.

[107] Laeven, Luc, and Fabián Valencia, 2012. "Systemic Banking Crises Database: an Update," IMF Working Paper 12/163 (Washington: International Monetary Fund).

[108] Kiley, M. &J. Sim (2017). "Optimal monetary and macroprudential policies: Gains and pitfalls in a model of financial intermediation", Journal of Macroeconomics 54: 232 –259.

[109] Lipsky, John. 2010. "Reconsidering the International Monetary System" [A]. Panel presentation at the "Macroeconomic Challenges: The Decade Ahead," a symposium sponsored by the Federal Reserve Bank of Kansas City, August 26 –28.

[110] Lambertini, Luisa, Caterina Mendicino, and Maria Teresa Punzi, 2011. "Leaning against Boom – bust Cycles in Credit and Housing Prices," Bank of Portugal Working Paper 8 (Lisbon: Banco de Portugal).

[111] Landier, Augustin, David Sraer, and David Thesmar, 2011. "The Risk – Shifting Hypothesis: Evidence from Sub – Prime Originations," presented at the IMF 12th Jacques Polak Annual Research Conference (Washington: International Monetary Fund).

[112] Lim, C., Columba, F., Costa, A., Kongsamut, P., Otani, A., Saiyid, M., Wezel, T., Wu, X. "Macroprudential Policy: What Instruments and How to Use Then?" [R]. International Monetary Fund Working Paper N. 11/238.

[113] Lim, Cheng Hoon, Costa, Alejo, Columba, Francesco, Kongsamut, P, Otani, A., Saiyid, M., Wezel, Torsten and Wu, X. "Macroprudential Policy: What Instruments and How to Use Them? Lessons from Country Experiences" [R]. (October 2011). IMF Working Papers, Vol., pp. 1 –85, 2011.

[114] Lo, A. (2009). "The Feasibility of Systemic Risk Measurements" [R]. Had Written Testimony for the House Financial Services Committee on Systemic Risk Regulation, October.

[115] Lars E O Svensson. "Monetary policy after the crisis", Speech at the conference "Asia's role in the post – crisis global economy", held at Federal Reserve Bank of San Francisco, 29 November 2011.

[116] Laureys, L. & R. Meeks (2017). "Monetary and macroprudential policies under rules and discretion", Bank of England, staff Working Paper, No. 702.

[117] Laseens, S. et al (2017). "Systemic risk: A new trade – off for monetary policy", Journal of Financial Stability 32 (C): 70 – 85.

[118] Levine P, Lima D. Policy mandates for macro – prudential and monetary policies in a new Keynesian framework [J]. Working Paper, 2015.

[119] Mishkin, F., 2009. "Will Monetary Plicy Become More of a Science?" in Deutsche Bundesbank, [M]. Monetary Policy Over Fifty Years: Experiences and Lessons, London: Routledge, pp. 81 – 107.

[120] Merrouche, Ouarda and Erlend W. Nier, 2010. "What Caused the Global Financial Crisis? Evidence on the Build – up of Financial Imbalances 1999 – 2007" [R]. IMF Working Paper 10/265 (Washington: International Monetary Fund).

[121] Mishkin, F., 2011. "Monetary Policy Strategy: Lessons from the Crisis" [R]. NBER Working Paper N. 16755.

[122] Mishkin, F., and Westelius, N. 2008. "Inflation Band Targeting and Optimal Inflation Contracts. Journal of Money" [R]. Credit and Banking, Volume 40, No. 4 (June), pp. 557 – 582.

[123] Moreno, Ramon. "Policymaking from a 'Macroprudential' Perspective in Emerging Market Economies" [R]. (January 2011). BIS Working Paper No. 336.

[124] Msatfa, Adil. Economic Cycles Management Under Basel Ⅲ [R]. (October 31, 2011).

[125] Malovana, S. & J. Frait (2017). "Monetary policy and macroprudential policy: Rivals or teammates?", Journal of Financial Stability 32 (C): 1-16.

[126] Mester, L. (2017). "The nexus of macroprudential supervision, monetary policy and financial stability", Journal of Financial Stability 30 (C): 177-180.

[127] N'Diaye, Papa M'B. P. (2009). "Countercyclical Macro Prudential Policies in a Supporting Role to Monetary Policy" [R]. IMF Working Paper No. 09/257.

[128] Nier, Erlend W., 2009. "Financial Stability Frameworks and the Role of Central Banks: Lessons from the Crisis" [R]. IMF Working Paper 09/70 (Washington: International Monetary Fund).

[129] Notarpietro A, Siviero S. Optimal Monetary Policy Rules and House Prices: The Role of Financial Frictions [J]. Journal of Money Credit & Banking, 2015, 47 (s1): 383-410.

[130] Ojo, Marianne. Harmonizing Basel Ⅲ and the Dodd Frank. Act Through Greater Collaboration between Standard Setters and National Supervisors [R]. (January 24, 2012).

[131] Ojo, Marianne. The Role of Monetary Policy in Matters Relating to Financial Stability: Monetary Policy Responses Adopted During the Most Recent Financial Crisis [R]. (November 23, 2010).

[132] Olivier Jeanne & Anton Korinek, 2010. "Excessive Volatility in Capital Flows: A Pigouvian Taxation Approach" [R]. American Economic Review, American Economic Association, vol. 100 (2), pages 403-07, May.

[133] Ostry, J D, A R Ghosh, K Habermeier, M Chamon, M S Qureshi and D B S Reinhardt (2010). "Capital Inflows: The Role of Con-

trols" [R]. IMF Staff Position Note SPN/10/04.

[134] Paolo Angelini & Stefano Neri & Fabio Panetta, 2012. "Monetary and macroprudential policy" [R]. Working Paper Series 1449, European Central Bank.

[135] Park, Yung Chul. "The Role of Macroprudential Policy for Financial Stability in East Asia's Emerging Economies" [R]. (May 26, 2011). ADBI Working Paper No. 284.

[136] Punzi, M. & K. Rabitsch (2018). "Effectiveness of macroprudential policies under borrower heterogeneity" [J]. Journal of International Moneyand Finance 85 (C): 251-261.

[137] Peón D, Antelo M. Do bad borrowers hurt good borrowers? A model of biased banking competition [J]. Portuguese Economic Journal, 2019, 18 (1): 5-17.

[138] Saurina, J and C Trucharte (2007). "An assessment of Basel Ⅱ procyclicality in mortgage portfolios" [J]. Journal of Financial Services Research, vol 32, n°1-2, October, 81-101.

[139] Sekine, Eiichi. China's Own Version of Basel Ⅲ and Its Likely Impact on China's Banking Sector (December 28, 2011) [J]. Nomura Journal of Capital Markets, Vol. 3, No. 2, 2011.

[140] Shin, H S (2009). "Reflections on Northern Rock: The Bank Run that Heralded the Global Financial Crisis" [J]. Journal of Economic Perspectives, vol. 23, pp. 101-119.

[141] Sibert, A. (2010). "A systemic risk warning system" [J]. VoxEU, 16 January 2010.

[142] Sims, Christopher A. "Macroeconomics and Reality" [J]. Econometrica, 1980 (1).

[143] Saurina, J (2009b). "Dynamic Provisioning. The experience of Spain." Crisis Response. Public Policy for the Private Sector [R]. Note Num-

ber 7. July. The World Bank

[144] Saurina, J. (2009a). "Loan loss provisions in Spain. A working macroprudential tool" [R]. Bank of Spain Financial Stability review No. 17, p. 11 -26.

[145] Schmitt - Grohe, S. and M. Uribe. 2006. "Optimal Fiscal and Monetary Policy in a Medium - Scale Macroeconomic Model" [R]. NBER Macroeconomics Annual 2005, M. Gertler and K. Rogoff, editors 383 -425.

[146] Schoenmaker, Dirk and Wierts, Peter, Macroprudential Policy. The Need for a Coherent Policy Framework [R]. (July 1, 2011). Duisenburg School of Finance Policy Paper No. 13.

[147] Sengupta, Rajdeep, 2010. "Alt - A: The Forgotten Segment of the Mortgage Market," Federal Reserve Bank of St. Louis Review, Vol. 92, No. 1, pp. 55 -71 (St. Louis: Federal Reserve Bank).

[148] Shin, Hyun Song, 2005. "Financial System Liquidity, Asset Prices and Monetary Policy," in The Changing Nature of the Business Cycle, RBA Annual Conference Volume, No. acv 2005 - 16 (Sydney: Reserve Bank of Australia).

[149] Stein, Jeremy C. Monetary Policy as Financial - Stability Regulation [R]. (March 8, 2011).

[150] Suh, Hyunduk. "Macroprudential Policy: Its Effects and Relationship to Monetary Policy" [R]. (November 9, 2012). FRB of Philadelphia Working Paper No. 12 -28.

[151] Svenson, L. (2017). "Cost - benefit analysis of leaning against the wind", Journal of Monetary Economics 90 (C): 193 -213.

[152] Taylor, John B., 2009. Getting Off Track: How Government Actions and Interventions Caused, Prolonged and Worsened the Financial Crisis [M]. Stanford: Hoover Institution Press.

[153] Taylor, John B., 1993. "Discretion versus Policy Rules in Prac-

tice" [J]. Carnegie - Rochester Conference Series on Public Policy, 39, pp. 195 - 214.

[154] Tovar, Camilo E, Mercedes Garcia - Escribano, and Mercedes Vera Martin, 2012. "Credit Growth and the Effectiveness of Reserves Requirements and Other Macroprudential Instruments in Latin America," IMF Working Paper 12/142 (Washington: International Monetary Fund).

[155] Townsend, Robert, 1979. "Optimal Contracts and Competitive Markets with Costly State Verification," Journal of Economic Theory, Vol. 21, No. 2, pp. 265 - 935.

[156] Turner, P (2009). "Currency mismatches and liquidity risk: diagnosis and reform" [R]. Paper presented at the EBRD High level workshop on Local currency lending and capital market development in emerging Europe and central Asia. London, 3 December 2009.

[157] Turner, A (2010). "What do banks do, what should they do, and what public policies are needed to ensure best results for the real economy?" Speech at Cass Business School, London, 17 March 2010.

[158] Tayler, W. & R. Zilberman (2016). "Macroprudential regulation, credit spreads and the role of monetarypolicy", Journal of Financial Stability 26 (C): 144 - 158.

[159] Ueda, Kenichi, and Fabian Valencia, 2012. "Central Bank Independence and Macroprudential Regulation," IMF Working Paper 12/101 (Washington: International Monetary Fund).

[160] Unsal, D. Filiz. "Capital Flows and Financial Stability: Monetary Policy and Macroprudential Responses" [R]. (August 2011). IMF Working Papers, Vol. , pp. 1 - 27, 2011.

[161] Valencia, Fabian V. "Monetary Policy, Bank Leverage, and Financial Stability" [R]. (October 2011). IMF Working Papers, Vol. , pp. 1 - 37, 2011.

[162] Van den End, Jan Willem. "Trading Off Monetary and Financial Stability: A Balance of Risk Framework" [R]. (October 21, 2011). De Nederlandsche Bank Working Paper No. 249.

[163] Vasco Curdia & Michael Woodford, 2010. "The Central Bank Balance Sheet as an Instrument of Monetary Policy" [R]. Discussion Papers 0910 - 16, Columbia University, Department of Economics.

[164] Vlček, Jan and Roger, Scott. "Macrofinancial Modeling at Central Banks: Recent Developments and Future Directions" [R]. (January 2012). IMF Working Paper No. 12/21.

[165] Woodford, M. 2003. "Optimal Interest - Rate Smoothing." [R]. Review of Economic Studies 70: 861 - 886.

[166] Wyplosz, C., 2009. "What Do We Know about Monetary Policy that Friedman Did Not Know?" [R]. Commission on Growth and Development. Working Paper N. 63.

[167] Woodford, M., 2011. Inflation Targeting and Financial Stability. Speech at Einaudi Institute for Economics and Finance, Rome.

[168] Wiliams, J. (2015). "Macroprudential policy in a micro - prudential world" [R]. Comments delivered at the symposium on Asian bankinga-nd finance, Singapore, May 28.

[169] Yellen, Janet L. 2009. "Linkages between Monetary and Regulatory Policy: Lessons from the Crisis" [R]. presentation to the Institute of Regulation and Risk, North Asia. Held in Hong Kong, November 17.

[170] Zhang, Wei and Woo, Wing Thye. Combating the Global Financial Crisis with Aggressive Expansionary Monetary Policy: Same Medicine, Different Outcomes in China, UK and USA [R]. (May 13, 2010).

# 后　　记

本书以宏观审慎政策与货币政策渠道共享研究为分析对象，从危机后引入的宏观审慎监管政策作为金融监管改革重要抓手的背景出发，讨论了宏观审慎监管政策在部署和实施的过程中，与货币政策之间的相互关系，特别是对两种政策之间传导渠道存在共享的研究，将货币政策和宏观审慎政策之间在政策传导渠道方面的机制进行理论梳理和实证检验。研究中系统性地涵盖了审慎监管政策和影响银行风险、流动性、竞争等的货币政策的传导渠道、调控方式等，但是在具体研究的过程中，又重点对每部分中的主要问题展开深入的研究，保证研究成果的深度和广度。另外，本书既从理论上探讨不同政策传导渠道共享的运行机理，凸显研究的理论价值，又立足于当前金融稳定的需求实践，论证两种政策是互为补充、不可替代的。但是在政策运行时，两种政策也会因为传导渠道的重叠而产生冲突风险，因而在框架完善的过程中，需要进行必要的设计和协调。

考虑到我国金融市场中的融资主要是商业银行渠道，本书中渠道共享的分析侧重于商业银行中的具体传导路径，即在不同政策的作用下，导致银行的风险偏好受到影响，进而对于银行的信贷供给规模和供给能力，以及银行系统的流动性状况都会产生影响；而对于直接融资渠道等未能全面分析的部分，后续还将继续进行研究。

**王璟怡**

2024 年 11 月